▶ 财经政策生态论丛

财政货币政策研究

CAIZHENG HUOBI ZHENGCE YANJIU

梁云凤　戴琼/等著

中国财经出版传媒集团
中国财政经济出版社

图书在版编目（CIP）数据

财政货币政策研究／梁云凤等著 . —北京：中国财政经济出版社，2017.7
（财经政策生态论丛）
ISBN 978 - 7 - 5095 - 7530 - 7

Ⅰ.①财… Ⅱ.①梁… Ⅲ.①财政政策 - 研究 - 中国 ②货币政策 - 研究 - 中国 Ⅳ.①F812.0②F822.0

中国版本图书馆 CIP 数据核字（2017）第 139751 号

责任编辑：杨　骁　樊清玉　　　　　责任校对：李　丽
封面设计：王　颖　　　　　　　　　　版式设计：录文通

中国财政经济出版社 出版

URL：http://ckfz.cfeph.cn
E - mail：ckfz@cfeph.cn
（版权所有　翻印必究）
社址：北京市海淀区阜成路甲 28 号　邮政编码：100142
营销中心电话：88190406
天猫网店：中国财政经济出版社旗舰店
网址：https://zgczjjcbs.tmall.com
北京财经印刷厂印刷　各地新华书店经销
710×1000 毫米　16 开　16.75 印张　328 000 字
2017 年 9 月第 1 版　2017 年 9 月北京第 1 次印刷
定价：68.00 元
ISBN 978 - 7 - 5095 - 7530 - 7
（图书出现印装问题，本社负责调换）
本社质量投诉电话：010 - 88190744
打击盗版举报热线：010 - 88190414　　QQ：447268889

前 言

qian yan

财政货币政策是重要的宏观经济政策,是政府的两大宏观调控手段,是需要持续研究的大课题。

本书研究着眼长远,立足现实,在对宏观经济形势进行分析的前提下,针对经济社会发展目标和全面深化改革的要求,结合创新、协调、绿色、开放、共享的发展理念,对财政货币政策进行了深入研究。通过研究,以期为党中央国务院的经济决策提供具有参考价值的政策建议,为我国经济社会发展服务。

通过对我国改革开放以来的财政货币政策的梳理和分析,发现财政货币政策与经济发展形势的适应性不强,财政、货币与发展(规划)政策的协调性不够,财政货币政策引导经济社会发展的优化转型作用不足。通过研究,本书认为,财政货币政策要更好地发挥宏观调控作用,应与经济发展形势相适应,应加强政策的协调配合,应适时创新政策工具并正确选择政策的着力点。

本书的逻辑思路由三大部分构成。第一部分是背景分析及总体思路研究,对不同时期的财政货币政策出台的经济背景、政策逻辑、着力点及运行效果进行研判,重点评估政策效果并发掘深层次原因。内容包括第一章财政货币政策研究导论,第二章财政货币政策与发展政策的协调配合问题。第二部分是财政金融领域的重点问题研究,结合当前经济形势分析,确定重点研究了财政债务问题、财政资金的使用效率问题、税制结构及改革问题、货币政策转型问题、资金流入实体经济问题、人民币国际化问题等,内容包括第三章财政债务问题,第四章财政资金的杠杆效应问题,第五章税制改革问题,第六章新形势下中国货币政策转型分析,第七章促进资金流入实体经济研究,第八章缓释不良资产风险的创新性金融手段探索,第九章人民币国际化问题研究,第十章建设中国特色普惠金融体系。第三部分是政策实施及协调问题研究,内容包括第十一章财政货币政策的着力点,第十二章全球财政货币政策协调。

在对财政货币政策研究的过程中,提出了以下具有新意的观点和建议：

第一，财政货币政策与经济发展形势相适应。不同的经济发展阶段，具有不同的政策需求，不能单独就政策论政策，政策的研究、制定和实施应该嵌入经济发展阶段，适应经济发展形势，没有最好的财政货币政策，只有与经济发展形势相适应的财政货币政策才能起到更好的宏观调控引导作用。

第二，财政、货币与发展政策应协同发力。在发展政策引导下，财政、货币政策围绕宏观调控目标协同运作，才能提高调控的预见性、针对性和有效性。三大政策协同发力，既能有效克服财政货币政策工具单一的缺点，又能避免两大宏观调控部门配合不一、相互越位，从而实现熨平波动、优化结构、稳定发展的目标。

第三，提高宏观调控水平、促进经济行稳致远的关键是创新宏观调控政策工具，并进行相机调控、精准调控。比如，专项建设基金，就是宏观调控政策工具创新的经典。

本书由肖鹏（第一章）、刘西友（第二章）、孙亦军（第三章）、戴琼（第四章）、巴海鹰（第五章）、郭迎锋（第六章）、孙晓涛（第七章）、高瑞东（第八章）、徐长春（第九章）、崔长彬（第十章）、綦鲁明（第十一章）、梁云凤、胡一鸣（第十二章）撰写。全书由梁云凤负责统稿。

目 录

mu lu

第一章　财政货币政策研究导论 …………………………………………（ 1 ）
　一、财政货币政策研究的背景意义 ………………………………（ 1 ）
　二、相关理论综述 …………………………………………………（ 4 ）
　三、1978 年以来财政货币政策梳理 ………………………………（ 14 ）

第二章　财政货币政策与发展政策的协调配合 ………………………（ 31 ）
　一、财政政策、货币政策与发展政策三者的关系 ………………（ 31 ）
　二、财政货币政策、发展政策协调配合的实践历程 ……………（ 38 ）
　三、当前财政货币政策、发展政策协调配合中的几个突出问题 …（ 48 ）
　四、财政政策、货币政策与发展政策协调配合的国际经验教训 …（ 50 ）
　五、完善财政货币政策、发展政策协调配合机制的建议 ………（ 53 ）

第三章　财政债务问题 …………………………………………………（ 58 ）
　一、传统债务理论面对经济现实的无力与迷茫 …………………（ 58 ）
　二、我国政府债务总体情况判断 …………………………………（ 59 ）
　三、考察我国债务问题不应忽视的几个重要因素 ………………（ 63 ）
　四、地方债问题 ……………………………………………………（ 65 ）

第四章　财政资金的杠杆效应问题研究 ………………………………（ 80 ）
　一、"高杠杆和泡沫化"是当前中国经济风险的主要特征 ………（ 80 ）
　二、扩大财政资金的杠杆效应是实施积极财政政策的重要手段 …（ 91 ）

第五章　税制改革——以供给侧结构性改革的视角 …………………（ 99 ）
　一、从供给侧结构性改革来看税制改革 …………………………（ 99 ）
　二、税制优化 ………………………………………………………（103）
　三、BEPS 改革 ……………………………………………………（116）

第六章　新形势下中国货币政策转型分析 (120)
一、我国货币政策转型外部环境及内部要素分析 (120)
二、货币政策转型的国际比较及制度变迁 (128)
三、我国货币政策转型的现实条件和阶段特征 (133)
四、我国货币政策转型路径建议 (141)

第七章　促进资金流入实体经济研究 (147)
一、当前企业融资情况 (147)
二、企业融资领域存在的问题 (149)
三、当前金融体系发展情况 (154)
四、金融体系膨胀的原因分析与存在问题 (156)
五、政策建议 (158)

第八章　缓释不良资产风险的创新性金融手段探索 (162)
一、宏观经济环境与不良资产走势分析 (162)
二、我国不良资产市场的环境分析 (163)
三、探索不良资产的资产证券化处置方式 (166)
四、引入救援性融资模式化解不良资产风险 (171)
五、总结 (178)

第九章　人民币国际化问题研究 (180)
一、人民币国际化的现状 (180)
二、美元币值变化的阶段性趋势 (192)
三、防止美元"剪羊毛"的对策 (202)

第十章　建设中国特色普惠金融体系 (207)
一、小微经济体融资难问题呼唤普惠金融体系 (207)
二、中国特色普惠金融体系的总体框架 (214)

第十一章　财政货币政策的着力点 (219)
一、当前我国经济形势分析及走势预测 (219)
二、财政货币政策的着力点 (224)
三、财政货币政策的效果预估 (233)

第十二章　全球财政货币政策协调 …………………………………… (236)
一、全球主要经济体经济形势分析 ……………………………… (236)
二、全球主要经济体货币政策分析 ……………………………… (239)
三、全球主要经济体财政政策分析 ……………………………… (243)
四、未来全球经济面临的主要风险 ……………………………… (248)
五、全球财政货币政策协调 ……………………………………… (249)

参考文献 ……………………………………………………………… (259)

第一章

财政货币政策研究导论

一、财政货币政策研究的背景意义

（一）中国经济发展步入"新常态"阶段，对财政货币政策的定位与协调提出了新挑战

2008年全球经济危机的大爆发宣告了世界经济步入"大调整"与"大过渡"的时期。这种时代大背景与中国阶段性因素的叠加决定了中国经济进入增速阶段性回落的"新常态"时期，并呈现出与周期性调整不一样的新现象和新规律。2014年5月，习近平在河南考察时首次提出中国经济"新常态"的概念。2014年11月9日，习近平在APEC工商领导人峰会开幕式主旨演讲中，首次对中国经济新常态进行了全面阐述和解读。在演讲中，习近平指出了"新常态"下中国经济三个不同于过去30年的特征：一是从高速增长转为中高速增长；二是经济结构不断优化升级，第三产业逐步成为主体；三是从要素驱动、投资驱动转向创新驱动。所谓"新常态"，不单单是指中国在新的发展阶段所呈现出来的若干经济指标特征，更是指在新阶段下所面临的新机遇、新条件、新问题等一系列新经济现实所组成的特征体系，且这一特征体系在未来较长时期的经济发展中将稳定存在。

"经济新常态"的主要特点是：

一是经济增长速度——从高速增长转为中高速增长。年均经济增长速度放缓，与中国改革开放的前32年年均增长9.4%的高速增长阶段相比较，年均增长速度大概回落2~3个百分点，仍将保持在7%~8%的中高速。但与世界其他国家或全球经济增长速度相比，这一增长速度仍处于领跑状态。

二是经济结构调整——经济结构不断优化升级。吃资源饭、环境饭、子孙饭的旧发展方式正在让位于以转型升级、生产率提高、创新驱动为主要内容的科学、可持续、包容性发展。中国经过前一个阶段的高速发展，资源、环境、社会保障问题的制约日趋严重，吃资源饭、环境饭、子孙饭的旧发展方式已经到了难以为继的地

步。一是资源消耗大,资源约束日紧。2013年,中国GDP占世界的比重为12.3%,但能源消费总量占20%,粗钢占44%,水泥占57%。二是社会保障体系建设滞后。虽然社会保障体系的覆盖面已经普及城乡,但保障水平偏低且区域、城乡不平衡,保障体系分割严重,距"兜住底、易流动"等要求还有较大差距。三是环境污染严重。中国现有近3亿农村人口喝不上安全饮用水,近6000万城镇人口饮用水水源水质不合格。土壤污染面积大,重金属、持久性有机物污染较重。四是生态系统退化。中国近80%以上的草原出现退化,水土流失面积占国土总面积的37%,生物多样性锐减,生态系统缓解各种自然灾害的能力减弱。五是温室气体排放总量大、增速快,已成为世界第一大排放大国。六是社会保障体系建设滞后。总之,在中国经济新常态下,经济发展方式的转变已经被迫展开,告别不顾资源短缺、破坏性开采的粗放型发展,忽视环境保护的污染型发展,透支人口红利、社会保障体系建设滞后的透支型发展,正在逐步转入遵循经济规律的科学发展,遵循自然规律的可持续发展,遵循社会规律的包容性发展。发展的主要动力正在逐步转向依靠经济结构转型升级、生产率提升和技术创新。

三是经济发展驱动力——从要素驱动、投资驱动转向服务业发展及创新驱动。经济增长结构发生明显变化。生产结构中的农业和制造业比重明显下降,服务业比重明显上升,服务业取代工业成为经济增长的主要动力。2013年,中国第三产业(服务业)增加值占GDP比重达46.1%,首次超过第二产业;2014年前三个季度,这一比例继续上升到46.7%。需求结构中的投资率明显下降,消费率明显上升,消费成为需求增长的主力;2012年,消费对经济增长贡献率自2006年以来首次超过投资。内需与外需结构发生变化,内需占比增加。

(二) 供给侧结构性改革,给财政货币政策提出了新要求

面对中国经济当下的困局,仅从需求侧着手已经很难有所突破,供给侧与需求侧双侧入手改革,增加有效供给的中长期宏观调控,才是结构性改革。中国供需关系正面临着不可忽视的结构性失衡。供给侧结构性改革,就是从提高供给质量出发,用改革的办法推进结构调整,矫正要素配置扭曲,扩大有效供给,提高供给结构对需求变化的适应性和灵活性,提高全要素生产率,更好满足广大人民群众的需要,促进经济社会持续健康发展。

在2016年1月26日召开的中央财经领导小组第十二次会议上,习近平总书记强调,供给侧结构性改革的根本目的是提高社会生产力水平,落实好以人民为中心的发展思想。要在适度扩大总需求的同时,去产能、去库存、去杠杆、降成本、补短板,从生产领域加强优质供给,减少无效供给,扩大有效供给,提高供给结构适应性和灵活性,提高全要素生产率,使供给体系更好地适应需求结构的变化。

中国当前面临着许多问题。钢铁、煤炭、水泥、玻璃、石油、石化、铁矿石、

有色金属等几大行业，亏损面已经达到80%，产业的利润下降幅度最大，产能过剩严重。由于产能过剩的企业占据着大量人力、资金、土地资源，使得生产以及运营成本居高不下，制约了新经济的发展。因此，势必要建立有效的过剩产能退出机制。中国供需关系正面临着不可忽视的结构性失衡。"供需错位"已成为阻挡中国经济持续增长的最大障碍：一方面，过剩产能已成为制约中国经济转型的包袱。另一方面，中国的供给体系，总体上是中低端产品过剩，高端产品供给不足。因此，强调供给侧结构性改革，就是要从生产、供给端入手，调整供给结构，为真正启动内需，打造经济发展新动力寻求路径。

（三）全球经济一体化和波动，给国际财政货币政策协调提出了新问题

2015年初至今，全球经济体经济分化日益明显，美欧等发达经济体温和复苏，日本停滞不前，而大部分新兴市场国家则面临较为严峻的经济下行压力。2015年12月，美联储启动货币政策正常化。美国原油禁令解除意味着全球原油供给量增加，国际油价下跌趋势依旧，这对全球油气产业发展、特别是以石油经济为主的国家必将造成巨大冲击。同时，随着美元加息意味着美国融资成本上升，各国银行将加大资金支持迎接挑战；加之世界其他主要经济体依然实施宽松的货币政策，美元将继续走强，美国企业负担加重，进一步打压美国出口。如果全球资本回流美国，全球金融风险也将上升。

但主要发达国家面临的经济复苏基础不牢固。日本面临日元贬值对巨额债务可持续性造成的影响；英国的风险在于实体经济空心化和经济复苏过度依赖资产价格的上涨；法国面临复苏基础薄弱、结构性改革不足问题；德国面临外需不足和希腊债务冲击的风险。而发达国家经济复苏基础不牢固，将主要影响全球市场需求，尤其是中国，进而拖累中国的出口复苏。

新兴市场国家面临的滞胀和资本流出风险。目前巴西经济基础脆弱，预计紧缩的货币政策将长期存在，高利率水平将大大限制其消费和投资，资本流出压力不断增大；俄罗斯经济增长高度依赖能源出口，容易受到外部冲击，制造业有进一步走弱的趋势，经济负增长的局面短期内难以改变；印度仍面临基础设施落后、政府偿债能力不强等问题；南非电力短缺问题将长期存在，交通、通信等基础设施的落后和制造业的萎缩将长期制约其经济发展。在美联储加息预期下，巴西、南非等经济基础较为脆弱的新兴经济体更易受到国际资本流动冲击，应警惕陷入衰退危机的新兴经济体通过贸易渠道传导至国内的经济风险。

（四）人民币国际化进程加快（加入SDR），也给财政货币政策定位与协调提出了挑战

2015年11月30日，国际货币基金组织（IMF）主席拉加德宣布将人民币纳入IMF特别提款权（SDR）货币篮子，决议将于2016年10月1日生效。SDR篮子的最新权重为美元41.73%，欧元30.93%，人民币10.92%，日元8.33%，英镑8.09%。

人民币"入篮"成功的信号意义重大，表明中国的大国地位被国际社会所认可，它有这以下几个方面的积极影响。一是提升人民币储备货币地位；二是有利于增强市场对人民币的信心，推动人民币国际化，而在这一方面最利好的板块就是人民币跨境结算银行、国际商务和物流公司；三是全球投资人对人民币资产配置将大幅上升；四是人民币加入SDR意味着人民币国际化取得了重大进展，随着"对外战略"的逐步实施，经济上稳增长、保就业、促转型都将获得更大的回旋余地和新的动力；五是中国的金融市场将因此变得更加开放，中国的资产价格将逐步跟国际接轨，资产泡沫问题将逐步得到解决。人民币纳入国际货币基金组织（IMF）特别提款权（SDR）货币篮子，对于中国财政政策、货币政策的协调理念、协调工具、协调手段等，均需放在全球化背景下来统盘考虑，也需要进一步加强全球化背景下财政政策、货币政策的定位与协调配合研究。

（五）中国构建大国财政的发展理念，对于全球化背景下中国财政政策的定位提出了新目标

十八届三中全会《中共中央关于全面深化改革若干重大问题的决定》把财政定位为国家治理的基础，这意味着财政的职能已经突破了原有的经济学框架，而是上升到国家的长治久安。理解大国财政的概念，最直接的例子是美国。在其政治、经济、社会层面中，美国财政部在许多问题上都起到了主导作用。

大国财政绝不仅限于收支问题。从国内考虑，政府职能的正常发挥和有效履行，财政是基础；同样，从国际考虑，大国责任在国际上的担当，也是以财政为基础的。要让大国财政真正发挥作用，涉及对当前制度的改革。大国财政战略提出之后，要考虑的就是如何实施：如何将财政资源在全球范围内进行有效配置，为中国公民提供更多、更好、更及时的公共服务；如何加强国与国的联系、促进区域经济一体化。在这些事情中，有一些是现在才开始筹划的；还有一些事情从前是各个部门孤立地分别去做的，而如今需要我们将分散的力量整合起来，整体谋划，各部门共同行动。政府预算、国债等财政政策工具属于一国主权范围内的宏观调控工具，大国财政理论的提出，势必对中国财政政策的调控方式、调控机制等提出较大的挑战。

二、相关理论综述

（一）基本概念界定

1. 财政政策

财政政策是指国家根据一定时期政治、经济、社会发展的任务而规定的财政工作的指导原则,通过财政支出与税收政策的变动来影响和调节总需求进而影响就业和国民收入的政策。

财政政策工具主要包括:第一,政府支出。政府支出是指整个国家中各级政府支出的总和,由具体的支出项目构成,主要可以分为政府购买和政府转移支付两类。政府购买是指政府对商品和劳务的购买,如购买军需品、政府雇员报酬、公共项目工程所需的支出等都属于政府购买。政府购买支出是决定国民收入大小的主要因素之一,其规模直接关系到社会总需求的增减。购买支出对整个社会总支出水平具有十分重要的调节作用。政府转移支付是指政府在社会福利保险、贫困救济和补助等方面的支出。转移支付不能算作国民收入的组成部分,它所做的仅仅是通过政府将收入在不同社会成员之间进行转移和重新分配。第二,政府收入。税收是政府收入中最主要的部分,它是国家为了实现其职能按照法律预先规定的标准,强制地、无偿地取得财政收入的一种手段。与政府购买支出、转移支付一样,税收同样具有乘数效应,即税收的变动对国民收入的变动具有倍增作用。当政府税收不足以弥补政府支出时,就会发行公债,使公债成为政府财政收入的又一组成部分。公债是政府对公众的债务,或公众对政府的债权。它不同于税收,是政府运用信用形式筹集财政资金的特殊形式,包括中央政府的债务和地方政府的债务。

根据财政政策调节经济周期的作用来划分将财政政策分为自动稳定财政政策和相机抉择财政政策。

自动稳定的财政政策,是指财政制度本身存在一种内在的、不需要政府采取其他干预行为就可以随着经济社会的发展,自动调节经济的运行机制。这种机制也被称为财政自动稳定器。主要表现在两方面:一方面,是累进所得税的自动稳定作用。在经济萧条时,个人和企业利润降低,符合纳税条件的个人和企业数量减少,因而税基相对缩小,使用的累进税率相对下降,税收自动减少。因税收的减少幅度大于个人收入和企业利润的下降幅度,税收便会产生一种推力,防止个人消费和企业投资的过度下降,从而起到反经济衰退的作用。在经济过热时期,其作用机理正好相反。另一方面,是政府福利支出的自动稳定作用。如果经济出现衰退,符合领取失业救济和各种福利标准的人数增加,失业救济和各种福利的发放趋于自动增加,从而有利于抑制消费支出的持续下降,防止经济的进一步衰退。在经济繁荣时期,其作用机理正好相反。

相机抉择的财政政策,是指政府根据一定时期的经济社会状况,主动灵活选择不同类型的反经济周期的财政政策工具,干预经济运行行为,实现财政政策目标。在20世纪30年代的世界经济危机中,美国实施的罗斯福-霍普金斯计划(1929~1933)、日本实施的时局匡救政策(1932年)等,都是相机抉择的财政政策的范例。相机抉择财政政策具体包括汲水政策和补偿政策。汲水政策是指经济萧条时期进行公共投资,以增加社会有效需求,使经济恢复活力的政策。汲水政策有四个特点:

第一，它是以市场经济所具有的自发机制为前提，是一种诱导经济恢复的政策；第二，它以扩大公共投资规模为手段，启动和活跃社会投资；第三，财政投资规模具有有限性，即只要社会投资恢复活力，经济实现自主增长，政府就不再投资或缩小投资规模。补偿政策是指政府有意识地从当时经济状况反方向上调节经济景气变动的财政政策，以实现稳定经济波动的目的。在经济萧条时期，为缓解通货紧缩影响，政府通过增加支出，减少收入政策来增加投资和消费需求，增加社会有效需求，刺激经济增长；反之，经济繁荣时期，为抑制通货膨胀，政府通过财政增加收入、减少支出等政策来抑制和减少社会过剩需求，稳定经济波动。

2. 货币政策

货币政策是指中央银行为实现既定的目标，运用各种工具调节货币供应量来调节市场利率，通过市场利率的变化来影响民间的资本投资，影响总需求来影响宏观经济运行的各种政策措施，包括信贷政策、利率政策和外汇政策。

货币政策的三大工具为法定准备金率，公开市场业务和贴现政策。货币政策的政策手段主要有：控制货币发行、控制和调节对政府的贷款、推行公开市场业务、改变存款准备金率、调整再贴现率、选择性信用管制和直接信用管制。

根据对总产出的影响，可把货币政策分为扩张性货币政策（积极货币政策）和紧缩性货币政策（稳健货币政策）。在经济萧条时，中央银行采取措施降低利率，由此引起货币供给增加，刺激投资和净出口，增加总需求，称为扩张性货币政策。反之，经济过热、通货膨胀率太高时，中央银行采取一系列措施减少货币供给，以提高利率、抑制投资和消费，使总产出减少或放慢增长速度，使物价水平控制在合理水平，称为紧缩性货币政策。

货币政策是涉及经济全局的宏观政策，与财政政策、投资政策、分配政策和外资政策等关系十分密切，必须实施综合配套措施才能保持币值稳定。

3. 财政政策与货币政策协调配合的必要性

在现阶段的中国，财政政策与货币政策是国家从宏观上统筹资金分配、维持经济稳定的两条不同的渠道，两者虽然都能对社会的总需求与总供给进行调节，但两者对消费需求与投资需求的作用机理又是不同的，而且这种作用是不可相互替代的。因此，财政政策与货币政策的协调配合就显得尤为重要。具体可以从以下几方面来看两者的不同作用。

（1）两者的作用机制不同。财政政策是国家集中财政资金用于社会公共需要的具体措施，在国民收入的分配过程中，一直居于主导地位。财政政策通过收入政策和支出政策两方面来影响社会总需求的总量和结构，从而在一次分配和再分配过程中都扮演了重要的角色。在一次分配时更加注重效率，在二次分配时更加注重公平。例如：在实行扩张性财政政策时，国家增加投资或减少税收，使民间的消费需求和投资需求增加，反之亦然。相比之下，货币政策更多的是作用于基础货币上，是一种基于国民收入分配和财政再分配上的一种再分配。信贷资金是以有偿的方式来集中和使用的，主要是在资金盈余部门和资金短缺部门之间进行供给和需求的调剂，从而达到共赢的局面，其实质就是通过对信贷规模伸缩的影响来调节市场上的消费需求与投资需求的。例如，当社会消费需求与投资需求过旺时，中央银行会采取紧缩性货币政策。银行采取各种措施多吸收企业、单位和个人的存款，同时减少市场上信贷的规模，达到缩减社会货币供应量，给经济降温的目的。

（2）两者的作用方向不同。财政政策和货币政策对经济的影响一般都是通过政策的实施，对社会总需求的总量和结构产生影响从而达到一定的政策目的。社会总需求包括消费需求和投资需求两个方面。

从消费需求的形成看，包括个人消费和社会消费两个方面。个人消费需求的形成受到财政政策结构和信贷规模两方面的影响。财政政策通过不断完善的税收政策来影响个人的可支配收入，从而对个人消费需求的形成产生直接的影响。相比而言，货币政策工具主要是由银行通过调整利率等手段来实现对工资基金的管理监督、对储蓄贷款的规模结构调整以及对现金投放的控制，从而在一定程度上间接地影响个人的消费需求。但是这种影响的力度不如财政政策那样大，效果较为和缓。相比于个人消费需求的形成方式，社会消费需求基本上是通过财政支出形成的。这就导致了财政政策的实施可以决定意义上地影响社会消费需求的规模和结构，效果明显。而中央银行的货币政策对此则显得力不从心，对社会消费需求的影响收效甚微。

从投资需求的形成看，财政政策主要是起着调整产业结构，促进国民经济结构合理化的作用，而货币政策的作用则体现在调整总量和产品结构上。这是由于在我国的现行市场经济体制下，财政资金的来源是国家税收，使用财政资金进行投资时无需支付利息，其成本较低；而通过向银行借贷资金进行投资时需要支付一定的利息费用，使投资存在一定的成本，相对来说成本高。由此可以看出，通过使用财政资金扩大政府投资规模来刺激总需求比通过降低利率扩大银行借贷资金进行投资的成本要小很多，效果也要更加快速、明显、有效。因此，理论上应使用财政资金来进行固定资产投资，使用银行借贷资金进行流动性资金投资。

（3）两者在膨胀和紧缩需求方面的作用不同。在国民经济日常运行中，供给和需求相平衡时的状态基本不存在，经济会出现供大于求和求大于供两种情况。从宏观层面上看，这主要是由于财政政策和货币政策对于扩张性政策和紧缩性政策的作用不同，以至于两种政策在行使其职能时分配不合理导致的。在这种情况下，货币政策起主导作用，相当于扩张性政策和紧缩性政策的总阀门，这是由于银行自身的"创造货币"能力所决定的。"创造货币"的能力不但决定了货币政策能够直接通过调整市场利率和信贷规模结构来达到刺激或收缩社会总需求的目的，还可以在一定程度上，促进甚至抵消财政政策对总需求的扩张或紧缩效应。

正是由于财政与银行在影响市场消费需求与投资需求的过程中有不同的作用机制，达到不同的政策效果，因此就要求财政政策与货币政策必须相互协调、配合运用。如果财政政策与货币政策各行其是，就必然会产生碰撞与摩擦，从而减弱宏观调控的效应和力度，甚至互相抵消掉各自的政策效果，从而难以实现预期的调控目标。

目前，我国已持续多年保持了经济的高速增长，现在正在经历财税体制改革、政府职能转变和国家经济转型等重大转变，财政可能会存在事多钱少的问题，政府减支是必然的趋势之一，就像李克强总理曾经说的："能让民间办的让民间去办，能让社会办的让社会去办，好多事情政府应该放手让社会、让民间、让民营企业去办。放水养鱼让民间、让企业有更多的资金来促进发展，这样才是一个良性循环。"在这样一个政府职能转型的关键时期，如何通过体制改革来促进经济增长方式的转变，达到转变政府职能和中国经济转型的长久目标，就要求我们的财政政策和货币政策必须要通过最优组合来使多重政策协同发力，努力达到高质高效，最终实现政策目标。

（二）凯恩斯需求管理理论

20世纪30年代，西方世界发生了一场前所未有的经济大危机，否定了亚当·斯密创立经济学以来的自由竞争时期经济秩序通过市场机制自动调节就能够自动达到和谐的结论，表明自由放任的市场，尽管在一定程度上可以解决社会收入公平和宏观经济稳定等问题，但随着市场经济的发展和规模的扩大，宏观经济波动的规模日益扩大，波动频率日益频繁，自由的市场经济所具有的天然缺陷所形成的危害也日益严重，如果任其发展，最后将只能是以市场经济制度的灭亡而告终，所有这些都给凯恩斯的主张提供了坚实的背景。凯恩斯在其1936年出版的《就业、货币与利息通论》中提出自由放任会导致有效需求不足，因此主张国家干预经济生活，运用财政政策扩大政府职能，即调节消费倾向和投资引诱职能。在凯恩斯之后，虽然有的国家某一时期奉行的并不完全是凯恩斯主义的财政政策，但其政策也是基本上采用了凯恩斯主义的政府干预经济的内容。20世纪30年代至今的经济实践，证明了凯恩斯主义所主张的政府干预在一定程度上的有效性。它改变了财政政策的作用，将其提高到干预手段的显著地位。凯恩斯的《通论》彻底推翻了支持自由放任政策的旧经济理论，提出了新的理论，使政府的积极财政支出政策符合经济原则，以解决失业问题并克服经济的萧条。《通论》所开出的处方，被认为在救治西方社会病疾——失业、贫穷与不平等上，收到很大成效，战后西方资本主义国家在凯恩斯主义经济理论指导下，经历了长达数年之久的高速经济增长，但因长期运用这种政策，结果又产生通货膨胀、资源浪费、国际通货危机等新的弊病。

产生于20世纪70年代、兴起于20世纪80年代的新凯恩斯主义，在20世纪90

年代有了突飞猛进的发展，新拓展的新凯恩斯主义形成了既不同于传统政府干预学派又不同于自由经济主义的第三条道路经济学。与老凯恩斯主义相比，新凯恩斯主义的一个特点是考虑了全球化对经济、政治和社会的综合影响。在经济全球化时代，经济全球化已经极大地弱化了传统宏观经济政策对国内经济的调控作用，产业和金融资本的流动性进一步削弱了宏观经济政策的效应。然而，国家仍然在发挥作用，尽管已出现政府偏离单一民族国家的趋势，有时它呈现出向下的分散化趋势，如在一个国家中，中央政府向地方政府放权，有时又呈现出向上集中的趋势，如欧盟；但是，政府仍然发挥着重要作用，尽管政府的角色正在发生转变。新凯恩斯主义认为，全球化对政策变化的影响是综合的，作为"第三条道路"经济学基础的新凯恩斯主义的经济政策主张，既超越老社会民主主义偏好的凯恩斯主义需求政策和产业政策，又超越自由经济主义所强调的市场自由化和简化规制的政策。新凯恩斯主义的宏观经济政策的目标是保持低通货膨胀，限制政府借款，促进经济增长和提高就业水平。新凯恩斯主义主张适度的国家干预，认同了新古典经济学关于"对经济过度频繁干预导致了滞胀"的观点，财政政策已经从单纯的扩大公共开支、克服经济危机发展到对经济进行深度和广度的调节，把财政政策的调控范围延伸到经济运行的内部，并强调调控的质量，以维持经济长期发展，这种注重经济内部结构调整的主张是国家干预学说的深化。

凯恩斯关于国家干预的政策主张：

（1）以稳定经济为目标。在稳定经济的政策考虑上，凯恩斯依据不同时期的经济背景，提出两方面的政策主张。在面对1929~1933年危机，凯恩斯主张要依靠国家的干预来刺激有效需求，保证整个社会充分就业状况的实现。战后，英国政府发表的《就业白皮书》（1945年）和美国的"就业法案"（1946年通过）都反映了凯恩斯的这一思想。另一方面，凯恩斯的《就业、利息和货币通论》出版后不久，第二次世界大战就爆发了。西方国家的经济就转入了战时经济的轨道，这时它们面对的国内经济问题，不是供给过度，而是供给不足，不是萧条，而是通货膨胀，不是失业，而是缺乏劳动力。这样，在政府还来不及运用刺激总需求的手段以减少失业人数的时候，经济政策的重点就变为如何抑制总需求以防止通货膨胀的来临。为了防止出现通货膨胀，第二次世界大战爆发后不久，凯恩斯提出应当抑制战时消费需求，增加储蓄。

从上述内容可以看出，凯恩斯经济稳定政策主张是：强调在经济萧条时，采用扩张性的宏观政策；而经济过度膨胀时，采用紧缩性的宏观政策。因此，后来的西方经济学者把凯恩斯的国家干预政策主张称为是"逆经济风向的"和"斟酌使用"的宏观经济政策。

（2）强调财政政策在稳定经济中的重要作用。财政政策发生作用的关键在于国家拥有越来越庞大的预算。凯恩斯认为，要使财政政策起到稳定经济的作用，必须打破财政预算年度平衡的原则。这种年度平衡的财政原则在第一次经济大危机之前是被普遍接受的。但凯恩斯等人认为,这种年度平衡的预算财政会加剧经济波动的严重性。因为,在衰退时,税收必然随收入的减少而减少。为了减少赤字,只有减少政府支出或提高税率,结果会加深衰退;通货膨胀时,税收必然随收入的增加而增加。为了减少盈余,只有增加政府支出或降低税率,结果加剧了通货膨胀。在打破平衡预算财政原则的同时,凯恩斯主义者又提出了财政职能的主张,即认为财政政策的责任在于保证经济社会处于持续增长的、没有通货膨胀的充分就业状态。为此,在经济衰退时,政府应实行赤字预算;通货膨胀时,政府财政预算应有结余。因此,这种不平衡的财政职能在目标和政策手段方面都具有最大的灵活性。

(三) 供给学派理论

供给学派认为生产的增长取决于劳动力和资本等生产要素的供给和有效利用。个人和企业提供生产要素和从事经营活动是为了谋取报酬,对报酬的刺激能够影响人们的经济行为。自由市场会自动调节生产要素的供给和利用,应当消除阻碍市场调节的因素。这个学派的主要代表人物拉弗这样解释供给经济学:"提供一套基于个人和企业刺激的分析结构。人们随着刺激而改变行为,为积极性刺激所吸引,见消极性刺激就回避。政府在这一结构中的任务在于使用其职能去改变刺激以影响社会行为"。

供给学派并没有建立其理论和政策体系,只是学派的倡导者对于经济产生"滞胀"的原因及政策主张有些共同的看法。

供给学派的政策主张:

(1) 确认供给是实际需求得以维持的唯一源泉,政府应当鼓励储蓄和投资,刺激供给。供给学派认为,1929~1933年的世界经济危机并不是由于有效需求不足,而是当时西方各国政府实行一系列错误政策造成的。吉尔德认为,就全部经济看,购买力永远等于生产力;经济具有足够的能力购买它的全部产品,不可能由于需求不足而发生产品过剩。拉弗强调萨伊定律的重大意义,他指出萨伊定律不仅概括了古典学派的理论,而且确认供给是实际需求得以维持的唯一源泉。供给学派认为政府不应当刺激需求,而应当刺激供给。

供给学派重新肯定萨伊定律以后,进而确认生产的增长决定于劳动力和资本等生产要素的供给和有效利用,在生产要素中资本至关紧要。资本积累决定着生产增长速度,应当鼓励储蓄和投资。

供给学派认为,在市场经济条件下,个人和企业提供生产要素和从事经营活动都是为了谋取报酬或利润。因此,对报酬和利润的刺激会影响经济主体的行为。对实际工资的刺激将影响劳动力的供给;对储蓄和投资报酬的刺激会影响资本的供给和利用。充分发挥市场机制，能够使生产要素供需达到均衡和有效利用。应当消除不利于生产要素供给和利用的因素。

（2）政府的经济政策是经济主体经营活动的刺激因素，其中财政政策尤为重要。供给学派在分析经济政策对行为的影响时，反对凯恩斯主义只注意政策对经济主体收入和支出的效果，强调政策对生产活动的作用。

供给学派着重分析税制对生产要素供给和利用的效果。他们指出，经济主体从事经营活动所关心的并不是获得的报酬或利润总额，而是减去各种纳税后的报酬或利润净额。在累进税制条件下，边际税率又是关键因素。因为经济主体是否多做工作，或增加储蓄和投资，要看按边际税率纳税后增加的净报酬是否合算。他们认为税率影响经济主体行为是通过相对价格变化实现的，税率提高，纳税后净报酬减少。就劳动力看，这意味着休闲对做工的价格下降，人们就会选择休闲而不去做工，劳动力供给就会减少。就资本看，这意味着消费对储蓄和投资的价格下降，人们就乐意把收入用作消费而不用作储蓄和投资，资本供给就会减少。此外，经济主体为了逃避高税率，还把经济活动从市场转入地下。这些都会使生产要素供给减少，利用效率降低，使生产下降。

（3）分析税率与税收的关系，提倡减税。供给学派对税率与税收的关系进行分析。因为税收是税率与税收基础的乘积，税率变动既然影响生产，就必然影响税收。拉弗首次把税率与税收的关系制成模型，画在直角坐标图上，这就是以拉弗命名的拉弗曲线。减税，特别是降低边际税率能促进生产增长，并可抑制通货膨胀。拉弗、万尼斯基、肯普等宣扬正是高税率挫伤了人们的劳动热情，阻碍了个人和企业储蓄与投资。这就必然导致生产率增长缓慢、生产呆滞，出现商品供给不足、物价上升。这时再加上人为扩大需求，通货膨胀势必加剧。通货膨胀又使储蓄和投资进一步萎缩，生产更加呆滞；还使纳税人升进高税率等级，而实际收入并未增加，纳税负担因而更重。

因此，供给学派竭力主张大幅度减税，夸大了降低边际税率的作用。他们认为减税能刺激人们多作工作，更能刺激个人储蓄和企业投资，从而大大促进经济增长，并可抑制通货膨胀。他们还认为，减税后政府税收不致减少，还会增多。即使出现财政赤字，对经济也无关紧要。经济增长后，赤字自然缩小和消失。

（4）政府支出阻碍生产。供给学派认为，政府支出不论是公共支出还是转移支付，都或多或少起着阻碍生产的作用。公共支出中有些是浪费资源，有些虽然对经济有益，但效率很低。因此，他们主张大量削减社会支出，停办不必需的社会保险和福利计划，降低津贴和补助金额，严格限制领受条件。

（5）控制货币数量增长，稳定货币价值。供给学派虽然同意货币主义的基本观点，但在控制货币数量增长的目的和措施上，同货币学派大相径庭。供给学派认为，控制货币数量增长的目的不应只是与经济增长相适应，而是为了稳定货币价值。货币价值保持稳定,人们的通货膨胀心理就会消失。在安排货币收入时,人们就乐意保存货币,不去囤积物资,选择生产性投资,不做投机性投资。同时,货币价值稳定又是保证财政政策,发挥促进经济增长的必要条件。如何保持货币价值稳定,拉弗、万尼斯基、肯普等坚持必须恢复金本位制。

(四)货币学派理论

货币学派是20世纪50~60年代,在美国出现的一个经济学流派,亦称货币主义,其创始人为美国芝加哥大学教授弗里德曼。第二次世界大战后,美英等国家长期推行凯恩斯主义扩大有效需求的管理政策,虽然在刺激生产发展、延缓经济危机等方面起了一定作用,但同时却引起了持续的通货膨胀。弗里德曼从20世纪50年代起,以制止通货膨胀和反对国家干预经济相标榜,向凯恩斯主义的理论和政策主张提出挑战。货币学派在理论上和政策主张方面,强调货币供应量的变动是引起经济活动和物价水平发生变动的根本的和起支配作用的原因,布伦纳于1968年使用"货币主义"一词来表达这一流派的基本特点,此后被广泛沿用于经济学文献之中。

货币学派的政策主张:

(1) 货币需求函数是一个稳定的函数。货币需求函数是一个稳定的函数,指平均经常自愿在身边贮存的货币数量与决定它的为数不多的几个自变量(如财富或收入、债券、股票等的预期收益率和预期的通货膨胀率等)之间,存在着一种稳定的并且可以借助统计方法加以估算的函数关系。弗里德曼还在1963年出版的《1867~1960年美国货币史》中估算出两个经验数据。其一是货币需求的利率弹性为-0.15,即利率增(减)1%,对货币的需求量减少(增加)0.15%,于是认为利率的变化对货币流通速度的影响是微不足道的。另一个数据是货币的收入弹性为1.8,即人们的收入增(减)1%,对货币的需求量增(减)1.8%,这就意味着从长期趋势来看,货币的流通速度将随着国民收入的增长而有递减的趋势。

(2) 货币供应量的变化是引起名义国民收入发生变化的主要原因。假如货币供应量的变化会引起货币流通速度的反方向变化,那么,货币供应量的变化对于物价和产量会发生什么影响,将是不确定的、无法预测的。弗里德曼突出强调货币需求函数是稳定的函数,正在于尽可能缩小货币流通速度发生变化的可能性及其对产量和物价可能产生的影响,以便在货币供应量与名义国民收入之间建立起一种确定的可以作出理论预测的因果关系。

(3) 货币供应量只在短期内影响产量和物价。在短期内,货币供应量的变化主要影响产量,部分影响物价,但在长期内,产出量完全是由非货币因素(如劳动和资本的数量,资源和技术状况等)决定的,货币供应只决定物价水平。

(4) 市场机制自身具有稳定性。经济体系本质上是稳定的,只要让市场机制充分发挥其调节经济的作用，经济将在一个可以接受的失业水平条件下稳定发展，凯恩斯主义调节经济的财政政策和货币政策不是减少了经济的不稳定，而是加强了经济的不稳定性。因此，弗里德曼强烈反对国家干预经济，主张实行一种"单一规则"的货币政策。这就是把货币存量作为唯一的政策工具，由政府公开宣布一个在长期内固定不变的货币增长率，这个增长率应该是在保证物价水平稳定不变的条件下与预计的实际国民收入在长期内会有的平均增长率相一致。

（五）里根经济学的政策主张

里根经济学的主要内容是通过削减政府开支和控制货币供应量的增长，降低通货膨胀率；通过减税和加速企业折旧，以及改革一系列有碍于生产的规章制度，为企业经营者提供宽松的环境和市场自由竞争的政策空间，调动企业经营者和投资者各方面的积极性，摆脱停滞和膨胀，促进经济的稳定和发展。里根的经济发展总体思路是以供给学派的减税政策来对付经济停滞，以货币学派的控制货币供应量来对付通货膨胀。里根总统执政期间实行的经济措施主要包括削减政府预算以减少社会福利开支，控制货币供给量以降低通货膨胀，减少个人所得税和企业税以刺激投资，放宽企业管理规章条例以减少生产成本。1981年2月，里根向国会提出的经济复兴计划就是这两个学派经济理论观点相结合的产物，它集中体现了里根经济学的主要内容。这个计划的要点是：削减财政开支（不包括军费），特别是社会福利开支，减少财政赤字，至1984年实现预算收支平衡；大规模减税，减少个人所得税，对企业实施加快成本回收制度等，给企业以税收优惠；放松政府对企业规章制度的限制，减少国家对企业的干预；严格控制货币供应量的增长，实行稳定的货币政策以抑制通货膨胀。

里根经济学的政策主张：

里根经济学的基本主张有以下几点：摒弃需求管理对工资、物价的控制和随机应变的货币政策。主张采用减税和紧缩政府开支，实行预算平衡和货币供应量的稳定增长。放松政府对企业的限制和干预，通过刺激供给、自由竞争，使美国经济达到自动复兴和发展。

里根经济学在实践中奉行供给学派和货币学派的理论，纠正了凯恩斯学派的某些片面性，但也遇到了不少麻烦，比如，减税和增加军费同时并举，造成财政上的超分配和财力不堪重负，从而导致美国经济新的困难和不平衡。由此可见，里根政府理论上反对干预。但实际上并没有放弃干预。正如一些经济学家所称：里根政府所实行的是没有凯恩斯的凯恩斯主义，或是没有凯恩斯主义的凯恩斯效应。虽然信奉供给、货币学派理论，反对凯恩斯主义，但在进行宏观经济调控的实践中，他并不为所确认的理论观点所束缚，而是吸收了各派的长处，综合运用。比如，为了摆脱经济困难，在实践中，他运用凯恩斯学派所主张的通过增减政府开支调节社会总需求的政策，供给学派所主张的通过减税和放松对经济的干预来刺激供给增加的政策，以及货币学派所主张的控制货币供应量的增长，稳定货币政策等综合地运用于政府对经济的宏观调控，从而在一定程度上实现了摆脱滞胀和控制通货膨胀的经济目标。里根经济学的成功之处，不仅在于有一套经济政策，更在于它以高利率作为膨胀的财政政策与紧缩的货币政策同步策应的支持点和平衡点所形成的新机制。

三、1978年以来财政货币政策梳理

（一）1978年~1993年的财政货币政策

1978年，我国开始实行改革开放的政策，我国由社会主义计划经济转变为社会主义市场经济，社会主义现代化建设开始大踏步地向前推进。总的来说，改革开放的成绩有目共睹，国民经济高速发展，人民生活水平得到了很大的改善和提高。但各个时期的财政政策却有所不同。

改革开放初始，我国财政的地位和作用不断弱化，由于增加了财政支出，而财政收入占GDP的比重和中央财政收入占全部财政收入的比重却逐年降低，这就导致了我国1979年的财政赤字就达到了一百亿元以上。从此，我国的财政改革在很长一段时间内都是执行"放权让路"的政策，各地方政府开始自行收费和建立"小金库"，以满足地方财政支出的需要，这也使得中央政府的财政职能和宏观调控能力不断下降。与此同时，由于银行资金充足，使得银行放贷增加，替代了一部分财政职能，甚至发展到要"独木撑天"的地步。但是，正是由于货币政策的过度使用，导致了我国的货币供给量大量增加，从而也使得我国的通货膨胀日益严重，国民经济发展受到影响。

（二）1993年~1995年的财政货币政策

政策类型：紧缩性财政政策与紧缩性货币政策

制定背景：在1993年到1995年这一阶段中国经济的市场化程度开始迅速提高，经济总量不断扩大，GDP高速增长（见图1-1），微观经济主体的活跃程度也在提高。但与此同时，在有效供给不足的背景下，经济过热也导致了通货膨胀的风险积累。1993年开始，我国通货膨胀压力不断增大，CPI增长速度高达25%（见图1-2）。金融业进入了无序状态，大量的金融业资金集中于沿海地区的房地产市场，银行、金融机构和地方政府为了实现各自不同的利益，逃避央行的规定和监管，为房地产大量融资，使得货币量超量投放，信贷规模一再突破国家计划，广义货币M2的增长率高达35%（见图1-1）。再加上国内巨大的需求压力和高涨的投资需求，

财政赤字（见图1-3）和货币供应超常增长，通货膨胀全面爆发。为了有效抑制国家通货膨胀的不良发展趋势，引导国民经济良性发展，我国从1993年开始实施"双紧"的政策组合，即紧缩性的财政政策和紧缩性的货币政策。

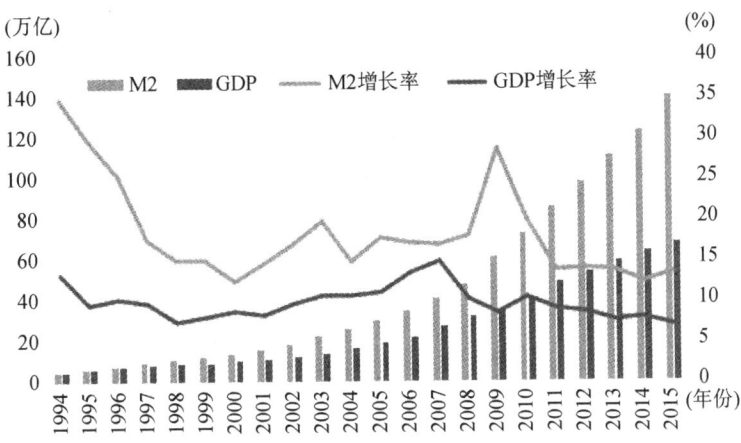

图1-1　1994~2015年我国GDP、M2及其增长率

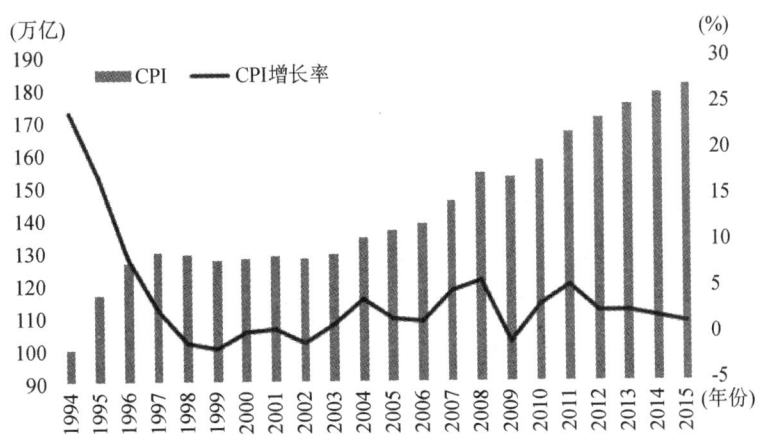

图1-2　1994~2015年我国CPI及其增长率（定基指数，1994年=100）

具体内容：国家从1993年开始采取宏观调控措施，当年9月发布16条措施，包括：提高存贷款利率、控制信贷规模、制止乱集资、发行国库券、削减基建投资、通过审核排队的方式严控新开工项目、严格审批和认真清理开发区、停止出台新的价格改革措施。1994年，各项措施都更为严厉，并且对部分产品实行直接的价格管制。1995年，又两次提高贷款利率。与此同时，两大政策配合也逐渐获得制度改革方面的基础，其中1994年的税制和分税制改革逐渐奠定了公共财政的基础，而1995年通过的《中国人民银行法》也使得货币政策制定进一步得以独立。应该说这

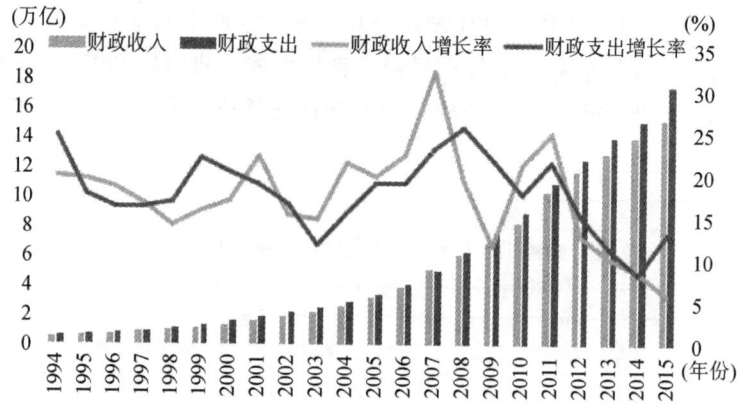

图1-3 1994~2015年全国公共财政收入、支出及其增长率

期间两大政策的协调出现了一些新的变化，包括调控手段多样化配合、调控技巧改善、驾驭宏观经济能力有所提高，这对于实现经济"软着陆"起到了较大作用。需要指出的是，始于1994年的外汇体制改革，不仅使得货币政策开始考虑开放经济条件下的新问题，而且也引发了未来两大政策配合的新层面。

政策效果：紧缩在1996年之后取得了明显效果，物价指数下降，CPI涨幅降至10%且此后几年CPI稳定在130（定义1994年的CPI为100调整得到的定基指数）左右，零售物价涨幅降到6.1%，通货膨胀得到控制；GDP增长率也有所下降，回落至9.7%，但仍然保持在10%左右的高位，中国经济成功实现了"软着陆"。宏观调控的预期目标基本实现。

（三）1996年~1997年的财政货币政策

政策类型：适度从紧的财政政策与适度从紧的货币政策

制定背景：1993至1995年"双紧"的财政货币政策收到明显成效，通货膨胀得到控制，国民经济实现"软着陆"。当年，零售物价涨幅降到6.1%，经济增长率逐步回落到9.7%。宏观调控的预期目标基本实现，所以实行稳定的货币政策。

具体内容：自国民经济实现"软着陆"后，货币政策就开始灵活微调，从"适度从紧"转变为"适度放松"，1996年和1997年按货币政策连续3次降息，表明要适当改变抽紧银根的货币政策，为确保经济的稳定向前发展奠定了基础。

政策效果：这3次降息出台的时机非常及时，为确保1998年经济增长8%起到了重要作用。经过我国政策的协调配合，我国经济出现了"两个转变"：一是由卖方市场开始转变为买方市场；二是由粗放型经济转变为集约型经济。两个转变标志着我国的经济进入了相对稳定的增长新周期，市场经济发展得更加成熟，为我国的经济转型和人民生活水平的提高做好了必要的准备。

(四) 1998年~2002年应对东南亚金融危机的财政货币政策

政策类型：积极的财政政策与稳健的货币政策

制定背景：进入1997年下半年后，以7月2日泰铢贬值为起始的亚洲金融危机迅速扩大蔓延，世界经济增势减缓，贸易和投资受到重大影响。在极为严峻的国际经济环境下，我国坚持人民币不贬值的方针，在国际经济事务中成功树立起负责任的大国形象。由于中国实行比较谨慎的金融政策并采取了一系列防范金融风险的措施，在危机中未受到直接冲击，金融和经济继续保持稳定。但东南亚金融危机使我国的外贸出口受到很大的影响，1998年我国出口仅增长0.5%，进出口总额下降0.4%，实际利用外资下降9.1%，外汇储备增速减缓。而这些年来我国经济的增长有相当大的比重来之于外贸出口，进而也严重影响了我国的国民经济，1998年，GDP增长率降至7.3%（见图1-1）。与此同时，国内出现买方市场，部分商品因多年来的重复建设严重供大于求。此外，国内遭遇特大洪涝灾害。在内外因素的综合作用以及前几年紧缩政策调控的惯性影响下，物价出现下降，当年10月份零售物价开始出现负增长，CPI连续两年降低（见图1-2）。同时，国内供大于求的格局加剧，社会商品零售总额仅增长6.8%，增幅为20世纪90年代以来的最低水平。公众预期降低，经济循环受阻，国民经济出现通货紧缩的迹象，存在振荡衰退、大幅下滑的危险。

具体内容：党中央、国务院审时度势，及时制定扩大内需的方针，实行积极的财政政策和稳健的货币政策，政府采取一系列促进经济增长的政策措施，力图确保8%的经济增长速度。在财政政策方面，大力发行国债；大规模地增加基础设施建设；扩大政府采购规模和投资力度；大幅度提高职工的工资，开征储蓄存款利息所得税；扩大转移支付；实施财政赤字政策。1998年下半年新增加的1000亿特别国债（即中央银行向商业银行发行）。1999年国务院增发1000亿元财政政策，重点用于基础设施建设投资。2000年，一是发行1000亿元长期国债，重点投向水利、交通、通信等基础设施的建设，科技和教育设施建设，环境整治与生态设施的建设以及企业的改造，并向中西部地区倾斜。二是继续贯彻落实去年出台的调整收入分配的各项措施，保障中低收入居民的收入稳定增长。三是进一步运用税收、价格等手段，并继续清理某些限制性消费的政策和法规，鼓励投资，促进消费，增加出口。2001年继续发行1500亿元的长期建设国债，集中用于建设项目和西部开发项目。实施积极的财政政策，扩大内需（教育、医疗和地产），以拉动国民经济的增长。

在货币政策方面，采取的主要措施有取消国有商业银行的贷款规模限制；降低法定存款准备率；下调存贷款利率，1998年7月1日第五次降息主要是降低中长期贷款利率，存款利率年均下调0.49个百分点，贷款利率平均下调1.12个百分点，截至 1999 年，已连续 7 次降息；逐步扩大公开市场业务；改革存款准备金制度；扩大对中小企业贷款利率的浮动幅度。

此间，两大政策协调的一个重点，是集中在为建设项目和企业共同提供流动性和信用支持方面，试图通过刺激微观主体的活力，来带动有效需求的提高。

政策效果：应对此次金融危机，我国政府采取适宜的财政货币政策，保持了经济持续稳定的发展，物价稳定，2000 年 GDP 的增长率回升至 8.6%，此后保持较高速增长（见图 1-1），居民消费价格指数从零增长或负增长的波谷走出且相对稳定（见图 1-2）。这实际上是一个"松财政、稳货币"的优良政策组合，有效遏制了经济衰退和通货紧缩，应当说是一次比较成功的政策组合应用。此外，对缓解亚洲经济紧张形势、带动亚洲经济复苏也发挥了重要作用。

（五）2003 年~2005 年的财政货币政策

政策类型：积极（稳健）的财政政策与稳健的货币政策

制定背景：2003 年上半年经济还没有出现过热的情况，居民消费价格指数增长并不快，但存在煤电油运紧张的隐患，工业品出厂价格指数增长过快。从下半年开始，中国经济形势再次发生变化，出现了通货膨胀压力加大、信贷和投资增长过快、外资流入偏多等问题。

具体内容：2003 年开始实行积极的财政政策，稳健的货币政策，抑制通货膨胀，2004 年宏观调控"进中求稳"逐步调减发债规模，今年拟发行国债 1100 亿元，比上年减少 300 亿元。优化信贷结构，既要支持经济增长，又要防止通货膨胀和防范金融风险。2005 年，稳中求进，稳中保进，将实施财政与货币政策"双稳健"的组合，后一段时间内的宏观经济政策将是"结构导向的宏观调控政策"，将继续体现有保有压和有紧有松的原则，在方式上仍然是采取灵活微调的方式，在手段上将更加注重运用法律和市场手段。

政策效果：煤电油运供应紧张局面得到大大的缓解，经济相对平稳。

（六）2006 年~2007 年的财政货币政策

政策类型：稳健的财政政策与稳健的货币政策

制定背景：2005 年后，煤电油运供应紧张局面得到大大的缓解。但经济运行又出现了新问题，一些城市房地产价格急剧上涨，国家连续出台针对房地产业的经济政策，包括增加税收、提高首付比例、提高贷款利率、调整住房供应结构、推进廉租房和经济适用房的建设。

具体内容：2006 年实行稳健的财政政策和稳健的货币政策，继续适当减少长期建设国债发行规模和财政赤字。要保持货币信贷适度增长，优化信贷结构，创新金融产品。2007 年 4 月 15 日，取消或降低了部分钢材产品的出口退税率；6 月 1 日，对 142 项 "两高一资" 产品调高或开征出口关税；7 月 1 日，再次调整 2831 项商品的出口退税政策；5 月 30 日，财政部将证券交易印花税税率由千分之一上调为千分之三；8 月 15 日起，将储蓄存款利息所得个人所得税的适用税率由 20% 调减为 5%；6 月 29 日，全国人大常委会批准了由财政部发行 15500 亿元特别国债购买外汇的议案。前三个政策是为了减少贸易顺差，缓解流动性过剩的压力；第四和第五个是针对逐渐升温、投机气氛浓厚的证券市场；第六个是为了缓解流动性偏多、提高外汇经营收益，确保宏观经济稳定运行。2007 年一是适当减少财政赤字和长期建设国债规模。二是政府预算支出和政府投资要优化结构，突出重点。三是合理安排中央财政超收收入。合理调控货币信贷量，有效缓解银行资金流动性过剩的问题。2007 年，针对银行体系流动性偏多、货币信贷扩张压力较大、价格涨幅上升的形势，货币政策逐步从 "稳健" 转为 "从紧"。

政策效果：促进了经济的增长，有效地缓解了银行资金流动性过剩的问题。2007 年我国保持宏观经济政策的连续性和稳定性，继续实施稳健的财政政策和货币政策，加大对重点领域和薄弱环节的支持力度。稳健财政政策的总体思路可以用 16 个字概括，即 "控制赤字、调整结构、推进改革、增收节支"。

（七）2008 年～2010 年应对美国金融危机的财政货币政策

政策类型：积极的财政政策与适度宽松的货币政策

制定背景：2007 年之后，居民价格消费指数加速上涨（见图 1-2），宏观调控措施更加严厉，一年之内 10 次上调存款准备金率，从 9.5% 上调至 14.5%（见图 1-4），5 次提高存贷款利率。国际上，由 2008 年 3 月贝尔斯登被摩根大通以 2.4 亿美元低价收购而始的次贷危机持续加剧，国际金融危机迅速达到白热化阶段，并席卷全球，许多企业纷纷宣布破产，我国也不例外。面对国际金融危机加剧、国内通胀压力等情况，我国实施积极的财政政策和适度宽松的货币政策。

具体内容：2008 年开始，宏观调控的首要任务是防止经济增长由偏快转为过热，防止价格由结构性上涨转为明显通货膨胀，按照控总量、稳物价、调结构、促平衡的基调做好宏观调控工作。采取积极宽松的财政政策，包括结构性减税、推进税费的改革、增加财政支出、优化财政支出结构等。2008 年，财政部将证券交易印花税税率由 0.3% 调低至 0.1%，将股票交易印花税调整为单边征税，对储蓄存款利息所得暂免征收个人所得税，全国统一停止征收个体工商户管理费和集贸市场管理费，将部分纺织品、服装的出口退税率由 11% 提高到 13%，保证人民币的币值；全国公共财政支出约 6.13 万亿，增长率为 25.7%，达到了 1994 年以来的最高水平（见图 1-3）。2009 年，继续实施宽松的财政政策，政府投入 40000 亿拉动内需；加强公共财政的社会保障、医疗等方面的支出以及实施产业振兴计划。2010 年，保持适度的财政赤字和国债规模，安排财政赤字 10500 亿元，其中中央财政赤字 8500 亿

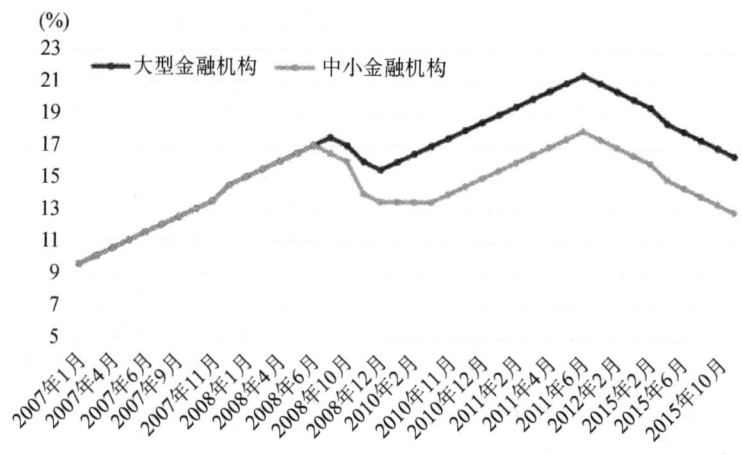

图1-4 2007年以来我国存款准备金率走势图

元,继续代发地方债2000亿元并纳入地方财政预算。同时投入更多财力改善民生、促进社会和谐。中央财政预算安排粮食直补、农资综合补贴、良种补贴、农机具购置补贴支出1334.9亿元,进一步增加农民补贴;用在与人民群众生活直接相关的教育、医疗卫生、社会保障和就业、保障性住房、文化等方面的民生支出合计安排8077亿元,增长8.8%;安排环境保护支出1412亿元,增长22.7%;安排科学技术支出1632亿元,增长8%。

实行适度宽松的货币政策,确保银行体系流动性充分供应,保持货币信贷合理增长,以诸多举措加大金融对经济增长支持力度。2008年,M2增长率达18%(见图1-1),10月起连续三次降低存款准备金率(见图1-4)。2009年,改善金融调控,优化信贷结构,进一步理顺货币政策传导机制,保证资金渠道畅通,加强改进金融监管,保证货币供给总量,满足经济发展需求,M2增长高达28.5%(见图1-1),新增贷款5万亿元以上。《中国货币政策执行报告(2009年第二季度)》指出下阶段中国人民银行将坚定不移地继续落实适度宽松的货币政策,根据国内外经济走势和价格变化,注重运用市场化手段进行动态微调。2010年M2增幅有所回落,但仍保持在19%这一较高水平。

政策效果:2010年以来,中国经济继续回升向好,工业生产强力反弹,国内需求强劲,三大动力协调性增强,经济发展总体上呈"高增长、低通胀"的良好态势。由于发达国家经济复苏乏力、新兴经济体增长动力减弱,2011年世界经济形势复杂多变,难言乐观。作为我国"十二五"的开局之年,在外需疲弱、政策调控和成本上升等因素的影响下,2011年我国经济总体上谨慎乐观:全年GDP增长9%左右,比2010年回落约1个百分点(见图1-1);CPI上涨5.3%左右,略高于2010年(见图1-2)。宏观政策总体趋于稳健,财政政策更加强调结构调整和"包容性增长",货币政策趋于中性,更加强调管理通胀预期,加强与财政政策的配合,利率、汇率微有上升。经济运行总体上依然呈"高增长、低通胀"态势。

(八) 当前财政货币政策定位

2011年起，我国告别"积极的财政政策和适度宽松的货币政策"组合，转而实施"积极的财政政策和稳健的货币政策"。这一财政政策相对扩张、货币政策相对中性的政策组合拳一直延续至今。"财政货币政策基调之所以四年不变，与这几年类似的经济形势有关。"前任财政部财科所所长贾康说，"国际金融危机冲击下，我国经济发展下行压力加大且面临种种不确定性，实行一松一紧的调控政策，既有利于防范前几年积累的流动性带来的物价上涨压力，也能更好地突出结构导向，增加有效供给。""名称的延续并不意味着政策是不变的。"社科院财经战略研究院院长高培勇认为，随着经济形势变化，宏观调控思路也会有新变化。当前存在的通胀压力和以地方债风险为代表的金融风险，会成为拖住货币政策手脚的两大矛盾，要实现经济稳中求进，还需借助积极的财政政策。

1. 2011年的财政货币政策：

政策类型：积极的财政政策与稳健的货币政策

制定背景：2010年以来，中国经济继续回升向好，工业生产强力反弹，国内需求强劲，三大动力协调性增强，经济发展总体上呈"高增长、低通胀"的良好态势，GDP增幅保持在8%左右（见图1-1），CPI增幅稳定在2%左右（见图1-2）。而这期间，发达国家经济复苏乏力、新兴经济体增长动力减弱，2011年世界经济形势复杂多变，难言乐观。作为我国"十二五"的开局之年，在外需疲弱、政策调控和成本上升等因素的影响下，2011年我国经济总体上谨慎乐观。

具体内容：宏观政策总体趋于稳健，财政政策更加强调结构调整和"包容性增长"，货币政策趋于中性，更加强调管理通胀预期，加强与财政政策的配合，利率、汇率微有上升。财政政策重在"调结构"和"稳增长"。财政部部长谢旭人在中国发展高层论坛2011年会上阐述了我国当前财政政策和财税体制改革的总体思路。他说，作为"十二五"开局之年，2011年我国将从完善财政体制、推进预算管理制度改革、深化税制改革三方面进一步深化财税体制改革。2011年将调减营业税，将部分容易产生环境污染、大量消耗资源的产品以及部分高档消费品纳入消费税的征收范围，提高个人所得税工薪所得费用扣除标准，重庆市试点向个人房产征收房产税，国务院常务会议研究部署进一步做好房地产市场调控工作。2011年5月4日，国务院常务会议研究部署进一步推进财政预算公开工作。会议强调必须进一步推进财政预算公开，建立健全公开机制，扩大公开范围，细化公开内容，不断提高依法行政、依法理财水平。财政支出方面重民生，中央财政增加安排180亿元，用于公共租赁住房和廉租住房建设、城市棚户区改造及相关基础设施配套补助；增加安排123亿元，用于新农保试点补助，新农保覆盖地区范围从原计划的40%提高至60%；从7

月1日起实施,城镇无收入居民养老保险试点工作。货币政策转向"稳健"或"中性",货币信贷回归常态,M2增幅降至13%(见图1-1);完善人民币汇率形成机制,避免剧烈波动。

政策效果:2011年中国宏观经济将努力凸现出以增长保民生、以民生促增长的协同发展路径,协同增长目标和民生目标是2011年中国宏观经济政策的主旋律。这表明2008年次贷危机冲击后中国宏观经济的调控将从最初"保增长"的短期被动调控逐步过渡到强调"增长与民生协同"的长期主动调控。这一转变也意味着2010年已处于"常态化"增长路径中的中国宏观经济的增长动力将发生变轨,宏观经济由复苏期进入转型期。在经济增长模式期望步入"投资少一点、消费多一点、顺差(储蓄)少一点"的"黄金律"增长路径时,短期宏观政策却遇到了"控通胀、去泡沫"和"稳增长、防下滑"的两难选择,而破解"两难"选择成为短期和中长期宏观政策的着眼点。2011年作为"十二五"的开局之年,一方面,"收入倍增计划"、"保障性住房工程"、"社会安全网构建"、"农村基础设施建设"以及"减税计划"为代表的"民生工程"加速启动;与此同时,"战略新产业规划"、"区域增长规划"效应将延续和提速;这些因素将形成2011年中国宏观经济的上行力量。另一方面,"平衡贸易战略的推进"、"房地产调控政策的持续"、"结构性调整力度的提升"、"进口通胀压力的凸显"、"发达经济体复苏缓慢"以及"国际资本移动的不确定性"等因素将形成宏观经济的下行力量。上行和下行力量的相互交织决定了2011年中国宏观经济将面临复杂的环境,需要通过寻求增长与民生协同的机制来破解"控通胀、去泡沫"和"稳增长、防下滑"的两难格局,这需要更加积极的民生偏向的财政政策来对冲紧缩性的货币政策组合。

2. 2012年的财政货币政策

政策类型:积极的财政政策与稳健的货币政策(偏紧偏松)

制定背景:对于2012年,虽然已定调明年继续实施稳健的货币政策,但在元气尚未恢复的大背景下,此前实质"偏紧"的政策操作正转向"偏松"。"当前国内外经济环境十分复杂,此时我国宏观政策仍需保持稳定,财政政策更是要延续已有的'积极'基调,这对于当前的中国经济至关重要。"财政部财科所所长刘尚希指出,与过去两年的积极财政政策相比,当前的积极财政政策在着力点上已进行调整。"金融危机时我们的主要任务是保增长,现在的主要任务一方面注重保增长,另一方面要向调结构发力,这将会推进我国经济社会发展实现'十二五'规划中转方式、调结构的任务。"

具体内容:财政政策方面:一方面注重的是保增长,另一方面是要向调整结构发力。一是财政赤字规模扩大,突破一万亿元,占到国内生产总值1.5%。二是地方发债将铺开。中国扩大地方政府直接发债试点的范围,对地方债和铁道债等实施所得税减免优惠政策。三是房地产税和结构性都会扩大试点,加大了对房地产业的调控力度。货币政策方面，迫于巨大的保增长压力和货币条件改善的紧迫性，稳健的货币政策实质为定向宽松的货币政策。货币政策定向宽松重点领域为基建、保障房等领域。两次下调存款准备金率各 0.5 个百分点（见图 1-4），发挥差别准备金的动态调整机制的逆周期调节作用，两次下调存贷款基准利率，灵活开展公开市场双向操作，净效应体现为注入流动性功能。下半年，根据流动性供给格局的变化，连续开展逆回购操作，保持流动性合理适度和市场利率平稳运行。M2 增速面临向上拐点，全年增长 13.84%（见图 1-4）。

政策效果：2012 年，经济发展呈现稳中有进的良好态势。全年实现国内生产总值 51.9 万亿元，同比增长 7.8%（见图 1-1）跃升世界第二大经济体，CPI 同比上涨 2.6%，物价涨幅总体回落。消费需求稳定，固定资产投资较快增长，农业生产形势良好，工业生产缓中趋稳。就业形势基本稳定，国际收支更趋平衡。

3. 2013 年的财政货币政策

政策类型：积极的财政政策与稳健的货币政策

制定背景：处于世界经济复苏艰难、国内经济下行压力加大、自然灾害频发、多重矛盾交织的复杂形势。2013 年初，国务院总理温家宝在十二届全国人大一次会议上作政府工作报告时说：为实现今年经济社会发展的主要预期目标，必须继续实施积极的财政政策和稳健的货币政策，保持政策连续性和稳定性，增强前瞻性、针对性和灵活性。十八大报告中也指出，加快改革财税体制，健全中央和地方财力与事权相匹配的体制，完善促进基本公共服务均等化和主体功能区建设的公共财政体系，构建地方税体系，形成有利于结构优化、社会公平的税收制度。建立公共资源出让收益合理共享机制。深化金融体制改革，健全促进宏观经济稳定、支持实体经济发展的现代金融体系，加快发展多层次资本市场，稳步推进利率和汇率市场化改革，逐步实现人民币资本项目可兑换。加快发展民营金融机构。完善金融监管，推进金融创新，提高银行、证券、保险等行业竞争力，维护金融稳定。

具体内容：继续实施积极的财政政策。更好地发挥积极财政政策在稳增长、调结构、促改革、惠民生中的作用。一是适当增加财政赤字和国债规模。今年安排财政赤字 1.2 万亿元，比去年预算增加 4000 亿元，其中中央财政赤字 8500 亿元，代地方发债 3500 亿元。这主要是由于受到结构性减税的滞后效应，今年财政收入增长不会太快，但财政刚性支出增加，特别是要增加保障改善民生支出，保持对经济增长和结构调整的支持力度，适当扩大财政赤字和国债规模是必要的。同时，目前我国债务负担率相对较低，今年增加赤字后，赤字率在 2% 左右，总体上处于安全水平。二是结合税制改革完善结构性减税政策。重点是加快推进营业税改征增值税试点工作，完善试点办法，适时扩大试点地区和行业范围。三是着力优化财政支出结构。继续向教育、医药卫生、社会保障等民生领域和薄弱环节倾斜，严格控制行政经费等一般性支出，勤俭办一切事业。中央预算内投资主要投向保障性安居工程，农业、水利、城市管网等基础设施，社会事业等民生工程，节能减排和生态环境等领域。四是继续加强地方政府性债务管理。妥善处理债务偿还和在建项目后续融资问题，积极推进地方政府性债务管理制度建设，合理控制地方政府性债务水平。

继续实施稳健的货币政策，创新调控思路和方式，保持定力，精准发力，不放松也不收紧银根，适时适度预调微调。根据流动性形势变化，灵活调整流动性操作的方向和力度，综合运用并适时创新流动性管理工具，有效应对多种因素引起的短期资金波动。把握好促进经济增长、稳定物价和防范金融风险之间的平衡。一是健全宏观审慎政策框架，发挥货币政策逆周期调节作用。广义货币M2预期增长目标定为13%左右。综合运用多种货币政策工具，调节市场流动性，保持货币信贷合理增长，适当扩大社会融资规模。完善货币政策传导机制，加强金融监管与货币政策的协调，不断优化监管标准和监管方式。二是促进金融资源优化配置。加大支农再贷款和再贴现支持，引导金融机构加大对经济结构调整特别是"三农"、小微企业、战略性新兴产业等的金融支持，满足国家重点在建续建项目资金需求。拓宽实体经济融资渠道，降低实体经济融资成本。促进资本市场稳定健康发展。三是守住不发生系统性和区域性金融风险底线。引导金融机构稳健经营，加强对局部和区域性风险以及金融机构表外业务风险的监管，提高金融支持经济发展的可持续性，金融市场创新和规范管理进一步加强。四是利率市场化改革迈出新步伐，全面放开金融机构贷款利率管制，建立健全金融机构市场利率定价自律机制，贷款基础利率集中报价和发布机制开始运行，同业存单发行交易稳步推进。五是继续按照主动性、可控性和渐进性原则，进一步完善人民币汇率形成机制。扩大人民币在跨境贸易和投资中的使用。

政策效果：2013年末，广义货币供应量M2同比增长13.6%（见图1-1）。人民币贷款余额同比增长14.1%，比年初增加8.89万亿元，同比多增6879亿元。小微企业、涉农贷款增速均高于各项贷款的平均增速，增量均高于上年，社会融资规模为17.29万亿元，比上年多1.53万亿元。中国经济呈现稳中有进、稳中向好的发展态势。消费平稳增长，投资增长较快，进出口结构优化；农业生产再获丰收，工业生产增速企稳回升；消费价格涨幅和就业基本稳定。全年实现国内生产总值56.9万亿元，同比增长7.7%（见图1-1），居民消费价格涨幅控制在2.6%（见图1-2），粮食产量超过1.2万亿斤，实现"十连增"。城镇居民人均可支配收入实际增长7%，农村居民人均纯收入实际增长9.3%，农村贫困人口减少1650万人，城乡居民收入差距继续缩小。结构调整取得积极成效，服务业增加值比重达到46.1%，首次超过第二产业。中西部地区生产总值比重继续提高，区域发展协调性增强。

4. 2014 年的财政货币政策

政策类型：积极的财政政策与稳健的货币政策

制定背景：我国发展面临的国际国内环境复杂严峻。全球经济复苏艰难曲折，主要经济体走势分化，增长动力不足。国内经济处于增速换挡期、结构调整阵痛期、前期政策消化期三期叠加的复杂情况下，下行压力持续加大，多重困难和挑战相互交织。面对这一形势，我国保持战略定力，稳定宏观经济政策，继续创新宏观调控思路和方式，实行定向调控，激活力、补短板、强实体。把握经济运行合理区间的上下限，抓住发展中的突出矛盾和结构性问题，定向施策，聚焦靶心，精准发力。2013 年 11 月召开的十八届三中全会也指出，财政是国家治理的基础和重要支柱，科学的财税体制是优化资源配置、维护市场统一、促进社会公平、实现国家长治久安的制度保障。必须完善立法、明确事权、改革税制、稳定税负、透明预算、提高效率，建立现代财政制度，发挥中央和地方两个积极性。要改进预算管理制度，完善税收制度，建立事权和支出责任相适应的制度。

具体内容：财政政策的重点是减税、增支力度和优化支出结构。同时应注重短期和中长期结合，通过实行中期财政规划管理实现跨年度平衡，更好地体现政策的前瞻性和财政可持续性，服务全面深化改革大局。从市场充分发挥作用角度考虑，财政政策要特别注意服务于转变政府职能和减少行政审批。实行定向减税和普遍性降费，拓宽小微企业税收优惠政策范围，扩大"营改增"试点。加快财政支出进度，积极盘活存量资金。优化支出结构，严控"三公"经费等一般性支出，据实安排稳增长、惠民生、调结构等重点支出。2014 年持续增加民生投入，保基本、兜底线、建机制，尽管财政收入增速放缓、支出压力加大，但财政用于民生的比例达到 70% 以上。全民医保覆盖面超过 95%，基层医疗卫生机构综合改革深化，县乡村服务网络逐步完善。增加一般性转移支付规模和比例，清理、整合、规范专项转移支付。

继续实行稳健的货币政策，更加注重松紧适度，适时适度预调微调，为经济结构调整与转型升级营造中性适度的货币金融环境，促进经济科学发展、可持续发展。增强主动提供基础货币的能力，综合运用公开市场操作、短期流动性调节工具、常备借贷便利等多种货币政策工具，保持流动性合理充裕，创设中期借贷便利（MLF）和抵押补充贷款工具（PSL），引导金融机构向国家政策导向的实体经济部门提供低成本资金。非对称下调存贷款基准利率，增强公开市场操作利率弹性，引导社会融资成本下行。两次实施定向降准（见图 1-4），改进合意贷款管理，发挥差别准备金动态调整机制的逆周期调节和信贷引导功能，新增信贷政策支持再贷款，构建中央银行抵押品管理框架，加大再贷款、再贴现政策力度，加强信贷政策的结构引导作用，鼓励金融机构更多地将信贷资源配置到"三农"、小微企业等重点领域和薄弱环节，小微企业、"三农"贷款增速比各项贷款平均增速分别高 4.2 和 0.7

个百分点。加强和改善宏观审慎管理,坚决守住不发生区域性系统性风险的底线。优化政策组合,保持适度流动性,实现货币信贷及社会融资规模合理增长。

政策效果:2014年末,广义货币供应量M2余额同比增长12.2%(见图1-1)。人民币贷款余额同比增长13.6%,比年初增加9.78万亿元,同比多增8900亿元。全年社会融资规模为16.46万亿元。中国经济在合理区间平稳运行,结构调整呈现积极变化。第三产业增加值比重继续提高,城乡居民收入差距进一步缩小,消费对经济增长的贡献提高。消费价格温和上涨,就业形势稳定。全年国内生产总值同比增长7.4%(见图1-1);就业稳,城镇新增就业1322万人,高于上年;价格稳,居民消费价格上涨2%。"进"的总体特征是,发展的协调性和可持续性增强。经济结构有新的优化,粮食产量达到1.21万亿斤,消费对经济增长的贡献率上升3个百分点,达到51.2%,服务业增加值比重由46.9%提高到48.2%,新产业、新业态、新商业模式不断涌现。

5. 2015年的财政货币政策

政策类型:积极的财政政策与稳健的货币政策

制定背景:中国经济进入增速阶段性回落的"新常态"时期,从高速增长转为中高速增长;经济结构不断优化升级,第三产业逐步成为主体;从要素驱动、投资驱动转向创新驱动。国际上,世界经济增速为6年来最低,国际贸易增速更低,大宗商品价格深度下跌,国际金融市场震荡加剧,美元强势回归,对我国经济造成直接冲击和影响。国内也面临着深层次矛盾凸显、经济下行压力加大。面对复杂严峻的国际国内形势,宏观调控应以"盘存量,控增量,提效率"为主要着眼点,财政政策要更有效,货币政策要更灵活。继续加大政策创新力度,注重政策合力、提高政策效率,这是取得"短期与长期"、"周期与结构"、"风险与效率"之间平衡的关键。

具体内容:积极的财政政策注重加力增效,扩大结构性减税范围,实行普遍性降费,盘活财政存量资金。公共财政支出175767.78亿元,增长13.2%(见图1-3),财政赤字1.62万亿,赤字率为2.3%,同比增长0.2个百分点,其中中央1.12万亿,地方5000亿。发行地方政府债券置换存量债务3.2万亿元,降低利息负担约2000亿元,减轻了地方政府偿债压力,并创新和完善地方政府举债融资机制。扩大有效投资,设立专项基金,加强水利、城镇棚户区和农村危房改造、中西部铁路和公路等薄弱环节建设。大力盘活存量资金,提高资金使用效率。中央对地方专项转移支付项目减少三分之一,一般性转移支付规模增加。税收体制改革深入推进,营改增稳步实施,资源税从价计征范围扩大。继续实行结构性减税和普遍性降费,进一步减轻企业特别是小微企业负担。紧扣增进民生福祉,推动社会事业改革发展。在财力紧张情况下,保障民生力度继续加大。推出新的政策,重点解决高校毕业生和就业困难群体的就业创业问题。

稳健的货币政策注重松紧适度，加强预调微调，进一步增强调控的针对性和有效性。一是综合运用公开市场操作、中期借贷便利、普降金融机构存款准备金率（见图1-4）等多种工具合理调节银行体系流动性，弥补外汇占款减少等形成的流动性缺口，保持银行体系流动性合理充裕。二是五次下调人民币存贷款基准利率，九次引导公开市场逆回购操作利率下行，适时下调信贷政策支持再贷款、中期借贷便利和抵押补充贷款利率，更加注重稳定短端利率，探索常备借贷便利利率发挥利率走廊上限作用，充分运用价格杠杆稳定市场预期，引导融资成本下行，让更多的金融活水流向实体经济。三是实施定向降准，扩大信贷资产质押和央行内部评级试点，发挥差别准备金动态调整机制的逆周期调节和结构导向作用，多次调增再贷款、再贴现额度，扩展抵押补充贷款发放范围，引导金融机构将更多信贷资源配置到小微企业、"三农"和棚户区改造等国民经济重点领域和薄弱环节。

政策效果：2015年末，广义货币供应量M2余额同比增长13.3%，比上年末高1.1个百分点（见图1-1）。人民币贷款余额同比增长14.3%，比上年末高0.6个百分点，社会融资规模存量同比增长12.4%。人民币对美元汇率中间价为6.4936元，CFETS人民币汇率指数为100.94，人民币对一篮子货币保持了基本稳定。经济运行保持在合理区间。国内生产总值达到67.7万亿元，增长6.9%（见图1-1），在世界主要经济体中位居前列。粮食产量实现"十二连增"，居民消费价格涨幅保持较低水平（见图1-2）。人民生活进一步改善。全国居民人均可支配收入实际增长7.4%，快于经济增速。就业形势总体稳定，城镇新增就业1312万人。结构调整取得积极进展，服务业在国内生产总值中的比重上升到50.5%，消费对经济增长的贡献率达到66.4%。高技术产业和装备制造业增速快于一般工业。单位国内生产总值能耗下降5.6%。发展新动能加快成长。创新驱动发展战略持续推进，互联网与各行业加速融合，新兴产业快速增长。大众创业、万众创新蓬勃发展，全年新登记注册企业增长21.6%，平均每天新增1.2万户。新动能对稳就业、促升级发挥了突出作用，正在推动经济社会发生深刻变革。

6. 2016年的财政货币政策

政策类型：积极的财政政策与稳健的货币政策

制定背景：从国际看，世界经济深度调整、复苏乏力，国际贸易增长低迷，金融和大宗商品市场波动不定，地缘政治风险上升，外部环境的不稳定不确定因素增加，对我国发展的影响不可低估。从国内看，长期积累的矛盾和风险进一步显现，供求的结构性矛盾依然突出，供给过剩和供给不足并存。经济下行压力加大，主要来自资源能源等传统产业和产能过剩行业。经济增速换挡、结构调整阵痛、新旧动能转换相互交织，同时新动能正在孕育，国民经济处在结构调整和转型升级的关键时期。要解决好当前面临的结构性问题，关键是要在适度扩大总需求的同时，加快推进供给侧结构性改革，抓好去产能、去库存、去杠杆、降成本、补短板五大任务，更充分地发挥市场在资源配置中的决定性作用,提高增长的质量和效益。继续实施积极的财政政策和稳健的货币政策,创新宏观调控方式,加强区间调控、定向调控、相机调控,统筹运用财政、货币政策和产业、投资、价格等政策工具,采取结构性改革尤其是供给侧结构性改革举措,为经济发展营造良好环境。

具体内容:积极的财政政策要加大力度。今年拟安排财政赤字2.18万亿元,比去年增加5600亿元,赤字率提高到3%。其中,中央财政赤字1.4万亿元,地方财政赤字7800亿元。安排地方专项债券4000亿元,继续发行地方政府置换债券。适度扩大财政赤字,主要用于减税降费,进一步减轻企业负担。今年将采取三项举措。一是全面实施营改增,从5月1日起,将试点范围扩大到建筑业、房地产业、金融业、生活服务业,并将所有企业新增不动产所含增值税纳入抵扣范围,确保所有行业税负只减不增。二是取消违规设立的政府性基金,停征和归并一批政府性基金,扩大水利建设基金等免征范围。三是将18项行政事业性收费的免征范围,从小微企业扩大到所有企业和个人。预计今年将比改革前减轻企业和个人负担5000多亿元。同时,适当增加必要的财政支出和政府投资,加大对民生等薄弱环节的支持。创新财政支出方式,优化财政支出结构。进一步压缩中央专项转移支付规模,今年一般性转移支付规模增长12.2%。建立规范的地方政府举债融资机制,对财政实力强、债务风险较低的,按法定程序适当增加债务限额。加快财税体制改革,合理确定增值税中央和地方分享比例。确立地方税,在税政管理权限方面给地方适当放权。全面推开资源税从价计征改革,依法实施税收征管。

稳健的货币政策要灵活适度。今年广义货币M2预期增长13%左右,社会融资规模余额增长13%左右。要统筹运用公开市场操作、利率、准备金率、再贷款等各类货币政策工具,保持流动性合理充裕,疏通传导机制,降低融资成本,加强对实体经济特别是小微企业、"三农"等支持。深化金融体制改革,加快改革完善现代金融监管体制,提高金融服务实体经济效率,实现金融风险监管全覆盖。深化利率市场化改革,继续完善人民币汇率市场化形成机制,保持人民币汇率在合理均衡水平上基本稳定。推进股票、债券市场改革和法治化建设,促进多层次资本市场健康发展,提高直接融资比重。加强全口径外债宏观审慎管理,整顿规范金融秩序,严厉打击金融诈骗、非法集资和证券期货领域的违法犯罪活动,坚决守住不发生系统性区域性风险的底线。

7. "十三五"规划财政税收货币政策重点及目标

"十三五"规划指出,在未来五年经济社会发展的主要目标有:保持经济中高速增长,推动产业迈向中高端水平。实现全面建成小康社会目标,到2020年国内生产总值和城乡居民人均收入比2010年翻一番,"十三五"时期经济年均增长保持在6.5%以上。加快推进产业结构优化升级,实施一批技术水平高、带动能力强的重大工程。到2020年,先进制造业、现代服务业、战略性新兴产业比重大幅提升,全员劳动生产率从人均8.7万元提高到12万元以上。强化创新引领作用，为发展注入强大动力，到2020年，力争在基础研究、应用研究和战略前沿领域取得重大突破，全社会研发经费投入强度达到2.5%，科技进步对经济增长的贡献率达到60%，迈进创新型国家和人才强国行列。推进新型城镇化和农业现代化，缩小城乡区域差距，促进城乡区域协调发展。推动形成绿色生产生活方式，加快改善生态环境。深化改革开放，构建发展新体制。持续增进民生福祉，使全体人民共享发展成果。建立健全更加公平更可持续的社会保障制度。实施义务教育学校标准化、普及高中阶段教育、建设世界一流大学和一流学科等工程。完善收入分配制度，缩小收入差距，提高中等收入人口比重。完善住房保障体系，城镇棚户区住房改造2000万套等。

规划指出，未来五年我国财政税收货币政策重点是，深化财税体制改革，建立健全有利于转变经济发展方式、形成全国统一市场、促进社会公平正义的现代财政制度，建立税种科学、结构优化、法律健全、规范公平、征管高效的税收制度。建立事权和支出责任相适应的制度，适度加强中央事权和支出责任，考虑税种属性，进一步理顺中央和地方收入划分，调动各方面积极性。建立全面规范、公开透明预算制度，完善政府预算体系，实施跨年度预算平衡机制和中期财政规划管理。建立规范的地方政府举债融资体制。健全优先使用创新产品、绿色产品的政府采购政策。

加快金融体制改革，提高金融服务实体经济效率。健全商业性金融、开发性金融、政策性金融、合作性金融分工合理、相互补充的金融机构体系。构建多层次、广覆盖、有差异的银行机构体系，扩大民间资本进入银行业，发展普惠金融，着力加强对中小微企业、农村特别是贫困地区金融服务。积极培育公开透明、健康发展的资本市场，推进股票和债券发行交易制度改革，提高直接融资比重，降低杠杆率。开发符合创新需求的金融服务，推进高收益债券及股债相结合的融资方式。推进汇率和利率市场化，提高金融机构管理水平和服务质量，降低企业融资成本。规范发展互联网金融。加快建立巨灾保险制度，探索建立保险资产交易机制。

加强金融宏观审慎管理制度建设，加强统筹协调，改革并完善适应现代金融市场发展的金融监管框架，健全符合我国国情和国际标准的监管规则，实现金融风险监管全覆盖。完善国有金融资本和外汇储备管理制度，建立安全高效的金融基础设施，有效运用和发展金融风险管理工具。防止发生系统性区域性金融风险。

创新和完善宏观调控方式。按照总量调节和定向施策并举、短期和中长期结合、国内和国际统筹、改革和发展协调的要求，完善宏观调控，采取相机调控、**精准调控**措施，适时预调微调，更加注重扩大就业、稳定物价、调整结构、提高效益、防控风险、保护环境。

依据国家中长期发展规划目标和总供求格局实施宏观调控，稳定政策基调，增强可预期性和透明度，创新调控思路和政策工具，在区间调控基础上加大定向调控力度，增强针对性和准确性。完善以财政政策、货币政策为主，产业政策、区域政策、投资政策、消费政策、价格政策协调配合的政策体系，增强财政货币政策协调性。运用大数据技术，提高经济运行信息及时性和准确性。

第二章

财政货币政策与发展政策的协调配合

中国特色社会主义制度是当代中国发展进步的根本保障,其中经济制度与体制发挥着基础性支撑作用。改革开放以来,我国经济能够长期保持较快发展,还取决于有一个平衡机制。这个平衡机制就是在社会主义市场经济实践中逐步建立起的发展(计划)、财政、货币三大政策相互协调的宏观调控体系。要围绕制约经济社会发展的深层次矛盾和问题,形成战略构想、发展规划、政策思路、改革方案、重大工程等领域的政策储备,统筹协调重大政策特别是财政政策、货币政策,增强宏观调控政策体系的有效性。

一、财政政策、货币政策与发展政策三者的关系

随着市场经济体制的日益建立和完善,我国借鉴西方经验,结合国情实际,加大了运用财政政策与货币政策对经济的宏观调控。政府在宏观调控过程中,经验越来越丰富,手段也越来越多样,政策的制定与实施也越来越要求精准和科学。"十三五"规划纲要提出,完善以财政政策、货币政策为主,产业政策、区域政策、投资政策、消费政策、价格政策协调配合的政策体系,增强财政货币政策协调性。

(一)发展政策

发展政策体系主要由中长期计划、专项规划和年度计划等组成。研究制定中长期计划,是发展政策制定工作的重点。专项规划对于改变经济和社会某些方面的面貌,带动整个国民经济的发展,具有重要作用。制定专项规划必须有明确的任务、目标和相应的政策措施、组织体系。年度计划的主要任务是根据中长期计划和专项规划的要求,搞好短期社会总供求的大体平衡,保证经济的健康运行。

1. 发展目标

改革开放以来,我国的发展目标一直很明确,并呈现阶段性和指标化的特征。发展目标既是发展政策的总依据,也是财政货币政策的总依据。

1987年10月,党的十三大提出经济建设的总体战略部署:第一步目标,1981

年到1990年实现国民生产总值比1980年翻一番，解决人民的温饱问题，这在20世纪80年代末已基本实现；第二步目标，1991年到20世纪末国民生产总值再增长一倍，人民生活达到小康水平；第三步目标，到21世纪中叶人民生活比较富裕，基本实现现代化，人均国民生产总值达到中等发达国家水平，人民过上比较富裕的生活。

党的十五大提出：21世纪的目标是，第一个十年实现国民生产总值比2000年翻一番，使人民的小康生活更加宽裕，形成比较完善的社会主义市场经济体制；再经过十年的努力，到建党一百年时，使国民经济更加发展，各项制度更加完善；到世纪中叶建国一百年时，基本实现现代化，建成富强民主文明的社会主义国家。十六大重申：根据十五大提出的到2010年、建党一百年和新中国成立一百年的发展目标，我们要在本世纪头二十年，集中力量，全面建设惠及十几亿人口的更高水平的小康社会，使经济更加发展、民主更加健全、科教更加进步、文化更加繁荣、社会更加和谐、人民生活更加殷实。经过这个阶段的建设，再继续奋斗几十年，到本世纪中叶基本实现现代化，把我国建成富强民主文明的社会主义国家。

十八大报告中，针对2020年全面建成小康社会的宏伟目标，首次提出"实现国内生产总值和城乡居民人均收入比2010年翻一番"的新指标。

2. 国家中长期发展规划

国家中长期发展规划，全称为中华人民共和国国民经济和社会发展五年计划纲要，是中国国民经济计划的重要部分，属长期计划。我国从1953年开始制定第一个"五年计划"。从"十一五"起，"五年计划"改为"五年规划"（除1949年10月到1952年底为中国国民经济恢复时期和1963年至1965年为国民经济调整时期外）。五年规划制定的发展目标、战略、重点、方针、政策等，集中了全党全国人民的智慧。在规划的指导下全国上下统一步调，协同动作，是实现经济持续快速平稳发展的重要保证。中长期规划与年度计划、全国规划与地区规划、综合性规划与专项规划相互衔接，共同保证发展目标的实现。

3. 国民经济和社会发展年度计划

规划是全面长远的计划。国民经济和社会发展年度计划是贯彻国家发展规划的年度工作安排，明确了年度发展目标和相应的宏观政策取向。年度计划对于加强对政府公共预算安排、金融资本运用、国土空间开发、资源合理配置等领域的引导和综合协调，稳定和引导社会预期，促进总量平衡和结构调整，有效防范风险，具有关键作用。年度计划涉及经济增长速度、投资总额、财政预算、信贷总额、外汇收支、失业率、物价上涨率和人口增长率等指标，是经济社会各方面综合协调的结果。

财政货币政策、发展政策的协调配合，一般应通过年度计划的制定和执行来实现。在年度计划的执行过程中，经常会遇到一些突发性问题，需要随时进行调控。究竟应采取哪些措施，调控的力度以多大为好，必须由各综合部门协商提出调控方案，由国务院进行决策。有关经济杠杆的协调运用和部门间的矛盾，一般应当由各综合部门自行协商解决。为此，要建立发展改革、财政、金融部门之间经常性的协调会议制度和组织制度。

中央经济工作会议是中共中央、国务院召开的规格最高的经济会议，是判断当前经济形势和定调第二年宏观经济政策的权威风向标，同时也是每年级别最高的经济工作会议。全国发展改革会议一般在中央经济工作会议召开后才召开。1950年8月，中央召开了第一次全国计划工作会议。建立社会主义市场经济体制后，全国计划工作会议取消，但发展改革部门系统内的全国发展改革会议，仍发挥一定的指导作用，对中央和各地的发展政策有重要影响。

4. 产业政策

产业政策是发展政策的重要内容和体现形式。产业结构政策是产业政策的主体，制定产业结构政策要研究产业结构变动趋势，明确重点产业和发展目标，提出促进产业结构升级的重大措施。产业政策必须以有力的财政货币政策为支撑，并用法律手段保证产业政策的落实和实施。

产业政策的制定，要注重产业政策目标与实现手段的一致性。过去制定的一些产业政策之所以未能达到预期目标，关键在于目标与手段脱节，缺乏有效的协调一致的政策手段。制定产业政策还要由选择性产业政策向功能性产业政策转变，即由政策确定重点产业、重点地区的差别性政策，转向对某种功能实行普惠政策。

5. 发展政策的演化趋势

为了弥补市场缺陷，需要借助宏观调控，实现政府对市场的调节。"十二五"时期，在"区间调控"的基础上，加强"定向调控""相机调控"，各种调控方式有机结合、灵活运用，体现了创新和完善宏观调控方式的新探索新实践，促进了经济持续健康发展，避免了大起大落，为"十三五"时期进一步提高宏观调控水平、促进经济行稳致远奠定了坚实基础。发展改革部门作为制定发展政策的主体，要继续积极适应把握引领新常态，贯彻落实创新、协调、绿色、开放、共享五大发展理念，以经济建设为中心不动摇，坚持需求引领供给创新，推进供给侧结构性改革，促进经济提质增效升级。主要工作包括以下八个方面。一是精准发力，保持经济运行在合理区间。二是抓住关键，加快推进供给侧结构性改革。三是创新驱动，深入开展大众创业万众创新。四是攻坚克难，深化经济体制改革。五是统筹施策，促进城乡区域协调协同发展。六是突破瓶颈，促进绿色循环低碳发展。七是统筹内外，发展更高层次开放型经济。八是守住底线，着力保障和改善民生。

(二) 财政政策与货币政策

财政收支和信贷收支相互制约、相互促进。财政政策与货币政策是宏观调控的两大基本工具。从中外各国宏观调控实践看，财政政策着重于结构优化，在促进经济增长、推动结构调整和调节收入分配方面，具有重要作用；货币政策带有总量调节特征，在总量平衡和保持币值稳定方面作用显著。财政货币政策的相互影响及差异性特征，决定了财政货币政策协调配合使用的必要性。

1. 财政政策

财政政策是指中央为了实现宏观经济目标，使经济达到平稳向前发展的目的，而综合运用政府支出、税收、国债等工具调控经济运行，进而影响宏观经济发展的方针与措施的总和。其中最主要的手段即为政府支出。财政政策具体可以分为三类。一是扩张性财政政策（积极财政政策），它是指通过财政分配活动来增加和刺激社会的总需求；增加国债、支出大于收入，出现财政赤字来实现。二是紧缩性财政政策。它是指通过财政分配活动来减少和抑制总需求。三是中性财政政策。它是指财政的分配活动对社会总需求的影响保持中性。

2. 货币政策

货币政策包括狭义货币政策和广义货币政策两类。狭义货币政策是指中央银行为实现宏观经济目标，而综合运用各种政策工具调节货币供给和利率，进而影响宏观经济的方针和措施的总合。广义货币政策是指政府、中央银行和其他有关部门所有有关货币调控的规定和采取的影响金融变量的一切措施。具体包括金融体制改革等。两者的不同主要在于后者的政策制定者包括政府及其他有关部门，而前者则是单纯依靠中央银行利用贴现率，准备金率，公开市场业务等工具达到改变利率和货币供给量的目标。但货币政策的最终目标和财政政策一样，都是为保持物价稳定、充分就业、促进经济增长和平衡国际收支而实行的一种手段。货币政策在执行过程中具体可以分为：扩张性货币政策、紧缩的货币政策、中性的货币政策。货币政策具体可以通过以下工具指标进行操作：利率政策、汇率政策、贷款量、存款准备金政策、公开市场业务等。

3. 财政、货币政策的一致性

财政政策与货币政策终极目标具有一致性。虽然理论界对两大政策的最终目标有不同看法，财政政策与货币政策尽管各有侧重点，但均应包括经济增长和物价稳定两大最终目标。财政政策与货币政策都是国家的需求管理政策，政策目标都是为了实现总供求平衡。财政政策与货币政策都以货币为载体和操作对象，而一定时期的货币购买力表现为社会总需求；财政政策与货币政策对货币进行的价值形式的操作实质上是对社会总需求的操作，社会总需求的总量和结构最终可由货币政策和财政政策进行调控。

4. 财政、货币政策的差异性

第一，调节的范围不同。财政政策主要借助税收和支出手段进行调节，财政收支及其政策体现政府职能的各个方面，其调节范围不仅限于经济领域，也涉及社会生活的其他领域。货币政策借助利率、货币供给等工具进行调节，主要处理商业性金融系统功能边界内的事务，其调节范围基本上限于经济领域。

第二，调节的侧重点不同。财政政策侧重于调节结构。财政收入按不同项目与不同规定来组织，可以直接调节不同地区、部门、企业及个人的收入水平；财政支出按资金性质与用途来安排，可以直接调节产业结构、部门结构和社会经济结构的各个方面。货币政策侧重于调节总量。国民经济中的一切投资需求和消费需求，都要表现为有支付能力的货币购买力，中央银行作为唯一能够直接管理全社会货币供应总量的部门，正是运用货币政策对之加以调控。

第三，政策时滞不同。财政政策由于通常具有政府直接安排收支和可以运用某些强制性手段的背景，其时滞较短，对治理通货紧缩具有强效应，但是对治理通货膨胀效应较弱。而货币政策则由于通常完全依靠间接手段作用于调节对象，其时滞长于财政政策，对治理通货膨胀具有强效应，但是对治理通货紧缩效应较弱。

5. 财政、货币政策的搭配类型

宏观调整实践中，主要存在以下几种财政货币政策的搭配方式。

第一，双松政策。即同时采取扩张性的货币政策和扩张性的财政政策搭配使用来调节宏观经济。该政策的经济背景是，社会需求严重不足，生产资源大量闲置，解决失业和刺激经济增长成为宏观调控的首要目标。具体的政策搭配如下：财政扩大政府支出，并降低税率，增加政府的投资与补贴；同时央行采取扩张性的货币政策，增加货币供应，降低市场利率，进而刺激和拉动民间投资与消费，一方面以抵消财政政策的"挤出效应"，另一方面对国际收支也能起到很好的调节作用。

第二，双紧政策。即同时采取紧缩性的货币政策和紧缩性财政政策搭配使用来调节宏观经济。应用双紧政策的经济背景是社会总需求极度膨胀，社会总供给严重不足，物价大幅攀升。抑制通胀成为政府制定经济政策的首要目标。它的具体政策措施是：在财政政策方面削减政府支出，并提高税率，减少财政在基础建设中的投资，同时减少财政对特定领域的补贴；同时央行紧缩货币政策，减少货币供应量，调高利率，进而减少民间投资，给经济降温。

第三，紧财政、松货币政策。即采取紧缩性的财政政策同时采取扩张性的货币政策。应用紧财政松货币的经济背景是政府开支过大，物价基本稳定，经济结构合理，但企业投资并不旺盛，此时促使经济较快增长成为主要目标。它的具体政策是财政削减政府支出，提高税率，同时央行采取扩张性的货币政策，增加货币供应，降低市场利率。

第四，紧货币、松财政政策。即采取紧缩性的货币政策同时采取扩张性的财政政策。应用紧货币松财政的经济背景是通胀与经济停滞并存，产业结构和产品结构失衡。此时治理滞胀、刺激经济增长成为首要目标。它的具体政策是紧的货币政策同时实施减税和增加财政支出，利用财政杠杆调节产业结构和产品结构，同时央行紧缩货币政策，减少货币供应量，调高利率。

除了以上财政政策与货币政策配合使用的一般模式以外，财政政策与货币政策还可呈现中性状态。中性的财政政策是指中央在国家财政收支上，在利率调整上，以及在财政投资与财政补贴等方面以量入为出、自求平衡的原则，综合制定的一系列方针措施的总和。中性的货币政策是指央行为保持货币供应量合理、稳定地增长，维持物价稳定而综合利用利率、汇率、存款准备金等政策工具调节宏观经济的政策方针的总和。若将中性货币政策与中性财政政策分别与上述松紧状况搭配，又可产生多种不同配合。

6. 财政、货币政策的结合部分

第一，国债。国债可作为弥补财政赤字的重要手段，同时，其规模的扩大或者缩小，正是财政政策实现扩张或紧缩效果的一个重要工具。国债进入二级市场之后，由于其低风险和高流动性，则成为中央银行通过回购或逆回购方式以回收或投放基础货币的重要载体。国债是财政货币政策的交集区域，是连接两大宏观经济政策工具的桥梁和纽带。为了保障财政货币政策效果顺利传导，要推动国债市场统一，调整国债持有者结构，创新国债品种，扩展交易方式等。

第二，财政投融资。财政投融资是指政府为实现一定的产业政策和财政政策目标，通过国家信用方式把各种闲散资金，特别是民间的闲散资金集中起来，统一由财政部门掌握管理，根据经济和社会发展计划，在不以盈利为直接目的的前提下，采用直接或间接贷款方式，支持企业或事业单位发展生产和事业的一种资金活动。财政投融资是一种政策性投融资，它不同于一般的财政投资，也不同于一般的商业性投资，而是介于这两者之间的一种政府投资方式。

第三，专项建设基金。"国家专项建设债券基金"，是指国家发展改革委为扩大有效投资，积极缓解经济下行压力，解决项目投资及建设过程中资金到位不理想等问题，通过发行债券筹集资金设立专项建设基金，对"看得准、有回报、不新增过剩产能的重点建设领域"直接注入项目资本金的投资举措，主要目的是为了通过注入项目资本金，解决资金到位问题，进而拉动有效投资，缓解经济下滑压力。由于房价回落让地方政府土地收入大减，严控债务又缺乏其他融资渠道，因此，积极的财政政策在地方难以有效实施。专项建设资金的设立，正是为了改变地方政府"弹药不足"的局面。专项建设基金的资金来源为专项金融债，分别由国开行和农发行定向邮储发行，其中专项金融债的支付利息中，有90%为财政贴息。国家开发银行和中国农业开发银行完成向邮储银行定向发行专项债券后，成立专项建设基金。除了定向与精准的特点，这些资金主要用于支持看得准、有回报、不新增过剩产能的重点领域建设。专项建设基金将主要用于各地地铁、大型水利、农村电网改造、宽带乡村、棚户区改造等资金规模大、建设时间长、回报率较低、回收周期长，政府无力包办，社会、企业投资积极性不高的公用设施或具有一定公益性的领域。实践中，要加快开展项目前期工作，推动上述两家银行制定统一操作指南、规范项目签约和发放,加大监督检查力度,确保专项建设基金发挥"稳增长、促投资"的重要作用。

第四,国库存款。在加强与税收部门、非税收入部门、主要政府支出部门、整个银行系统的合作与预测信息交流的基础上,提高国库现金流的预测水平,有利于保障国库在满足财政日常支出需要的前提下,积极稳妥拿出超库底资金部分进行安全投资,并提前消化财政存款余额大幅波动对货币供应量带来的压力。

第五,外汇储备。时至今日,我国依然是世界上外汇储备最多的国家,对于我国外汇储备,不少已经通过市场化的方式进行操作。这种做法一方面有利于提高外汇存量储备资产的收益率,另一方面也是对目前我国推行的结售汇制的一种突破,可以配合外汇体制改革,更为重要的是,这种做法明显降低了超额外汇储备对货币政策调控的干扰程度和运行压力,有利于在总体上降低宏观调控的成本、提高宏观调控的有效性。

(三) 财政货币、发展政策的关系

财政货币、发展政策之间形成合力,这是我国宏观调控的重要特色。财政货币政策的政策工具单一,财政金融两部门的配合有时不一致,两大政策相互越位等,迫切需要发展政策从中予以协调。实践中,三大政策既相互制衡,又相互配套,形成调控合力,才能达到减缓波动、优化结构、稳定发展的目的。

发展政策确定年度宏观经济调控目标(包括经济增长、物价、投资、消费、财政预算、货币发行、就业、国际收支等),作为宏观调控的依据。其中,发展政策尤其是发展规划,要发挥引领作用。经全国人大通过的发展规划,是财政货币政策制定的主要依据。社会主义市场经济的发展政策同计划经济的计划有着根本的不同:它不再是指令性计划和以实物指标为主的计划,而是指导性、预测性、政策体系。

在发展政策统筹下,财政货币政策具有明确的分工。财政政策运用预算和税收杠杆,促进结构的优化。财政资金对信贷资金和社会资金起引导作用,通过贴息、减税、资本金补助等手段,发挥四两拨千斤的作用。货币政策利用货币杠杆,保持总需求与总供给的大体平衡。货币政策主要是通过对货币总量的调控,调节总需求规模,保持币值稳定。根据国际经验,在经济快速成长期,广义货币(M2)的增长速度保持在经济增速的2倍左右比较合适,既能满足经济发展对货币的需求,又不会产生通货膨胀。大体说来,市场经济基础较强、金融体制较完善的国家,货币政策相对有效;市场经济脆弱、金融体制落后的国家财政政策相对有效。货币政策与财政政策对经济增长的效应与一国的经济发展程度、市场体制和金融体制的发展程度密切相关。

二、财政货币政策、发展政策协调配合的实践历程

建国初期,国家重视财政收支平衡、市场商品供求平衡、信贷收支平衡以及三者之间的协调。毛泽东在《为争取国家财政经济状况的基本好转而斗争》中,把"巩固财政经济工作的统一管理和统一领导,巩固财政收支的平衡和物价的稳定"作为一项重要任务提出来。20世纪70年代,发展形成了财政信贷综合平衡理论和财政信贷政策协调配合理论。改革开放以来,在吸取计划经济时期经验和教训的基础上,我国在政策制定和调整上作了较大变革,尤其在发展政策引导下,财政、货币政策围绕宏观调控目标协同运作,适时适度,提高了调控的预见性、针对性和有效性,取得了丰硕的成果。

(一) 20世纪80年代

这一时期,经济体制正发生全新变化,经济运行整体上波动性较大。通货紧缩与通货膨胀交替发生,内部均衡结构失衡较为严重。宏观调控主要是为了防止经济过热,调控手段较为直接和单一,主要通过压缩基建投资规模和控制贷款规模来实现调控目标,货币政策在这一阶段的体现尚不明显。

1. 1979年至1980年实行"双松"的财政货币政策

1977年之后,中国经济开始加速增长。1978年中央提出了加快发展的目标,并且强调引进国外先进技术设备,当年经济增长率达到了12.3%。财政政策与货币政策都呈现出扩张性,目的是用于支持经济发展,改善人民生活,提高农副产品价格,扩大职工就业等。以至于出现了1979年近50%的货币供应量增长速度。

虽然短时期内"双松"政策刺激了经济发展,但是,由于没有很好地把握两种政策间的搭配关联性,"双松"政策直接导致了我国通货膨胀的出现。1980年的城市居民消费价格指数达到了7.5%。

2. 1981年"紧松结合"的财政货币政策

面对高赤字、高通货膨胀对内部均衡的威胁,1981年,政策搭配由"双松"搭配变为"紧财政、松货币"的政策。在财政政策方面,我国财政支出大量减少,其中基本性建设投资支出比上年压缩了20%以上。货币政策采取了适当从紧的基调,一方面,一定程度上减少了现金投放量,另一方面,针对农副产品行业和轻纺工业相应地增加了贷款的额度。这都为当时促进经济增长起到了明显的效果。

但是,由于没有很好地分析财政政策与货币政策它们两者之间存在的内部关系,造成了这种虽然抑制了通货膨胀,但同时经济产生下滑的局面。1981年,经济增速和物价指数增长率都开始下降,其中经济增速下降为4.6%。

3. 1982年至1984年实行双松的政策搭配

由于1981年成功地抑制了通货膨胀,但同时经济产生下滑的局面。为了尽快转变经济形势,我国再次实行了双松的政策搭配主张。但在政策制定和实施的过程中急于求成,使财政减税让利过多,导致财政收入增长大大低于国民经济增长,财政收入占GDP的比重不断下降,与此同时,在货币方面,实行了"拨改贷"和企业流动资金转由银行信贷供应的体制,银根放松使得1984年货币供应量增长升至30%以上,各项贷款也增长了32.8%。"双松"搭配之下,虽然这三年GDP增长一路高升,但是为1985年物价稳定的突然失衡埋下了隐患。

4. 1985年至1990年实行"双紧"的政策搭配

1985年,国家从严控制固定资产投资特别是预算外投资的规模,统一制定信贷计划和金融政策,加强中国人民银行对宏观经济的控制和调节职能,严格控制信贷总规模和现金投放。

1985年以后,过度投资、经济过热的症状越来越明显。从1986年起,开始实行紧缩开支和收紧银根的"双紧"政策,但持续的国民收入超分配使财政赤字数额日益扩大,物价上涨势头迅猛。中央和国务院坚决推行"双紧"政策,银行系统通过收回贷款,压缩新贷款,减少货币供给量,从而使社会总需求在短时间内迅速收缩,稳定了物价总水平。与此同时,财政部门通过增加税收,削减财政开支,增加财政在中央银行的存款,减少了市场货币流通量,压缩了社会总需求。

1988年上半年,全国物价总指数在1987年已上涨7.3%的基础上,又连月大幅度上涨,7月份已达到19.3%,大大超过10%的设想。中央相继出台了严格贷款发放、实行储蓄保值贴补、提高存贷款利率等一系列紧缩货币的措施。这些措施较快地遏制住了通货膨胀的势头,并扭转了货币超额发行的状况。但由于"双紧"搭配的影响,固定资产投资比上一年有所下降,紧缩银根虽然遏制住了通货膨胀的势头,但导致经济增长速度急剧下降,1989年底和1990年初,出现了连续6个月的工业生产负增长。这些负面问题的原因在于,政府没有很好地加强对社会基础建设的投资,以及没能有效利用政府支出来调节社会供求这个杠杆,但这为后续政策搭配的转向创造了市场需求。

(二) 20世纪90年代

这一时期,财政货币政策、发展政策的配合,不仅是为了防止过热,也要防止过冷,调控变得更加复杂。其中,货币政策较80年代有了更明显的体现。

1. 1991年至1993年实行"双松"的政策搭配

1989年至1991年的经济回冷,引致了新一轮的政策调整。1991~1993年财政政策和货币政策都呈现出扩张趋势。央行在1990年下调存贷款利率,扩大货币供应和信贷规模,地方和企业的积极性更是高涨,争先恐后投入开发区的建设。1991年是"八五"计划的第一年,从1991年开始,国民经济从低谷中向上爬升,经济增长速度由上年的3.9%跃升为9.5%。

财政方面,政府加大了对固定资产的投资,但由于开发区遍地开花,造成市场上资金供应的异常紧张,导致财政赤字也在支出增加中持续扩大。货币方面,货币投放量大幅增长。1992年,银行和信用社发放的各种贷款4200亿元,比1991年多增加913亿元,货币投放1100亿元,M1比上年增长32.4%;发行各种有价证券约1300亿元,若再考虑到各种分散集资、民间信贷,则新增长直接融资规模超过2000亿元。1993年9~11月,中国人民银行大量发行基础货币,并提高了年贷款规模,1993年货币供应量增长升至46.7%。双松搭配之下,经济增长升至14.1%和13.4%,而通货膨胀也是在1993年达到了14.7%。

在这一时期,政府虽然已经能够把握和使用各种政策工具,并收到一定的成效,但是调控政策过度依赖货币政策,财政政策工具使用相对较少,同时,两大政策的预见性和一致性都相对较差。这主要是由于信息收集、统计与政策制定两者之间产生矛盾造成的。但总的说来,这一时期的政策搭配较以前已经有了一定的改观。

2. 1994年至1997年实行"双紧"的政策搭配

1994年至1997年,实行的是"双紧"配合。财政政策方面,结合分税制改革,强化了与产值关系密切的增值税、消费税的调控作用,从而减轻了经济泡沫化程度。在货币政策方面,严格控制信贷规模,大幅度地提高了存贷款利率,使宏观经济在快车道上稳刹车,并最终顺利实现了软着陆。这一阶段,货币政策在从直接调控向间接调控的道路上迈出重大步伐,存款准备金、再贴现等手段的运用逐渐增加,对银行的贷款规模管理逐渐转为资产负债比例管理。但由于财政能力不断下降,信贷资金成为企业的主要资金来源,财政货币政策由本应相互协调变成了相互替代,影响了政策协调的效果。

从1993年下半年开始加强和改善宏观调控,重点是控制房地产热、开发区热,纠正乱集资、乱拆借、乱设金融机构等不良现象,限期收回银行违章拆借的资金。1994年继续加大宏观调控的力度,实行适度从紧的财政货币政策,投资增长速度明显下降,当年国内生产总值的增长速度降为11.8%,而商品零售价格上升到21.7%。1994年,加强和改善宏观调控进一步取得成效,也付出了通货膨胀居高不下的代价。针对1993年将近15%的通胀率,虽然政府制定了抑制其继续增长的目标,并打算将其控制在10%以内,但1994年的通胀率不降反升。1994年1月至2月,全国零售物价指数上涨20%,城市居民生活费用指数上升了25%以上。

1995年是我国"八五"计划的最后一年。1995年整个宏观经济调控的目标的确定,都围绕着抑制通货这个中心任务来安排。为此,实施了适度从紧的财政货币政策。一是保持适当的经济增长速度,把控制固定资产投资规模作为宏观调控的一项重要任务。二是必须控制物价上涨幅度,坚决抑制通货膨胀。1995年,通货膨胀得到初步抑制，全国零售价格总水平上涨了14.8%，比1994年的21.7%下降了近7个百分点，物价涨幅明显回落，实现了年初确定的15%的调控目标。伴随着物价的较大幅度下降，经济增长速度虽然有所降低，但仍然保持了较高的速度，国内生产总值增长10.2%，比1994年的11.8%回落1.6个百分点，接近8%~9%的计划调控目标。总体上看，"八五"以来的宏观调控实践表明，在财政货币与发展政策协调配合上，已经开始摸索出了一些成功的经验，驾驭市场经济的能力不断提高。其中，很重要的一条经验就是计划、银行、财政等部门密切配合，形成宏观调控的合力。当时，国家计划发挥了对宏观调控的总体指导和综合协调功能。国家计委积极同银行、财政等掌管杠杆的部门协调，使各种调节手段协同运作，货币供应量控制较好。计划、银行和财政，是宏观调控的三大支柱，1995年宏观调控的成功，与三大调控支柱的密切配合是分不开的。

1996年是贯彻落实党的十四届五中全会精神，实施"九五"计划的头一年，也是实现我国跨世纪中长期战略规划的第一年。中央国家继续把抑制通货膨胀作为宏观调控的首要任务。为此，继续实行适度从紧的财政货币政策，控制社会需求，增加有效供给，促进经济总量平衡。加大结构性调整的力度，着力于治"散"。集中力量，确保重点。经过三年的努力，国民经济实现了持续、快速、健康发展，有效地解决了在大步前进中曾一度出现的投资和消费增长过快，金融秩序混乱，物价涨幅过高等突出矛盾和问题，成功地避免了可能出现的经济大起大落。整个经济开始进入适度快速和相对平稳的发展轨道，当年，零售物价涨幅降到6.1%，经济增长率逐步回落到9.7%，1993年以来以治理通货膨胀为首要任务的宏观调控基本上达到了预期目标。

1997年，经济结构性矛盾愈益突出，供给结构不适应需求结构的矛盾越来越尖锐。为了保持良好的宏观经济环境，继续实行适度从紧的财政货币政策，保持投资和消费的合理增长；从严控制新开工项目，优化投资结构；继续做好物价调控工作，降低物价涨幅。1997年，主要经济指标基本达到国家宏观调控的预期目标，"九五"计划的良好开局得到巩固和发展。

3. 1998年至2000年实行"双松"的财政货币政策

1996年之前抑制"通胀"做了多年工作，到1997年，一下子变成需求不足了。在政策取向上，由实施多年的"双紧"过渡到"双松"，即实行了积极（扩张）的财政政策和稳健的货币政策。这次调控，财政政策工具和手段不断增多，财政政策日益成为应对危机、拉动增长的主动力，财政货币政策配合也逐步更加娴熟。

1998年遇到两大挑战，一是亚洲金融危机蔓延并继续加深，二是国内发生了严重的洪涝灾害。中央及时果断地提出"坚定信心，心中有数，未雨绸缪，沉着应付，埋头苦干，趋利避害"的指导思想，由1997年底提出的坚持适度从紧的财政货币政策，转向实行积极的财政政策。主要做法是以国债为中心，利用预算、财政支出和税收等多种政策工具进行宏观调控。实践证明,实行积极的财政政策,并辅之以适当的货币政策,对扩大内需、刺激经济增长具有十分重要的作用,这项政策于1998年当年就已经取得初步成效。

1999年,通货紧缩的迹象已经显现。货币供应减少是通货紧缩迹象出现的基本原因。为保持经济的平稳增长,继续坚持扩大内需的方针。实施了积极的财政政策,并努力发挥货币政策的作用,综合运用多种手段调控经济运行。这一年,由于内需仍然不足,中央政府共发行1100亿元的长期建设国债,但货币政策的力度有所减弱。

2000年是新旧世纪的交替之年,也是"九五"计划的最后一年。根据中央经济工作会议和全国计划会议的精神,继续贯彻扩大内需的方针,把促进经济较快增长作为首要出发点。扩大投资规模是扩大内需的重要方面。为了支撑投资较快增长,继续实行积极的财政政策,进一步发挥货币政策的作用。从2000年上半年开始,我国国民经济出现重要转机。连续多年经济增长速度缓慢下降的趋势已经改变,全年经济增长速度达到8%,比1999年回升了0.9个百分点。这种回升主要是宏观调控的政策效应。这些明显的变化,标志着我们已经克服了亚洲金融危机带来的困难,扭转了1998年以来增长速度下滑的局面。

这三年,通过实施积极的财政政策,共发行长期建设国债3600亿元,带动地方、部门、企业投入配套资金和银行贷款共7500亿元,集中力量建设了一批重大基础设施项目。三年分别拉动经济增长1.5、2.0和1.7个百分点,促进了经济的持续较快增长,抵御了亚洲金融危机的冲击,为今后的发展奠定了坚实基础。实践证明,实施积极的财政政策是正确的必要的;在实施稳健的货币政策,防范和化解金融风险的同时,灵活运用了多种货币政策工具,保持了货币供应量的适度增长。但是,政策协调出现的最主要问题就是政策组合形态的转换过慢,在发现经济下行趋势时,没有及时调整政策组合。

(三)21世纪第一个十年

这一时期,从以前通过控制固定资产投资规模大小来达到调控目标,转向为通过注重投资结构是否优化、合理和有效来达到调控目标。随着对外开放的深化,采取货币政策进行宏观调控时,不仅要考虑内部因素的影响,更要考虑外部因素的影响。宏观调控经验更加丰富,调控力度和调控方向也比以往更加准确。但从两大政策协调角度看,财政货币政策没有抓住有利时机,促进经济结构加快调整。

1. 2001年至2004年实行"双松"的财政货币政策

2001年是进入新世纪、实施"十五"计划的起始之年,是保持经济增长良好势头、乘势前进的关键一年,也是深化体制改革、扩大对外开放的重要一年。坚持扩大国内需求的方针,继续实施积极的财政政策和稳健的货币政策,综合运用各种宏观调控手段，巩固和发展经济增长的好形势。实施积极的财政政策，是扩大内需所采取的重大措施。货币政策则灵活运用利率政策、再贴现率、公开市场操作来保持基础货币适度增长，遏制通货紧缩，刺激经济继续增长。

2002年，继续实施积极的财政政策和稳健的货币政策。实施积极的财政政策，为加大基础设施建设力度，带动固定资产投资增长，2002年共安排发行长期建设国债1500亿元，其中1250亿元列入中央预算，250亿元代地方政府发行，主要用于在建国债项目、西部开发项目、重点企业技术改造、以及南水北调、京津水资源保护等方面的建设。继续实行稳健的货币政策，与财政政策相配合，货币政策也主要以稳定、结构调整和公平收入分配为主题陆续出台。

2003年是全面贯彻落实党的十六大精神的第一年。通过积极财政政策与稳健货币政策的配合使用，2002年度的宏观经济形势已较2001年度有了进一步的好转，但部分行业出现过热的迹象。财政政策的内容发生了部分的微调。将工作重心由过度依赖政府投资转向刺激消费扩大内需。2002年底召开的中央经济工作会议指出，坚持扩大内需的方针，继续实施积极的财政政策和稳健的货币政策。2003年，共安排长期建设国债资金1400亿元。同时注重把积极财政政策与调整经济结构、深化体制改革、增加就业岗位、改善人民生活、进一步支持社会保障、增加对社会事业投入等方面结合起来，充分发挥多种政策的组合效应。与财政政策相配合，货币政策从以稳健为主向转向适度收紧。比如，2003年6月13日发布《关于进一步加强房地产信贷业务管理的通知》，除了明确告知商业银行对房地产开发商融资限制，也针对个人贷款购屋的额度与年限进行了规范；2003年9月21日，将存款准备率从6%提高到为7%，预定锁定1500亿元的超额准备金，以控制货币信贷总量的过快增长，防止经济泡沫的产生。

2004年，继续坚持扩大内需的方针。针对经济生活中出现的新情况新问题，中央决定采取进一步加强和改善宏观调控的政策措施，继续实施积极的财政政策和稳健的货币政策，抓住主要矛盾，抓准关键环节，抑制经济运行中的不健康不稳定因素，避免出现大的起落，保持了经济发展的良好势头。粮食生产出现重要转机，农民收入实现较快增长；部分行业投资过快增长的势头得到抑制，薄弱环节得到加强；经济效益继续提高，财政收入、企业利润大幅增加；各项改革继续推进，对外开放不断扩大；就业再就业工作取得新进展，人民生活进一步改善。实践证明，一年多来中央所采取的宏观调控政策措施是及时的、正确的、有效的。这次宏观调控以科学发展观为指导，是具有预见性的主动调控，是把握全局、有抑有扬的调控，是主要运用经济、法律手段的调控，是治标与治本相结合的调控。

自2003年开始的我国经济新一轮上升期，出现了高增长、低通胀、高效益的良好局面。2003年和2004年，GDP增速保持在9.5%的高位上。同期居民消费价格分别上升1.2%和3.9%；工业企业利润总额分别增长44.1%和36.0%；国家财政收入分别增长 14.9% 和 21.4%。反映宏观经济运行状况的这样一组参数，非常难得。1998 年以来，面对亚洲金融危机冲击和世界经济波动的不利影响，我们采取扩大内需的方针，实施积极的财政政策和稳健的货币政策，保持了经济快速增长。同时，也要看到经济运行中潜在的矛盾和问题。主要是近几年经济增长速度的加快，在一定程度上由钢铁、水泥、电解铝、房地产等行业投资过快增长拉动起来的，也就是说，是由高投入、高消耗、高污染的粗放型增长推动的。这种粗放型增长是难以持续的，特别是对一些重要资源的需求如铁矿石和氧化铝等，远远超过了国内市场的供给能力，大量依赖进口也受到国际市场供给能力和运输能力的限制。

2. 2005 年至 2006 年双"稳健"的财政货币政策

从 2005 年开始，我国实行了稳健的财政政策和稳健的货币政策，这意味着我国的宏观调控从财政政策占主导，逐渐过渡到财政政策与货币政策互相积极配合，以达到最佳调控效果。从 1998 年开始实施六年的积极财政政策正式退出（2003 年开始有逐渐淡出趋势）。

进入 2005 年，我国政府转而实行"双稳健"的货币政策与财政政策，以期在保持经济良好增长的同时，抑止局部过热的投资。前一阶段我国政府实行积极财政政策和稳健货币政策的配合使国民经济摆脱了通货紧缩的阴影，取得了巨大发展，但在宏观经济运行方面，也产生了新的矛盾和问题，主要是结构性失衡，即经济结构和产业结构不合理，社会分配差距有拉大倾向，经济粗放式增长，市场经济体制改革尚需进一步深化。宏观调控的目标应适时调整为预防通货膨胀，为各项改革和经济结构调整保驾护航。财政与货币政策的配合从原来的"积极的财政政策和稳健的货币政策"变为"稳健的财政政策和稳健的货币政策"，表明自 1998 年以来实行的积极财政政策自此功成身退，"双稳健"成为宏观调控的主基调。

2006 年是实施"十一五"规划的开局之年。一些长期积累的、深层次的矛盾还没有根本解决，又出现了一些不容忽视的新情况新问题，主要是经济增长方式还比较粗放，发展不平衡矛盾还比较突出，体制机制还不完善，影响经济安全的因素还比较多，关系群众切身利益的许多问题还需要进一步解决。同时，我国发展的国际经济环境也还存在着一些不确定性。努力扩大国内需求，解决这些矛盾和问题，实现 2006 年经济平稳较快发展，有必要继续保持宏观经济政策的连续性和稳定性，继续实施稳健的财政政策和货币政策。

3. 2007 年至 2008 年上半年稳健的财政政策与从紧的货币政策

2006 年底召开的中央经济会议提出，2007 年必须保持宏观经济政策的连续性和稳定性，进一步落实调控政策措施，并根据经济运行新的发展变化，适时适度进行预调和微调，主动引导社会预期，确保经济平稳较快发展；正确处理好投资和消费、内需和外需的关系，最根本的是扩大国内消费需求；2007 年工作的着力点，就是要合理控制投资增长，努力优化投资结构；继续实施稳健的财政政策和货币政策，加大对重点领域和薄弱环节的支持力度；综合运用多种货币政策工具，加强流动性管理，合理控制信贷投放和优化信贷结构；加强财政政策、货币政策、产业政策、土地政策和社会发展政策的协调配合，继续综合运用经济、法律和必要的行政手段，提高宏观调控的科学性和有效性。

然而，与前几次宏观调控相比，经济社会运行出现了新的特点，即宏观经济运行又出现了偏热的态势。经济运行中一些长期积累的突出矛盾和问题还没有得到根本解决，同时还出现了一些值得注意的新情况新问题，主要表现在经济增长由偏快转为过热的趋势尚未缓解，价格上涨压力加大。2007年我国经济出现过热苗头，物价明显攀升，平均涨幅为4.8%，物价上涨压力不断加大，为应对该局势，从该年第三季度起，货币政策开始采取紧缩态势，第四季度继续收紧，全年10次上调存款准备金率，6次上调人民币存贷款基准利率，货币政策及时由"稳健"转到"适度从紧"，再到"从紧"，最终实行"稳健的财政政策和从紧的货币政策"搭配。可以看出，为了防止经济增长由偏快转为过热，防止价格由结构性上涨演变为明显的通货膨胀，财政政策和货币政策的组合安排由"双稳健"转变为了"一稳一紧"。这种新的组合模式也对两大政策的协调配合提出了新的要求。在全球经济的不确定形势和国际竞争环境下，财政政策和货币政策在各自的调控领域中发挥了应有的作用，并且实现了宏观调控的互补和联动效果，有效避免了政策效果的相互掣肘和抵消。

2008年是全面贯彻落实党的十七大作出的战略部署的第一年，是实施"十一五"规划承上启下的一年。由于2007年底经济增长由偏快转为过热的趋势尚未缓解，价格上涨压力加大，中央工作会议提出，要把防止经济增长由偏快转为过热、防止价格由结构性上涨演变为明显通货膨胀，作为当前宏观调控的首要任务，按照控总量、稳物价、调结构、促平衡的基调做好宏观调控工作。2008年实施稳健的财政政策和从紧的货币政策。2008年上半年，GDP同比增10.4%，居民消费价格总水平（CPI）同比上涨了7.9%，其中，6月份居民消费价格上涨7.1%，较上月回落了0.6个百分点。

4. 2008年下半年至2010年积极的财政政策和适度宽松的货币政策

2008年第四季度以后，世界经济形势险象环生，国际金融危机持续扩散蔓延，世界经济严重衰退。受国际金融危机严重冲击，我国经济社会发展遇到严重困难。根据形势发展变化，国家及时把宏观调控的首要任务调整为保持经济平稳较快发展、控制物价过快上涨。随着经济形势的变化，货币政策发生了由"从紧"到"灵活审慎"、再到"适度宽松"的大转变。2008年11月，实施了积极的财政政策和适度宽松的货币政策。采取的一系列进一步扩大内需、促进经济增长的政策措施，主要包括提高出口退税率、下调金融机构存贷款基准利率、下调存款准备金率、降低住房交易税费，以及4万亿元投资计划等。这些政策的不断调整，反映出次贷危机背景下，对次贷危机引发的金融海啸带来的困难估计不足，宏观政策制定缺乏一定的预见性和时效性，政策协调搭配面临着新选择和新挑战。

2009 年，受国际金融危机快速蔓延和世界经济增长明显减速的影响，加上我国经济生活中尚未解决的深层次矛盾和问题，目前我国经济运行中的困难增加，经济下行压力加大，企业经营困难增多，保持农业稳定发展、农民持续增收难度加大，金融领域潜在风险增加。根据中央经济工作会议精神，继续实施了积极的财政政策和适度宽松的货币政策。2009 年中国经济之所以快速企稳回升，得益于我们为应对全球金融危机所采取的一揽子经济刺激计划。具体而言，4 万亿元经济刺激计划推动投资快速增长；大规模减税、"家电下乡"及改善民生等政策刺激消费需求，效果显著；适度宽松的货币政策保证了市场流动性，刺激了信贷；经济结构调整力度加大，发展势头趋好。

2010 年是实施"十一五"规划的最后一年。当时，我国经济回升的基础还不牢固，积极变化和不利影响同时显现，短期问题和长期问题相互交织，国内因素和国际因素相互影响，保持经济平稳较快发展、推动经济发展方式转变和经济结构调整难度增大。为了处理好保持经济平稳较快发展、调整经济结构、管理通胀预期的关系，巩固和增强经济回升向好势头，继续实施了积极的财政政策和适度宽松的货币政策。一是突出财政政策实施重点，加大对民生领域和社会事业支持保障力度。二是货币政策保持连续性和稳定性，增强针对性和灵活性。

（四）"十二五"时期

2011 年是"十二五"时期开局之年。宏观经济平稳运行面临复杂形势，粮食稳定增产和农民持续增收基础不牢固，经济结构调整压力加大，资源环境约束强化，改善民生和维护社会稳定任务艰巨。中央经济工作会议提出，2011 年经济工作主要任务：加强和改善宏观调控，保持经济平稳健康运行。2011 年采取了积极的财政政策和稳健的货币政策。外部环境变化的背景之下，内部经济复苏还有一定不稳定性，需要总体积极的经济政策，而在货币政策转向的背景下，需要积极财政政策对冲货币政策转向的压力。实施稳健的货币政策，是为了抑制通胀而紧缩流通中的货币量，进而导致投资减少，来控制总需求。

2012 年，经济增长下行压力和物价上涨压力并存，部分企业生产经营困难，节能减排形势严峻，经济金融等领域也存在一些不容忽视的潜在风险。2012 年继续实施积极的财政政策和稳健的货币政策。财政政策和信贷政策都注重加强与产业政策的协调和配合，继续加大对"三农"、保障性住房、社会事业等领域的投入，继续支持欠发达地区、科技创新、节能环保、战略性新兴产业、国家重大基础设施在建和续建项目、企业技术改造等。

2013 年是全面贯彻落实十八大精神的开局之年，是实施"十二五"规划承前启后的关键一年。经济增长下行压力和产能相对过剩的矛盾有所加剧，企业生产经营成本上升和创新能力不足的问题并存，金融领域存在潜在风险，经济发展和资源环境的矛盾仍然突出。2013年继续实施积极的财政政策和稳健的货币政策，充分发挥逆周期调节和推动结构调整的作用。

2014年，世界经济仍将延续缓慢复苏态势，但也存在不稳定不确定因素，新的增长动力源尚不明朗，大国货币政策、贸易投资格局、大宗商品价格的变化方向都存在不确定性。经济运行存在下行压力，部分行业产能过剩问题严重，保障粮食安全难度加大，宏观债务水平持续上升，结构性就业矛盾突出，生态环境恶化、食品药品质量堪忧、社会治安状况不佳等突出问题仍没有缓解。为此，继续实施了积极的财政政策和稳健的货币政策。各项政策都同全面深化改革紧密结合，用改革的精神、思路、办法来改善宏观调控，寓改革于调控之中。

2015年是全面深化改革的关键之年，是全面推进依法治国的开局之年，也是全面完成"十二五"规划的收官之年，做好经济工作意义重大。中央经济会议提出，关键是保持稳增长和调结构之间平衡，坚持宏观政策要稳、微观政策要活、社会政策要托底的总体思路，保持宏观政策连续性和稳定性，继续实施积极的财政政策和稳健的货币政策。2015年，经济运行总体平稳，经济结构优化，主要目标任务的完成，标志着"十二五"规划可以胜利收官，使我国站在更高的发展水平上。

（五）"十三五"开局至今

2016年是全面建成小康社会决胜阶段的开局之年，也是推进结构性改革的攻坚之年。2016年，世界经济仍处在深度调整、缓慢复苏、低速增长的状态，国际金融动荡在加剧，大宗商品价格持续探底，不稳定、不确定因素在增加。我们国内当前还处在"三期叠加"阶段，经济下行压力依然存在，而且一定程度上还在加大，企业经营也比较困难，而且一些领域的风险还在积聚。社会上也确实存在着预期不稳、信心不足等问题。一方面我国经济发展基本面是好的，潜力大，韧性强，回旋余地大，另一方面也面临着很多困难和挑战，特别是结构性产能过剩比较严重。2015年底中央经济工作会议，提出2016年经济工作任务：坚持稳中求进工作总基调，坚持稳增长、调结构、惠民生、防风险，实行宏观政策要稳、产业政策要准、微观政策要活、改革政策要实、社会政策要托底的总体思路，保持经济运行在合理区间，战略上坚持持久战，战术上打好歼灭战，着力加强结构性改革，在适度扩大总需求的同时，去产能、去库存、去杠杆、降成本、补短板，提高供给体系质量和效率，提高投资有效性，加快培育新的发展动能，改造提升传统比较优势，增强持续增长动力，推动我国社会生产力水平整体改善，努力实现"十三五"时期经济社会发展的良好开局。

三、当前财政货币政策、发展政策协调配合中的几个突出问题

在应对国际金融危机冲击、保持经济平稳较快发展这场重大考验中,内外均衡的总量目标对财政货币、发展政策协调配合提出了更高的要求。总需求结构矛盾突出,投资效率低,经济结构失衡,都需要财政货币政策、发展政策进行有效调整和进一步协调配合。

(一)经济体制制约三大政策实现有效协调配合

财政货币、发展三大政策的政策效能,不仅取决于单个政策本身,更取决于经济社会结构的合理性和体制条件的适宜性。预防性储蓄需求强,收入分配差距大,消费需求不足,经济结构调整不到位,这些因素都制约财政政策发挥预期作用;货币政策目标的多重性、货币传导机制不畅通等因素,制约货币政策有效发挥作用;市场体系尚不完善,要素市场、资本市场、劳动力市场、技术信息市场的发展与商品市场的成熟程度呈现明显的不协调,导致发展政策不能更好发挥作用。

三大政策的配合效果,除决定于各自政策的作用机理、政策间的合理搭配外,更受财政体制、金融体制、国有企业制度等经济体制的制约。财政体制方面,财政支出结构不合理,国家财政收入增长空间下降,削弱了国家财政的宏观调控能力。金融体制方面,国有商业银行仍没有真正摆脱行政隶属的地位,国有企业对银行的过度依赖,不仅加大了银行的负担和风险,也导致银行角色和功能的模糊与紊乱,使商业银行对中央银行的调控举措难以作出灵敏的反应。

(二)宏观调控目标与手段在个别领域和环节存在脱节现象

财政货币政策、发展政策工具并不能完全符合主要的宏观经济政策目标(充分就业、高速增长、物价稳定和国际收支平衡)需要。存在的问题主要有:应该由市场发挥作用和企业自主决策的经济活动,有些还没有放下去,中央已经放权的,有的没有落实到企业;在微观经济放开搞活的同时,还缺乏有效的宏观指导和调控;货币政策操作空间受到限制,一方面,稳增长需要相对宽松的货币政策,另一方面,大量资金可能流入过剩行业,对结构调整起到负面作用;发展政策决策缺乏责任约束和行为规范,还存在某些脱离实际、不能及时反映经济社会运行变化的现象,政策确定以后,缺乏有效的实施手段和措施,常常出现目标与手段脱节问题。如中央早就提出扩大居民消费、提高第三产业比重等,但收效甚微,有的问题甚至更加恶化;各种调控手段的运用难以协调配套,宏观调控偏重于直接干预,方法和手段比较单一,缺乏有力的调控手段。出现上述问题的原因,主要包括:单项政策内部不

协调、财政货币和发展政策主管部门配合不默契、缺乏政策效应的传导机制及协调机制等。

(三)"十二五"期间的货币政策总体上是"名稳实紧"

从经济增长率和通货膨胀率这两个最主要的指标来看,我国经济尚难以实现全面复苏,这表明货币政策尚未实现预期目标。事实证明,需求不足仍为当前宏观经济中的重要矛盾;经济下行成为经济运行的主要趋势;通货紧缩成为经济生活中主要风险。经济长时间下行,必然引发金融波动等系统性风险。分析造成经济下行的根本原因,与近4年多来实际上实行了从紧的货币政策有关。"十二五"期间,货币增长率维持较低水平,实际利率水平较高,名义有效汇率和实际有效汇率持续升值。2011年以来,名义上稳健的货币政策,实际上是一种紧缩的政策。

1991年到2010年的20年间,我国广义货币供应量(M2)的年均增长速度为20.5%,GDP的年均增长速度是10.3%,M2增速为GDP增速的2倍。20年的数据表明了货币供给与经济增长之间的内在关系,揭示了一种客观规律性。世界上许多国家的历史经验表明,在经济快速成长期,M2增速保持在GDP增速的2倍左右是合理的。M2增速与GDP增速之间有较强的相关性。M2增速的变化,半年之后必然会在经济增速上明显表现出来。长期高于2倍,会出现通货膨胀;长期低于2倍,则会出现通货紧缩。

反观我国2011~2014年,M2的年均增长速度是13.5%,比此前20年的增速陡降7个百分点,2015年上半年进一步下降到11.8%。同期经济增速随之降为8%。2015年1~4月,M2的增速进一步下降到10.1%,比前4年又下降3.4个百分点。近4年多来,M2增速的大幅度下降对经济减速起到了突出的作用。截至2015年上半年,我国M2虽然已达133.34万亿元,但资金使用效率仍较低,资金配置结构也不太合理,大量资金流向非实体经济领域。"名稳实紧"的货币政策,更加难以应对复杂的宏观经济形势。

(四)需求管理政策和供给侧结构性改革之间缺乏有效衔接

针对当前经济下行的趋势,仅从需求侧着手,已经很难有所突破。需求管理,主要是对拉动经济增长的最终消费、总投资和净出口三大因素的管理。总需求增长过快,短时期内经济增长速度上去了,必然会导致通货膨胀,引起经济的大起大落;需求增长过慢,对经济增长的拉动力偏小,经济增长速度则减慢,使经济中蕴藏的潜在增长能力不能充分发挥。供给侧与需求侧双侧入手进行改革,就是从提高供给质量出发,用改革的办法推进结构调整,矫正要素配置扭曲,扩大有效供给,提高供给结构对需求变化的适应性和灵活性,提高全要素生产率,更好满足广大人民群众的需要。要在适度扩大总需求的同时,着力实施去产能、去库存、去杠杆、降成本、补短板，从生产领域加强优质供给，减少无效供给，扩大有效供给，提高供给结构适应性和灵活性，使供给体系更好适应需求结构变化。

必须看到，在需求和供给两者之间，还有一个中间端。这个中间端有政府的因素，有市场的因素，有法治社会环境的因素，比如，税负负担重，物流成本高，场地租金贵，流通环节多，消费环境差等。以上因素并未有效衔接好供给侧和需求侧，阻碍了需求管理政策和供给侧结构性改革举措之间良性互动。

四、财政政策、货币政策与发展政策协调配合的国际经验教训

（一）德国

德国政府在制定经济政策时，注重建立法律和法规，将宏观经济政策的实施纳入法制化轨道，并重视财政政策与金融政策的协调配合。从"二战"后初期到20世纪60年代中期，维护保持通货稳定，德国政府主要采取了控制财政赤字和货币供应量等措施。通过价格改革，恢复了市场机制的功能；通过货币改革，重新确定了有效的货币制度。德国中央银行全权负责货币发行和市场物价的稳定，独立性较强。独立运行的银行体系，为德国经济在这一时期保持稳定增长提供了环境条件。

60年代中期到80年代初，以促进经济增长和保持高就业为主要目标，德国推行了凯恩斯主义政策，实行了政府全面干预的市场经济体制。80年代初期以后，恢复了政府有限干预的社会市场经济体制，财政政策注重维持收支平衡，货币政策注重保持物价稳定。

2007年国际经济危机以来，德国政府采取了积极宽松的财政与货币政策，帮助金融机构及企业及时克服危机带来的困难：2008年10月至11月，推出5000亿欧元救市计划稳定金融市场、通过"以促进增长保障就业"振兴经济方案、批准310亿欧元经济激励计划。

（二）欧盟

为了保持欧盟经济的稳定、欧盟国家从整体上能够采取财政政策、货币政策、汇率政策，及其不同的政策组合。但是，对欧盟成员国每个主权国家来说，他们均向欧盟让渡了货币政策、汇率政策两种宏观经济调控手段，财政政策就成为调控经济、应对外部冲击的最主要措施。这种情况下，财政货币两大政策的协调，呈现单向特征：货币政策对财政政策的协调配合，远不如财政政策对货币政策的协调配合灵活、积极。为促进成员国加强财政约束，负责欧盟货币政策的欧洲中央银行，不愿放松货币政策。罔顾瞬息万变的欧盟经济运行形势和复杂多变的国际经济环境，

欧盟长期实行的宽松财政政策与从紧货币政策组合，一定程度上妨碍了投资和经济增长。

国际金融危机发生后，欧盟成员国普遍实施了扩张性的财政刺激计划。再加上老龄化问题、医疗支出压力等长期因素的作用，各国财政赤字急剧攀升。由于担心希腊政府违约，投资者开始大规模抛售希腊国债，希腊主权债务危机全面爆发，并出现在欧元区传染的态势，欧元面临贬值压力。货币政策需要强有力财政政策的支持。欧元区两大政策不协调的理论后果在主权债务危机中得到验证。缺乏应对危机的应急救援机制，是欧盟财政货币两大政策不协调的又一表现。欧盟需要加强财政政策或经济政策一体化，使用好财政政策，有助于实现欧洲中央银行的中期物价稳定的目标。2016年1月27日，欧洲中央银行执委库勒表示，为实现欧元区经济复苏，成员国政府需采取以稳定为导向的财政政策，以支持欧洲中央银行的货币政策。

（三）韩国

韩国的宏观调控长期是以计划为中心。把财政预算支出计划和经济发展计划统一起来，用预算计划和信贷计划支撑经济发展计划，是韩国宏观经济管理体制上的一大特点。20世纪60年代初期成立的经济企划院是政府主导下的市场经济体制的中枢，负有制定计划、政策协调、编制预算和维护市场四大职能。

韩国从1962年至1991年三十年间，年均增长8%，特别是1986年至1988年，他们利用国际范围内出现的石油价格低、国际货款利率低和美元比率低的有利环境，实现经济增长连续三年平均达到12%，同时物价上涨率不超过3%。1997年11月，韩国爆发金融危机，促使韩国对经济进行了全面重组和改革。为了应对突然贬值给韩国经济造成的混乱，韩国政府采取紧缩性货币政策和财政政策收紧国内需求，改善了经常账户，稳定了汇率。流动性危机解决之后，韩国政府转向扩张性政策，产出随之迅速增长。2008年金融危机的冲击下，韩国金融体系再次暴露出其自身的脆弱性，韩国国内外国资本大量出逃，金融状况恶化。面对冲击，建立由总统直接负责"非常经济对策会议"制，实行扩张性财政政策，放松国内货币政策，对金融机构进行再注资。同时，为增强经济在中长期的竞争力，韩国政府积极改善经济结构，对企业、劳动力市场等各部门进行全面改革，增强了经济活力。

（四）日本

日本是政府主导型的市场经济国家。日本政府重视产业政策、财政政策与货币政策的协调配合，其中产业政策处于主导地位。第二次世界大战后，日本在解散财阀、农地改革和劳动制度改革等措施基础上，重建起竞争性寡头垄断市场经济。政府通过行政、法律、经济等手段，主动介入经济活动。政府根据不同时期经济发展的任务，制定产业政策，并在财政、金融政策上给予扶持。通过减免税收、提供优惠利率等手段，重点扶持国家基础产业和有发展前途的产业，实现产业结构的优化，促进经济的均衡快速发展。

日本的宏观调控，实际上是以财政为中心。日本在短时期内迅速实现重化工业化，出口大幅度增长，靠的是财政投资、融资的支持。特别是在20世纪六七十年代经济高速增长时期，政府用财政手段集中了大批建设资金。将政府民间储蓄、年金收入等集中起来，建立"官民并举"的财政投资贷款，以贯彻政府产业政策。日本在财政政策与货币政策的协调中，财政预算资金、国债基金、邮政储蓄和保险基金等，被用于政策性投资贷款。在政府的窗口指导下，上述来源的资金通过引导商业银行贷款，支持了产业政策的实施和经济计划的实现。采取扩大生产性开支的财政政策，对不景气的行业实行特别的财政优惠政策，对有发展前景的行业给予免税和财政补贴。可以说，财政投资、融资是日本宏观经济管理的最成功之处，是日本实现经济增长的重要原因之一。

（五）美国

美国是自由市场经济国家，经济决策的主体是消费者、生产者和政府。联邦政府层面不制定统一的经济发展计划，只制定以经常项目为主的财政预算计划；国家也不制定产业政策，但在不同时期，对某些行业实行保护性关税政策；企业资金的来源以直接融资为主，以间接融资为辅。

美国重视财政政策与货币政策的协调配合，但没有明确的产业政策。罗斯福新政以及第二次世界大战以后、在20世纪70年代以前，在财政政策与货币政策的协调配合中，更偏重于财政政策，充分发挥财政政策刺激经济增长的作用。20世纪70年代以后，美国随着经济陷入滞胀，逐渐地从倚重财政政策转向货币政策，采用货币主义和供给学派为基础的混合经济政策，较多地发挥货币政策的作用。进入20世纪90年代后，继续偏重货币政策，而且将原来控制货币供给量和利率的两大政策手段，并用变为重视贴现率，很少运用改变存款准备金制度。

美国虽无明确的产业政策，但是美国政府一直重视教育和科研及新产品开发，对其进行财政和金融方面的支持，促进高新技术产业的发展和产业升级。美国的外贸政策则为产业的发展营造了一个良好的市场环境，使得市场需求充足，极大地带动了产业的增长。这说明，为了能够保证经济长期的稳定发展，仅仅依靠财政和货币政策是不够的，只有搭配比较合理的产业政策，外贸政策等等，才能够从根本上实现经济的可持续发展。

（六）启示

第一，要总结发达国家的经验教训。历史经验教训证明，为了避免经济的大起大伏，必须搞好经济总量的管理。避免财政支出和货币供给失去控制，进行科学的需求总量管理，才能防止经济增速大起大落。在发达市场经济国家，都把需求总量的管理作为宏观经济管理的重要内容，并积累了丰富的经验。东亚一些新兴工业化国家和地区在某些时期内也成功地做到了这一点。只有按照经济发展的实际需要和客观规律，合理把握和适时适度调节社会需求总量，才能把握好经济发展的势头，既避免需求过旺，经济过热，为后几年的发展埋下隐患，又避免刹车过猛，引起社会经济生活震荡。

第二，要选择符合本国国情实际的宏观调控体系。虽然德国、日本和韩国的宏观经济管理体制各有不同，但实践证明都是成功的。这是因为他们的体制符合本国的经济和技术发展水平、企业的国际竞争能力、文化和社会背景，同时适应了不同时期经济发展主要任务的要求。尽管目前日本和韩国的宏观经济体制同高速增长时期已经有了很大不同，但他们的历史经验以及其他新兴工业化国家和地区的经验都证明，后发展国家要实施赶超战略，在较短的时间内走完发达国家用二三百年走过的道路，必须发挥政府的主导作用，把资源集中配置到经济效益最好的地方，依靠国家的力量来弥补市场调节的不足。如果没有政府强有力的宏观调控，依靠市场的自发调节，那么工业的发展必然要走一条漫长的道路，即先是大量低水平的重复建设，然后再通过竞争不断提高生产的技术水平和集中度。如此，后发展的优势就不可能得以发挥。

第三，不同经济运行阶段要选择不同的政策搭配方式。宏观经济运行有其运行和发展的内在规律。财政货币政策、发展政策的协调配合，要从把握经济运行规律的角度出发，针对不同的经济形势和现实必须采取不同的宏观经济政策。既要保持宏观经济政策的连续性和遵循一定的原则，又要保持其灵活运用的可能性和抉择性。以德国为例，20世纪60年代推行扩张性财政政策，而到了20世纪80年代，鉴于通胀居高不下，经济增长乏力，出现严重财政和经济危机，转而实行了平衡财政政策，经济运行状况逐渐好转。

五、完善财政货币政策、发展政策协调配合机制的建议

财政货币政策、发展政策三大调控杠杆相互协调的宏观调控体系，是我国社会主义市场经济体制的重要组成部分。在面临重大调控任务时，三大政策必须密切配合、协调行动。如能形成合力，则事半功倍。当前，三大政策围绕加快转变经济发展方式、促进经济增速止跌回升、在结构优化中实现平稳较快发展，协调配合，共同发力。

（一）深化行政管理、财税和金融体制改革

当前经济运行中的矛盾和问题，归根到底是结构问题、增长方式问题和体制问

题。解决这些问题的方法只有靠改革。改革必须抓住主要矛盾，深化关键领域的改革，完善政策效应传导机制。

改革行政管理体系。建立政府调控机制和社会协调机制互联、政府行政功能和社会自治功能优势互补，政府管理力量和社会调节力量互动的管理网络，形成对全社会有效覆盖和全面管理的体系，完善人民矛盾处理的方式和方法，注重从源头上减少人民内部矛盾的发生，建立健全社会矛盾纠纷调处机制。

深化财税体制改革。建立健全公共财政制度，深化预算制度改革，建立责任与支出相适应的财税制度。加快形成统一规范透明的财政转移支付制度。按照简税制、宽税基、低税率、严征管的原则，深化税制改革。对收入水平低的行业实行结构性减税让利，降低中高档消费品进口关税，进一步提高小微企业增值税的起征点，加快服务业营业税改增值税推广，加大对自主创新和发展战略性新兴产业的支持力度。

加快金融体制改革。1998年及后续几年，扩大内需中货币政策的作用没有得到很好发挥，关键是金融体制改革后，历史遗留的不良贷款过多，银行难以发挥应有的调节作用。要建设多种所有制和多种经营形式、结构合理、功能完善、高效安全的现代金融体系。大力发展资本市场，扩大直接融资规模和比重。深化银行、保险业改革。稳步推进利率市场化，满足中小微企业和农户贷款需求。建立以用汇为主的外汇管理体制，提高资金周转率和使用效益。提高金融监管水平，及时化解金融风险，切实维护金融安全。

（二）加强宏观调控目标和政策手段机制化建设，突出发展政策的综合协调功能

深入领会和贯彻五大发展理念，把握发展新特征，正确运用宏观调控的手段，更好地发挥国家发展政策的综合协调功能，使发展、财政、货币三大宏观调控手段形成合力。

按照社会主义市场经济的要求，突出战略性、宏观性和政策性，更好地发挥发展政策的综合协调功能。抓紧改革和完善规划体制，健全编制程序，完善国家中长期规划和年度计划的管理和实施机制，形成以经济社会发展规划为统领，各类规划定位清晰、功能互补、统一衔接的规划体系。加强对重大问题的研究，搞好年度计划、专项计划和产业政策的制定和实施。通过中长期发展规划与年度计划，围绕提高居民消费率等目标，制定国民收入分配政策、投资与消费政策、国际收支平衡政策等。通过制定发展战略、产业政策、区域规划，引导产业结构优化和地区生产力的合理布局。通过国民经济和社会发展中长期规划对财政政策和货币政策进行统筹安排和政策协调，协调财政货币政策的目标、财政赤字和金融不良资产的定期跟踪测算、财政金融稳定性的预安排、财政金融政策和操作工具进行互动效率评估和化解金融不良债务安排等。完善产业政策、收入分配政策与财政政策和货币政策的协调配合机制，财政支出要能够支持产业政策目标的实现，政策性信贷体现产业政

规定的优先顺序，税收政策按产业政策有所倾斜和体现差别，国有资产存量分布结构按照产业政策进行调整。通过改革创新、结构升级，重点提高财政、金融、能源、矿产资源、水资源、粮食、生态环保、安全生产、网络安全等方面的风险防控能力，将发展成果更多转化为防范风险、保障安全的能力。

（三）实施积极的财政政策和适度宽松的货币政策，货币政策总基调由"名稳实紧"转为适度宽松

"十二五"期间，货币政策实际上是一种紧缩的政策。要改变紧缩的货币政策为适度宽松的货币政策。货币政策总基调由"名稳实紧"真正向"适度宽松"转变。一个时期以来，不少人以货币化率已偏高为由，主张收紧银根。其实，他们忽略了中国证券化率明显偏低这个事实。由于我国资本市场发育不足，企业融资以间接融资为主，直接融资为辅。因此，我国货币化率略高一些是合理的。为了防止银行贷款过量流入股市，制造资本泡沫，应按照规划确定的方向和重点，实行点贷或窗口指导。这是应对亚洲金融危机时的成功经验，目前依然有效。1998年应对亚洲金融危机时，国家曾连续5年实施积极的财政政策和宽松的货币政策，每年发行长期建设债券1000多亿元，进而改变了需求不振、通货紧缩的局面。当时，不仅拉动了经济增长，而且为进入新世纪之后长达近10年的黄金增长期奠定了基础。

20世纪90年代以来的经验证明，治理通货紧缩比治理通货膨胀的难度要大得多。积极的财政政策和适度宽松的货币政策需要连续实施几年，方能取得明显成效。通过财政投入引导银行贷款、引导社会投资，三四年才能改变经济下行的趋势。因此，改变预期光靠货币政策不行，要把财政政策配合起来，积极的财政政策起到一个四两拨千斤的作用，用财政资金引导银行贷款社会资金的投入，连续坚持几年才有可能改变经济下行通货紧缩的趋势。一些国家的经验表明，在有效需求不足、经济增长乏力的情况下，运用财政政策进行宏观调控成效比较明显。要积极地运用财政政策，有效地扩大投资需求和最终消费需求，促进供给结构的调整和优化。因此，发展政策要和积极财政政策、货币宽松政策结合起来改变趋势，同时，根据经济形势的动态变化，提高政策的针对性和灵活性；通过发放国债为刺激措施融资，增加公共基础设施投资，中央银行则应进一步实行宽松的货币政策，为扩张性财政政策提供支持；扩大专项建设基金和长期建设债券的发行规模，通过贷款贴息、资本金补助等措施，引导银行贷款和民间投资方向，促进结构调整。

（四）推进供给侧结构性改革，更加注重宏观调控政策的中长期选择

从长远来看，我国经济成长中结构性矛盾的不断积累，短期政策连带的"副产品"，可能在长期将使得我国经济成长中的结构性矛盾更加突出。所以，在考虑应对危机的策略时，既要考虑眼前救急，也要考虑中国经济更为长远的可持续、健康和谐的发展。在继续搞好对总需求短期调控的同时，要把更多的精力用到研究并采

取长期供给政策上，着眼于改善中长期供给能力，大力实施创新驱动发展战略，推进结构性改革特别是供给侧的结构性改革，化解过剩产能、推动传统产业的转型升级，培育新的经济增长点、增长极、增长带，加快推动经济结构优化，不断提高要素产出效率，促进经济提质增效升级，提升经济潜在增长能力，为经济持续健康发展奠定坚实基础。

在宏观调控的实践中，应把短期政策和长期政策区别开来。在这方面，应汲取经验教训。在20世纪80年代到90年代，我国经济始终未能摆脱周期性大起大落的困扰。每隔四五年就要出现一次波动。在经济上升期时，各方面盲目增加投资，很快引发通货膨胀，紧接着开始治理整顿，压缩投资，正在建设的项目被勒令停工，造成较大的损失浪费，并形成通货紧缩、增长乏力的后果。进入新世纪以来，通过总结经验教训，不断改善宏观调控，我国终于摆脱了周期性大起大落的困扰，实现了高增长、低通胀、高效益，走上了长期持续稳定增长的道路。这个经验没有过时，应当继承和发展。在当前的宏观调控工作中，要在适度扩大总需求的同时，加大供给侧的结构性改革，使总需求保持均衡增长，对经济增长保持均衡持久的拉动力。以结构调整为主的宏观调控，更需要财政货币、发展三大调控杠杆形成合力。在宏观调控转向结构调整为主的时候，要更多地发挥财税杠杆的作用，运用贴息、资本金补助、降税等手段，引导社会资金投向，特别是引导银行贷款投向。

（五）关注全球市场变化，财政货币政策、发展政策要兼顾内外部均衡

在我国经济已经深度融入世界经济的大背景下，财政货币政策、发展政策要实现协调配合，必须具备全球视野，统筹两个市场、两种资源，更多参与国际宏观经济政策协调。蒙得尔·弗莱明提出的财政货币选择新理论指出，现实世界中的资本具有不完全流动性，财政政策和货币政策都是有效的，但其政策效应的大小取决于资本流动的完全程度。资本流动性越大，财政政策的作用越小，而货币政策的作用越大。在改革开放日益扩大的进程中，随着资本流动性越来越大，要进一步发挥货币政策的主要作用，实现以资源效率为主，兼顾机会公平原则。随着商品及资本、劳动力等要素国际流动的发展，以及中国经济与世界经济相互依存度的增加，出现外部失衡问题在所难免。尤其是随着一国经济的逐渐开放，汇率水平变动的其他经济效应，如财富效应、收入分配效应、投资效应、资源配置效应、资本流动效应、货币效应等，都会得到强化，汇率变动对宏观经济的影响更加复杂化。宏观调控不仅需要关注经济的内部均衡发展，同时也要注重经济的外部均衡发展。政策搭配更加需要兼顾内外均衡。

在开放经济下，内部均衡和外部均衡之间的互动是频繁、复杂和多样的，这意味着传统理论很容易顾此失彼，无法统筹规划宏观调控的整体动态路线。财政政策和货币政策应该兼顾内部均衡和外部均衡，根据自身政策搭配的历史演进和现实宏

观经济环境变化，作出相应调整。一方面，加快形成参与国际宏观经济政策协调的机制，主动加强与主要经济体的政策协调和沟通，更加积极地参与多双边国际经济合作，提升国际话语权，推动国际宏观经济治理结构改革，促进国际经济秩序更加公正合理。另一方面，坚持共商、共建、共享，加强政策沟通、设施联通、贸易畅通、资金融通、民心相通，深入推进"一带一路"建设，推进国际产能和装备制造合作，拓展发展空间，为世界经济稳定复苏作出积极贡献。

第三章

财政债务问题

一、传统债务理论面对经济现实的无力与迷茫

在西方经济学中从亚当·斯密到大卫·李嘉图再到凯恩斯、到巴罗到布坎南都对政府债务进行过论述,无论是公债有害论还是有益论,到21世纪的今天,大规模政府债务的存在已经是不争的事实。因此,对债务管理的研究一直没有停止过。特别是2008年国际金融危机爆发以后,世界范围内出现了政府破产的案例,欧洲主权债务危机使人们回过头来反思传统债务理论面对经济现实的无力与迷茫。

政府预算约束理论被认为是研究政府债务问题的理论基础,目前大多学者对债务问题的研究都是基于此理论的。Alfred Greiner, Uwe Kollery, WilliSemmlerz(2007)将政府预算约束理论概括为三个方面,即非蓬齐博弈条件、债务有界和跨期预算约束。非蓬齐博弈条件要求在未来的某个时点,一个理性的政府必须还清所有债务,不存在借新债还旧债的情况。债务有界理论关注政府债务规模,要求政府长期债务是有界的,否则政府终将不能偿还债务。跨期预算约束要求政府长期债务的现值收敛于零,此时,初始债务等于未来基本盈余的现值之和。债务可持续性是与政府偿付能力相联系的一个概念,如果在一定的预算盈余和公共债务路径下政府保持有足够的偿付能力,那么财政是可持续的。

传统的债务理论在研究债务规模的可持续性时,往往都关注几个设定的指标。一是赤字率,二是债务负担率,三是债务依存度。欧盟在1997年制订的《稳定与增长公约》中明确规定各成员国的年度财政赤字不得超过GDP的3%,政府债务余额不许超过GDP 60%的上限,国际上公认的国家财政债务依存度的警戒线是15%~20%,中央财政债务依存度的警戒线是25%~30%。

但事实上,各国之间的债务问题有很大的差异,统一的标准并不见得适用于所有国家。在美、欧、日三大主要经济体中,截至2016年年底,日本的政府债务与GDP比值达到254%,美国的联邦政府债务规模占GDP的比例也超过了100%,年度财政赤字连续4年超过1万亿美元。欧盟27国政府债务余额占GDP的比例超过

80%，预算赤字占该地区 GDP 的比例超过 6%。从表面上看，欧洲的政府债务问题并不比美国、日本严重，但是市场却对欧洲的政府债务的风险预期最高，恰恰在表面上看来并不严重的欧洲却率先发生了政府债务危机，这其中的原因和债务机制值得我们认真分析。

所以说，虽然债务理论研究成果丰硕，但面对错综复杂的经济现实，解释起来却显得有些力不从心。因此，传统债务理论所确立的指标体系，只能作为现实经济管理中的参考，而不能作为绝对的量化指标。特别是对于中国来说，虽然为应对全球金融危机，政府以"四万亿"投资计划来刺激经济；新《预算法》实施之后，地方政府发债纳入了法制轨道，地方政府显性债务剧增；而进入经济新常态之后，经济增速放缓，财政收入下滑，结构调整对财政资金的刚性需求又有增无减。这一系列因素的叠加，使得我国政府债务近年来放量增长，对由于债务问题引发的财政可持续性担忧与日俱增，但由于中国经济体制的特殊性，更由于传统债务理论解决现实问题的无力，在研究中国的政府债务问题时，应寻求具有解释力的，符合中国经济发展实际情况的方法。

二、我国政府债务总体情况判断

（一）赤字率水平

赤字率是国际公认的评价一国财政运行状况时的重要指标，也是衡量政府债务可持续性的重要指标。目前该指标公认的国际警戒线是 3%，很多学者对符合中国国情的赤字率警戒线给出不同的结果，刘迎秋（2001）给出中国基本赤字率应以 2.5% 为控制目标，最高限为 3.5%。赤字率的高低与一国的经济发展水平并没有直接的关联关系，而主要取决于国家的政策选择，宏观经济调控的力度和所面临的特殊的经济社会情况。从表 3-1 中可以看出从 1998 年到 2011 年我国曾进行过两次大规模的扩张性财政政策，财政赤字也随之攀升并直逼警戒线，但对比表 3-2 的数据可以发现 2008 年以来我国的赤字水平明显低于欧元区和新兴经济体的平均水平，更远远低于债务状况令人堪忧的希腊、爱尔兰等国家以及美国、日本等发达经济体，并且我国财政调整的方向与世界主要经济体的方向是一致的，即赤字率于 2009 年达到一个高点后近两年逐渐下降，这表明我国在大规模扩张政府支出的状态下依然保持了比较强劲的财政状况。但是，2015 年以来，由于多重因素的叠加，我国财政面临比较严峻的形势，赤字规模加大。

表 3-1 1998~2016 年我国的赤字规模和赤字率

年份	1998	1999	2000	2001	2002	2003	2004	2005	2006
赤字规模（万亿元）	0.09	0.17	0.25	0.25	0.32	0.29	0.21	0.23	0.17
赤字率（%）	1.1	1.9	2.51	2.3	2.6	2.2	1.3	1.2	0.7
年份	2007	2008	2009	2010	2011	2012	2013	2014	2015
赤字规模（万亿元）	-0.15	0.13	0.78	0.68	0.54	0.8	1.2	1.35	1.62
赤字率（%）	-0.6	0.4	2.3	1.7	1.1	1.5	2.1	2.1	2.3
年份	2016								
赤字规模（万亿元）	2.83								
赤字率（%）	3								

注：根据各年财政赤字计算得出。

表 3-2 世界主要经济体财政赤字率   单位：%

年份	2008	2009	2010	2011	2012	2013	2014	2015	2016
美国	3.1	9.8	8.7	8.4	6.8	4.1	2.8	2.5	3.2
法国	3.2	7.2	6.8	5.1	4.8	4.0	4.0	3.5	3.3
德国	0.2	3.2	4.2	1.0	0.0	0.2	0.0	0.0	0.0
爱尔兰	7.0	13.8	32.1	12.6	8.0	5.7	3.7	1.9	1.0
意大利	2.7	5.3	4.3	3.7	2.9	2.7	3.0	2.6	2.4
西班牙	4.4	11.0	9.4	9.6	10.5	7.0	6.0	5.1	4.7
日本	1.8	8.5	8.3	8.8	8.7	8.5	6.2	5.4	5.2
英国	4.9	10.2	9.6	7.6	9.9	5.7	5.8	4.4	3.7
加拿大	0.0	3.9	4.8	3.3	2.5	1.9	0.5	1.5	2.1
印度	6.1	6.6	4.9	5.8	4.9	4.5	4.0	3.9	3.5
俄罗斯	0.0	5.5	3.6	0.0	0.1	0.5	0.4	2.4	3.5
土耳其	1.8	5.3	3.5	1.3	1.9	1.0	1.1	1.0	1.1
巴西	1.8	3.1	1.4	1.2	0.4	1.6	4.7	8.2	6.4
墨西哥	0.1	2.2	2.8	2.5	2.6	2.3	3.2	3.4	2.6
南非	0.6	5.8	3.8	4.3	4.7	3.9	3.6	3.3	3.4

数据来源：国际货币基金组织财政检测报告。

一年的赤字率只是一年财政状况的反映，并不能作为财政可持续性的判断指标。政府可以通过各种手段减少赤字，降低赤字率，比如美国 2009 年以来就大幅度降低了财政赤字率。因此，很多学者都表达了对 3% 的财政赤字率标准的质疑。中国财政科学研究院院长刘尚希认为 3% 的标准是欧盟原先的财经纪律，并非科学标准，以此来衡量中国赤字水平高低并不客观。经济学家林毅夫表示，国际上一般认为

3%是政府每年财政赤字的天花板，但是3%这个水平也许适用于发达国家，但不适用于发展中国家。中国作为发展中国家，政府的财政赤字有相当大的一部分是用来建设的，作为消除基础设施瓶颈，环保、城市化等方面的投资在短期会创造需求，也能增加就业。同时，这些投资建成之后会形成资产，提高我国的经济增长率，政府的税收也会增加。①

（二）债务负担率

债务负担率主要反映整个国民经济对债务的承受能力，以债务累计余额占国内生产总值的比重来衡量，是反应债务风险状况的一个重要指标。以下几个方面的考察说明，国际金融危机后我国的财政调整措施是适当的，债务的总体规模处在安全范围内：

（1）我国中央政府国内债务的债务负担率一直控制在20%之内，加上外债余额总的债务负担率也不超过30%，低于国际对发展中国家债务负担率的警戒线45%。考虑地方政府负债，2010年我国公共债务总规模约为22.42万亿元，债务负担率56.3%，2016年末，我国中央和地方政府的债务余额约为27.33万亿元，按照国家统计局公布的2016年GDP初步核算数计算，债务负担率率约为36.7%。远小于《马斯特里赫特条约》要求的欧盟国家60%的上限。与我国形成鲜明对比的是，2011年部分发达国家的债务水平均在60%以上，其中日本的债务率高达200%以上。另一方面，我国债务余额的增速由2010年的16.7%下降到2011年的5.5%，低于GDP的增速，债务负担率有缩小的趋势。

（2）单独考察我国的外债相关数据可知，2011年我国外债负担率为9.49%，偿债率为1.72%，短期外债与外汇储备的比例为15.75%。外债规模控制在我国经济发展可以承受的范围之内，外债风险各项指标均低于国际上公认的安全警戒线。

（3）我国主权债务的一个显著特点是以内债为主，外债负担率仅为10%左右。如果一国的债务以本国持有为主，收入分配基本限于国内公众或国内的代际之间，主权债务的道德风险相对较小，不会给全球经济造成太大风险。就外债而言也存在一些会加剧债务风险的因素：首先，2011年末我国外债余额为6949.97亿美元，较2010年末我国外债余额为5489.38亿美元有较大幅度增长，截至2016年12月末，我国全口径外债余额为98551亿元人民币；其次，外债的期限结构在悄然变化，债务短期化趋势加剧，从2004年之前的长期外债为主逐渐转变为短期外债的份额超过半数以上，2011年长期外债占外债余额的比例仅为28%，2016年中长期外债余额为38137亿元人民币（等值5498亿美元），占39%；短期外债余额为60414亿元人

---

① 赤字率3%欧盟标准衡量中国并不客观．http://finance.huanqiu.com/roll/2016-03/8669647.html. 2016-03-08．

民币（等值 8709 亿美元），占 61%。短期外债余额中，与贸易有关的信贷占 47.5%。①

（三）债务依存度

衡量债务风险程度的另一个重要指标是债务依存度，它是指当年的债务收入与财政支出的比例关系，反映了一个国家的财政支出有多少是依靠发行国债来实现的。当国债的发行量过大，债务依存度过高时，表明财政支出过分依赖债务收入，财政处于脆弱的状态，并对财政的未来发展构成潜在的威胁。在我国，这一指标的计算有两种不同的口径：一是用当年的债务收入额除以当年的全国财政支出额，即国家财政的债务依存度；另一个是用当年的债务收入额除以当年的中央财政总支出，称为中央财政的债务依存度。关于这两个指标国际公认的警戒线分别为 15%～20% 和 25%～30%。2005 年以来我国国家债务依存度除 2007 年外，略超警戒线，中央财政债务依存度多数年份都已突破警戒线，两个指标在 2011 年以后有所下降，由此可见，我国财政支出对债务收入的依赖性偏高。见表 3-3。

表 3-3　　　　　　　　我国政府支出与债务情况　　　　　　　　单位：万亿元

年度	中央公共财政支出（本级）	地方公共财政支出	中央财政债务余额	地方政府债务余额
2005	0.88	2.52	3.26	
2006	0.99	3.04	3.50	
2007	1.14	3.83	5.21	
2008	1.33	4.92	5.33	
2009	1.53	6.10	6.02	
2010	1.60	7.39	6.75	6.71
2011	1.65	9.27	7.20	
2012	1.88	10.72	7.76	9.63
2013	2.05	11.97	8.67	11.4
2014	2.26	12.92	9.57	15.4
2015	2.55	15.03	10.66	16
2016	2.74	16.04	12.59	17.2

资料来源：中经网统计数据库。

（四）对传统政府债务指标的质疑

从国际上的研究经验来看，过高的政府债务（大多数学者的研究认为高于 80%～

---

① http://www.icbc.com.cn/icbc.

90%的水平基本上属于过高）对长期的经济增长是有消极影响的。但是在我国的实际研究情况则不同，我国学者对中国政府债务与经济增长关系的研究结论主要是政府债务能够促进经济的增长。代表性的研究如刘溶沧和马拴友（2001）利用包括人力资本、技术和公共政策的生产函数模型对1980~1999年相关数据进行分析，发现国债如果用于公共资本投资，就能够显著促进经济增长。白积洋（2009）基于总生产函数的分析框架，认为国债政策通过金融渠道作用机制加快了社会基础领域的建设，随着基础设施条件的改善，经济将加速增长，显著地促进了人均真实GDP的增长，这在1996~2006年间尤为显著。另外程宇丹、龚六堂比较了发达国家和发展中国家政府债务的经济增长效应，得出了不同的结论，即政府债务对经济增长的影响是非线性的，而且这种影响对发达国家和发展中国家是有差异的，发达国家政府债务对经济增长、投资以及全要素生产率均无显著影响，而发展中国家政府债务的增加可以提高投资率。所以说，虽然债务理论研究成果丰硕，但面对错综复杂的经济现实，解释起来显得有些力不从心。因此，传统债务理论所确立的指标体系，只能作为现实经济管理中的参考，而不能作为绝对的量化指标。

从各国现实的经济发展来看，上述这些约定俗成的指标体系往往在现实中被突破，突破警戒线的国家经济也不一定表现的很差，而没有突破警戒线的国家经济也未必就有很好的表现，有时候还恰恰相反。所以说，传统的债务指标存在一定的问题，特别是中国政府的债务问题与一些西方国家的政府债务危机不可同日而语，中国的政府债务有其鲜明的中国特色，国际上普遍遵循的一些政府债务的衡量指标不仅没有避免西方国家的政府债务危机，而且也并不适用于中国，因此，需要根据中国政府债务的特殊情况，构建中国特有的政府债务评估体系。

三、考察我国债务问题不应忽视的几个重要因素

（一）国有资产的因素

巨大的国有资产规模是中国的独有特色。中国的国有资产"家底"有多厚？据财政部最新"盘点"的数据，截至2015年三季度末，不包括国有金融类企业，我国中央企业和地方国有及国有控股企业资产总额已超过117万亿元。这个数字仅仅是经营性国有资产的规模。还有大量的资源性国有资产和行政性国有资产没有计入其中，金融企业的巨额国有资产也没有核算在内。目前我国资源性国有资产的规模到底有多大，恐怕没有几个人能说得清楚，但是我们从地方对土地财政的依赖程度就可见一斑。仅土地一项就可以支撑很多地方财政收入的半壁以上江山。

对于企业和个人债务而言，资产负债率是非常重要的衡量指标，但在衡量政府

的债务问题时，几乎没有人用到资产负债率这样的指标，原因是，对于外国政府而言，其政府资产规模很小，相对于债务规模而言，几乎可以忽略不计。2014年11月20日，中国首份官方主导的政府资产负债核算研究报告显示，2013年中国公共部门净资产为106.9万亿元。2011年中国社科院同样内容的报告曾估算，中国政府拥有的净资产达300万亿人民币。而根据西南财经大学金融学院陈坷的统计，2012年美国政府资产负债表中的资产总额是2842615万美元。因此，考察中国政府债务问题时，建议可以将政府资产负债率的指标统筹考虑。

（二）政府动员社会资本的能力

中国是单一制的国家，相对于其他多党制、三权分立的国家政府而言，在决策上可以实现在短期内集中力量办大事的目的。面对2008年全球金融危机的冲击，中国政府可以在极短的时间内出台四万亿的投资计划就是一个很好的例证。像这种短期内动员大量社会资金集中办大事的例子还有很多，这也是中国政府的特殊性所在，也是其他国家政府所不能比拟的。而且中国的商业银行、资产规模庞大的金融机构多为国有或国家控股，这也是政府短期动员社会资本的物质基础。

由于受金融危机的影响，2008年GDP增长速度逐季快速回落，经济运行不确定性增加，经济下行风险增大，宏观调控面临复杂多变局面。2008年11月5日国务院常务会议决定实施"四万亿"投资计划，即出台扩大内需、促进经济平稳较快增长的十项措施，计划两年之内的总投资达到4万亿元人民币。11月10日，发改委召开了紧急会议决定分配当年新增的1000多亿元中央投资额度。"四万亿"投资计划旨在全力保持国内经济平衡较快发展，减少国际金融危机对中国的冲击。这次对经济领域的出手，是经济调控思路的重大调整：从"防止经济增长由偏快转为过热与防止价格由结构性上涨演变为明显通货膨胀"的"双防"转向"把保持经济平稳较快发展和控制物价过快上涨作为宏观调控的首要任务"的"一保一控"，再转向"保增长、扩内需"。此次"四万亿"投资计划包括新增中央投资11800亿元，其他地方财政预算、中央财政代发地方政府债券、政策性贷款等28200亿元。

面对金融危机，欧洲出现了主权债务危机，甚至出现了国家破产的极端案例，美国也出现了地方政府宣布破产的案例，但客观地分析中国的问题，虽然中国地方政府债务问题、地方融资平台问题受到极大关注，但政府破产在中国发生的概率是极低的。

（三）体制因素

实际上政府动员社会资本的能力是与中国特殊的管理体制密不可分的。中国体制的独特性是中国政府应对危机的优势所在。一直以来，中国的体制问题广受诟病，人们往往会把发展过程中面临的许多无法解决的问题归结为体制问题，包括目前地方政府出现的债务问题,也是由于中央和地方的分权体制没有很好理顺造成的,地方政府事权过宽而财权不匹配,因此造成了目前的债务问题、土地财政问题、地方融资平台问题等等。应该说,这些体制问题是客观存在的,但如果我们换一个角度去考量,这样的政府间关系,似乎也是确保政府避免债务危机的关键性因素。在之前地方出问题,中央兜底的案例似乎也并不鲜见。

四、地方债问题

新《预算法》实施之后,地方政府发债纳入了法制轨道,从而结束了地方财政预算不列赤字的时代,其明确地赋予了省一级政府通过地方债券举借债务的权利,这意味着我国地方政府财政体制的重大变革;而进入经济新常态之后,经济增速放缓,财政收入下滑,结构调整对财政资金的刚性需求又有增无减,这一系列因素的叠加,使得我国政府债务近年来放量增长,政府债务问题特别是地方政府债务问题引起了强烈关注,债务问题或者财政可持续性问题成为了研究的热点。在新制度下,地方政府债务收支纳入预算管理,其举债行为得到规范,举债规模受到严控。但同时,地方财政收入增速势必放缓甚至下降,而支出的刚性会使财政收支的矛盾进一步加大,综合判断,财政赤字和举借债务也将成为地方政府财政运行的"新常态"。在这样的经济新常态下,地方政府的偿债财力会受到很大影响,地方债务风险进一步加剧,虽然财政部推出的债务置换和正在大力推行的 PPP 项目可以很大程度地减轻地方政府债务负担,化解短期违约风险或流动性风险,但是地方债务的规模或存量却不会因此而减少,而且 PPP 项目本身也存在着一定的政府兜底风险,所以说,由地方政府债务导致的长期信用风险和系统性风险依然存在。从某种程度上说,我国的债务风险主要体现在地方政府债务上,因此,中国的财政债务问题主要是地方政府债务问题。但是,虽然地方的债务水平较高、还债压力不轻,一些地方甚至出现了社保基金支付困难、财政压力较大的问题,但这还属于短期和局部困难,与西方国家的政府债务危机并不是同样的性质。从资产看,地方债务形成了大量优质资产,加上大量可变现的国有资产资源,足以应对可能出现的任何风险。当然,判断上的相对乐观并不意味着要放松风险管理。加强地方债务管理,提高债务支出绩效,本来就是当前实施积极财政政策的内容之一。

(一)我国地方政府债务的现状

对于地方政府债务最为权威的数据来自于国家审计署的审计报告,其全面审计有两次,第一次是在 2011 年,审计了全国省、市、县三级地方政府截至 2010 年年底的政府性债务,并在 2011 年 6 月公布了全国汇总性的审计结果;第二次是在 2013

年,审计了全国中央、省、市、县、乡五级政府截至 2013 年 6 月底的政府性债务,并在 2013 年 12 月公布了全国汇总性的审计结果。根据这两个公告,再结合《国务院关于提请审议批准 2015 年地方政府债务限额的议案》等,我们可以梳理出地方政府债务的基本规模。

从表 3-4 可以看出,地方政府债务是在两次金融危机爆发的 1998 年和 2009 年开始大幅度增长的,这两年的增长率高达 48.20% 和 61.92%。目前大家比较关心的问题是,在经济下行压力不减、政府刚性支出加大、结构性改革势在必行的情况下,地方政府的负债率是否会继续增加?如果会继续增加,会增加到什么程度?是否可持续?事实上,对于地方政府债务问题不能一概而论,我国财政状况的地区差异是非常明显的,所以,在进行总量分析的同时,应该对地方债务问题进行地区性的差异分析。

表 3-4　　　　　　地方政府债务增长速度和负债率

年份	地方政府偿还责任债务(亿元)	债务增长率(%)	名义 GDP(亿元)	名义增长率(%)	实际增长率(%)	负债率(%)
1997	1875.26	24.82	78973.0	10.95	9.3	2.37
1998	2779.13	48.20	84402.3	6.87	7.8	3.29
1999	3705.14	33.32	89677.1	6.25	7.6	4.13
2000	4939.69	33.32	99214.6	10.64	8.4	4.98
2001	6585.60	33.32	109655.2	10.52	8.3	6.01
2002	8779.92	33.32	120332.7	9.74	9.1	7.30
2003	11090.80	26.32	135822.8	12.87	10.0	8.17
2004	14009.89	26.32	159878.3	17.71	10.1	8.76
2005	17697.30	26.32	184937.4	15.67	11.3	9.57
2006	22355.23	26.32	216314.4	16.97	12.7	10.33
2007	28239.12	26.32	265810.3	22.88	14.2	10.62
2008	34869.67	23.48	314045.4	18.15	9.6	11.10
2009	56460.97	61.92	340902.8	8.55	9.2	16.56
2010	67109.51	18.86	401512.8	17.78	10.4	16.71
2011	80383.77	19.78	473104.0	17.83	9.3	16.99
2012	96281.87	19.78	519470.1	9.80	7.7	18.53
2013	114302.13	18.72	568845.2	9.50	7.7	20.09

续表

年份	地方政府偿还责任债务（亿元）	债务增长率（%）	名义GDP（亿元）	名义增长率（%）	实际增长率（%）	负债率（%）
2014	154000.00①	34.73	636463	11.89	7.4	24.20
2015	160000.00	3.90	689052	6.9		23.22
2016	172000.00	7.5	744127	6.7		23.11

数据来源和说明：国家审计署的政府性债务审计公告、《中国统计年鉴》（2014）等。地方政府负有偿还责任的债务余额，有数据公布的只有四个时点：2010年年底、2012年年底、2013年6月底和2014年年底，其他年份的数据，主要是根据对应的增长速度数值换算得到。

（二）负债总量和结构

1. 从总量上看，地方政府债务存在一定的违约风险

刁伟涛（2015）曾经我国对地方财政和经济运行状况进行回顾，并结合我国地方财政和经济运行趋势判断，对我国地方政府的财政可持续状况进行分析。他假定中国经济"十三五"时期GDP保持7.0%的适宜或潜在增长速度，将通货膨胀率分为高中低三种状况，分别为1.8%、1.5%和1.2%。对于地方政府债务的利率，按照高中低三种状况，分别为4.0%、3.5%和3.0%同时结合债务的期限结构，对地方政府债务压力进行了估计，估测的结果如表3-5和表3-6所示：

表3-5　　　　　　　　　　地方政府负债率的估测结果

政府债券利率（%）	价格水平增长率（%）	赤字率（%）	2016年	2017年	2018年	2019年	2020年
4.0	1.2	1.2	24.29	24.53	24.76	24.98	25.19
	1.5	1.0	24.02	24.00	23.98	23.96	23.94
	1.8	0.8	23.75	23.48	23.22	22.97	22.73
3.5	1.2	1.2	24.18	24.31	24.44	24.56	24.67
	1.5	1.0	23.91	23.79	23.67	23.56	23.45
	1.8	0.8	23.64	23.26	22.90	22.56	22.24
3.0	1.2	1.2	24.07	24.10	24.12	24.14	24.16
	1.5	1.0	23.80	23.57	23.35	23.14	22.95
	1.8	0.8	23.53	23.05	22.60	22.17	21.76

说明：该表并没有列示地方政府债券利率、价格水平增长率和赤字率三个指标的所有组合情况，但是包括了对于地方政府负债率这一指标而言最乐观和最悲观的状况。

---

① 根据全国人大常委会在2015年8月29日批准的《国务院关于提请审议批准2015年地方政府债务限额的议案》显示，截至2014年末，经过甄别清理的全国地方政府债务余额高达15.4万亿元。

表 3-6　　　　2014 年底地方政府债务余额的到期年份分布　　　　单位：亿元

到期年份	负有偿还责任的债务规模	负有担保责任的债务规模	负有救助责任的债务规模	折算/甄别后的债务规模
2015 年	18577.91	3198.42	5994.78	20067.40
2016 年	12608.53	2606.26	4206.51	13722.94
2017 年	8477.55	2298.60	3519.02	9432.46
2018 年	13847.15	—	—	13847.15
2019 年	13847.15	—	—	13847.15
2020 年	13847.15	—	—	13847.15

表中数据来源于刁伟涛（2017）的计算。

我们可以看出，从 2015~2020 年，地方政府偿还到期债务的压力是巨大的，虽然财政部推出的 3.2 万亿元的地方债务置换计划，基本化解了 2015 年到期债务的违约风险，但是这种影响是短期的，如果仅仅依靠可偿债财力，"十三五"时期地方政府的债务违约风险还是很大的。

2. 地方政府债务问题地区差异明显

到 2015 年底，地方政府负有偿还责任的债务总额为 16 万亿元，具体到各个省份，债务余额规模差别较大，如图 3-1 所示，排在第一位的江苏省（10556.26 亿元），是排在最后一位宁夏回族自治区（1138.90 亿元）的 9.3 倍。从债务增长速度来看，2012 至 2015 年 4 年间，有 19 个省市超过了 66.7% 的全国平均增速，各省份间增速差距较大，青海省增长最快，增长 168%，重庆增长幅度最小，只有 4%，（如图 3-2 所示）。

从目前各省份负有直接偿还责任债务负担情况来看，2015 年底，地方政府总体债务的负债率（地方政府债务总额占 GDP 比重）为 24%、债务率（债务余额/综合财力）为 89.25%，总体指标低于国际警戒线[①]，但具体到各省，债务负担情况差异较大，从 2015 年底负债率和债务率指标来看，债务负担最重的为贵州省其负债率（87%）和债务率（202.5%）两个指标值均为最高，负担最轻的为山西省，其负债率（16.6%）和债务率（58.4%）低于全国平均水平。从负债率指标来看，贵州（87%）和青海（77.3）超过了 60% 的警戒线，其他省份负债率均在 60% 警戒线以下；从债务率指标来看，我国一半的省份超过 90% 警戒线，最高的贵州省（202.5%），最低的北京市（92.8%），贵州（202.5%）和辽宁（159.8%）均超过 150% 的上限标准。尽管从全国平均水平来看我国地方政府债务风险总体可控，但各省市地方政府借债的历史较短，中国的城投债发行只有 20 多年历史，局部地区债务增长较快，再加上当前经济增长放缓，债务风险增大，所以债务负担较高的省

[①] 引自 2016 年 5 月 26 日 "财政部有关负责人就政府债务问题答记者问"。

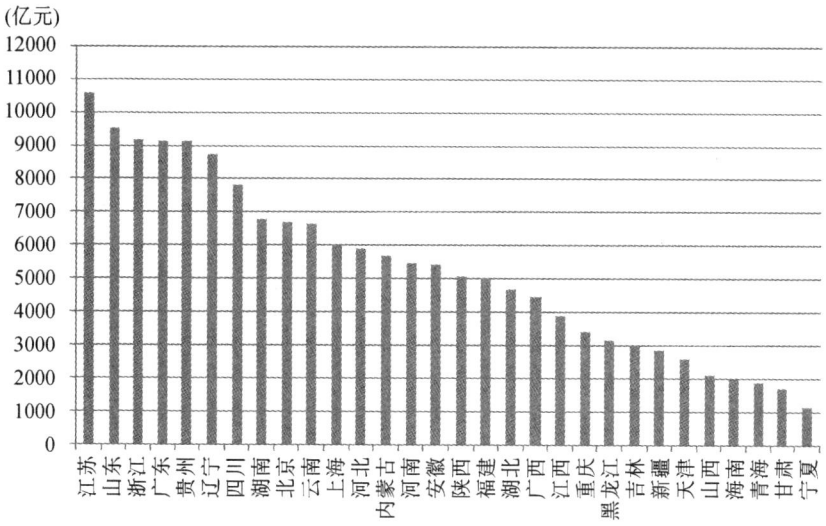

图 3-1 2015 年年底各省份负有直接偿还责任债务余额

资料来源：贾晓俊和顾莹博（2017）根据 wind 数据库数据整理。

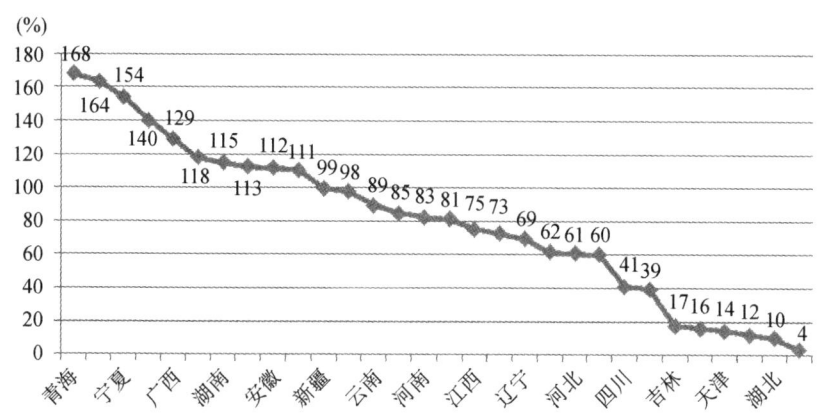

图 3-2 2012~2015 年负有直接偿还责任的债务增速

资料来源：贾晓俊和顾莹博（2017）根据 wind 数据库数据整理。

份需要防范债务风险，如表 3-7 所示。

地方政府债务的区域性差异主要表现在以下一些方面：（1）有些地方政府依托政府融资等方式过度举债，造成了比较严重的债务预警。具体来看，2015 年进入重警区的贵州和青海及进入中警区的云南、内蒙古和陕西，这些省份均是投资需求较大的中西部省份，一方面是基础设施历史欠账多、复杂的地质条件又导致建设成本大幅度上升，使得基础设施建设发展方面的资金需求较大；另一方面，为了追求地方经济快速发展，在地方财力有限，社会投资严重不足的情况下，把举债作为有效扩大投资、拉动经济发展的重要途径。（2）有些地方由于经济增速下滑导致公共财

表 3-7　　　　　　　　　2015 年年底各省债务率及负债率　　　　　　　　单位:%

地区	省	负债率	债务率	地区	省	负债率	债务率
东部地区	北京	29.1	92.8	西部地区	四川	25.9	97.8
	天津	15.7	64.8		重庆	21.7	66.0
	上海	24.1	71.0		贵州	87.0	202.5
	河北	19.8	91.4		云南	48.3	147.2
	江苏	15.1	72.9		内蒙古	31.5	130.6
	浙江	21.4	108.5		陕西	27.9	104.9
	福建	19.4	104.0		甘肃	25.2	63.6
	山东	15.1	82.4		青海	77.3	134.1
	广东	12.6	64.1		宁夏	39.1	94.1
	海南	54.0	134.4		新疆	30.7	83.4
中部地区	山西	16.6	58.4		广西	26.6	93.1
	安徽	24.6	86.5		西藏	—	—
	江西	23.4	74.9	东北地区	吉林	21.1	99.4
	河南	14.8	71.4		辽宁	30.3	159.8
	湖北	15.9	71.3		黑龙江	21.0	79.9
	湖南	23.3	102.6				

注:国际警戒线参考值:负债率不超过 60%;债务率不超过 150%
资料来源:根据 wind 数据库数据整理。

政预算收入大幅下滑,而财政支出的刚性造成了这些地区的债务风险增加。这类地区,可能会由于产业升级的刚性资金需求而产生新增债务。(3)东部经济发达地区如广东、江苏、上海、北京等,由于经济运行状态良好,基础设施基础好,政府财力充足,社会资本活跃,债务风险不大。

(三) 关注政府引导基金问题

新的《预算法》颁布之前,我国地方政府的债务主要来源于两个方面,一是来自于地方融资平台的各类贷款,二是中央代发的地方政府债券和地方政府试点发行的债券,其中地方融资平台债务占绝大部分,因为地方政府自行发债的试点是从 2011 年开始的,而且试点仅为上海、浙江、广东和深圳四地,而在此之前中央代地方发债的规模也是十分有限,2011 年中央代地方发债 2000 亿元,2012 年中央代地方发债 2500 亿元,这个规模与地方政府的债务总额相比微不足道。根据国家审计署 2011 年第 35 号审计结果公告,截至 2010 年年底,地方政府债务中,政府负有直接偿债责任的有 67109.51 亿元,占全部债务总额的 62.62%,政府负有担保责任的债务为 23369.74 亿元,占全部债务的 21.08%,政府可能要承担一定债务救助责任的为 16695.66 亿元，占全部债务总额的 15.58%。可以说，地方政府的债务主要在地方融资平台，地方融资平台是地方政府在财权自我赋权（周转金和体制外预算外赋权）受到严格限制的情况下，只能以信用为担保通过其融资平台公司进行表外融资的必然结果。

地方政府绕开《预算法》，通过土地这一国有资产的开发和利用，既获得了大量前期土地出让收入和相应的税收收入（如营业税），又便于地方政府筹集资金集中推进城镇化。从财政部公布的 2014 年财政收支情况来看，地方一般公共财政收入（本级）为 7.59 万亿元，国有土地使用权出让收入为 4.26 万亿元，地方卖地收入超过了地方公共财政收入的一半。在地方事权增加、财权规范和财力亟待保障的情况下，地方政府创造性地实现了财权的自我实现，即产生了新的地方财权（土地出让金），实现事权、财权和财力的匹配。这种提前开发土地，利用未来开发收益偿还偿债成本的土地财政模式对地方政府投融资行为有很大的激励，并且地方政府可以轻易地逃避地方人代会和上级政府的监督约束。

在地方政府融资平台模式的后期，面对与日俱增的支出责任，地方财政出现困难，而短时间内通过增加财政转移支付或调整税权以增加财力很难做到。加之受经济发展水平的影响，一些地区难以通过融资平台的方式融资。2014 年 10 月颁布的《国务院关于加强地方政府性债务管理的意见》（国发〔2014〕43 号），加大了对融资平台公司和土地出让金的融资限制，地方政府通过融资平台方式筹资的财权扩张模式事实上被切断了。

作为过渡，国务院在 2009 年《政府工作报告》中同意地方发行 2000 亿元债券，由财政部代理发行，列入省级预算管理，这是继 1998 年之后，中央再次通过发债方式帮助地方解决融资不足的问题。2009~2011 年全国人大每年批准的地方政府债券额度均为 2000 亿元，2011~2013 年进入"自发代还"时期，地方政府债券的发行总额分别为 2000 亿元、2500 亿元和 3500 亿元，2014 年开始试行"自发自还"，地方政府债券发行额达 4000 亿元，是中央代地方发债的最高值。然而，中央在代发地方债的过程中也衍生出了不少问题，包括资金挪用、地方过度举债、中央最后兜底的压力增大和信用风险被掩盖等[①]。在中央代发地方债的同时，允许地方政府直接举债也被提上了议程。

2015 年 1 月生效的新《预算法》允许地方政府举债，但这种举债是有条件的举债，而且举债的结构和规模受到上级政府的限制，地方债无论就其规模还是增长速度都赶不上地方经济建设和民生发展的需求。由于远水解不了近渴，地方政府事实上不得不放弃地方债工具的大规模运用，只能通过制度创新，转而利用政府信用撬动社会资本的管理基金的方式创造财权供给。政府引导基金兼具基金股权投资的效

---

① 陈少强. 中央代发地方债研究［J］. 中央财经大学学报, 2009 (7).

率优势又带有很强的政策导向性,可以成为政府扶持创新经济的重要切入点,引领带动社会资本投入,促进形成创业创新的新环境,在经济新常态下寻找新的经济增长点。所以说,新《预算法》颁布之后,地方政府的融资模式从地方融资平台转向了 PPP 或者是政府引导基金的模式,因此研究地方政府债务风险,政府引导基金是一个必须要关注的点。

政府引导基金是政府和社会资本合作的一种方式,地方政府有较大自主权:项目选择无须经过人代会的审核,也无须接受人大会和全社会的监督;在操作流程上也不必全过程公开透明,其操作流程上的便利自然受到地方政府的青睐。鉴于地方政府引导基金的上述特点和优势,政府引导基金能够巧妙地释放地方财权活力,增强本地建设的财力,更好地实现财力和事权的匹配。

1. 政府引导基金的概况

我国的政府引导基金由财政资金和社会资本共同组建,即财政部门通过一般公共预算、政府性基金预算、国有资本经营预算等安排财政资金作为杠杆,撬动地方政府以及民营企业、金融机构等社会资本的加入,用于支持基础设施和公共服务领域、产业转型升级和发展、中小企业发展和"两创"。

2002 年,中关村创业投资引导资金成立,我国政府引导基金实现了零的突破。自 2006 年起,一系列规范性文件陆续出台,尤其是《关于创业投资引导基金规范设立与运作的指导意见》(国办发〔2008〕116 号)颁布后,我国政府引导基金逐渐步入了规范发展的轨道。据清科集团旗下私募通数据显示,截至 2015 年 12 月底,我国共已设立 780 支政府引导基金,规模高达 21834.47 亿元(见图 3-3)。

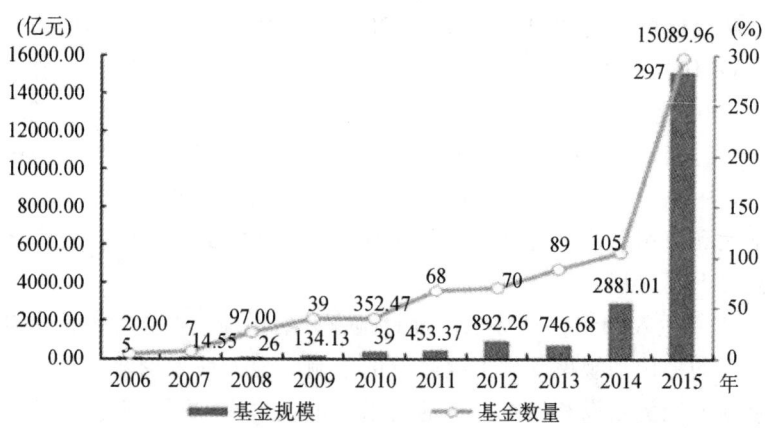

图 3-3 2006~2015 年政府引导基金设立情况比较

资料来源:私募通,www.pedata.com。

当然,为避免挤出效应等负面影响,政府引导类基金有其存续期限。以重庆市政府引导基金为例,其子基金的续存期限原则上不超过 5 年。确需延长的,总续存期限也不得超过 7 年；续存期满后，各出资人应当按照投资协议约定方式退出。①

2. 政府引导基金的分类

根据投资方向和重点的不同，我国现行的政府引导基金可分为三大类：创业投资引导基金、产业投资引导基金以及天使投资引导基金（见表 3-8）。创业投资引导基金，不以营利为目的，也不直接参与创业投资，主要通过参股、融资担保、跟进投资等方式支持创业投资企业发展，引导社会资金进入创业投资领域②；产业投资引导基金，通过向多数投资者发行基金份额设立基金公司，委托基金托管人托管基金资产，从事创业投资、企业重组投资和基础设施投资等实业投资，推动特定产业的新发展；天使投资引导基金，由政府设立，主要用以鼓励天使投资企业对初创期企业实施股权投资，带动社会资本参与天使投资母基金，激发创业创新的活力，助推创新型初创企业的发展。

3. 政府引导基金的布局

从地域分布来看（见图 3-4），目前经济发达的东部沿海地区设立的基金个数多且密集，其中江浙地区最为密集，但平均目标规模相对较小，尤其是最发达地区（如上海）其实并不那么依赖于政府引导基金的投融资功能。相反，虽然鄂、贵、渝等中西部地区目前设立的基金个数还远不如东部沿海，但其平均目标规模都很大，还不断涌现规模在十亿以上的引导基金。可见，政府引导基金在中西部地区的杠杆作用和乘数效应更强，对引领中西部地区产业结构升级、鼓励创业创新发挥着更大的作用。

从产业分布来看（见图 3-5），除了和发达国家一样继续投向机械制造、清洁技术或集成电路等高新技术产业、企业以外，我国政府引导基金还肩负了在供给侧改革中去产能的大任。2015 年 12 月，中央经济工作会议正式提出了去产能、去库存、去杠杆、降成本、补短板五大任务。因此，政府引导基金还用于支持企业淘汰落后产能、化解过剩产能，推动产业结构优化升级，进一步推进资源整合和资产重组，同时又要防止形成新的产能过剩。

我国当前地方政府债券发行采取的是自发自还模式③，尽管我国地方政府还没有破产制度，但相比以往的代发代还模式④（2009~2010 年）和自发代还模式⑤（2011~2013 年），自发自还模式是更为规范的地方政府发债模式，这标志着我国地

---

① 刘健，张桂林，张翅：25 亿元撬动 127 亿元投入新兴产业——重庆政府产业引导股权投资基金缘何受市场欢迎．新华网：http://www.cq.xinhuanet.com/2014-12/17/c_1113682009.htm，2014-12-17．
② 发展改革委、财政部、商务部．关于创业投资引导基金规范设立与运作的指导意见 [Z]．2008-10-18．
③ 地方政府自行组织债券发行、支付利息和偿还本金。
④ 地方政府在国务院批准额度内发行债券，由财政部代理发行，代办本息付息。
⑤ 地方政府自行组织发债，由财政部代办还本付息。

表 3-8 我国主要政府引导基金的设立情况

	创业投资引导基金		产业投资引导基金		天使投资引导基金	
共性	1. 由政府设立，不以营利为目的，但有政策导向性 2. 不直接干预基金运作与使用，基本上为市场化运作 3. 发挥财政资金的杠杆效应，引导社会资本流向					
区别	主要投向创业投资企业，引导社会资本进入创业投资领域		主要投向新兴、重点、战略性产业，推动产业结构优化升级		主要投向处于种子期、初创期的科技或创新型企业，鼓励创业创新	
基本情况	设立时间	基金情况	设立时间	基金情况	设立时间	基金名称
	探索起步阶段（2002-2006年）	全国共设立中关村、海淀区、苏州工业园区、浦东新区等6支创业投资引导基金，总规模接近40亿元。	国家层面 2002-3	中国比利时直接股权投资基金	2013-2	宁波市天使投资引导基金
			2011-7	中国文化产业投资基金	2013-6	江苏省天使投资引导基金
			2011-7	国家科技成果转化引导基金	2013-8	青岛市天使投资引导基金
			2013-3	现代种业发展基金	2013-10	扬州市天使投资引导基金
	快速发展阶段（2007-2008年）	全国共新设立33支创业投资引导基金，总规模近200亿元。	2013-3	中国农业产业发展基金	2014-3	杭州市蒲公英天使投资引导基金
			2014-4	铁路发展基金	2014-10	中关村天使投资引导资金
	规范化设立与运作阶段（2009年至今）	1. 2009~2013年，全国共设立创业投资引导基金150支，总规模超过700亿元。 2. 2015年1月14日，设立新兴产业创业投资引导基金，总规模为400亿元。	2014-9	国家集成电路产业投资基金	2014-12	上海市天使投资引导基金
			2014-10	贫困地区产业发展基金	2015-6	河北省天使投资引导基金
			2015-9	国家中小企业发展基金	2015-8	天津市天使投资引导基金
			地方层面	近年来，重庆市、厦门市、山东省、上海市、四川省、湖北省等省市纷纷设立产业引导股权投资基金，引导特定产业发展。	2015-12	重庆市天使投资引导基金
					2016-1	宣城市天使投资引导基金

数据来源：中国政府引导基金网，清科研究中心，以及作者的整理。

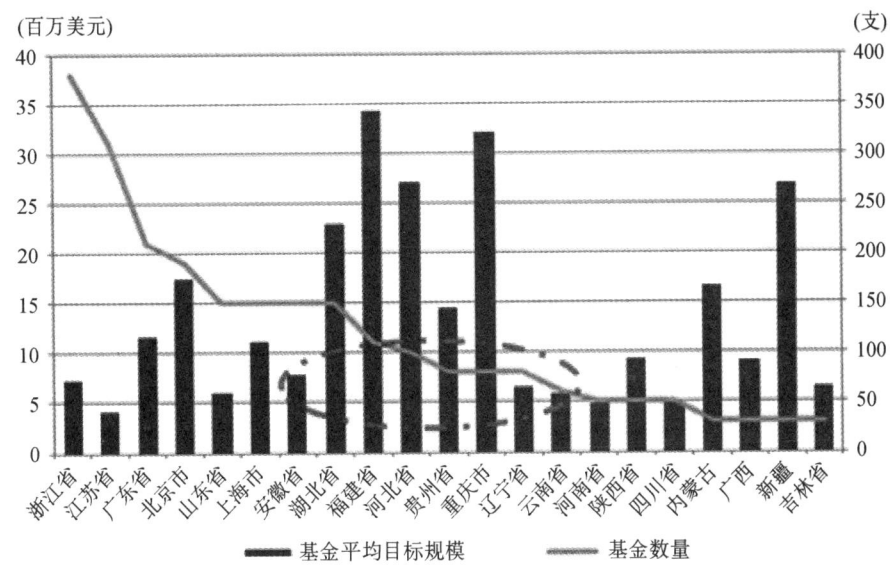

图 3-4 2006~2015 年 8 月政府引导基金前 20 地区概览

资料来源：私募通，www.pedata.com。

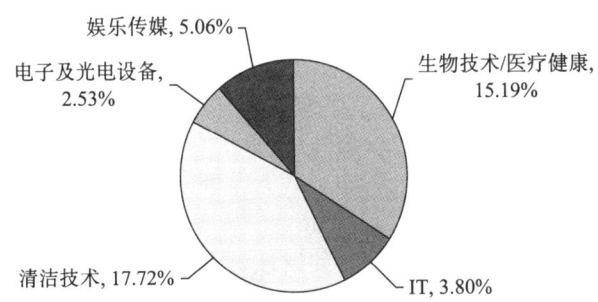

图 3-5 2014~2015 年 8 月政府引导基金投资主要行业分析

资料来源：私募通，www.pedata.com。

方政府性债务治理进入了一个新阶段，明确了地方政府的偿债责任。2016 年 11 月 14 日，国务院办公厅印发了《地方政府性债务风险应急处置预案》，明确了地方政府对其举借的债务负有偿还责任，中央实行不救助原则，省级政府对本地政府性债务风险应急处置负总责，省以下地方各级政府按照属地原则各负其责。这就意味着地方政府债务的管理要进入制度性的管理模式。见表 3-9。

（四）解决地方债务问题的根本途径在于财政体制改革和规范政府行为

目前针对地方政府债务所采取的措施在很大程度上是一种短期的举措，而且"堵"的成分大于"疏"的成分。应该说这些措施在短期内会起到一定的作用，但不能从根本上解决地方财政困难的局面，如果不从根本上解决地方财政困难，那么

表 3-9　　　　　　　　地方债与地方政府引导基金的比较

	地方债	地方政府引导基金
三要素的匹配	规范的地方债可以有效增强自身有限的财权，以此为融资手段充实财力，完成政府基础建设投资等支出任务，促成三要素的重新匹配。	政府引导基金的主要职责在于引领新兴、战略产业的发展升级。对于扩充财权、增强财力、促进三要素的匹配而言，它只是一种补充手段。
政府市场边界的界定	政府和市场各司其职。地方政府以发行政府债券融资来履行政府职能。在产业引导方面，由于政府不具有识别优势，应该让市场发挥决定性作用，通过风险投资等手段，发现价值，防范风险，推动创业创新和产业结构优化升级。	政府引导基金由财政资金牵头的，因此，在具体管理中，存有政府、市场边界不清的问题。政府存在越位行为，易引发行政化管理弊病，退出低效，寻租腐败等问题，埋下了不少风险隐患。
风险防范	规范的地方债券制度，可以减少地方政府隐性风险，地方政府债务风险相对降低。此外，中央财政最后兜底的风险可控，有效防范债务风险向财政风险的转换。	政府引导基金在实际运作过程中存在风险责任界定模糊、"明股实债"、绕开人大等监管的暗箱操作等问题，政府成为了劣后投资的担保者，承担了过高甚至全部的风险，没能实现风险共担，财政风险加大。

即使控制了地方融资平台的泛滥，还会出现其他方式的地方融资，而且地方政府的行为带有很强的示范效应，这样中央与地方之间就会一直陷于"堵"和"变"的恶性博弈之中，最终会危害中国经济的良性发展。

我们认为，体制的问题必须要从体制入手去解决。

1. 建立财权与事权相配合的财政体制

政府间事权的合理划分是建立完善的财政体制的前提性条件，只有事权划分清楚了，才可以将政府间的支出责任明晰化，而且事权的划分应该具有法律的约束性，这样既可以明确各级政府间的职责分工，也可以规范政府的事权范围，否则政府胡子眉毛一起抓，上级政府与下级政府间职责权利不分，上级出政策、下级"愁"资金的状况会一直延续下去。

首先，政府职能如何界定？政府职能应该适应社会经济发展而进行调整。从我国现阶段的情况来看，经过30多年的改革开放，我国的经济一直处于高速发展的态势，经济总量不断增长，财政实力更是不断壮大，但是面临的各种社会经济问题也随着经济发展不断涌现，我们现在需要解决的突出问题主要包括以下几个方面：一是完善的覆盖全社会的社会保障体系的建立问题。我们现在的社会保障体系还没有覆盖全社会，还没有达到城乡统一的标准，社保基金存在巨大的缺口，这需要财政资金予以补充；二是经济增长方式的转变和结构调整的任务非常艰巨。支撑中国经济30年高增长的是自然资源、环境以及人力资本价值的低估，面对着日益短缺的资源和越来越恶化的环境，我们已经清醒地认识到了经济增长方式转变和经济结构调整的重要意义，而政府财政必须在这方面有所作为，要通过财政税收等政策工具，对生产企业节能降耗增效行为进行鼓励，对高新技术产业、绿色经济产业进行扶持；三是社会公平环境的维护问题。在市场经济条件下，市场更多地解决了效率问题，而政府则更应侧重于社会公平环境的维护，可以说政府是市场经济条件下维护社会公平的最后屏障。改革开放以来，我们的经济的确在飞跃式地发展，但我们也不能否认的一个事实是社会分配不公在加剧，无论是城乡差距、地区差距还是贫富差距都呈现一种扩大趋势，这说明一个什么问题？说明政府应该提供的基本平等的公共服务没有跟上经济的发展，说明本应由政府提供的基本社会保障包括养老、医疗、教育等等还存在欠账。我国是一个社会主义大国，拥有巨额国有资产和国有资源，如此巨额的国有财富从理论上讲是属于全体国民的，既包括城镇居民也包括农村居民，也是全体国民经过几十年的努力共同创造的财富，但现在这些财富利益并没有由全体国民共同享有，很少数的群体以国有的资源分享着超额垄断利润，所以我们的经济才呈现了明显的二元经济模式特征，所以才出现了十分悬殊的贫富差距。要解决这个问题，政府责无旁贷。

其次，在界定政府职能的基础上，明确划分政府间的事权，并以法律的形式予以确认。长期以来，我国政府间的事权划分只是笼统地区分了全国性公共产品供给责任和地方性公共产品的供给责任，简单地将国家安全、外交、宏观经济调控、重大的基础设施建设等责任划归中央，而将基础教育、地方公共安全、地方基础设施建设、地方环境卫生等责任划归地方。应该说，这样的划分理论上是没有什么问题的，但是其实际操作性比较差，经常会出现政府间的支出责任不清，上下级之间相互推卸责任，上级责任下放，财权上收，而下级则是要么抱怨要么就是想方设法找钱，卖地、卖资源、乱收费。那么，如何划分政府间的事权呢？我国目前实行五级政府管理体制，其中地方政府有四级，这四级政府每一级政府的事权都应明确规定，包括自主事权和委托事权，同时对事权的划分进行法律的约定，然后在事权明确划分的基础上，为保障事权的顺利实施，对财权进行相应调整。

2. 以发展市场经济的基本原则为依据规范政府行为

规范政府行为的保障在于政府监督，特别是要建立比较完善的人大监督体系。人大的监督权是宪法赋予的。根据我国宪法法律的规定，人大的监督权主要是指宪法法律赋予各级人大及其常委会，为全面正确保证国家宪法法律的实施和人民的根本利益，代表人民的意志，运用国家权力，依照法定形式和程序，对由它产生的国家机关的工作和宪法法律的实施，进行检查、调查、督促、纠正、处理的强制性权力。人大制度是我国监督机制的基础和中心，人大监督权集中体现了国家权力意志的特点和权力关系，人大的性质决定了人大监督权是我国社会主义监督体系中最高层次的监督。完善地方人大预算监督是我国市场经济体制建设和完善过程中依法治国、推行民主政治、规范政府行为的一个重要方面，但需要一个逐步推进的过程，有一些体制方面的深层次问题不可能在短期内解决。

　　一般而言，存在三种预算监督的模式。即程序型的预算监督模式、控制型的预算监督模式和绩效型的预算监督模式。程序型的预算监督注重的是监督的程序，实际上是人大配合政府走完法定的程序，形式大于内容，并不会有实质性的监督，这是我们所不提倡的。控制型的预算监督注重财政资金的投向和用途，注重控制财政资金在分配使用过程中是否合规合法，是否被挪用，但对资金的使用效益很少关注。绩效型预算监督强调对财政资金的使用绩效进行监督，强调问责机制，这是一种结果监督。从我国目前行政管理体制的现状来看，人大预算监督真正发挥作用应该以绩效监督为着力点确立，这样不仅可以形成对政府内部财政监督和审计监督的有益补充，填补监督的盲点，也可以有力推进政府管理体制、管理理念的改革，提高政府管理效率，同时提高财政资金使用的透明度，更好地体现人大代表民意行使监督职能。

　　虽然自1999年全国人大常委会通过了《关于加强中央预算审查监督的决定》以来，我国地方人大预算监督取得了很大进展，但基本上是一些局部的、零散的或临时性的完善措施，没有统一规范的制度性安排，在财政预算监督上还存在很多突出问题，人大的财政预算监督权力并没有得到充分发挥，与完善的公共财政体制建设和市场经济体制下依法行政的要求还存在很大差距。

　　第一，地方人大预算监督能力有待提高。一方面，人大代表的非专业化和非专职化影响了人大预算监督职能的发挥。我国的人大代表来自于各个地区、各个部门、各个阶层，绝大多数代表不具备财经、法律、会计、审计等方面的专业知识，而政府财政预算报告本身又是专业性很强的报告，如果没有通俗化的预算报告编制说明和专业化的辅助的话，许多代表无法完全理解预算报告的内容。此外人大代表都不是专职的，除了一些正式会议以及人大组织的视察、调研外，都不可能投入更多的精力和时间去进行专业化的预算监督工作。而且，我国人大代表中很大一部分是来自于各个行政主管部门的领导，预算草案中的许多内容本身就是他们编报的，审议起来自然就不会存在什么疑义。另一方面，人大预算监督与政府内部监督的沟通力不够，人大监督促进公共资金使用向社会公开的力度不够。

　　第二，地方人大的监督权力有待明确和加强。我国现行的《预算法》没有明确规定人大及其常委会、专门委员会预算监督和审议结果的法律效力，这意味着财政预算监督结果和预算草案经人大审议提出的修正意见没有法律约束力，政府可以以各种理由来拒绝执行。同时，提交人大审议的财政预算报告覆盖范围狭窄，不能涵盖所有财政性资金。地方政府的预算草案和决算草案一般只包括一般预算资金，甚至连基金预算都不包括，即使是一般预算，还由于上级转移支付的时间等原因无法实报，只能是根据上一年情况报一个大概的数，与实际情况有很大差异，致使相当一部分财政资金脱离监督，就更不用说诸如财政担保、地方政府债务以及其他一些准财政活动了。据《中国统计年鉴2008》，2004年、2005年、2006年地方预算外资金收入分别占全国预算外收入的92.5%、92.7%、92.7%，支出所占的比例分别是91.0%、91.3%、93.6%。地方预算外资金收入所占最大比例是1997年的94.9%，支出所占最大比例是1998年的95.2%。一些地方财政年初预算编报不完整，致使预算执行结果与年初预算出入较大，未编入预算的这部分资金实际上脱离了省级人大的审查监督。比如国家审计署2006年对全国20个省（区、市）的审计调查中就发现，2005年，这些省（区、市）本级预算共编报中央税收返还和补助收入3444.27亿元，仅为中央实际补助7733.65亿元的44.5%。

第三，地方人大预算监督的方式方法有待改进。从目前地方人大预算监督监督的方式方法看，至少有几个环节是可以改进的。一是预算的预审环节，人大代表们审议预算报告和预算草案以及修改后的预算报告和决议草案都只有一天时间，在此之前，没有任何预算报告的预审程序。这样的审议制度，对于内容细化，科目多达二十几项的预算报告的审议来说，形同虚设。二是预算管理工具的有效利用，三是结合地方政府的计划目标进行绩效监督，四是预算的实时监控工具，五是信息公开环节。

第四，预算报告审议表决的程序存在问题，一次性表决、一次性通过，没有审议辩论的过程，即使有代表存在质疑，也无法发表见解，只是在表决结果中体现出反对或弃权。

3. 将政府债务纳入中期财政预算框架。

政府债务管理是一个长期动态的持续过程，因此将政府债务纳入中期财政规划是一个更加科学和合理的选择。

第四章

财政资金的杠杆效应问题研究

过去30多年来,在以"经济建设为中心"和"发展是硬道理"的基本路线指导下,中国经济取得举世瞩目的伟大成就,年均增长速度几近10%,经济总规模迅速上升至全球第2位。根据世界银行2015年发布的数据,2014年我国人均GDP已经达到7594美元,位列世界第80位。受限于资金和技术水平,我国经济的快速发展,主要通过政府主导,依托廉价劳动力和环境资源的过度消耗来获得。由于中国在相当长时期中采取凯恩斯式的刺激政策来拉动增长,造成了投资回报递减、杠杆率提高非常快、货币超发导致泡沫经济等一系列问题①。日益严峻的资源紧缺、环境污染、以及人口老龄化导致可参与劳动人数减少,均表明这一发展模式无法支持经济健康、持续、长久的发展。

一、"高杠杆和泡沫化"是当前中国经济风险的主要特征

2015年中央经济工作会议指出,我国目前正面临以高杠杆和泡沫化为特征的主要经济风险。"高杠杆和泡沫化为主要特征",这是中央经济工作会议对于各类经济风险的新提法与新警示。为有效控制和化解经济风险,会议提出将"去库存、去杠杆、降成本、补短板及去产能"等作为2016年中国经济的五大任务。

(一)中国经济各部门杠杆率分析

在评估一国经济杠杆率时,通常将研究对象分为政府部门、居民部门、金融企业及非金融企业等四个部门,通过将各部门信贷总额与国内生产总值(即GDP)的比值作为杠杆率的评价指标,将国际清算银行(BIS)公布的统计数据(2005年6月至2015年6月)作为数据样本进行数据分析。另外,鉴于我国金融市场尚不成熟,金融企业杠杆率与发达国家差距较大,总体呈现稳步提升趋势,且并无异常波动情况(黄志龙,2013),

---

① 吴敬琏,http://finance.sina.com.cn/roll/2016-03-17/doc-ifxqnnkr9377975.shtml,2016年03月17日中欧国际工商学院演讲。

因此，本文主要讨论政府部门、居民部门及非金融企业的杠杆率情况。

1. 历年政府部门杠杆率分析

根据数据显示，2005年6月至2015年6月间，我国政府部门杠杆率整体呈上升趋势，从34.7%增长到42.7%，平均每年上升0.8%，其规模由2005年的7247.64亿美元增长到2015年的45232.82亿美元（见图4-1）。

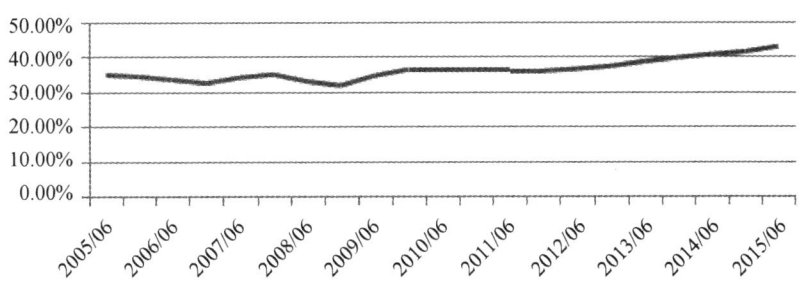

图4-1 近年我国政府部门杠杆率变化

数据来源：世界清算银行非金融部门信贷总额数据库。

而在同一时期内，美国在2005年杠杆率为61.9%，到2015年增长到97.8%，与美国等西方发达国家相比，我国政府部门杠杆率总体来看，一直处于较低水平，其增减变化也较为平缓和稳定，与此同时也可以看到，金融危机之后的2008年至2009年12月以及2011年以后增长速度有所提升，杠杆率在一定时期内有较大幅度的增长，说明国家在经济低迷时期，将提高杠杆作为帮助经济恢复的重要手段之一。

根据国家统计局数据，截至2015年年底，中央财政债务余额达到106599.59亿元，相比2005年，涨幅达到226.85%，年均增长率为20.62%（见图4-2）。

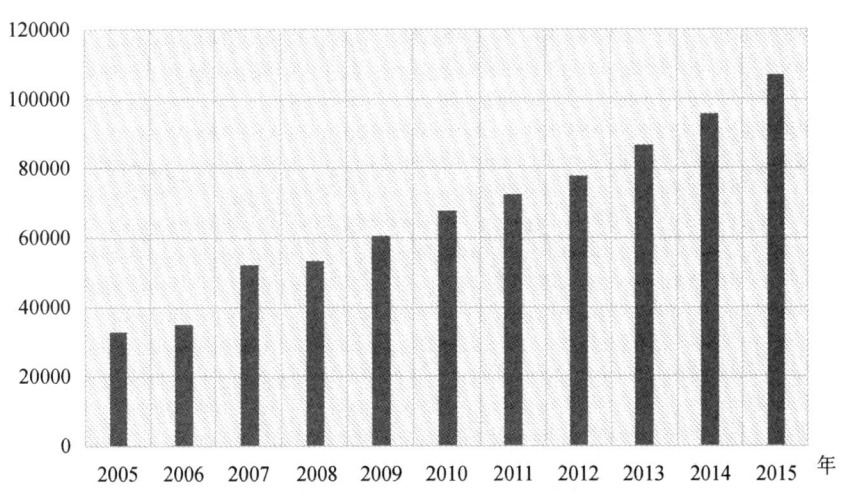

图4-2 中央财政债务余额（亿元）

数据来源：国家统计局统计数据，截至2015年12月31日。

尽管中央财政债务余额逐年增加，但其与 GDP 的比值自 2007 年以来呈整体下降趋势（具体见图 4-3）。

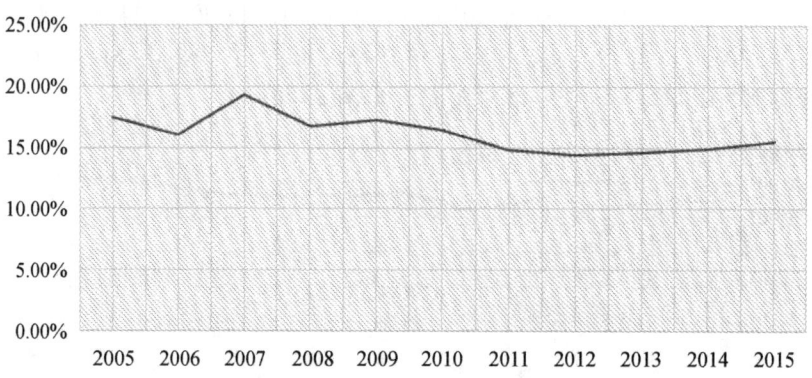

图 4-3　近年我国中央政府杠杆率变化

数据来源：国家统计局统计数据，截至 2015 年 12 月 31 日。

2. 历年居民部门杠杆率分析

居民部门杠杆率是以家庭及服务家庭的非营利组织部门的信贷总额与国内生产总值的比值作为衡量指标。

从图 4-4 中可以看到，居民部门杠杆率呈阶段性增长趋势，并在不同时期内增长幅度不同。该部门杠杆率从 2006 年 6 月的 11.6% 增长到 2015 年 6 月的 37.9%，增长幅度达 26.3%，其规模从 21898.66 亿元增长到 248562 亿元。虽然远低于美国在同一时期的 92.6% 及 79.1%，规模从 2777.78 亿美元增长到 40093.88 亿美元。但基于我国社会保障制度现状和居民储蓄的历史传统，跟美国等西方国家社会保障制度现状及居民储蓄的历史传统的显著差异，其本身的可比性并不大，且我国家庭部门负债主要源自购买房产所负债务，家庭只有通过向银行贷出更多资金才能支付

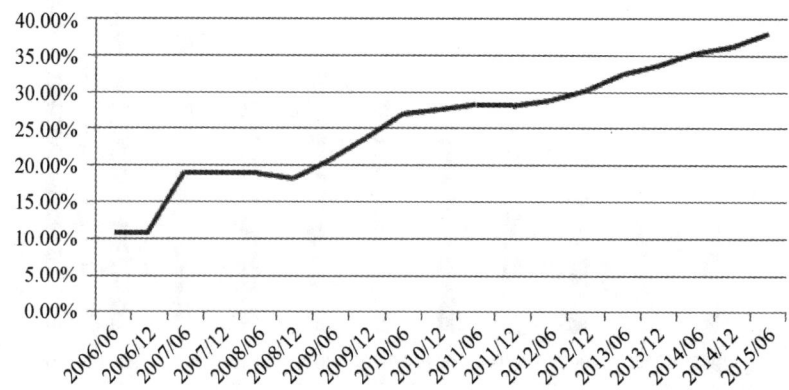

图 4-4　近年家庭及服务家庭的非盈利组织杠杆率变化趋势

数据来源：世界清算银行非金融部门信贷总额数据库。

越来越高的房屋价格。因此,这一趋势增长与房地产市场价格的爆发式增长密切相关,居民部门购买房产所负债务绝大部分属于刚性负债且其变现能力相对较弱,其偿还能力抑或偿还意愿有赖于房价的持续稳定以及居民收入的逐步增长。

3. 历年非金融企业部门杠杆率分析

非金融企业部门杠杆率以该部门信贷总额与国内生产总值的比值作为衡量指标(见图4-5)。

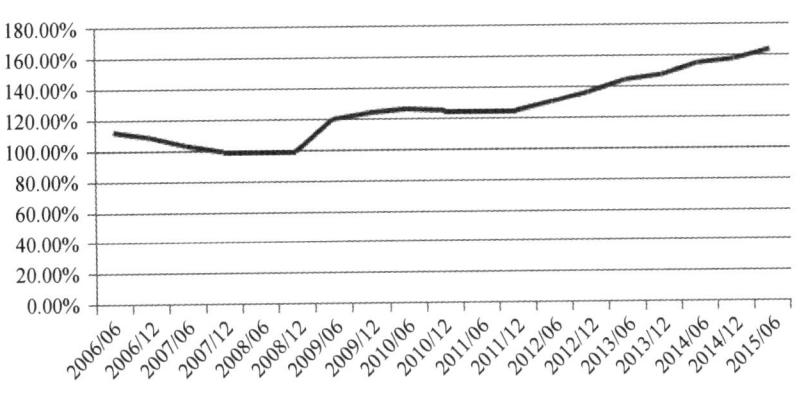

图4-5 近年非金融企业杠杆率变化趋势

数据来源:世界清算银行非金融部门信贷总额数据库。

从图4-5中可以看到,该部门杠杆率在2008年之前一直呈下降趋势,2008年至2009年出现快速增长,这与金融危机之后,政府大规模刺激经济不无关系;2012年以后,随着国家信贷额度的增加,非金融企业部门杠杆率上涨幅度明显放大。该部门杠杆率从2006年6月的109.8%增长到2015年6月的163.1%,远高于美国在同一时期的62.8%及70.6%,其规模从26384.16亿美元增长到172733.15亿美元。这一方面反映了提高杠杆率仍是政府实现经济结构转型中的成本消化和提振经济增长的主要手段之一;另一方面也反映了实体经济投资回报率不断下降,必须依赖不断增长的债务融资来完成,在不断借新还旧的基础上实现投资规模的扩张。

(二)"高杠杆和泡沫化"下中国经济的风险

当前经济的最大风险,是经济下行周期下的地方债务风险和过去多年来银行信贷扩张所导致的信贷风险,至于地方债务风险和房地产风险,属于长期隐患,至少在当下不会成为风险的引爆点。

1. 地方政府性债务风险分析

从统计数据来看,中央政府债务情况尚可认为较为安全,但地方政府债务余额情况并不乐观。相关数据显示,2012年至2015年,地方政府债务余额分别为19.94万亿元、17.89万亿元、15.4万亿元和16万亿元。地方政府债务总体下降得益于《关于加强地方政府融资平台公司管理有关问题的通知》及《国务院关于提请审议批准2015年地方政府债务限额的议案》等通知、决议的发布，使地方政府负债管理规范走上正轨。地方政府债务余额从2012年到2014年呈下降趋势，虽然2015年有小幅度上升，但其总量依旧处于较高水平。

在债务清偿方面，由于地方政府融资渠道单一，现阶段经济整体下行使财政收入受到负面影响，地方政府偿债能力减弱，临期债务清偿压力增大；此外，地方政府一般以土地作为融资抵押物以融得资金，但房价、地价高企，房地产泡沫一旦破灭，不仅对房地产行业及其上下游行业造成毁灭性打击，也将导致地方政府的违约风险，造成地方政府信用破产。但是中国有其特有的国情和相当雄厚的国有资本作为坚强后盾，地方债务违约风险轻易不会发生。

第一，在现行体制下，中国作为一个单一制的国家是无可争议的事实，但中央与地方的关系存在"一体多元化"的格局，即除了省、市、县这种一般意义上的地方外，我国还存在民族自治地方、直辖市、计划单列市、香港和澳门特别行政区、以及尚待解决的台湾地区。这种行政关系的多元化为某些地方权力在授予和运行的程度上甚至超过了联邦国家某些地方组成单位的权力。这就要求在强调一体的基础上，必然存在对不同类型的地方予以差异化的理论剖析和制度观照；在这种情况下，地方有一定的立法权，这一方面不可避免地会产生"屁股决定脑袋"的现象，但同时也为各地地方政府利用当地所控制的资源纾解债务压力提供了回旋空间和余地。

第二，中央和地方关系的"行为联邦制"，决定了地方政府能否获得与中央政府近似平等的谈判和协商地位，其关键因素是地方经济的实力，这就为地方政府发展自己本地经济提供了内生动力。因此地方政府为了提高自己与中央的谈判地位，就会采取各种刺激本地的经济发展的措施，断然不会轻易将自己置于破产清算的境地。

第三，当普遍存在地方债务违约风险时，中央银行可以通过降低存款准备金率和利息率，让地方政府通过"借新还旧"来置换原有债务，一方面以降低地方债务偿还本息，另一方面为到期债务提供腾挪时间和空间。

第四，当某地政府确实出现一定程度的地方债务风险时，可以通过加大中央杠杆，提升中央财政赤字率，同时给予地方债务平台减杠杆的空间，避免降杠杆过程中系统性风险的爆发。

第五，当某地地方政府存在确定的债务违约可能时，可以在厘清债务主体的同时，通过划拨国有资产作为偿还债务的资金来源，或设立类似于资产管理公司的地方债务管理机构，来剥离地方政府债务或将地方债务证券化予以纾解。

2. 企业高负债风险和银行信贷风险分析

中国目前的非金融债务与GDP的比例，从金融危机前的100%左右，已经升至2015年年底约250%。2016年1月新增贷款规模为2.51万亿元、贷款余额存量增速为15.3%，比上月增速水平提升1个百分点；社会融资规模当月为3.42万亿元，传统社会融资增速提升0.8%至12.6%；中长期贷款当月新增规模为1.54万亿元，增速上升1.8%，而企业中长期贷款当月新增规模为1.06万亿元，增速加快了1.5%。企业通过负债经营可以在不损害现有股东利益的前提下弥补经营发展过程中的资金缺口，帮助企业扩大生产规模。但企业在获得财务杠杆效应的同时，也无法避免负债经营的潜在风险。当企业负债规模过大，其所获得的收益还不足以弥补债务利息时，财务杠杆给企业带来的是负效应。除此之外，债务规模过大，企业还将面临较大的临期还债压力、再筹资风险及利率变动风险。

截至2015年第四季度，商业银行不良贷款率为1.67%，较2014年12月上升了0.42%，已连续10个季度上升。2016年3月2日，国际评级机构穆迪将中国主权债券评级展望从稳定下调至负面后，又于3月3日将中国多家金融机构和国企的评级展望从稳定下调至负面。持续强劲的信贷增长，以及随着去产能、清理僵尸企业的不断推进，其不良率毫无悬念还会继续上升，中国银行体系风险的不断积累，不断增加的高杠杆扩大了企业部门遭受风险冲击的可能性，也增加了银行资产质量的脆弱性。但应当看到，中央政府和地方政府正在积极"去杠杆"以控制风险，其风险也同样存在不同的化解渠道。

首先，中央政府和地方政府可以在更广泛的基础上支持国有企业和金融机构，可以加大财政资金的支持力度，直接向企业输血。

其次，国务院总理在2016年全国两会答记者问时首次明确，可以通过市场化债转股的方式来逐步降低企业的杠杆率，再次祭出了朱镕基时代扭转经济的大招。从上市公司熔盛重工2016年3月8日的公告显示，拟向债权人发行最多171亿股股票抵债，抵消债务高达171亿元，债转股对象包括22家债权银行和1000家供应商债权人。我们可以看到，微观领域的债转股已经启动。当然，不良资产证券化也面临现存法律法规不健全、不良资产价值不确定、证券化资产评级困难等制约，同时还会受到监管部门对其可能带来的风险仍存疑虑等多方面的影响，在实际推行过程中仍存在多重挑战。

最后，可以借鉴朱镕基时代商业银行不良资产的剥离手段，将商业银行的不良资产进行剥离，成立新的资产管理公司对不良贷款进行单独管理，为不良资产的处理提供时间和空间。

凤凰财经曾在2016年4月5日报道"预计中国将在三年甚至更短时间内，化解1万亿元左右规模的银行潜在不良资产"，并成为当天股市上涨的主要动因，这似乎找到了解决问题的关键方法。但问题是，尽管我们可以采取各种手段来改变资产负债表右方，即资金来源结构，也即将资产负债表右方的债权人权益与股权人权益结构进行转化，以美化和优化资产负债表的债务比率。但无论是"债转股"还是"债务剥离"，尽管在"债转股"或"债务剥离"后，在一定程度上降低了债务资本所导致的财务费用并进而导致利润表的利润增加，那是因为现行会计制度下利润表的固有局限（即现行利润表中未考虑股权资本成本）所导致的假象。在笔者看来，其实质效果严重存疑！因为无论"债转股"还是"债务剥离"，均不能直接改变资产负债表的左方，即资产结构。而企业是否具有盈利能力或持续发展能力，恰恰取决于资产结构而非负债结构。资产的配置结构决定了未来现金流入的流量和流速，也就决定了其未来盈利能力的结构和未来盈利能力的强弱，不从根本上解决资产配置结构，就无法从根本上解决企业持续稳定发展的问题，当然也就无法解决经济长期稳定发展的问题。

3. 泡沫化所导致的资产价格风险分析

由于实体经济的"供求关系"变化是促进资产价格上涨的主要动因，而源于实体经济需求的理性上涨，并不存在泡沫。但当货币大量超发、流动性泛滥，资产价格逐步向上偏离由实体经济决定的内在价值相应的价格，并往往导致市场价格最终的迅速回调，使经济增长陷于停顿，从而形成资产泡沫化。

首先，"泡沫"一般产生于带有投机性的投资行为，这种投资是以获取资产价格上的价差为主要目的，具有明显的短期行为特征。由于在"泡沫"产生的初期，资产价格呈现明显的上升趋势，这使得投资泡沫资产具有良好的盈利前景，特别是对以获取差价为主要目的的投机性行为更是如此。过高的预期前景必然进一步吸引大量的资金投入，并进一步推动该资产的价格上涨，进而形成虚假繁荣的表象。20世纪90年代初海南省出现房地产泡沫时，海南省房地产业完成投资额的年增长率分别是162.55%，178.15%和89.72%。

其次，由于泡沫资产的价格包含了对实体经济内在价值的严重偏离，因此相当脆弱。当泡沫资产主要由银行贷款或其他金融债务所形成时，这种风险就必然成为金融风险，并导致该行业增长停滞甚至倒退。如，海南省房地产泡沫破灭后，该行业完成投资额的年增长率在1994年至1997年分别是 -1.42%、-32.05%、-56.34%和-52.94%，并在银行业中形成了大量的不良资产。

以我国近期房地产市场为例，2016年2月上海新建住宅价格比上月上涨2.4%，同比去年上涨20.6%，二手房环比涨幅达5.3%，同比去年上涨20.3%。最近推出的购房政策被称为"史上最严厉调控"，在限制非本市户籍购房条款上，甚至高于北京。根据国家统计局发布的2016年2月份70个大中城市住宅价格变动情况显示，与上年同月相比，70个大中城市中，价格下降的有37个，上涨的32个，持平的1个，2月份同比价格变动中，最高涨幅达57.8%，最低为下降3.9%。

中国楼市再度陷入"冰火两重天"的境地，一边是全国高库存难去，一边是一线城市房地产价格的暴涨。这一方面是由于过去调控政策并不是对房地产类金融产品属性加以剥离、将房地产回归住房消费品本身；而是往往从打压需求端开始，最终营造出一次次"饥饿营销"的实际效果。另一方面所折射出的是在2015年A股坍塌、投资者损失惨重，经济持续增长乏力、各类风险显现背景下的"资产配置荒"。当符合投资者预期回报的可投资资产标的不断变少,资金在利益的驱动下,必然要求寻找相应的投资出口。

问题是,资产价格泡沫化产生于某段连续时间内资产价格非理性增长,增长到一定水平后,价格势必出现暴跌,并可能导致金融危机。虽无法准确预测房地产泡沫破灭拐点,但根据市场价值规律,在房地产市场资产价值经历长时期的非理性增长后,资产价格需回归理性,市场价格势必会经历暴跌的阵痛。

从资产负债表的角度来看,由于"债转股"、"资产剥离"等处理方式表象上降低了负债率,让实体经济部门有更大的债务融资空间,也让金融体系有更大的放贷空间;另一方面,由于资产的泡沫化降低了资产的配置质量,降低了未来现金流量和流速,也即降低了资产的盈利能力和可持续增长能力,一旦形成系统性的资产价格暴跌,必将会引发系统性风险,随之而来的金融危机将对国民经济产生巨大负面影响。

(三) 控制当前中国经济风险的所需要解决的问题

根据根据统计数据显示,M2/GDP 从 1990 年的 0.82 增长到 2015 年的 2.05 倍,在 26 年间扩大了近 2.5 倍(见表 4-1)。2016 年两会政府工作报告中,李克强表示,2016 年稳健的货币政策要灵活适度,今年广义货币 M2 预期增长 13% 左右;社会融资规模余额增长 13% 左右。如此庞大的广义货币 M2 和高比例的 M2/GDP,表明中国经济并不缺乏货币,而恰恰是单位 M2 创造 GDP 的效能在不断下降。

表 4-1　　　　　　　　历年 M2/GDP 统计分析表

年份	M2 指标值(亿元)	GDP 绝对额(亿元)	M2/GDP
2015 年末	1392278.11	676708.00	2.0575
2014 年末	1228374.81	635910.00	1.9317
2013 年末	1106524.98	588018.76	1.8818
2012 年末	974148.80	534123.04	1.8238
2011 年末	851590.90	473104.05	1.8000
2010 年末	725851.79	401512.80	1.8078
2009 年末	610224.52	340902.81	1.7900
2008 年末	475166.60	314045.40	1.5131
2007 年末	403442.2	265810.30	1.5178
2006 年末	345603.6	216314.4	1.5977
2005 年末	298755.7	184937.4	1.6154
2004 年末	253207.7	159878.3	1.5838
2003 年末	221222.8	135822.8	1.6288

续表

年份	M2 指标值（亿元）	GDP 绝对额（亿元）	M2/GDP
2002 年末	185007	120332.7	1.5375
2001 年末	158301.9	109655.2	1.4436
2000 年末	134610.3	99214.6	1.3568
1999 年末	119897.9	89677.1	1.3370
1998 年末	104498.5	84402.3	1.2381
1997 年末	90995.3	78973	1.1522
1996 年末	76094.9	71176.6	1.0691
1995 年末	60750.5	60793.7	0.9993
1994 年末	46923.5	48197.9	0.9736
1993 年末	34879.8	35333.9	0.9871
1992 年末	25402.2	26923.5	0.9435
1991 年末	19349.9	21781.5	0.8884
1990 年末	15293.4	18667.8	0.8192

数据来源：国家统计局。

为了积极控制和有效化解现有经济风险，从资产负债表的结构来看，必须着力解决经济领域的资产配置问题而不是权益结构问题，任何所谓"顶层设计"、"框架"、"重构""供给侧"、"需求侧"等"新词"，如果不能从根本上改变实体经济和金融体系内的资产配置结构，进而提高其未来现金流入总量和流速，解决金融领域资金向实体经济有效转移，就不能从根本上解决中国经济问题，并最终将导致实体空心化、金融空转化、权力真空化、对策空洞化。说到底，中国经济的最关键问题是金融问题，即金融资本如何切实转化为实体资本的问题。

解决当前经济问题应当分为两个层面，第一个层面首先是化解过高的债务风险，以防止经济短期出现重大问题；第二层面是切实将金融资本引入实体经济，并在此基础上降低实体经济的运营成本，从而为经济的长期持续稳定发展奠定基础。

第一层面需要着力解决政府短期债务风险的问题，可以从以下几方面入手：

（1）妥善处理政府债务。从国际比较来看中央债务相对较低，但地方债务不容乐观。地方政府的融资渠道有限及对出让土地资源以获取还款资金的过度依赖，使地方政府具有较大还款压力；尤其经济下行和房地产泡沫，在很大程度上限制了地方政府的偿债和再融资能力。因此，妥善解决地方政府债务，改变中央财政和地方财政之间的负担比例，加大转移支付力度，提供地方政府资金配置能力，化解短期偿债风险。

（2）停止无效投资和降低刚性兑付，应当尽快启动对无效投资的全面清查和清理，提高投资效率和资金使用率，加快资金回笼。

（3）加快企业兼并重组与盘活存量资产，尤其是加大对现有遍地开花的各类经济开发区、企业孵化平台的清查，对没有实际经济效益的各类开发区、企业孵化平台区进行清理和兼并重组，充分利用现有资源，盘活现有存量资产，提高资产利用效率。

（4）全面清理僵尸企业，停止继续为僵尸企业输血，加快企业破产清算和破产保护下的企业重整，充分变现现有无效资产，提高资金流动效率，激发经济活力。

（5）动用国有资本偿还政府的或有负债，如通过国有资产划转解决社会保险问题，变现部分国有资产以解决去产能过程中所带来的职工辞退问题，以帮助政府部门应对短期内到期的负债，避免破产风险。

第二层面需要着力解决金融资本向实体资本转化和有效降低实体经济运营成本问题，可以从以下几方面入手：

（1）加快金融监管改革步伐，建立健全金融监管机制，加大金融违法惩处力度、完善上市公司退市机制，严厉打击短期恶意套利行为，建立健康、公开、公平、公正的金融市场平台。

（2）建立健全多层次的资本市场，打通"新三板"与"主板"之间的通道，让优质企业可以从新三板直接转入主板；将主板中不属于退市情况但又不符合主板上市条件的企业先行退入"新三板"。一方面可以让大量等待主板审核上市企业直接通过先上新三板再转入主板，以快速解决企业IPO的"堰塞湖"问题，另一方面为"新三板"优质企业直接进入主板并通过主板进行融资提供通畅的渠道；第三，可以降低主板上市企业直接退市对投资人的直接冲击，降低投资群体事件的发生。从而真正完善多层次的资本市场，为企业构建多层次的融资平台。

（3）逐步剥离或降低房地产等高泡沫资产的金融属性或类金融属性，稳步化解资产泡沫；严厉打击短期投机行为，降低资产的短期套利预期，全力引导资本进入实体经济，不断培育制造业"工匠精神"。

（4）加大知识产权保护力度，严厉惩处制假贩假、严厉查处假冒伪劣，切实保护创新者的合法权益，建立创业创新的长效激励机制。

（5）深化税收制度改革、充分利用互联网、大数据等技术手段，简化税收征管、提高税收征管效率，降低实体经济税收成本和税收征管成本；适时修改劳动合同法，降低社会保险费率，降低企业用工成本的同时，在保障职工合法权益的同时，合理保障实体经济用工的自主性和灵活性，想方设法提高实体经济的盈利能力，为金融资本对接实体经济提供最坚实和最直接的基础。

（6）降低银行存贷款利差，谨慎对待金融创新，严厉打击金融违法违规行为，限制金融短期套利，降低金融领域空转资金规模，让金融真正服务于实体经济。

（四）积极财政政策是解决当前经济风险的最有效选择

2016年是实施"十三五"规划的第一年，为适应经济新常态，应对全球经济形式变化，保持经济增长动力，必须加快、加深经济改革进程，适度扩大总需求，实现经济的转型升级。在这一进程中，为保障经济的良好发展，经济稳定政策的选择必须符合我国实际情况，在制定和实施方面应能与经济形势变化有效接轨。因此，财政政策和货币政策的选择尤为重要。

从全球经济实践来看，货币政策刺激已经出现失灵并带来严重后果。美联储前主席格林斯潘在其《黄金与经济自由》一文中对美国1929~1933年"大萧条"曾解释道：当商业活动发生轻度震荡时，美联储印制更多的票据储备，以防任何可能出现的银行储备短缺问题。美联储虽然获得了胜利，但在此过程中，它几乎摧毁了整个世界经济。美联储在经济体制中所创造的过量信用被股票市场所吸收，从而刺激了投资行为，并产生了一次荒谬的繁荣。美联储曾试图吸收那些多余的储备，希望最终成功地压制投资所带来的繁荣，但太迟了，投机所带来的不平衡极大地抑制了美联储的紧缩尝试，并最终导致商业信心的丧失。结果，美国经济崩溃了！但是美国并未从中吸取足够的经验教训，而恰恰是美国基于市场环境的过度货币量化宽松政策引出畸高的金融杠杆率，才导致了2008年影响全球经济的严重金融危机。20世纪六七十年代的日本，面对大规模的贸易顺差和日元升值压力，本应积极采取相应的调整政策，但基于日本政府对经济发展的过度自信而未及时采取有效措施，相反，日本自1999年以来，长达10年的几乎零利率政策，最终造就了大量占据资源但效率低下的僵尸企业，极度宽松的货币政策和资产泡沫，导致了近年来日本经济一直难以走出低迷的泥潭。从根本上来讲，当货币政策以大水漫灌的方式注入市场时，资金运行于实体经济领域所获得的投资收益由于存在时滞，其效率会远远低于投机领域，而资本的逐利性不可避免地推动着资金游离于实体经济而更多在投机性领域空转并获取高额利润，而正是投机性领域的高额利润反过来对实体经济产生"空吸效应"，从而导致货币政策失效。当货币政策失效时，则意味着资产负债表的衰退。资产负债表一旦衰退，此时的实体经济就很难获得预期利润，金融部门的不良资产和坏账率会不断上升，最终导致银行利率下降甚至成为负利率。人们会将更多资金投入房市和股市等相对容易变现且投机性强的领域，从而进一步推高房市泡沫和股市泡沫，经济将面临更大的系统性风险。

从我国实践来看，2015年，我国放开存款利率上限，进一步实现利率市场化，但放开存款利率管制，并未导致存款利率的大幅波动。基于银行在我国金融体系中的主导地位，以及银行在居民存款和信贷中的垄断地位，利率政策的弹性非常有限。与此同时，人民币国际化的进程也在加快推进，在这一背景下，由于利率市场化、汇率稳定以及独立的货币政策三者之间存在"三元悖论"，货币政策实施效果将受到较大限制，货币政策难有大的作为。同时，由于货币政策存在时滞，货币政策要对支出、收入和就业产生实际作用，其外部时滞远长于财政政策，实施效果也会随着经济形势的不断变化而产生不确定性。考虑到政策实施的效率及效果，避免流动性陷阱，保障经济活力，财政政策更显优势。因此，应当更多地运用财政政策而非货币政策，积极的财政政策是当前经济改革的必然选择。

二、扩大财政资金的杠杆效应是实施积极财政政策的重要手段

为扩大需求，刺激消费，激发经济活力，政府应实施积极的财政政策，充分利用财政政策的乘数效应，从而有效提高政策实施效率，降低政府直接负债压力。尽管目前中国经济各部门杠杆率偏高，需要去杠杆以降低中国经济运行风险。但财政政策是解决改革过程中区域发展不平衡、产业发展不平衡、经济结构失调、界定政府边界和市场边界等深层次问题的重要手段。在货币政策难以发挥更大效能的条件下，如何运用好积极的财政政策就显得尤其重要。

（一）运用财政资金杠杆应解决的问题

合理有效运用积极的财政政策，必须依托现有宏观经济政策和微观经济环境；要想运用好财政杠杆，必须直面现行财政政策中的问题，尤其是必须解决财政资金所面临的核心问题。

1. 当前财政资金管理的核心问题

当前中国财政资金管理的最核心问题莫过于政府间财政体制中存在的深层缺陷。从表面上看，中国财政资金支出 80% 以上属于地方政府支出，似乎中国的财政体制呈现出高度分权的特征，但这其实是一个天大的误会。区别集权与分权的关键因素不在于是谁花了多少钱，而是最终的财政决策权掌握在谁手中，即财政资金的决策权是在中央政府手中还是在地方政府手中。目前，地方政府尤其是基层地方政府公共事务的财政资金严重不足[1]。以北京市的某区为例，据不完全统计，截至 2015 年 2 月 28 日，乡级政府为完成地方公共事务，不得不挤占乡集体经济组织的资金达 3.7 亿元；挤占集体资产仅建造成本高达 3.9 亿元，两项加在一起总计 7.6 亿元。那么，数量庞大的财政资金去哪了？

具有深远影响的 "93 税制改革" 的直接作用，就是导致的财政资金向中央集中。中央政府在掌握了大量财政资金后，这些资金不是集中起来由财政部或某一核心部门统一管理和运作，而是被碎片化为各部门的部门专款——自上而下的、高度分散于各部门的专项转移支付。以农业补贴为例，在梳理 2016 年约 40 项惠农政策中，各类补贴资金种类高达约 30 项，分别涉及财政部、农业部、科技部等众多部门。

部门掌握的专款多少，就决定了该部门可以在多大程度上向全国各地发号施令；

---

[1] 王雍君，《财政改革攸关国家前途与命运》http://money.163.com/15/1026/07/B6R95P2J00252G50.html.

一旦失去专款，就等于失去了相应的权力和利益；再加上专款管理过程中重审批流程而不重专款实际效益，几乎没有任何人需要为专款的最终效益承担责任的管理模式，部门专款资金就不可避免成为了各部门争相擒获的"唐僧肉"。各部门之间为了平衡各自利益，当然存在部门利益协调甚至纠葛，再加全国人大在预算管理体制上，存在预算审批制度的严重滞后与预算审批中的形式主义。一年一度的全国人大预算会议也就演变成为各大部门"分唐僧肉"的盛会。在这种模式下，各部门为维护自身权力和利益，或多或少都会有争取到各自的部门专款。因而，部门专款呈现出规模巨大、种类繁多、自上而下一竿子插到底的垂直管理、缺乏一个核心部门对专款进行统筹协调并最终负责的显著特点。

在各种部门规章的强大保护下，钱出多门、政出多门是中国财政体制的重大软肋之一。财政资金部门专款碎片化的第一个直接结果就是财力分散，而分散的财力很难办大事，大大降低了资金的效能；第二个后果就是部门利益与整体利益之间的矛盾冲突，对于某一部门而言，从部门局部利益出发完全是合情合理和必要的；但从全局利益来看可能就是不合理的，而有权进行决策的恰恰又是该部门。过于庞杂和琐碎的部门专款制度和部门专款达标制度，对中央政府、地方政府、经济实体所带来的管理成本增加，对国家利益、地方利益和公众利益造成的隐形代价，又有多少人真正为之痛惜并进行深入调研！

对于地方政府而言，面对众多部门和种类繁杂部门专款而言，他们完全失去财政资金管理上的自主权，他们需要并且能够做的就是被动地申报、等待上级主管部门的审批，然后就是望眼欲穿的资金等待，随之而来的就是应付各部门安排的各类通常没有多少实质意义但代价沉重的达标检查和照本宣科流于形式的审计[①]。此外，各类部门专款通常还需要地方政府拿出相应的配套资金，这对贫困地区而言，无疑又是一项沉重的负担。中央对财政的过度集权导致地方政府、特别是基层政府普遍丧失了自主筹划地方公共事务的能力和自主意愿，这是财政资金管理过程中的重大软肋之二。

部门专款决策的科学性与监管的有效性，是财政资金管理的软肋之三。中国地域广阔，情况复杂多变，就是常住和熟知当地情况的地方政府官员尚且不能保证每一项具体决策的科学性，那么身居部门要职的专款决策制定者，又是以何种手段和方式来了解和掌握全国各地千差万别和瞬息万变的实际情况，来确保决策的科学性？部门专款资金的决策一旦失败，又有谁在真正承担相应的责任？如果决策者连基本情况尚不了解，为何这等重大的决策权会被一个错误的体制错误地赋予给错误的人手中？对于专款背后所隐含的巨大利益，专款背后的利益链条是如何被有效监管，又有几个人能够说清楚？从项目的立项、到中标、到审批通过、到资金拨付、到项目结题、到审核监督，貌似公平合理的流程中，监管是否真正到位并且有效？

---

① 王雍君，《财政改革攸关国家前途与命运》http：//money.163.com/15/1026/07/B6R95P2J00252G50.html.

部门专款的效益性，是财政资金的软肋之四。对于地方政府而言，部门专款资金相对于自有收入来源而言，无非是免费的午餐，资金是否符合程序规定是其关心的焦点，资金是否真正带来效益并非其关注的重心。就部门专款投资项目本身而言，往往投向的是短期效益不明确、风险高的项目，再加上没有人需要真正为项目的投资决策承担责任。因而，大量部门专款投入也就不可避免成为打狗的"肉包子"。

中国幅员辽阔、人口众多、人文环境多样，治理复杂，就公共服务交付而言，地方政府在治理中的作用要远大于中央政府，也远大于中央政府的各个部门，基层政府尤其如此。没有地方政府治理能力的提升，就不会有国家治理能力的提升；没有以部门专款为焦点的政府间转移支付体制的深度改革，提高地方政府的治理能力将会是一句空话。

2. 运用财政资金杠杆应解决的问题

面对财政资金部门专款碎片化所带来的财政资金管理问题，其实，只要将当前绝大部分部门专款进行归并，合并到一般性转移支付中，由某一核心部门统一监管就可以解决。当然简单地将资金集中起来由某一部门负责仍远远不够，还必须要解决财政资金的效率问题和监管问题。因此，运用财政资金杠杆应从根本上解决以下问题：

（1）首先要解决地方财政的自主权问题。过去部门专款资金的"桥归桥，路归路"的管理模式和条块化、碎片化的分割模式限制和弱化了财政资金的使用效能。最理想的办法是取消目前各类部门专款，将资金集中由中央某一核心部门集中监管，通过公式化和因素化方法，及时和透明地分配到最需要这些资金的地方政府手中，让其在公共服务提供范围内自主支配；但就目前利益格局来看，短期内取消部门专款会牵涉太多利益冲突而难以兑现。因此，退而求其次的是允许地方财政有一定的调剂使用权。

（2）其次要改变财政资金的补贴模式，有针对性地根据不同产品特性确定激励端。财政资金能否取得预期效果，能否真正鼓励消费，提高内需，以消费促进和保证经济循环，关键在于是否将财政资金投放在了最关键和最需要的地方，并且对其进行了恰当的考核和激励。历史经验告诉我们，无论是"家电下乡"还是"农机下乡"、无论是"牲猪补贴"还是"粮油补贴"，尽管在去除过剩库存、消除滞销产品方面取得了一定效果外，其附带效应就是不断地扩大了老百姓的福利预期。但并未从根本上解决家电产品的制造水平和技术能力，也未从根本上解决农业的防灾抗灾问题。因此，必须着眼长远，通过改变财政资金的激励端来从根本上提升财政资金的远期效应。对于工业消费品尤其是出口型的财政激励，应当从生产端转向消费端，即从补贴生产企业向补贴使用者。以光伏产品为例，我们习惯于以财政返还或财政专项资金的方式补偿光伏生产企业，以提高其所谓国际市场竞争能力。由于中国电网体制与电力并网机制原因再加上价格昂贵，中国普通消费者很少采购。光伏企业迫不得已，只能将产品主销国际市场。而这种激励生产企业的模式下，一方面为国际社会对中国光伏企业的反倾销调查提供了便利，同时也未将能正真的实惠和蓝天白云留在中国大陆。如果反向激励国内购买者,将价格的一部分由政府财政资金埋单并打通中国电网的并网机制,购买者不仅可以以较低的价格买到产品并顺利将剩余电力并网卖给国家,消费者必然会因价格实惠而且没有后顾之忧而乐于使用。而对于农产品的激励,由于中国农户过于分散和农民对于短期性利益的偏好(实际上要求普通农民追求长期利益也很不现实),应当从生产端(农产品生产者)转向地方政府,即将各种补贴资金集中财力给基层地方政府,由地方政府统一用以解决基层农业基础设施不足和农业集中生产所带来的资金和劳动力的问题,以便分地区、分情况进行完善基础设施,而不是现在的"撒胡椒面"式的多渠道的财政补贴。当然,这种财政补贴同时也要吸取家电下乡的经验教训,那就是防止企业将质量低劣甚至是假冒伪劣产品倾销到弱势的消费者手中,还应当解决以下问题:首先,为了防止伪劣产品的出现,应当规范产品质量评价体系,建立严格的质量抽检和重大问题终生禁入机制。一旦抽查发现以次充好、质量低劣或假冒伪劣等重大舞弊行为,将其终生从财政补贴体系中清除。其次,为防止质检部门不作为,应当建立质检人员公示制度和重大问题终生禁入机制;最后,学习新加坡的经验,建立质检人员退休保障金制度,让质检人员更有职业归属感,提高职业责任心。

(3)提高政府公信力。为让财政杠杆能够合理运用并取得积极效果,先决条件是要有足够的其他资金,在财政资金的领引下敢于投入、敢于与财政资金共进退,这就必须提高政府的公信力,确保政策的持续性、稳定性,不能朝令夕改。因此必须健全政府权力制约机制和问责机制,增强公众信心,加强信息公开。当政府运用财政这一"核心杠杆"时,相关各方能依据政府的经济政策做出相应预期和结果评估,以降低政策风险。

(二)财政资金投入要提高杠杆率

中国作为新兴经济体和最大的发展中国家,要发展新兴产业、实现经济结构转型,圆"中国梦"的宏伟目标,需要大量财政资金投入,但财政资金总额有限,为优化资源配置,充分利用国际国内资源,提高财政资金杠杆率成为必然要求。

1. 提高财政资金杠杆率是实施"一带一路"战略的重要保障

"一带一路"战略的实施,是以基础设施互联互通为基石,拓展能源合作、园区和产业投资合作、自贸区建设等更高层级的合作平台。这一平台的搭建,为中国企业走出去创造了前所未有的契机、也是实现"中国梦"的伟大创举;不仅为中国企业去库存、拓市场、提品质创造了广阔新天地,也为"一带一路"沿途国家的基础设施建设和经济腾飞注入了新的活力。为实现这一恢弘目标,实现中华民族伟大复兴,国家需要加大财政投入,实施积极财政政策来领引资源和资金。但毕竟以国家财政资金一己之力,还是很难完成如此宏大和辉煌的伟业。因此,必须充分利用财政资金的杠杆效应,扩大财政杠杆率,调动更多周边国家和地区的各种可以调动的资源,为实现宏伟目标服务。

2. 提高财政资金杠杆率是大国财政的客观需求

中国已然成为世界第二大经济体,其必然承载更多的国际义务,也就必然要求国家不能仅仅把眼光放在国内自身,而应当实施大国财政。大国财政要求站在在全球化和区域经济一体化的视角中审视问题,包括突破"国内"的界限,从全球化、区域经济一体化的角度来思考问题,用更加宏观的视野去看待财政的职能和政策。大国财政要求对财政资源在全球范围内进行有效配置,为中国公民提供更多、更好、更及时的公共服务;要求更好解决国际争端和加强国与国的联系、促进区域经济一体化。大国财政要求加大财政资金杠杆,调动更多资源,要求在实施积极财政政策的同时,充分利用财政资金的乘数效应,调动周边国家乃至全球资源为中国经济发展服务。2016年两会工作报告也明确提出"积极的财政政策要加大力度",会议决定2016年拟安排财政赤字2.18万亿元,比去年增加5600亿元,赤字率提高到3%。其中,中央财政赤字1.4万亿元,地方财政赤字7800亿元。

3. 提高财政资金投入的杠杆率是有效撬动和合理引导民间资本的客观需求

从世界范围来看,我国现阶段居民储蓄率同比偏高。中国国家统计局2016年1月19日发布的数据显示,2015年全国居民收入基尼系数为0.462,依然超过国际公认的0.4贫富差距警戒线。大量财富以居民储蓄的方式存在并相对集中在少数富裕阶层,进而形成强大的民间资本。提高财政资金投入的杠杆率是有效撬动和合理引导民间资本的客观需求。目前,国家推出的PPP计划即是充分调动民间资本的有益尝试,不过PPP能否达到预期效果,关键在于能否提高资金的周转速度与资金的运营效率。

(三) 提高财政资金的杠杆效应必须提高财政支出效用和加大扩张性财政政策力度

尽管我国财政收入规模越来越大、财政赤字规模也不断增加,根据2016年政府工作报告,决定2016年拟安排财政赤字2.18万亿元,但我国目前面临着财政资金在某些领域投资不足、财政支出结构不优和财政资金使用效率低下等问题。因此,为满足大国财政的客观需求,政府需要改善财政资金杠杆使用效能,明确资金投入方向,有的放矢,提高财政资金使用效用。

(四) 提高财政资金的支出效用应解决的问题

效益是评价管理的唯一指标。为提高财政资金的支出效用,必须着力解决以下几个主要问题:

1. 加强财政资金支出的授权控制,规范预算管理并坚持授权原则

2011年4月11日,财政部下发了《关于进一步完善制度规定切实加强财政资金管理的通知》(财办〔2011〕19号)文件,对规范账户管理、完善资金收付制

度、强化预算编制和执行管理等进行了明确要求；2014年5月21日，财政部下发了《关于进一步加强财政支出预算执行管理的通知》（财预〔2014〕85号）文件，对加强支出预算管理、加快资金支付进度、做好支出预算执行分析评价等进行了明确。但问题在于，基于财政专款资金的碎片化，财政资金支出的授权控制在很大程度上已经被各部门分割完毕。预算管理的编制和授权同样不可避免地被分割，基数法、法定支出和部门大额专项的结合，已经在很大程度将原本应归属立法机关的拨款权力配置给了行政部门。因此，要从根本上改变财政资金支出的授权控制，必须将预算授权控制归于立法部门而非行政部门，未经法定预算程序的授权，政府部门不能以任何方式收取各项财政资金，当然也不能实施任何财政支出；除非经过法定预算程序的申报、审查、辩论和批准，否则，没有任何人能够决定拨款或做出公共政策决定，这是法治国家最根本的治理原则和制度安排。

2. 建立健全财政资金支出的问责机制，完善绩效评价体系

财政资金的问责机制，是对政府财政资金受托责任履行情况的制度约束。无论是继续推进行政审批制度改革，减少行政审批事项；进一步完善转移支付制度，提高一般性转移支付的比重，清理和压缩专项转移支付项目；还是加快建立决策、执行、监督相互协调又相互制约的运行机制，都是从制度上进一步减少某些政府部门权力过于集中的问题。而财政资金的问责机制实际上是财政资金的责任机制，包括合规责任和绩效责任，没有清晰明确的责任概念，就无法建立有效的问责机制和绩效评价体系。

3. 构建财政收支的透明机制，增强财政资金支出的透明度

阳光是最好的防腐剂。财政透明度是良好财政管理的一个方面，是促进效率、保障政府和官员负起责任的一种方法。IMF和OECD都制定了财政透明度的最佳做法准则，作为指导各国财政透明度实践的指南。对照国际标准中的透明机制，再来反观我国财政资金管理的实际情况，就可以发现其中的差距了，只可惜，在现行的制度体系的温床中和既得利益的诉求下，国际标准也就显得无足轻重了。

4. 加强财政资金支出的预见性

法治的精髓就是预见性。财政资金的收支，必须要有相应法律法规的统一规定且提前公布、相关规定必须清晰明了、相关制度应当统一实施。财政资金支出的预见性要求尽可能消除利益相关方的不确定性，从而最大限度地降低财政资金的施政风险。反观我国财政资金的收支，什么项目可以给、由哪级政府或部门给，往往还能够按图索骥；但给多少，什么时候给，其中的不可预知因素实在太多，谈不上预见性。

5. 构建自下而上的监督管理体系，将每笔收支责任到人，明确财政资金的来源与去向

构建自下而上的监督管理体系，就是要在预算过程中加强公民参与。公民在预

算编制、预算执行、预算调整、预算分析、预算评价的全过程中，是否真正享有充分的参与权和公民话语权，政府是否构建了相应的回应机制。中央政府预算程序要实现公民参与也许过于困难，至于基层政府，尤其是乡级基层政府，只要基层政府想做，让公民充分享有预算全过程的参与权和话语权应当不是很难的事情，当然如果能够扩大到县一级政府预算，当然再好不过。

(五) 加大扩张性财政政策力度

由于目前宏观经济运行态势和经济结构，决定了现阶段采用货币政策难有大的作为，当前宏观经济调控主要依赖财政政策。加大扩张性财政政策的力度，不仅要在需求端发力，也要着眼于供给侧改革。加大扩张性财政政策力度是从供给侧提高财政资金杠杆效应的重要手段，具体途径如下：

1. 永久普惠性减税以降低企业税收成本

当前宏观经济中最核心的问题是如何让实体经济的利润水平高于金融领域空转资金的利润水平，从而将资本通过市场的手段，将其从金融领域吸引到实体经济领域并最终服务于实体经济；而要提高实体经济利润，在销售规模不能快速有效提高的背景下，就必然要求降低企业成本，而企业税收成本是企业总成本中的重要组成部分，从宏观税负来看，我国 2015 年 GDP 总量为 67.67 万亿元，2015 年扣减出口退税后，我国税收收入总额为 11.06 万亿元，税收收入占 GDP 的比重为 17.14%。2016 年 5 月，我国将全面推开营业税改征增值税试点，预计今年"营改增"将减轻企业税负 5000 多亿元，[①] 确保所有行业税负均有所降低，这是在财税领域打出的"降成本"的分量最重的一招，是用短期财政收入的"减"来换取持续发展势能的"增"。为未来经济保持续、稳定增长打下坚实基础。

2. 调低社会保险费率以降低企业用工成本

人力资源和社会保障部最近公布的数据显示，当前，我国社会保险五项费率合计为 39.25%，总体偏高，如果加上住房公积金，住房公积金如果按员工和企业各负担 10% 计算，则企业负担的社会保险费率和住房公积金总额高达 59.25%。社会保险费率一直是企业用工成本中相当重大的负担。近期，为了降低企业用工成本，北京、上海、广东、浙江、天津等超过 12 省份宣布下调社保费率。

3. 清理各项非税收入以降低企业隐性成本

2015 年下半年，财政部财科所对全国 8 个省份 16 个县的经济运行和财政收入情况进行了调研。调查结果表明，部分地方的公共财政收入中，非税收入比重连年上升，收费增速明显高于税收增速。数据显示：福建税收收入增幅为 2.9%，非税收入增幅达到 9.3%；内蒙古税收收入增幅为 5.6%，非税收入增幅达到 8.5%；甘

---

① http://www.chinatax.gov.cn/n810219/n810724/c2056996/content.html.

肃税收收入增幅为 8.1%，非税收入增幅达到 17.4%。从现有数据看，税收收入同比增长的仅有浙江、广东、山东三地，分别达到 8.1%、0.8%、0.2%。① 各种非税收入过多，不仅扰乱了市场秩序；同时也使得财政收入质量变差，也给企业带来了沉重负担；此外，由于监管尚未完全到位，这为权力寻租甚至腐败提供了滋生的土壤。因此必须降低制度性交易成本，全面规范和清理各项非税收入，在降低企业隐性成本的同时，防止"税减下来了，费升上去了"。

4. 利用大数据加强税收治理以降低税收征管成本

《中国税务报》2007 年公布的一份数据，我国税收征管成本已从 1993 年的 3.12% 上升到当时的 5%～6%。而美国、新加坡、澳大利亚、日本以及英国的征管成本分别为 0.58%、0.95%、1.07%、1.13% 和 1.76%。当然，随着近几年税收收入的增长幅度远大于税收征管成本的增长幅度，税收征管成本占收入的比例可能会有所下降。随着互联网、大数据等新型技术的不断推广使用，随着金税工程三期的不断完善，国家税务总局可以充分利用现有技术资源，降低税收征管成本，从而提高税收管理效率，从而筹集更多可供使用的财政资金，并最终进一步推动税制改革来降低企业税收成本。

---

① http://finance.people.com.cn/n1/2016/0201/c1004-28099284.html.

第五章

税制改革——以供给侧结构性改革的视角

一、从供给侧结构性改革来看税制改革

(一) 供给侧结构优化:新常态下我国财税政策调控的主攻方向

1. 从总量扩增到结构优化:经济治理的范式转变

改革开放以来,为突破传统计划经济体制的"短缺经济"瓶颈,我国实施了以市场化改革为基本取向的"总量扩增"路线,极大地释放了长期被集权行政体制所"捆绑"的生产力,而由此释放的经济能量也成功促成了我国经济连续30余年的强劲增长。在初期,这种总量扩增路线符合当时的世情、国情,其增量扩容的发展战略引致的是正向的双赢博弈,每个人的福利均是"做加法"的"帕累托改进"。但随着时间的推移,在经济总量迅猛扩张的同时,渐进的"双轨制"改革方案也导致诸多深层次的结构性矛盾与难题。主要表现为,GDP盲目崇拜的背后是高度外向的需求结构的严重失衡,由传统重工业为主向现代服务业为主的产业结构转型步履维艰,收入分配差距持续拉大,城乡、区域结构趋于失调,资源与环境的"瓶颈"性约束日益收紧。与当初"短缺经济"的语境不同,当前外需萎缩、国内投资效益递减、各项红利加速消失、综合制造成本刚性上扬的世情、国情,迫切诉求经济存量结构的优化与调整,由此使得经济治理的基本范式必然由总量扩增模式向结构优化模式转变。

2. 从需求调控到供给管理:财政治理的重心转向

与经济治理的范式转变相适应,我国财政调控的重心也应由需求侧施力转向供给侧施力。自20世纪90年代初期我国确立市场经济体制以来,作为政府宏观调控的主要抓手,以财税政策为基础的各项总量调控政策的推出,实际上是以需求管理为核心的"三驾马车"理论框架为指导依据的,即政策的施力重心被置于促投资、扩出口和增消费之上,以扩大经济中的总需求,实现经济持续、快速增长的总量扩增目标。但随着结构性矛盾累积的日益加深,过度、重复、同质、超前投资引发产

能严重过剩,产品层次多位于价值链的中低端,实体经济的盈利能力下降与投资空间收窄,使得虚拟经济的泡沫增大;发达经济体的去债务化政策使得国际需求持续低迷,出口告别国外高债务支撑时期的黄金时代;随着网络消费与境外消费的方兴未艾,国内低质、低效的供给体系使得增加的消费购买力部分转化为外需。在供给体系的质量与效率成为我国经济转型的核心节点的状况下,传统需求侧施力的财税政策调控难以达至经济短缺时代的功效,使得我国必须正视供给体系质量不佳、效率不高、结构不优的问题症结,将政策施力的重心转移至供给侧,精确瞄准并着力破解产能过剩、创新乏力、附加值不高、供给绿化度低、交易成本过高、公共品均等化不足等"硬伤"问题。

3. 从行政主导到市场决定:财税政策调控的机制重塑

长期以来,由于我国的市场化改革是在计划经济体制的基础上渐进发展而来,改革进程由政府主导,公权力对经济运行的介入深、影响大,以地方政府竞争为显著特征的投资驱动是我国经济迅速扩张的强大增长动力,由此使得我国的宏观调控具有浓重的行政干预色彩。在经济总量扩增的目标导向下,直接、行政化的调控往往具有"立竿见影"的短期功效,从应对国际金融危机冲击的"4万亿"投资政策中可见一斑。但从中长期看,由于市场是配置资源的基础机制,直接的、行政化的干预会延滞"市场出清"的过程,扭曲生产要素资源的自发优化配置,使得本应出清的企业继续存活,本应流向更高效率领域的资源被"人工"滞留于低效、无效状态,并导致经济在传统的框架体系下固化运行,供给体系的质量与效率难以提升,由此使得以市场化为基础的宏观调控机制必须得以确立与强化。也正基于此,自2012年起,我国即着手解决由巨量投资引发的诸多"后遗症",承诺不再出台大规模的经济刺激计划,并将积极财政政策的重心置于结构性减税的操作平台,以期以间接、引导的方式发挥市场对资源配置的决定性作用。实质观之,从"速度情结"到"供给质效"的目标转换,由行政式调控转向市场化调控的机制重塑,是我国财税政策调控适应经济治理范式转变的必然发展与重大创新。

(二) 供给侧改革导向下我国财税政策调控的着力点

当前及今后一段时期,在"稳定税负"的改革基调下,我国财政支出的总体规模将趋于稳定,大规模的经济刺激计划不在政策操作框架之内,这无疑为我国以供给侧为重心的经济结构优化腾出了有效空间,其结果将是,在挤出经济体中的内含"水分"、供给体系的质量与效率获得提升的同时,也必然带来经济增速"换挡"与结构调整的"阵痛"。具体而言,在总量调控政策趋于稳定的前提下,我国财税政策调节经济运行的主要施力点如下:

1. 深度调整经济结构

从产业结构看,过去我国长期奉行以第二产业主导的供给结构,第二产业尤其是工业制造业,是推动我国经济持续增长的主力"引擎",我国第三产业尤其是现代服务业发展相对迟缓,对经济增长的贡献率不高,第一产业尤其是现代农业发展滞后,对经济的拉动力呈现式微之势。2014年以前,我国三次产业对经济的拉动主要以第二产业为主,第三产业次之,第一产业最小。2016年统计资料显示,从结构优化看,服务业的比重继续提高,产值已然超过第二产业,消费贡献率占了将近2/3,高技术产业加快增长。

从需求结构看,一方面,我国长期奉行高投资主导的失衡结构,经济增长主要依靠投资需求来强力驱动,国内消费需求对经济的拉动相对不足,货物和劳务净出口也贡献重要份额。另一方面,在需求侧,伴随着发展阶段的转换,人们对高质量产品、高品质生活的需求迅速攀升,社会需求结构也在不经意间发生了根本性变化。于是便形成供给结构与需求结构之间的错配,并成为部分传统产业产能过剩的重要根源。

上述失衡的经济结构确立了我国财税政策调控的基本施力对象及着力点。在当前我国经济发展的周期性矛盾与结构性矛盾混合交织的现实背景下,经济改革与调控的重心应瞄准供给侧结构性矛盾,摒弃长期以来以总量扩张为核心导向的需求治理范式,通过结构优化力促经济协调、稳健增长,通过供给体系的质效提升带动需求结构的优化升级。也即财税政策调控应摈弃传统以单纯扩大经济短期需求为导向的过度功利化模式,应将调控的重心置于产业结构优化升级、产品附加值与价值链提升、生产质量向中高端跃升、供给效率"升档"之上,以供给侧的结构优化引导、支撑需求端的匹配升级,最终促进国内投资效率提高、转外消费需求回流及外需扩大。在具体的着力点上,一是应加快促进"僵尸企业"出清,消减资源的无效、低效配置,引导生产要素流向更有效率、更富活力的领域;二是应着重推进传统产业转型升级,加大对发展前景好、具有内在潜力和发展活力、短期困难的传统企业的技术改造、企业改制、管理升级、生产流程优化等的支持与保障,促进供给侧的存量结构优化;三是引导、支持高附加值、高科技含量、高供给效率的中高端产业发展,增加供给体系的高、精、尖成分,全面提升产品服务的核心竞争力,促进供给侧的增量空间扩容。

2. 促进创新创业与支持中小企业发展

当前,我国经济处于增速放缓、结构调整、前期政策消化交互"叠加"的新常态,从表征来看,其是由内需不振和外需下滑引致的经济周期性波动的结果,而究其实质,则是我国长期奉行的以投资驱动和要素驱动为主的经济驱动模式难以为继,经济发展内生动力不足的必然结果。长期以来,地方政府竞争投资是我国经济增长的强大催化剂,在高投资模式的背后,是低工资、低利息、低资源价格、低环境成本、低法律标准及高政策红利等低廉交易成本的支撑,而随着人口老龄化的加速到来、资源环境的约束收紧与法治的推进,生产要素成本正在加剧上扬,投资驱动模式遭遇效益递减与成本陡增的双向挤压，由此"倒逼"创新驱动成为我国经济健康、长续发展"不得不为"的必然模式选择。创新驱动作为供给侧结构性改革的核心，应成为财税政策调控的重要纬度和着力点。

具体而言，中小企业作为国民经济的"蓄金池"与国家长治久安的"稳定器"，是创新创业的中坚力量，但囿于"双轨制"体制的惯性运行，中小企业长期面临着融资难、融资贵、税费重、审批难、优惠政策"落地"难等突出问题，从而抑制其活力发挥及创新能力的提升。作为最具创新潜力和创业活力的市场主体，供给侧改革导向下的财税政策调控，应将施力重心瞄准于中小企业，一方面，实施"加法"调控，通过灵活运用各式财政支持工具，破解中小企业在融资、创新、创业、市场开拓等各层面的难题，打造以公共创新创业平台为支撑的公共载体，为互联网条件下的大众创业、万众创新加力供血；另一方面，深化"减法"调控，以结构性减税降负为发力点，通过深度简政放权、减税（费）让利，进一步减轻中小企业创新创业负担，撬动经济供给能力提升及新兴增长点生成。

3. 调控收入分配与保障基本民生

改革开放以来，随着我国经济总量的迅猛扩张和人均收入水平的不断提高，我国的收入分配差距也不断拉大，并呈现持续恶化之势。根据中国家庭金融调查的数据资料显示，中国的基尼系数从1995年开始持续上涨至2010年左右达到峰值，之后呈回落趋势，早在2010年，我国家庭收入的基尼系数已高达0.61，城镇家庭内部的基尼系数为0.56，农村家庭内部的基尼系数为0.6，远高于0.44的全球平均水平。总体而言，我国基尼系数的不断扩大是三次分配共同作用的结果，不规范的初次分配秩序，尤其是权力市场化对资源配置格局的深刻影响，形成居民收入分配差距拉大的经济基础；在再分配领域，我国民生支出的相对不足、社会安全网络的不健全及税收调节的不力，使得第二次分配并未能发挥其应有的收入分配调节功能；在第三次分配领域，由于政府较强的行政管制，我国公民社会的自治空间相对有限，较成熟的慈善组织大多具有浓重的官方色彩，加之社会诚信氛围不足，我国第三次分配调节收入差距的效果极为有限。其中，不规范的初次分配秩序是造成收入分配差距持续恶化的主要成因，民生财政的保障不足与现行税制对高收入者的课税不力是收入分配差距拉大的重要成因。

分配正义是供给侧结构性改革的价值归宿所在，反过来，公正的分配结构则是供给侧结构性改革深化推进与有效实践的基础支撑和重要保障。在上述分配格局下，财税政策应将促进收入分配的公正作为调控治理的重要着力点，通过加力"供血"、完善政策支撑与体系保障，提升对民生公共品的供给水平与保障力度，实现基本公共消费均等化的起点公平，通过精准"汲取"、健全政策调控与平衡体系，强化对高收入者、超高收入者的税收调节力度，增进基本公共负担量能分配的结果公平，以期为供给侧结构性改革的全面深化提供合意的分配基础以及坚实的底线保障。

(三) 供给侧改革导向下我国财税政策调控的体系构建与路径选择

1. 尊重市场配置资源的基础性作用,完善财政政策体系

在减少对一般竞争性领域投入的基础上,应着眼于营造公平竞争的市场环境,培育市场主体的创造力和内生动力。针对产业发展及结构调整升级涉及的淘汰落后产能、公共服务、技术突破、产业链延伸等重点施力,结合具体性质、服务对象、风险责任等因素,综合确定专项资金扶持方式,通过购买服务、资金奖励、风险补贴、费用补助、投资基金等扶持方式,加快建立多层次、多领域、多方式的财政扶持政策体系。对属于事务性的管理服务事项,积极引入竞争机制,通过合同、委托等方式向社会购买服务。

2. 确立以市场化为基础的财政支持模式

应加大专项资金管理创新,坚决摈弃直接补助方式,逐步建立市场化的项目发现机制和竞争性的资金分配机制,发挥市场配置资源的决定性作用,改变以往的无偿投入方式,通过采取股权投资或支持设立产业投资基金,由专业管理机构投资运作,减少财政资金对市场正常运行的干预,变"无偿投入"为"有偿使用",变直接干预为间接引导,促进企业公平竞争,实现财政资金的良性循环和保值增值。

3. 整合优化政策资金,形成部门协同合力

为避免各类政策资金多头申请、多头安排,应确立部门间联席协商机制,充分发挥联席会议的作用,在资金渠道不变的前提下,共同研究确定各领域资金的具体支持内容和重点,促进建立部门共管、追踪问效的全过程协作管理机制,逐步实现专项资金跨部门整合的预算管理目标。

4. 集约资金利用,重点支持产业结构调整的薄弱领域与关键环节

针对制约战略性新兴产业与服务业发展的关键环节,集成政策资金,重点支持公共性、公益性、基础性产业领域建设,如开放性公共服务平台建设,以消化利用再创新为目的的科技成果转化引进,引进和培养高新技术人才、领军人才及团队,制定和建立行业标准化体系,品牌宣传和市场营销,优化贸易投资合作环境等,着力推动自主创新能力提升和高科技成果转化。

二、税制优化

所谓税制优化,就是既要发挥税收的反周期宏观调控功能,也要发挥其政府收入筹措功能和居民收入再分配功能;既要注重其短期内对经济增长的促进作用,更要注重对长期经济、社会和谐与可持续发展的促进作用。

(一) 深化资源税改革,加快建设有利于节约资源的财税制度

1. 扩大征收范围

我国现行资源税税目只有7个,如果资源税改革中不扩大其征税范围,就不能充分利用税收保护自然资源,不利于经济社会的可持续发展。为了合理有效地利用资源,应扩大资源税的征税范围。现在有一种观点是除了现在的7种资源产品外,将其他不可再生的自然资源以及可再生但是其开采对生态破坏的资源也纳入到资源税的征收范围中,例如,非金属矿原矿、水资源、森林资源等。另一种观点是将所有的资源,不管是可再生还是不可再生资源,全部纳入征税范围,包括水资源、森林资源、草场资源、湖泊资源、土地资源、地热资源、燃料资源等。鉴于目前我国的税收体制状况,可以逐步扩大征税范围。可以先将水资源、森林资源和草原资源纳入征税范围,以解决我国日益突出的缺水问题和森林、草原的生态破坏问题。我国人口众多,淡水资源缺乏且浪费严重,同时随着经济的发展水污染问题也越来越突出,因此,为了保护水资源,减少浪费和污染,可以先行进行水资源改革,将水资源增设为一项新的税目,并且设置矿泉水、地下水、地表水等多个子税目。2016年7月1日资源税改革全面推行,将水资源纳入资源税的征收范围。在增加新税目的同时,还可以对现行的跟资源相关的所有税收整合在一起形成一个完整的资源税体系,也就是将现行的土地使用税、耕地占用税合并成资源税的一个税目,因为对土地课征的税种属于资源性质,为了使税收法律制度更加规范、完善,应将土地使用税、耕地占用税统一并入资源税中,这将有利于缓解我国人口多与耕地不足的矛盾,促进土地资源的合理开发和利用。综合以上分析,我国资源税下一步改革的内容就是要将可再生资源与不可再生资源同时纳入资源税征收范围,将现行的跟资源相关的所有税收整合形成一个完整的资源税体系,并逐步完成资源税的改革,对其税率、税目的制定进行实地的调研,得出较为合理的结论,从而制定比较完备的资源税体系。

2. 改革计税方法

资源税计税应当使开采企业为其开采的所有资源付出代价。在能源价格不断上涨的背景下,将税收与资源市场价格直接挂钩,能够起到更大的调节作用,同时也便于源头控制,防止税款流失。

新一轮资源改革后,原油、天然气的征收方式已经由从量计征改为从价征收。按照销售收入的百分之五到百分之十征收,这种征收方式增加了地方财政税收收入,从而增强资源税的调控能力。改为从价计征后,资源税占地方财政收入比重大幅上升,有利于增加中西部收入,缩小东西部收入差距。但相反地,从价计征也增加了纳税人的负担,所以,目前7种课税税目中对于盐这一税目应实行从量征收,因为盐的主要消费主体主要是居民和企业,其需求量比较稳定,价格波动比较小,而对

于其他的应税矿产资源应一律按照价格采用固定比例征税。

3. 统筹资源税的税费关系。目前我国资源的税费收入比例极不合理，存在着严重的"税费倒挂"现象，收费过多过高不但加重了企业的税收负担，而且严重扰乱了市场经济秩序，所以进行针对性的改革成为了必然要求。我国目前征收资源税的同时，还要征收矿产资源费等其他费用。很多专家学者建议，应将资源税和相关的资源费进行合并，也就是"费改税"。所以，从目前我国的资源税费制度情况来看，费改税是极其必要的。同时，我国也已经有了费改税的能力。首先是我国的矿产资源费等相关费用有专门的征收机关，且有统一的管理制度；其次是矿产资源费等相关费用来源比较稳定，有利于保持财政收入的稳定性；最后一点是我国的收费规模相对西方国家来说是比较大的，缴纳的单位和个人也是很多。综合以上几点，如果将这些矿产资源补偿费、采矿权相关费用等并入资源税，合并征收，不仅会减少征收成本，还会增加国家的财政税收收入。因此，可以把矿产资源费等跟资源有关的收费统一合并到资源税中，由国家税务局统一征收管理，并在这个基础上建立起能够适应我国经济发展、促进我国社会经济可持续发展的长效补偿机制，并将像森林资源、草原资源、湖泊资源等的除水资源、矿产资源之外的其他自然资源，按照矿产资源的征收税收的管理办法，在制定计税依据、税率等相关税收制度要素后，按照完整的资源税税收体系管理办法征收管理资源税，减少资源的过度开采和浪费，同时减少企业的负担，使社会主义市场经济高效有序地运行，减少税收征收成本，增加国家的财政税收收入，使我国快速实现可持续发展的战略目标。

4. 调整税收优惠政策

对于资源税税收优惠政策，我国专家学者有着不同的观点，一种观点是增加税收优惠政策，一方面，能够减少企业的负担，鼓励企业采用先进技术手段开采利用资源，促进资源的可持续利用，另一方面，有利于减少政府的税收征管成本；另外一种观点是减少资源税税收优惠政策，增加国家资源税收入，他们认为，税收优惠政策有很多负面影响，比如不利于税收公平，不利于资源税发挥调控作用，同时也不利于资源的配置等。我国应该从我国的实际情况出发，针对现有的资源税税收优惠政策做出调整，第一步就是在源头上控制优惠政策的发布实施，在制定优惠政策时，要结合我国的国情以及各地区的发展情况，而不是以发布行政命令的形式就把这项政策赋予企业。在这个基础上，结合我国资源税的地位和设计原则，我国应尽量减少资源税优惠政策，同时，国家制定优惠政策的立足点应该是鼓励资源节约，促进资源的可持续发展，使资源税真正能够发挥其调控作用。

5. 合理划分资源税税款

资源税的归属有三个选择：中央税、地方税、共享税。一般而言，根据中央税和地方税的划分标准，地方税应该是具有非流动性且分布较均匀、不具有再分配和宏观调控性质、税负难以转嫁性质的税种。而资源税对资源的开发利用以及东西部的发展都有调控作用,从这个角度来看,资源税不应该作为地方税,而应该为中央税,应由国税局进行统一征收,真正看到国家对资源的所有权。将资源税税收收入专款专用,建立资源补偿和环境恢复专项资金,用于支持企业技术创新、可再生资源利用等保护环境的发展。同时还要建立规范的财政转移支付制度,重点考虑资源比较丰富但是经济发展水平低的地区,这样不仅可以调动地方政府的积极性,还能够有效地监督专项资金的用途。

(二) 推进房地产税改革

1. 征税对象

房产税是以房产为征税对象,还是以房产和土地为征税对象,国际上存在三种不同的做法。第一种是分离型,即分别课征房屋税和土地税,如我国台湾地区;或者仅开征其中的一种税,包括仅对土地课税的,如智利、丹麦、爱沙尼亚、肯尼亚、新西兰、津巴布韦,以及仅对房屋课税的,如荷兰、坦桑尼亚。第二种是合并型,即将房屋和土地合并课征,如日本的固定资产税。第三种是混合型,即将房屋和土地合并定义在一个税种下,但是对其税率等课税要素分别规定,如新加坡、巴西等。

我国现行的房地产税制在形式上属于分离型,在保有环节分别课征房产税和城镇土地使用税,而且在整个过程中涉及相当多的税种。从理论上分析,房地分离课税与合并课税各有优劣。不过,从我国实际情况看,房地合并课税是更优的选择。首先,在"房地一体化"的转让制度下,我国不会面临房屋和附属土地权利人分离这一合并课税的关键难题。其次,房屋和土地的价值密不可分。更何况,房屋存在使用寿命,不但不会升值,反而会贬值,因此如果房产税仅针对房屋课征,税基势必逐年萎缩,不利于收入的稳定。最后,房地合并计征方便掌握课税价值,便于征管,也有利于简化税制。此外,考虑到城镇土地使用税按照面积计征,本身的税制就不甚科学,将其纳入改革合并的范围也是适当的。具体来说,可以考虑在房产税之下区分不同类型,例如,将住宅及其附属土地作为一类,其他建筑物及其附属土地作为一类,空地作为一类,分别予以规定。

2. 计税依据

在世界范围内,房产税的计税依据可以分为两大类型。

第一大类是从价计征,这可以分为按房屋价值计征与按租金计征两种。世界上大部分国家尤其是发达国家都采用房屋价值计征法,如美国、日本、加拿大、荷兰、德国、西班牙等。这种方法下的税基丰富且具有弹性,也能较好反映纳税能力,但是它对不动产交易的市场环境、估价水平和征管能力都提出了较高的要求。至于按租金计征,它在征管上比较简便,也能较好反映应税能力。

第二大类是从量计征,即以房屋的面积为计税依据,通常与定额税率结合运用。这种方法计征简便,征管成本低,但是存在明显的缺陷。比如,按面积计征无法充分体现收入水平的差异，税制的累进性不明显，甚至还可能带有累退性。又如，税收收入缺乏弹性，几乎不随经济周期和房屋价格而变化。因此，这一方法主要在一些评估技术不完善、经济不发达的发展中国家和经济转轨国家使用，如波兰、立陶宛、匈牙利、斯洛文尼亚等。其中的一些国家也在考虑转向从价计征方式。

我国现行房产税的计税依据采取了两分法，对于非出租房产以房产原值一次减除10%至30%后的余值为计税依据，对于出租房产则按租金收入计征。这种制度安排从组织收入和调节分配两个方面看都并不甚理想。房产原值再扣除一定比例后，与房产市场价值存在较大差距，使得税基被限制在较窄的范围里，既无法筹集到足够的税收收入，又不能在房价大幅上涨后调整税负水平，发挥调节分配的作用。同时，按原值征税还会使得不同年代的房产税负存在明显差距，引发了公平性问题。至于按照租金收入计征，在现行税制下，房产出租的租金收入要同时课征房产税与营业税，两者的性质又相当接近，存在双重征税的嫌疑，也使得税制更为复杂。总体上看，我国应当借鉴国际主流做法，采取统一的房屋价值计征法。

3. 税率设计

税率是税制设计的核心问题。对于房产税的税率，有单一比例税率、差别化比例税率和累进税率三种形式。其中，单一比例税率的优势在于税制简单、便于征管，但在量能课税上的体现不够充分。差别化比例税率根据对住宅物业与非住宅物业、闲置与非闲置、区位优劣等因素的区分，对不同类型房产设置不同的比例税率。累进税率则是按照房屋价值设置若干梯度，税率随级次而升高。特别需要指出的是，应当考虑赋予地方在房产税税率上的决定权。

房产税是典型的地方税，而且鉴于我国各地的经济发展水平、财政收入情况、房价高低等方面的较大差异，一刀切的税率恐怕会加剧区域财力的不均衡。因此，建议全国人大在立法中采取幅度税率，并授权省级人大根据实际情况具体决定。同时，在单一制政体的框架下，还要建立起中央对地方的监督与控制机制。具体来说，在房产税作为地方主体税种的情况下，低税率会使得地方财政收入缩水，且房产税税源本身流动性不大，因而不太可能导致严重的恶性税收竞争。这就要求全国人大将房产税立法的关注点放在设定幅度税率的上限，保持各地的税负水平总体合理。

4. 税收减免

税基和税率共同决定了应纳税额的高低，税收减免则是从"做减法"的角度来平衡税负水平。作为有意识的"纠偏行动"，税收优惠政策往往透露出强烈的价值选择与政策取向。大致来说，房产税的税收减免通常基于三种理由：一是基于政府所有，毕竟"不对自己课税"更具经济效率。这几乎为所有的国家和地区所接受，但仍然有例外。二是基于公益用途，例如慈善、宗教和教育机构。这主要是因为它们旨在补充或替代政府完成提供公共物品和公共服务的职能，而不具有收益性。三是基于生活保障权的实现。房产是大多数民众最重要的财产，为了保障基本生活资料不课税，往往会有一定面积或金额的减免。对于低收入者、老人、残疾人、退伍军人等特殊人群，通常还会有专门的优惠政策。就我国目前的房产税减免范围而言，基于政府所有和公益用途两类的规定比较完善，基于生活保障权的优惠措施则相当粗略，唯一相关的条文也只是原则性地提出"纳税人纳税确有困难的，可由省、自治区、直辖市人民政府确定，定期减征或者免征房产税"（《房产税暂行条例》第6条）。而在上海、重庆的改革试点方案中，税收减免方面也没有什么太大的亮点，反而因为其区别对待本市居民个人与非本市居民个人而招来了诸多公平性的质疑。我们认为，房产税制度设计应当考虑建立起更为多元、更加完善的税收优惠体系。一方面，可以考虑设置普遍性的免征额或免征面积。对此，应当作慎重考虑，既不能因额度或者面积过小而无法保障民众的基本生活需要，又不能因优惠范围过于宽泛而导致税基过窄。另一方面，也可以考虑规定更多间接的税收优惠，如借鉴美国的延期纳税制度和"断路器"（circuit-breakers）制度。

我国可以借鉴国际经验，实施税收优惠政策。一是对用于农业生产的土地和农民的宅基地和住房免税，对农村地区的非农业生产的房产可以先暂免，今后条件成熟时征税。二是对学校、公园、宗教的房产免税，但是行政机关及其他事业单位所用房产征税。三是对房产税占个人收入的比重规定一个上限，超过上限的可进行税收减免。由于历史原因我国许多居住大面积房的离退休人群收入不高，所以要对这部分人群进行税收救济。四是房产税税款应允许在个人所得税税前扣除。此外，还有一个相关问题值得讨论，随着在城乡结合部和农村地区开办的企业数量增多，它们享受着和临近城镇企业相差无几的公共服务，但却无需承担房产税纳税义务，明显有失公平，也容易诱发避税行为。这一观点确实有着相当的合理性。不过，鉴于我国为农村地区减负的总体趋势，在农村全面铺开房产税恐怕并不妥当。再加上城乡土地制度改革涉及复杂问题，在其方向明朗之前，房产税改革暂时不宜贸然扩展到农村地区。

5. 相关的配套改革

一是土地流转制度改革。与房地产税密切相关的土地流转制度的改革，其难度很大，但必须在这方面走出一条路来。目前我国土地的实际使用权在它的法律形式上往往是出现严重背离的，不清晰、混乱，一旦发生纠纷，不能通过低成本的、有规则的法律程序来解决，而是在紊乱失序中摩擦解决，甚至酿成一些恶性事件，需要通过上级政府来"救火"等极端的形式解决纠纷。从长远来看，最终需要研究允许集体建设土地直接进入一级市场流通的办法和途径，减少政府征地范围，使农民能够直接分享土地转让取得的收益。比如，可以通过修改《土地管理法》等相关法律法规，规定除政府因公共利益需要必须征用集体土地以外，允许集体土地在符合土地利用总体规划、城市总体规划、村庄和集镇规划的前提下，通过统一规范的土地市场采用招拍挂方式转让集体建设用地的使用权，政府主要通过土地增值税和所得税等进行调节。

二是建立健全财产法规和财产登记制度。宪法已经明确写上了私有财产受保护的要求,如何落实,需要具体化到一系列的法规体系上。如果这方面的保障做到位了,那么政府再进一步征收房地产税,乃至以后考虑遗产税、赠与税就都有了稳固前提。确立现代房产登记制度是完善房地产产权体系,科学合理征收房地产税的一个重要前提。根据《物权法》中有关不动产登记的相关制度安排,健全现代房产登记制度。现行的房屋登记办法就本行政区域内城乡房屋建立统一的房屋登记簿,推动建立了我国的统一不动产登记制度,但我国统一不动产登记的目标仍未完成。目前多数地区实施土地上有建筑物的由房产管理局登记,无建筑物的由土地局进行登记。登记机构的分设,给当事人登记带来不便,且造成了资源浪费,房屋、土地登记机构有待统一,需要通过进一步的立法加以解决。

三是完善房地产评估制度。一是建立房地产评税机构。由于税基评估既需要借助于税务部门对纳税户基本信息的掌握,也需要借助于房地产或土地管理部门掌握的相关数据资料,加之房地产税评估结果关系到政府的税收收入与个人应纳税额,因此,大部分国家或地区都设立了专门的不动产税基估价机构,这些评估机构的性质主要是政府部门,具有较强的专业性。二是培养专门的评估人员。房地产税基评估采用专业的实地查勘估价对象的程序,评估过程中依据的评估标准和采用的具体方法与一般不动产评估不同。人员的培训也是一个非常重要的问题。我们现在尚缺乏一大批具有这方面基本知识和管理经验的工作人员。三是建立税基评估争议处理制度。由于房地产状况比较复杂,评税问题涉及面广,纳税人产生争议是较普遍的现象。各国和地区在对待纳税人争议时,都采取了设立相应争议调处机构的方法,使纳税人有获得申诉的机会。

(三) 开征环境保护税,推进费改税

1. 环境税目标与模式的选择

实施环境税的根本目标是实现"可持续发展",强化税收在协调经济与生态环境矛盾中的作用。鉴于我国是一个发展中大国,市场机制还不完善,处于经济的转轨时期,故完善环境税制的基石是必须服从和服务于国家的发展战略,体现可持续发展的三个目标,即经济繁荣、社会公平、生态安全。具体包括:促进经济稳定、快速、健康增长;促进市场机制的健全,同时还要体现社会的公平;保护生态环境,维护生态安全,有助于经济增长中的多方协调。与此相适应,构建我国环境税制应该坚持"经济发展与生态平衡兼顾"的原则,实现社会的可持续发展。

目前,在世界范围内,实施环境税主要有两种模式。第一种是"零敲碎打"的渐进方式,即以新环境税解决新产生的环境问题或取代、补充现有的规章制度;第二种方式是"一揽子式"的,包括对税收体系进行综合重构,以实现有关的环境与

经济目标。

根据我国目前的环境问题、税制特征与经济转型发展的情况，要在近期对整个税收体系内进行综合重构和优化以实现有关的环境与经济目标，条件尚不具备（武亚军，2002）。这主要因为：一是虽然中央政府已经将可持续发展作为一项国家基本战略提出来，但真正要在经济发展与资源保护之间取得平衡仍很困难，尤其是当这些权衡受到转型发展时期现有法律与行政管理体制的约束时；二是现有税收体系本身面临较大的改革要求，税务管理当局可能将注意力集中在其他方面，而没有在环境税收方面投入足够的注意力，除非它们受到立法机构、政府或公众的巨大压力；三是要克服污染密集行业和受影响部门的政治阻力是有相当大难度的；四是对于采取"一揽子式"的组合型政策改革方案，目前尚缺乏足够力度的理论与政策研究支持。

因此，目前在我国实施环境税应主要采用渐进方式，需要着重解决以下几个方面的问题：一是我国的环境税该如何设计，包括具体税种有哪些，其税基和课税环节如何选择，各种环境税的税率应如何确定？二是我国现有与环境相关的税制该如何完善？三是我国的排污收费制度该如何改革？四是其他问题，包括环境税的法律基础问题和征管问题。

2. 环境税的要素设计

环境税的设计取决于它所要达到的目标，即环境税的设计一定要能使环境税对企业或消费等的行为产生影响，从而实现其预定的目标。借鉴国外经验并结合我国实际情况，我国的税收设计的总体职责划分应是这样的：从中央角度看，首先，应制定出各地资源、环境条件的评价规则，以及对应于不同环境状况分别设置的差别税率；其次，应将全国性和跨区域性的环境问题的治理纳入自身的管理范围；最后，赋予地方政府一定的征税自主权，但必须严格管理，明确限定范围。从地方角度看，其职责在于根据本地区的环境评价来确定相应的税率，落实环境税政策的贯彻，对生态系统与行政划分一致、污染范围具有特定区域特点的环境问题，如土地资源管理、垃圾管理等，可由地方根据中央规定制定具体征收办法。环境税的设计主要是税种的选择、税基的选择、课税环节的选择和对税率的确定。

一是税种与课税环节的选择。税种选择实际上是对环境税制进行优化的过程。从污染形成的整个循环周期来看，包括：资源开采——产品生产——产品消费——废品处置。在这个过程中，可以选择不同的行为或产品和不同的环节征收环境税。在资源开采阶段，可以对开采者征收开采税或资源税等，目前是通过对资源开采的征收提高资源的价格或开采成本。这样既能减缓资源开采的速率，又能减少对资源的需求，从而为资源的可持续利用提供条件，也为污染的产生在源头进行控制。在产品生产阶段，可以对包括原材料的投入使用或产品的生产过程或产出品任一环节征税。例如，对生产过程中排放的废气征税，主要税种有硫税、碳税、氮税等。在产品消费阶段征税。当消费者购买了汽车以后每年要缴纳使用税，这就是对其消费汽车所征的税，同时他所消费的汽油、汽车轮胎中均含有消费税。对废品处置的征税。有些消费品是一次性消费的，并在物质形态上不能轻易消除的。如废旧电池、一次性饭盒、企业原料消费最终形成的废渣、家庭垃圾、医院废弃物及核电站的核废弃物。

课税环节的选择取决于利用税制或申报管理制度的可能性。从效率的角度讲，应尽可能地对排污课税，同时减少课税对象的数目。因此，如果污染产生于某一产品的消费，应在零售环节课税。如果污染产生于所投入的原料，在流通链的上游（如原料开采环节）课征要经济得多，但需要对那些已纳税但实际没有造成环境损失的活动实行返还制度。所以，从课税环节来看，应对所有的资源开采征税和对所有的排污点征税，但要尽量减少课税对象的数目。如果污染产生于对某一产品的消费上，税收环节应选在零售环节上。如果污染产生于所投入的原料，或者在流通分配链的初始阶段，就可将纳税环节定在开采阶段。

二是税基的选择。在税基的选择上主要应考虑以下几个问题：

第一，环境税的税基选择主要取决于所要解决的资源和环境问题的区域性。因为污染物的利用方式和地点的不同，所造成的环境与健康风险也可能会有差异。同样的空气污染浓度，对人口密度高的地区和人烟稀少的地区的影响是不一样的，因此环境税的税基在一国范围内的不同地区应该是不同的。

第二，环境税的税基选择也取决于与污染的联系程度、监测成本及与现行税制框架的适应程度。如果污染主要来自比较固定的少数大的污染源，则直接对污染物排放征税是比较容易实施的；但如果污染源众多，数量分散，此时如果能确定在所用投入与污染排放之间有明确的联系，就可以将投入物的数量作为税基。如二氧化碳的排放与所燃烧的矿物燃料具有严格的比例关系，而且没有适宜的技术手段来回收燃料后产生的二氧化碳，由于矿物燃料的使用数量易于确定，且在现行税制体系中已经有对它的征税，此时可以重新调整税负来达到对排污征税的目的。

第三，税基的选择在一定程度上还要与政府使用环境税的基础有关，如财政基础。如果政府正处于经济改革之际，而财政状况并不佳，此时希望通过征收环境税起到"双重收益"，即既能取得财政收入，将环境税作为财政收入的一个重要来源，又能发挥环境税的生态保护功能，实现政府的政策目标。此时环境税的税基应选择面广、数量众多的产品或行为。

三是税率的确定。从理论上讲，为了使全部社会成本内部化，合适的税率应该等于由于减少单位污染而增加单位边际社会效益所需的社会边际费用，这样的话，最优税率只能通过已有的经验对税率进行不断调整来得到。现在的选择应该是先设定环境改善目标（污染削减目标或资金筹集目标），再确定税率的高低。环保主义者可能希望税率足够高以迅速减少污染，但这会造成两个后果：一是由于税负过重，本国企业在国际市场的竞争力下降，从而影响本国经济的发展；二是若生态效果过大，税基缩小了，来自该税的收入会过快地减少。对于我国而言，生态环境改善的目标既包括对污染的控制，又包括筹集必要的环保资金，还要考虑经济的发展。因此目前的税率不宜过高，以扶持企业的成长，并保持税收收入的可持续性和可预测性。今后随着企业实力的增强、环保技术的提高，可逐步提高税率，同时提高征收标准，即扩大税基。但一般来说，在确定环境税税率时下列各点是需要考虑的：

第一，对污染的课税，其税率的设计应反映由于该产品的生产、使用或消费对环境从而对社会所造成的社会成本。合适的税率应该等于由于减少单位污染而增加单位边际社会效益所需的边际社会费用。所以税收手段实际上是对生产和消费进行"全成本"定价的一种手段。然而实际上这种税率是很难得到的。最优税率或次优税率只能通过已有的经验对税率进行不断调整来得到。调整的依据，是在一定的污染削减水平目标下，通过对产品价格弹性的市场数据的研究或结合资金筹集目标的要求来进行。当然，环境税率的不断变化会给纳税人以不稳定的感觉，因此一般可以在小范围内进行试点以后才能推广。

第二，税率的设计应该充分考虑差别因素。环境税的一个重要功能就是限制对环境不友好的产品的使用或消费，同时鼓励用与环境友好的产品对这些产品进行替代，对替代品的税收可以根据其污染物的含量而有所不同，如对矿物燃料征收的二氧化碳税应该根据其碳含量的不同而有所不同。

第三，在大多数情况下，污染的数量是与产生污染的产品生产或消费的数量相关的，而与其价值量无关。在此情况下，环境税应该是从量税，而不是从价税。因为如果用从价税，由于制造商所生产的产品特征不同，可能会促使制造商们通过降低质量而不是减少污染来降低价格。采用定额税率则对产品质量不会产生影响。当然，如果某个国家在通货膨胀严重的时期采用定额税，其刺激作用会受到影响，此时应该对税率进行指数化调整。

第四，在设计税率时，应该考虑到环境税的长期和短期影响的不同。如果政府的目标是为了在较长时期内实现一定的环境目标，而不是为了在短期内将环境税收作为政府的一项新生的收入，就应该将环境税税率设计得较低一些。这样容易使生产者在逐步适应新的税种过程中，乐于投资于对生产过程或投入品的技术或产品替代，消费者也可以适应新税种的开征逐步调整消费模式。这样，在较长的时期内就可发挥环境税的预期作用。

3. 完善环境税的配套措施

一是确立环境税的法律基础。目前，我国关于环境保护的法律基础已经不少，其中包括《中华人民共和国环境保护法》《大气污染防治法》《水污染防治法》《环境噪音污染防治法》等。这些法律对我国环境保护工作产生了巨大的促进作用，为环境保护以及在环境保护中使用经济手段奠定了基础，但是它们都明显带有80年代的特点，已经不能适应当前环境保护的需要。因此，需要对这些法律进行修正或新增相关法律。

首先，在修订或新增的法律中应加大环境保护的范围和力度，为环境税的开征奠定良好的法制环境。其次，全国性环境保护法应该对中央和地方政府的环境管理事权做出较明确的规定，如规定地方政府在经过省一级人民代表大会通过（并报全国人民代表大会备案）后，可以征收地方性的环境税，以更充分地发挥地方政府在环境保护中的作用。最后，由于环境税改革需要采用税收形式，因此必须经过全国人大通过立法，才能实施。在这种情况下，一方面必须努力将一些新的环境税措施，如森林资源税、水资源税、煤炭消费税等立法实施或纳入税制改革和税法中；另一方面如果某些环境税在全国立法实施暂有困难，可以先采用收费形式，由某些地方开始试点或由地方环保部门具体负责实施，待条件成熟后，再由人大立法实施。

二是加强环境税的征管。对环境税的征收管理方面，在坚持中央统一领导和安排的同时，调动地方积极性，同时考虑到环境污染区域性的特点，该税种应划作中央与地方共享税。在征税方法上，可以采用源泉扣缴法、定额征收法和自行申报进行征收，环保部门应对污染源进行定期监测，为税务部门提供各种计税资料，协助税务部门计征税款。对专门环保税的收入实行专款专用，用于建立环境保护基金，支持环保事业的发展。其中应有相当比例的税款用于对纳税人为减轻、消除污染而采取相应措施的补助。

最后值得指出的是，环境税的改革和有效实施，不仅依赖于环境税措施的设计成功与否，也不仅依赖于中央和地方政府的环境管理事权的合理划分和环境税实施的法律基础，它还依赖于我国财税、环保体制改革，依赖于我国企业改革进程、政府职能的转变甚至整个市场经济体制的建立与政治体制改革的推进。从这个意义上讲，中国的环境税改革是在国际和国内环境、资源问题以及可持续发展的挑战面前，整个中国社会与经济的转型发展的一个重要组成部分。

（四）营业税改增值税

营业税改增值税（以下简称"营改增"）是指以前缴纳营业税的应税项目改成缴纳增值税，增值税只对产品或者服务的增值部分纳税，减少了重复纳税的环节，是党中央、国务院根据经济社会发展新形势，从深化改革的总体部署出发做出的重要决策，目的是加快财税体制改革，进一步减轻企业赋税，调动各方积极性，促进服务业尤其是科技等高端服务业的发展，促进产业和消费升级、培育新动能、深化供给侧结构性改革。

结构性减税是指为了达到特定目标而针对特定纳税人削减税负水平，以使税负结构更加合理的减税政策。结构性减税既区别于全面的、"一刀切"式的减税，又不同于以往的有增有减、保持税负总水平不变的税负结构性调整，更强调有选择的减税,是为了达到特定目标而针对特定行业、企业和地区的减税。结构性减税具有连续性、差异性、选择性等特点。这样既可以避免一次性大规模减税超出财政的承受能力,同时又给予"滴灌式"的税收支持,促进相关产业、企业转型升级,加快发展。结构性减税与结构性增税是相对应的,尽管都会导致税负结构的变化,但前者是在减税过程中实现的,其隐含的逻辑是法定税负总水平降低,但不是平均削减税负。这样既能达到短期内刺激经济、扩大内需的目的,又有助于优化经济结构,增强经济可持续发展能力。

实施结构性减税,营业税改征增值税是必然选择。改革完善了增值税抵扣链条,基本消除了重复征税因素,对现行征收增值税的行业而言,由于向新增行业纳税人购买应税服务的进项税额可以得到抵扣,税负将普遍下降。对改革的行业来说,在合理的税制设计下,也可以实现其总体税负不增加或略有下降。

我国现阶段的经济社会形势要求实施结构性的减税政策,而"营改增"是我国结构性减税政策的重要途径和着力点。因此,在我国结构性减税的大背景下,分析和研究"营改增"试点改革的效果,并对未来进一步改革提出政策建议,对于完善我国税制、税收政策和丰富结构性减税内容有着重要的意义。

1. "营改增"之结构性减税效应

营业税与增值税最大的区别就在于营业税重复征税:前者对营业额全额征税,使得提供服务消耗的劳务和材料成本无法实现抵扣,破坏了增值税的抵扣链条,而增值税只对增值额进行征税,充分体现了税收中性原则。另外,营业税重复征税的现象大大降低了服务业企业对固定资产的投资,影响了新兴服务行业,不利于第三产业的发展。

根据《营业税改征增值税试点方案》"规范税制、合理负担"的基本原则,"营改增"能够实现结构性减税,促进产业升级和经济结构调整。第一,全面"营改增"之后,劳务和服务税制相衔接,服务业与制造业的增值税抵扣链条被打通,服务业耗用的成本也可进行抵扣,服务业的总体税负会大大降低,促进了新兴服务业的发展,同时也刺激了社会的专业化分工,第三产业的发展将带来产业结构的调整和经济运行效率的提高。第二,全面"营改增"之后小规模纳税人受益明显,中小企业将获得新的发展活力,符合结构性减税的战略要求。第三,对于向境外单位提供的研发服务和设计服务适用增值税零税率的优惠政策将扩大现代服务行业的出口需求,能够促进现代服务业的快速化和国际化发展。

(1)"营改增"实施的成效

"营改增"改革涉及面广,带动性强,影响广泛而深远。随着实施面逐步扩大,部分现代服务业和交通运输业取得了相当不错的绩效。

营改增的实施为后续税收创造了良好的环境,实现了征税由营业税流转环节全额征收向增值税链条抵扣方式的转变,从制度层面解决了劳务和货物重复征税的问题，税收中性原则得以更好的体现，从而完善了我国税制，为企业未来发展提供了更为有利的税制环境，同时在某种程度上推动了地区间经济交流与合作。

这一改革实施后，有利于形成一条完整的增值税抵扣链条，随着企业生产管理水平的不断提升，获得的抵扣税额也就越多，在某种程度上也就迫使企业要在各方面不断完善自我。比如，不断调整自己的生产方式、创新营销模式等，同时企业还要不断加强自身的内部管理，提升自己的品牌价值，加快转型和升级。例如，广东的惠尔通物流公司，正是通过一系列有力的措施（如规范合同管理和物资采购等）减少了其税负，与此同时还为自己创造了更多的发展条件，总体下来不仅业务量增加了30%左右，回款速度与往年相比也提升了一半以上。实施工作的成功表明，实行"营改增"对于推动服务业的发展意义重大。建筑业作为以劳务输出为主的产业，必将受到影响，并且由于其上下游之间的关联度大、链条长，实施"营改增"效果明显，也为建筑业进一步实施"营改增"提供了经验和保障。

（2）"营改增"推动了产业结构调整。目前我国产业结构中存在的最大问题就是比例失调，第三产业占比低且发展较为缓漫，为了改变这种局面，当务之急是推动高新技术产业和服务业的发展壮大。此时，营改增就表现出了它的优势，它对促进服务业发展、推动经济结构战略性调整、加快经济增长方式转变以及提高经济发展质量有着积极的作用。实施营改增，一方面，能促进工业转型升级、加快企业设备更新。工业企业为了获得进项抵扣、降低税负，会不断改进自己的设备、加快设备更新换代。营改增实施后，企业将部分业务交由外部提供后不再重复缴税，从而促进企业分工协作和服务外包的发展，使其专注于发展自身核心技术，提高产品竞争力，从而带动整个工业转型升级。另一方面，在服务业中实施这一改革，有力地解决了服务业重复交税的问题，降低了税负水平，并且使得增值税抵扣链得到了很好的完善，鼓励企业将部分内部服务业务外包，促进了服务业的分工和发展。

2. 营改增实施的行业问题与完善建议

（1）渐进式全面推开营业税改征增值税。全面推开营改增试点运行顺利，呈现出逐月向好的发展态势，改革效应超出预期。一是减税面越来越宽。二是减税规模越来越大。但是在营改增的全面推开的重要时期，更要做好衔接工作和下一步改革，增值税目前有四档税率，有17%的基准税率、13%的税率、11%的税率和6%的税率，根据不同的行业，选择适用不同增值税税率。设计多档税率主要考虑为了保证营改增的平稳进行，平衡企业的税负、经济的增长和税制改革之间的关系。进一步完善增值税改革，简并增值税税率。此外，要坚持依法治国，贯彻税收法定原则，适时启动增值税立法工作，通过法律增强税制的规范性、强制性和有效性。

（2）对财政收入影响的问题与完善建议。为了弥补营改增给地方财政带来的压力，我们建议可通过制定一些新的税收调整政策来平衡地方与中央的财政收入。首先，降低地方财政对土地、房地产的依赖程度，调整现有的财政收入体系，将地方国企收入、政府债券发行、基金收入等纳入体系中；其次，要加强监督管理，有效杜绝部分地方政府将"手"伸向下级单位，把财政压力转嫁给普通群众的不当行为。这些不当行为不仅治标不治本、无法从根本上改变地方财政收入骤减的局面，而且极大影响了基层政府的日常办公、损害了政府在群众心中"以人为本"的形象。

三、BEPS 改革

（一）BEPS 行动计划的背景

为应对愈演愈烈的税基侵蚀与利润转移（以下简称"BEPS"）问题，受20国集团（G20）的委托，2013年2月和6月，经济合作与发展组织（OECD）先后出台了 BEPS 报告和15项 BEPS 行动计划。2015年10月，OECD 公布了2015年完成的15项行动的阶段性成果。在杭州 G20 峰会上推动实施 BEPS 行动计划成果都是其中的重要议题。通过对 BEPS 报告和行动计划的分析可以看出，BEPS 价值创造论是贯穿于其全过程、各环节的一条主线，体现了西方国家在全球价值分配的规则变动之际抢占规则的主导权，实现利益的最大化，维护其在全球价值链中垄断地位的战略意图。在这样的背景下，中国如何应对才能在全球价值链分配中获得合理的份额，是亟待研究探讨的重要问题。

（二）BEPS 行动计划的内容

BEPS 具体可概括为五个方面的内容：

一是研究数字经济的 BEPS 问题。数字商品或服务没有具体的物理形态，通过网络传输极其便捷，对其跨国经营征税的最大挑战在于对相关所得的定性及其来源地的确定。除此之外，如何划分数字产品创造的价值、如何确保相关增值税和商品与服务税的征管等问题都亟待研究和解决。

二是促进企业所得税管理的国际统一和协调。在经济全球化背景下，闭门造车制定各项国内政策（包括税收政策）已不合时宜。当前，各国税制的差异和错配，或是相互间的税收竞争，给了跨国公司可乘之机。为挤压跨国公司不良筹划的空间，OECD 认为需要促进企业所得税管理的国际统一和协调，修订协定范本和各国国内法，堵塞漏洞，防止错配，同时也要防止有害税收竞争的发生。

三是重树国际税收规则的有效性。现行国际税收规则的发展已落后于全球商业发展的步伐，带来各种 BEPS 问题。针对新的跨国公司商业模式，现行国际税收规则和国内税法的国际部分均需要进行修订，以提高跨境税源管理的有效性，使利润分配和利润创造的实质经营活动相匹配。

四是加强税收透明度建设及提升企业经营确定性。打击 BEPS，需要在多个层次进行税收透明度建设。比如，各国税务机关建立 BEPS 相关信息的搜集和分析机制，对 BEPS 进行监控和分析；各国税务机关要加强转让定价同期资料管理，增加跨国公司内部管理的透明度，着力消除税企双方信息不对称的问题。

五是建立快速解决机制。相关国家除了国内法修订以外，还需要在税收协定范本修订上有所行动，例如，引入反协定滥用规程、修改常设机构定义、引入有关复合错配安排的转让定价和协定管理规程等，这将牵涉到各国之间双边税收协定的大范围的更新和修改。

(三) BEPS 行动计划对我国的影响

从税收国际规则的角度看，BEPS 行动计划将完善和发展现行税收协定和转让定价国际规则，以使其更好适应各国税制和全球价值链变化带来的影响；从国内法的角度看，BEPS 行动计划将推动建设与现代商业模式相适应的企业所得税制，并完善间接税制度安排，促使各国相应修改其国内法，以压缩跨国公司利用税制和征管差异规避税收的空间，在全球范围内营造公平的税收环境和秩序。BEPS 行动计划是增强我国在税收国际规则制定上的话语权，提升影响力，将我国的税收管理能力（包括国内方面与国际方面）上升为制度性权力的一次良机。此前延续近百年的税收国际规则基本都是由发达国家主导制定反映发达国家利益的，发展中国家没有发言权也缺乏参与度。而此轮国际税收改革，发达国家和发展中国家都期待。

中国在制定税收国际规则、维护良好税收秩序方面发挥重要作用。作为处于经济转型期的国家，我国的经济发展既具有发展中国家的特征，又具有发达国家的部分特点。长期以来，跨国公司习惯于将中国子公司定位为功能单一的合约加工、合约销售或合约研发公司，仅给予中国子公司微薄的利润回报。近年来，中国公司在跨国公司全球布局中承担的功能越来越丰富，在全球价值链中做出的贡献也越来越大。这次 BEPS 行动计划中提出的从经济行为发生地以及价值贡献角度对跨国公司利润进行分配的理念和方法，为我国在今后的国际税收管理中争取和维护我国税收权益提供了机遇。

BEPS 行动计划的实施可能给我国带来一些不利影响：

一是受制于研究能力、经验、语言和资源约束等因素影响，我国在参与国际规则制定方面仍与发达国家存在相当距离，行动计划的最终成果能在多大程度上符合我国利益和期望尚难以预测。

二是行动计划的最终成果将在 G20 峰会上由各国领导人背书，虽然在法律层面并不形成硬性约束，但政治层面的承诺以及其他国家在行动计划框架下开展的税制改革，都将不可避免地对我国税收制度和税收管理产生影响。不论行动计划的最终结果如何，我国都将面临接受新规则和履行义务的压力。

三是行动计划对税收协定和转让定价规则的修改，可能使我国"走出去"企业在投资东道国的税收遵从以及享受税收协定待遇等方面，面临外国税务机关更为严格的审查，这将影响企业的税收遵从成本和经营环境，并可能导致对企业的双重征税。

（四）完善税收政策与管理，助力中国在全球价值分配中取得合理份额

1. 以中国税收职能向国际化的逐步拓展为切入点，完善企业所得税制

中国企业所得税制改革的思路应放在全球价值链上再思考，放在全球价值分配的大背景下再分析，抓住价值链上转型升级和价值分配合理化这一核心，及时调整思路、完善方案、制定对策。

企业所得税税率对国际资本的流动、全球价值链上跨国公司集团成员的职能定位和价值分配有着重要的影响。2008年国际金融危机之后，降低企业所得税税率、扩大税基已成为世界各国普遍作法，公司所得税税率一向很高的OECD成员国的平均税率已下降到25%，从2000年到2011年平均下降了7.2%。由此来看，中国目前25%的企业所得税税率的竞争力已经减弱。考虑到中国企业的总体税负较重，目前正处于转型升级的关键时期，建议逐步将税率降到20%，为中国"走出去"企业的全球价值链布局增添活力，为引进国外中高端价值链业务增加吸引力，为外来投资把钱留在中国和对外投资把钱返回中国提供动力。

2. 以技术、品牌为代表的无形资产是全球价值分配的核心因素

要发挥中国《企业所得税法》中高新技术企业享受15%优惠税率的政策，鼓励中国企业加大技术创新的力度，鼓励外资企业将更多的研发中心搬到中国；要紧随BEPS行动计划将无形资产范围逐步扩大的新动向，将高新技术企业的范围从技术逐步向品牌等无形资产拓展，尽快启动现代服务业认定高新技术企业的试点工作；配合国务院最近出台的企业固定资产加速折旧政策，对无形资产的适用范围作进一步调整扩大，及时出台无形资产加速摊销政策；要鼓励中国企业到国外收购技术、品牌、销售渠道，中国企业已是高新技术企业的，其海外收入回国纳税时可享受15%的优惠税率，其海外收购技术发生的所得额在计算境外所得抵扣税额时可不受抵免限额的限制，单独计算，直接抵免。

3. 中国外资企业向价值链的两端攀升已具备条件，这些企业一旦处于价值链的中上端，就成为了无形资产的共同拥有者，其在跨国公司全球价值分配中就会处于主动有利的地位

为此，要大力培育国内高端需求市场，形成对跨国公司为适应中国市场而升级的强大压力和动力；要引导外资企业遵循国外通行做法加入母公司的成本分摊协议，成为无形资产的共同拥有人和受益人，在一定程度上解决外资企业向境外支付特许

权使用费的真实性、合理性难判定、难控管的问题；允许成为无形资产共同拥有人且在中国与全球实时享受技术转化的中国外资企业申请高新技术企业，其发生的总部分摊的技术开发成本可比照国内研发费用加成抵免。如果以上设想能够顺利实施，中国虽然在短期内做出了一些税收上的让步，但企业的职能扩大了，在全球价值链上的地位上升了，给中国带来的价值分配份额的扩大将远远大于税收优惠的额度。

4. 制定针对走出去企业的税收优惠政策，助力企业走出去

受控外国公司是 BEPS 行动计划关注的有害税收实践的重点之一。西方国家为了增强其跨国公司的国际竞争力，往往在国内法规定上含糊其辞，让跨国公司在避税港、低税地堆积的巨额利润得以长期不回母国缴税，有些西方国家为了吸引跨国公司设立地区总部，甚至对其在海外受控外国公司的利润不征税。在 BEPS 的形势下，要认清大势，加强对中国受控外国公司立法运用的研究，尽快完善相关法规政策，做到宽严适度。中国要避免国际博弈中的片面观点，观察主要发达国家在这方面的动态及调整，因时而变，不拘一格，为本国跨国企业争取公平的税收环境。

第六章

新形势下中国货币政策转型分析

改革开放以来,在我国经济体制由原来的计划经济逐步向社会主义市场经济转变的背景下,我国宏观调控经历了若干不同阶段。伴随着中国人民银行单独扮演央行的角色、承担货币发行的核心职能,我国货币政策调控体系不断演变和发展,取得了明显成绩。但当前我国经济社会环境发生了较大变化,正处在经济结构的转型期,传统货币政策调控受到了较大的冲击,党的十八大提出了"健全现代市场体系,加强宏观调控目标和政策手段机制化建设",随着我国社会经济步入了"三期叠加"的复杂局面,货币政策面临着深度调整和转型的重任,我国《金融业发展与改革"十二五"规划》和《中华人民共和国国民经济和社会发展第十三个五年规划纲要》均提出了要推动我国的货币政策由数量型为主向价格型为主转变,在这个转型过程中,伴随着我国利率市场化改革进程,包括货币政策框架的完善、目标设置的合理化、政策工具的运用科学化、传导机制的进一步顺畅等问题的解决是货币政策转型必须考虑和解决的问题,但从实际情况来看,我国在货币政策决策和实施上面临着有效性不足的问题。本文立足现状分析,从发现问题的研究视角,通过我国货币政策的制度变迁的纵向比较和国际实践的横向对比两个方面进行货币政策转型研究,系统总结我国货币政策转型过程中的显性特征,进而提出我国货币政策转型的路径及建议。

一、我国货币政策转型外部环境及内部要素分析

对我国的货币政策转型进行研究,首先要从货币政策的外部环境入手,回答我国货币政策转型的必要性问题,然后对转型过程中的货币政策的内部要素的变化进行分析,解释货币政策转型的内涵。

(一)我国货币政策新环境

当前我国的货币政策环境发生了深刻变化,使得我国的货币政策的决策与实施面临着新的环境。本文中的货币政策新环境是我国货币政策框架转型的背景,是指

货币政策在制定、实施、修正过程中所处的环境所发生的根本性变化。当前我国的货币政策新环境可以从我国的宏观经济环境、中观（金融行业）经济环境和微观经济体三个层面以及外部（国外）环境等方面进行考察。

1. 宏观经济的基本情况

宏观层面上，经济新常态下我国的经济增长方式发生了深刻变化。增长速度上从高速增长转为中高速增长，结构上要实现经济结构不断优化升级，动力上要从要素驱动、投资驱动转向服务业发展及创新驱动，原先的高增长模式离不开数量型货币政策支持，表现为货币供应与GDP之比、信贷余额与GDP之比的增长幅度大大超过了多数发达经济国家，"货币超发"成为原有增长模式之下货币政策的显性特征，货币供应量M2和信贷的快速增长、利用通货膨胀进行强制储蓄（投资拉动）[①]等。但当前经济增长方式发生了改变，高增长率不再是我国的宏观经济的政策目标，新的适度合理的增长目标已经不需要过度依赖这些"旧的"货币政策手段了。

从宏观经济层面的货币政策执行情况来看，自2008年金融危机以来，首先经历了"四万亿"计划的刺激政策，然后是2010年10月到2011年7月连续5次加息，加息所带来的后果就是经济下行压力加大，2012年金融和房地产风险开始出现。2012年6月到2015年10月连续8次降息，贷款基准利率从6.56%降到了4.35%，但工业品出厂价格指数PPI连续54个月负增长，直到2016年9月才转正，市场缺乏有效的资产回报和信贷需求，通缩的局面开始呈现。这种局面下，政府相关部门通过2014年的"930"新政（全面放松限贷、"认贷不认房"、提出房贷资产证券化的预期）和2015年专门针对二套房和二手房的"330"新政，使得房贷增量在2015年和2016年分别达到了2.66万亿元和5万亿元，同时带动了土地、建材、大众商品、金融等上游产业链的发展，与之相比较，2014年前8月房地产市场和住房信贷趋势呈现萎缩趋势，前8个月商品房销售面积同比下降8.3%，2014年7月社会融资规模骤降。也就是说，我国经济通过给房地产市场加杠杆把货币投放至市场，但从实际情况看没有落至可贸易部门的实体经济层面，只是被吸收到了不可贸易部门，形成了房地产资产价格的泡沫和金融内部交易资产所创造的繁荣。

2. 金融行业的创新发展和融资结构的变化

在中观层面的金融行业上，近几年以来金融创新与影子银行体系的发展使得我国的金融格局发生了显著变化，使得原先的货币政策的有效性明显下降。首先，金融创新带来了中国整个经济社会的流动性的变化，使得原先的货币统计口径落后于这种创新所带来的变化，例如，银行承兑汇票等表外业务虽然改变了社会流动性，但由于无法体现在银行的资产负债表中，使得货币统计口径与实际的流动性产生了

---

① 通货膨胀强制储蓄效应是指在经济达到充分就业水准条件下，政府通过向中央银行借债，造成直接或间接增发货币，从而强制增加全社会的储备总量，这种储备成为用于投资的货币积累，导致物价上涨的经济行为。

偏差；又如，新的信息技术所带来的支付手段的革新也造成了货币统计口径与实际货币需求的脱节。其次，融资结构的多元化，冲击了原有的信贷渠道下的货币政策的效果，如表 6-1 所示，人民币贷款所占社会融资总规模的比例 2002 年在 91.86%，之后这一比例总体呈下降趋势，除 2015 年有所恢复达到 73.15% 之外，其余年份由于企业债券、信托、互联网金融等非信贷融资所带来的冲击使得这一比例只能占到 50%~60%，不同的融资所带来的利率水平不同，使得央行的利率操作目标的确定和调整越发复杂、困难。这些方面的变化改变了传统金融业的生存业态和货币流通的速度、影响着商业银行的超额准备金，破坏了央行货币供应与经济增长和通货膨胀水平的有效关联。

表 6-1　2002~2015 年各类融资方式在社会融资总量中的占比情况　　单位：（%）

年度	人民币贷款	外币贷款	委托贷款	信托贷款	未贴现银行承兑汇票	企业债券融资	非金融企业境内股票融资	其他社会融资	合计
2002	91.86	3.63	0.87		-3.46	1.82	3.12	2.14	100
2003	81.06	6.70	1.76		5.89	1.46	1.64	1.49	100
2004	79.20	4.82	10.89		-1.01	1.63	2.35	2.12	100
2005	78.46	4.72	6.53		0.08	6.70	1.13	2.38	100
2006	73.83	3.42	6.31	1.93	3.51	5.41	3.60	1.99	100
2007	60.88	6.48	5.65	2.85	11.23	3.83	7.26	1.82	100
2008	70.26	2.79	6.11	4.50	1.52	7.91	4.76	2.14	100
2009	68.97	6.66	4.87	3.14	3.31	8.89	2.41	1.75	100
2010	56.67	3.46	6.24	2.76	16.65	7.89	4.13	2.19	100
2011	58.24	4.45	10.10	1.59	8.01	10.65	3.41	3.55	100
2012	52.04	5.81	8.14	8.15	6.66	14.31	1.59	3.29	100
2013	51.35	3.38	14.71	10.63	4.48	10.46	1.28	3.72	100
2014	59.36	2.16	15.21	3.14	-0.73	14.77	2.64	3.45	100
2015	73.15	-4.17	10.33	0.28	-6.86	19.08	4.93	3.27	100.0

数据来源：中国人民银行网站和国家统计局数据整理。

3. 市场化改革进程下微观预期的作用越发突出

十八大报告明确了市场在资源配置中的决定性作用，2015 年的《政府工作报告》又提出"以微观活力支撑宏观稳定"，微观主体预期在货币政策传导过程中的角色越来越重要，而且货币紧缩和货币宽松下的微观主体的预期是不同的，对下一步的货币政策的调控机制、模式和传导渠道提出了改善要求。现有数量型货币政策框架有效性降低的原因之一就在于这种微观预期，主要表现就是其边际效应越来越低、边际成本越来越高，同时，由于新的利率市场机制建设尚未完成，这种微观预期难以正确发挥作用，也是价格型货币政策框架有效性难以发挥正常效应的原因之一。

4. 国际资本市场的深刻变化及对我国国际收支的影响

金融危机之后和欧债危机以来，美国、日本、欧盟等主要经济体由于"零利率"，不可避免地陷入了"流动性陷阱"的局面，纷纷进行了量化宽松QE的后危机时代特殊货币政策，短期内起到了一定的作用，但中长期带来的负面效果也来越明显，由于投机所产生的资产泡沫的规模越来越大，美联储2016年12月已经开始率先加息，在2017年预计还要至少加息三次，加快和强化了国际资本流入美国的步伐和预期。就我国而言，自上世纪90年代以来，中国长期保持"双顺差"的格局，同时，2005年以后国际资本市场对中国人民币有长期的升值预期，在我国的外汇管理体制之下，"双顺差"给中国带来的结果就是外汇储备规模的快速增加，如图6-1所示，2000年以后增速加快，尤其是在2005年到2014年6月期间增速极快，外汇储备规模在2014年6月达到顶点39932.13亿美元之后，之后迎来拐点开始降低，2015年12月的外汇储备规模为33303.62亿美元，2017年1月外汇储备跌破3万亿美元，为29982.04亿美元。我国2014年之前常年的贸易顺差和人民币升值预期意味着资本流入，并使得基础货币的外汇占款的状况尤为突出，最终导致中国的货币政策成为了事实上的美元本位制（外汇结算的货币主体是美元），为了消除这种巨大的外汇占款流动性所带来的风险，一是持续且大幅度提高法定存款准备金，二是为了解决提高法定存款准备金给银行带来的损失，执行存贷款利差的管理，拖累了我国金融市场化改革进程。在新的市场化改革阶段，外汇管理体制与资本账户的开放的改革会逐步深化，改变这种外汇占款所带来的流动性风险局面成为明确的预期。同时，人民币国际化趋势也会改变我国当前美元本位制的货币供应，而且全球经济在新的工业化革命下会实现"再平衡"，为我国的货币政策的调整带来时间和空间上的客观环境。

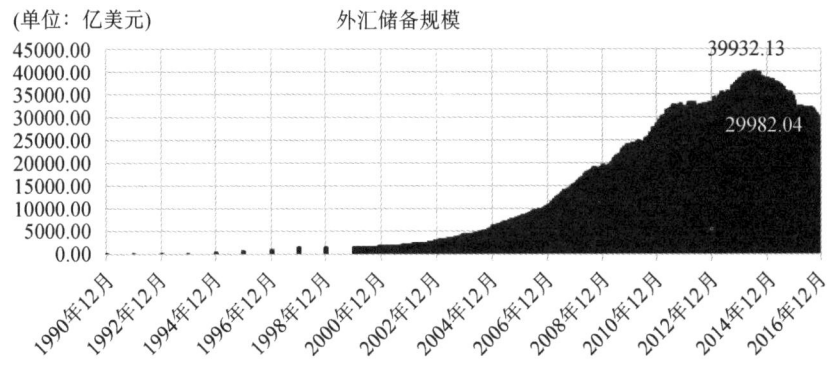

图6-1　1990~2016年中国外汇储备规模

数据来源：国家外汇管理总局网站。

注：1990~1999年的数据为年度数据，2000~2016年的数据为月度数据。

(二) 我国货币政策转型内涵

如果整体上进行理解，货币政策是一个系统性的整体概念，有些学者称之为货币政策框架，是一国中央银行为了实现宏观经济目标，通过货币政策的传导机制而联系在一起的货币政策操作工具、操作目标、中介目标和最终目标的逻辑框架，其中也包含了为保证货币政策实施的相关制度。从本文所研究的对象货币政策转型而言，首先要明确数量型和价格型货币政策的基本要素和内容，其次就其具体转型内容进行内涵界定。

1. 数量型货币政策框架

一国央行直接以基础货币供应量操作目标，主要通过对公开市场操作业务、存款准备金率等工具调节基础货币供应量，以实现对广义货币供应量 M2 的调控。在我国数量型货币政策框架的典型特征和表现是利率管制，人民银行通过利率管制（直接规定基准利率和及其上下限）控制金融资源的配置确定金融机构的信贷配给，理想状态下，经济低迷时期人民银行可以通过直接降低利率释放信贷量来"创造"总需求，而在经济过热时期人民银行反向操作来压低社会总需求。我国数量型货币政策框架的基本逻辑在我国的存款准备金制度条件下，广义货币供应量 M2 由基础货币供应量间接决定。就基本理论而言，数量型货币政策有效的主要标志是货币供应量增长率与物价指数（通货膨胀率）的同比率增长或 M2 与 GDP 的稳定关系。前者一般需要满足两个条件：第一，货币供应增长率的变化能够对应通货膨胀率的变化；第二，货币流通速度的相对稳定，即费雪货币交易方程式（$MV = PY$）中的前提假设 V 是相对稳定的。只要这两种方式任何一种得不到满足，即视为货币数量理论的失效。后者可以直接通过 M2 与 GDP 的比值的纵向比较来考察。

2. 价格型货币政策框架

2012 年《金融业发展与改革"十二五"规划》虽然表述了要将货币政策以数量型调控为主转向以价格型调控为主的模式，但对于价格型调控的准确定义、其内涵与外延均没有给出，其价格型货币政策框架的最终目标（"锚"）、中介目标、操作目标以及三层目标之间的传导路径和机制均没有给出清晰的界定，考察西方发达经济国家的价格型货币政策框架并结合上述货币政策框架的运行机理可以基本总结出其概念：价格型货币政策框架是在利率市场定价的基础上，主要通过公开市场操作工具，采取市场基准利率为操作目标并在金融市场上通过利率传导渠道对市场利率体系产生影响，进而对实体经济形成作用，实现以物价稳定为主的经济目标。一国央行在价格型货币政策框架之下所采取的方式一般通过完整的通胀目标预测机制来实现，具体而言，如果通胀率的预测值高于通胀率的目标值，所采取的货币政策为紧缩性，否则采取扩张性财政政策，如果两者一致，货币政策则保持不变。当前采取价格型货币政策框架的国家或经济体一般有两种类型，一是以物价稳定为唯一目标的单一目标制,二是以物价稳定为主同时兼有就业稳定等其他目标的多远制目标;前者以德国和欧洲央行为例,后者以美国、日本央行为例。在实行单一目标制的国家,往往会设置通货膨胀率作为最终目标的衡量指标。通胀目标制的运作机理如下:一国央行明确物价稳定为货币政策唯一目标,并按照制度安排就未来时期所要达到的通货膨胀目标值向本国公众公布,同时,该央行要设计科学可行的预测模型对未来时期的通货膨胀率进行预测,得到预测值,而后依据预测值与目标值之间的偏离程度来确定货币政策操作工具,达到通货膨胀率实际值与通货膨胀率目标接近的目的。一般而言,如果具备了充分发育的金融市场和发达完善的直接融资市场,价格型货币政策国家在资产价格、市场预期和汇率的传导渠道上由于各个市场联动性更强且有较强的替代性,会比数量型货币政策国家的传导途径和机制更加有效。

3. 货币政策目标转型

在从数量型货币政策转型到价格型货币政策的过程中,包括中间目标和最终目标的转型。

第一,货币政策的最终目标转型。

货币政策的最终目标是一国货币政策的决定因素,也是宏观调控的所要追求的目标。虽然《中国人民银行法》规定人民银行的职责是保持币值稳定和促进经济增长,但长期以来我国央行所执行的货币政策框架一直执行着实际上的经济增长、物价稳定、充分就业和国际收支平衡四项宏观经济的目标,在后金融危机时代的经济结构转型时期又加入了金融稳定的结构性目标。这些目标在实际经济运行过程中常常会相互矛盾,因此不同的时期人民银行在各个目标的选择上会有不同的选择顺序,例如,根据人民银行发布的《货币政策执行报告》,在2006年到2008年上半年人民银行将目标重点确定为稳定物价和外部平衡,之后在2008年下半年到2009年货币政策目标被调整为稳定经济增长和保证就业。当前,我国经济正处于结构转型期内,经济增长率持续下行,央行的目标重点放在了在结构失衡不恶化情况下促进经济增长上,依然通过数量型货币政策的调控手段(例如,转型期的特殊货币政策工具定向宽松)解决融资成本问题来支撑国内需求,其他的物价稳定、就业市场和国际收支平衡三个方面成为次重点目标。传统的数量型货币政策框架的最终目标总体上仍将经济增长目标放在了首位,这也导致了我国货币政策对通货膨胀和资产价格超比例上涨的反应迟缓,例如,有学者明确指出,1992~2013年间,全国的房产价格年平均上涨速度超过10%,而GDP增长年平减指数仅为5.377。

未来我国的货币政策框架要实现从数量型向价格型转变,就要将数量型的绝对多元化目标向相对多元化或单一化目标发展,其思路是在人民银行(相对)独立行使货币政策的前提下将物价稳定作为核心目标来对待,当然也可以借鉴美国美联储和日本央行的做法,补充充分就业或金融稳定作为第二个核心目标来对待,但未来常规性的价格型货币政策最终目标不宜过多,因为根据丁伯根法则(Tinbergen's

Rule），每个独立的政策目标必须至少有一个独立的政策工具（如果有多个政策工具对应一个政策目标，这些政策目标应该线性无关），过多的政策工具无疑会加大货币政策的实施难度和复杂程度，且容易发生相互矛盾的问题。另外，在未来如果继续执行相对多元化的货币政策最终目标，需要进一步解决多元化目标之间的矛盾问题，如果进行分析就会发现，美国实行最终目标的多元化（物价稳定和充分就业），如果采取通货膨胀率的中介目标，就有可能与充分就业的最终目标相矛盾，例如，物价上涨严重的情况下，按照凯恩斯理论，认为是经济过热，需要实行紧缩性货币政策来减少需求，来实现抑制经济过热稳定物价的目标，达到需求与供给的平衡，但物价上涨还有另一种可能性就是供给不足，如果这种情况下依然采取紧缩性货币政策，无疑会加剧供给不足，扩大总供给与总需求的不平衡状态，从而会导致失业率的上升，最终会影响到货币政策充分就业目标的实现。

第二，货币政策的中间目标转型。

一般而言，货币政策的中间目标包括有操作目标和中介目标。当前我国处于转型期的货币政策框架的操作目标依然是以基础货币供应 M0 为主，虽然随着我国利率市场化改革的深入，全面放开了存贷款利率上下限，但依然由人民银行直接指定基准利率，可供市场自发调节的基准利率正在培育尚无法确定，且利率传导机制和渠道建设尚不完善，原因主要在于金融市场的不健全，在当前货币政策转型过程中，可以采取建立利率走廊的做法：将当前央行的常备借贷便利或者抵押贷款利率作为其上限，下限可以定义为超额存款准备金利率。但在具体实施上可以分步骤建立法定（显性）利率走廊和不公开的隐形事实走廊，后者要比前者更窄，央行通过公开市场操作维持较窄的事实走廊。未来价格型货币政策框架体系的操作目标建设应该在国债回购利率和银行间市场拆借利率两者之间进行选择，现实的选择是借鉴美联储和日韩两国央行的做法把同业拆借利率作为基准利率来培育，原因主要有两个：首先，我国的国债市场建设落后于同业拆借市场的建设，主要表现为：（1）我国国债的期限结构不合理，国债市场上以中长期国债为主，短期国债（一年期国债）品种少且占比过低，仅占总量的 20% 以下，而美国的比例高达 80%，使得短期国债的无风险利率的有效性不足；（2）国债二级市场不活跃，换手率低于 1，远远低于上述几个发达国家的水平；（3）场外的银行间国债市场与场内的交易所国债市场分割严重，其监管机构不同甚至交叉严重，人民银行、证监会、银监会甚至财政部均有监管权限，影响了有效的收益曲线的形成；（4）较小的市场规模，全部的债券市场 2013 年的总额（包括国债、公司债）仅能占到 GDP 的 50%，而发达国家往往可以达到 100% 的水平。其次，人民银行已经开始着手培育银行间同业拆借利率作为市场基准利率，当前上海银行间同业拆借利率 Shibor 已经成为市场基准利率的重要选项，金融市场开始逐渐形成了以 Shibor 为基准的定价群。但从目前来看，由于我国转型期内诸多不确定因素的影响，Shibor 的波动幅度依然很大，用变异系数（标准差与平均利率的倍数）衡量的波动幅度是美国、日本、韩国包括印度隔夜利率波动幅度的 2~4 倍。

就中介目标而言，在数量型货币政策框架体系下，广义货币供应量 M2 成为其必然选择，但在价格型货币政策框架体下，完善的利率市场机制使得中介目标的存在不再成为必须，并且由于信贷渠道已经不是多元化金融市场体系下的主要传导渠道，货币供应量已经不能准确衡量宏观经济的整体情况，已经不能满足作为中介目标的三个前提条件（可预测性、可控性和关联性）了；即使选择价格型货币政策框架的中介目标也是基于现实经济环境的复杂性而对操作目标和最终目标之间传导过程的补充，关键问题在于如何用我国的社会融资总规模指标来弥补目前货币政策框架转型期内数量型货币政策框架的不足。实践操作中，基于可预测性、可控性和关联性三个前提条件以及现实经济条件的复杂性，应当对作为中介目标的广义货币供应量 M2 进行外延扩充，可以借鉴货币政策从数量型向价格型的转型过程中韩国和德国的经验做法，韩国央行和德国央行分别将 M2 的数量型中介目标扩展到 MCT（M2 + CDs + 货币信托）和 M3，进行货币总量的计算，以此来反映转型期非银行金融机构活动对货币政策最终目标的影响。

4. 货币政策工具的转型

对商业银行的直接信贷规模的控制在 1998 年正式结束，但直到现在人民银行依然保持了窗口指导的直接调控方式对商业银行的贷款规模、行业投向以及贷款节奏进行指导，因此，当前我国的数量型货币政策不是彻底的间接调控型货币政策框架。我国央行的常规性货币政策工具包括公开市场操作、存款准备金、存贷款基准利率、窗口指导、央行再贷款/再贴现等；转型期特殊政策工具包括短期流动性调节工具（SLO）、中期流动性调节工具（MLO）、常备借贷便利（SLF）和抵押补充贷款（PSL）等。常规性货币政策工具主要着眼于对总量的控制，特殊性货币政策工具主要适用于当前的结构性调控经济政策，解决当前的流动性缺口。从期限上进行分类分别有：短期性工具——公开市场回购和逆回购操作工具、公开市场短期流动性调节工具；中期性工具——央行票据发行、再贷款利率和再贴现、常备借贷便利；长期性工具——抵押补充贷款。这些工具都属于数量型货币政策框架体系下对基础货币投放进行影响的工具。在转型期，这些工具之间本身具有一定的矛盾性，例如，抵押补充贷款（PSL）的目的在于培育一个中远期基准利率，与一直培育的短期基准利率（例如 Shibor）在关系处理上没有清晰的界定，很少有转型成功的国家在金融货币市场上是短期基准利率和中长期基准利率并存。

当前的转型期内，对货币政策工具的选择应当基于上述操作目标进行利率走廊的建立和有效实施来进行，并考虑到社会融资总规模中的外延部分确定一部分特殊而有效的操作工具。可以预见的是现存直接调控的窗口指导操作工具将会逐渐退出，而上述的特殊性操作工具在完成其调结构的使命之后也会逐步淡出，央行也会将其庞大的操作工具进行简约化处理,围绕着短期基础利率的操作目标进行公开市场操作,并补充存款准备金率的操作工具实现对货币市场、金融债券市场和实体经济的传导,实现物价稳定为核心的最终目标。

5. 货币政策传导途径转型

发达国家的货币政策传导渠道具有多重性,这主要源于这些国家完善的市场结构和成熟的市场机制,货币政策能够更好地通过利率、资产价格、预期、汇率的传导渠道影响到实体经济的需求与价格,相对而言,信贷渠道在这些国家对货币政策的传导只能扮演次要地位,但对于我国而言,这些完善的市场结构和成熟的市场机制尚不具备,银行信贷依然居于主导地位。从数据现象上来分析,虽然人民币贷款从2002年以来呈下降趋势,但依然保持在50%以上,且2014年以来呈现反复上升的迹象,该比例从2013年的51.35%上升到2014年的59.36%和2015年的73.15%。(具体数据可参考表6-1),这也同时反映了直接融资市场的不够发达。未来我国建立适合国情的价格型货币政策框架的传导渠道,方向上要在利率市场化改革的基础上,培育利率传导、资产价格传导、预期传导以及汇率传导渠道,这四种渠道的培育,对应着当前我国的债券市场改革与发展、房地产市场和股票市场深化改革、国有企业改革及地方政府的预算软约束问题的解决、汇率市场化改革等几个方面的改革与调整,都是复杂而艰巨的任务,而且每项改革之间也会相互影响甚至相互矛盾,需要政府统筹兼顾并且各个部门和层级统一协调地推进这些改革。同时,这四种未来建设和改善的传导渠道与传统的信贷渠道的关系也要处理好。

二、货币政策转型的国际比较及制度变迁

考察主要发达国家的货币政策转型的经验以及我国的货币政策框架的发展逻辑,其发展规律可以基本总结为:随着各国以利率市场化为核心的市场经济结构不断完善,其货币政策转型发展可以划分为信贷规模控制、盯住货币总量和基准利率调控等市场化机制由浅入深三个不同阶段,而这三个不同的发展阶段各国所依托的内部宏观经济环境和外部国际经济发展趋势基本一致,这也使得中国的货币政策框架需要加快转型以适应不断融入国际社会的宏观经济环境。

(一)发达国家货币政策转型实践

发达国家的货币政策从数量型向价格型转型,依据利率市场化的改革进程可以大致分为利率市场化改革前、改革中和改革后三个阶段。可以说利率市场化改革的成果是一个国家的货币政策是否可以转型成功的必要因素,货币政策的转型接续于利率市场化的完成。

1. 利率市场改革前的货币政策

以时间来划分,美国和欧洲国家等西方发达国家的利率管制(利率市场化改革前)大约结束于 20 世纪 70 年代,美国、英国、德国等国家的货币政策的共同特点就是由于银行的间接融资渠道是社会融资的主要渠道,通过固定利率的利率管制能有效控制社会融资总规模,同时可以防止银行恶性竞争、降低金融体系的不稳定性,更重要的是,按照凯恩斯主义的理论框架,低利率是货币政策的核心,有利于经济主体获得低成本资金,从而刺激总需求扩张,这些国家的经济发展在凯恩斯需求管理型的宏观调控框架下实现了高速增长。韩国与日本的利率管制结束时间较晚,持续到 20 世纪 80 年代,利率管制的货币政策是这两个国家经济赶超计划的重要组成部分,其政府主导成为日韩两国经济发展的主要推动力。

2. 利率市场化改革进程中的货币政策

利率市场化改革的进程中,美国等西方发达国家随着利率市场化改革的深入,其货币政策以稳定物价为最终政策目标,一般以公开市场操作为主要工具,对货币供应量进行监控,以美国为例,其监控的目标前期(20 世纪 80 年代)以 M1 为准,后期(20 世纪 90 年代)以 M2 为准,是与经济转型期的宏观调控需求相契合的:一方面,对信贷规模加以限制,是防止过剩产能进一步积累和解决滞胀问题的重要途径;另一方面,在银行信贷仍为社会的主要融资渠道时,通过调节银行准备金可以有效监控货币供应量,同样德国 20 世纪 80 年代的融资结构中非金融企业的银行贷款比例一直稳定保持在 55% 左右,能够对货币供应量进行有效监控。日韩两国的利率市场进程比较曲折,源于政府主导的力量过于强大,使得利率市场化的改革进程相比其他国家较为激进,同时,韩国为应对 1997 年的亚洲金融危机,韩国央行在其货币政策框架的转型期的 90 年代初扩大了货币供应的观察范围,将 MCT(M2 + CDs + 货币信托)引入进行货币总量的计算,以此来反映体现非银行金融机构活动对货币政策最终目标的影响。

3. 利率市场化改革后的货币政策

利率市场化改革成功之后,美国等西方发达国家开始确立了价格型货币政策的框架结构,源于三个方面,第一,金融机构对货币市场的利率敏感性在增强,基准利率的金融资本市场的价格核心地位被塑造;第二,金融市场结构重大变化,直接融资市场取代间接融资市场的主体地位导致货币供应与信贷规模脱钩,使得宏观经济对利率的敏感性增强;第三,利率传导渠道顺畅,建立了货币市场→债券市场→信贷市场的传导渠道,在基准利率、债券利率和信贷利率之间形成了有效的价格机制。但各国的具体做法有一定的区别,1993 年的泰勒法则[①],为美国的货币政策框

---

① 依据泰勒法则 $R = R' + a(P - P') - b(U - U')$ 所核算出的名义利率 R 与联邦基金利率的目标值非常接近,为该法则在美国对货币政策的指导提供了强有力的证据。

架的转型提供了理论与实践上的依据,美联储前主席格林斯潘放弃了以货币供应量为中介目标的货币政策框架,改为一直沿用至今的以联邦基金利率为操作目标并对市场利率进行影响的价格型货币政策体系,其最终目标确定为物价稳定和充分就业。欧盟央行的操作目标采取隔夜拆借率有上下限的利率走廊机制[①],最终目标采取HICP的通胀目标,货币政策实施过程中其"双支柱"策略是主要特征,在"双支柱"策略目标值的设置上,第一支柱为类似于德国的M3货币供应量增长率,其参考值明确为4.5%,第二支柱是对未来价格风险的广泛评估,大约包括对工资、汇率、债券价格和财政政策等,具体主要通过观测银行信贷和资产价格,如果二者同时增加被认为泡沫经济的出现。韩国也将M3(沿用了MCT引入进行货币总量的计算方法)作为了其中重要的监控指标,与利率市场化改革的进程中的MCT作为最终目标不同,M3是作为监控指标和目标出现的。

(二) 我国货币政策的历史变迁

基于货币政策环境的变化,我国的货币政策可以系统总结为三次货币政策转型:改革开放经济发展的第一次转型——从计划经济时代财政政策附庸变为向直接调控的货币政策转型;市场化改革的第二次转型——从直接调控的货币政策向间接调控的货币政策转型;经济结构转型进程中的第三次转型——从数量型货币政策向价格型货币政策转型。

1. 改革开放经济发展的第一次转型

总体上而言,我国的货币政策框架的制度变迁应该从改革开放之后开始,也就是说,从1979年到1992年是我国的货币政策从计划经济时代财政政策附庸变为向直接调控的货币政策。计划经济时代财政政策附庸从1979年~1984年,这一阶段,计划经济时期国家财政是国民收入与分配的主体,财政政策在经济调控中居于主导地位,银行仅仅作为财政政策的附庸而存在,相对独立的中央银行不存在,中国人民银行居于从属地位。从改革开放开始的1979年到1983年期间,中国人民银行的贷款计划只是当时的计划委员会投资计划的一个组成部分,因此,这一期间的货币政策我们可以称之为"准货币政策"阶段。

直接调控的货币政策阶段从1984年~1992年,我国的货币政策严格上讲应该从1984年中国人民银行正式履行中央银行的职责的开始,这一阶段是中国人民银行独立执行货币政策的探索阶段,这一阶段的显性特征是信贷规模的扩张,操作目标是直接控制贷款规模或贷款最高控制限额,因为中国人民银行直接控制了贷款规模,不需要中介目标的存在,最终目标是币值稳定和经济发展,但在实际执行过程中以

---

① 隔夜拆借率的上限为:欧洲央行管理委员会每月所确定的再融资利率水平;下限为:吸收商业银行剩余资金的存款便利。

经济发展为主，整体上是信贷规模高速扩张所带来的物价指数高企的时期，M0、M1、M2 增速远远大于 GDP 增速，在政策实施方面出现了紧缩与扩张的反复，缺少必要的前瞻性措施和手段，并且出现了几次大的经济波动，直接调控的货币政策的实施效果不够稳定。

2. 市场化改革的第二次转型

这一时期我国货币政策框架的典型特征是从对贷款的直接限额调控逐步向以货币供应量为中介目标的间接调控方式转变，并在 1998 年基本确立了公开市场操作作为主要工具的间接调控货币政策框架，到 2008 年一直维持着外汇占款为主的货币投放政策格局。

在吸取了 1984~1992 年货币政策的经验教训结合 1992 年出现的经济发展过热、通胀率过高的情况，我国的货币政策开始进行一系列的改革以促进货币政策有效性的提高，当时货币政策的显性特征是"适度从紧"的反通胀措施。1995 年颁布实施的《中国人民银行法》和《国务院关于金融体制改革的决定》进一步明确了中国人民银行的中央银行执行货币政策的职能。公开市场操作作为货币政策工具之一被提出，标志着货币政策的间接调控方式开始得到重视，同时，也取消了同业拆借利率的最高限额，并拉开了利率市场化的序幕，操作目标也从控制信贷规模开始向控制基础货币的目标过度，具体的操作工具转向了以再贴现、存贷款基准利率等间接性操作工具为主，东南亚金融危机爆发之前的 1996 年出现了"高增长、低通胀"的良好宏观经济环境。

东南亚金融危机之后，面对东南亚金融危机我国坚持货币不贬值的政策使得出口迅速减少，并带来了总需求不足、物价负增长和通货紧缩的局面，为了解决这种负面影响，在 1999 年开始实行反通缩的稳健货币政策。1998 年人民银行确定存贷比作为其监管手段之一，取代了商业银行的信贷限额，开始编制基础货币规划，根据货币供应量的中介目标和外部经济环境来确定基础货币数量，并在该年 5 月份开始正式实施了公开市场操作，标志着间接调控为主的数量型货币政策框架开始确定，基本建立了人民银行→货币市场→金融市场→实体经济的数量型货币政策额度间接调控机制。操作目标和中介目标依然保持着基础货币和货币供应量的目标，最终目标的选择多元化，包括物价稳定、经济增长、充分就业和国际收支平衡，并且在不同年份的侧重点依据当时的宏观经济形势而有所不同。基础货币的投放占比重，形成了外汇占款格局下间接调控为主的货币政策，大量的外贸结余和人民币升值预期之下大量国际资本开始进入我国，由于中国的强制结售汇制度，使得基础货币增长迅速，人民银行需要对冲外部注入的流动性，提高了商业银行的存款准备金率，提高了商业银行的资金成本，为了解决这一问题人民银行提高了存贷款基准利差，造成了流向实体经济层面的资金成本过高，一定程度上造成了金融市场与实际经济的脱节，实际上形成了数量型货币政策的失效的结果。

3. 经济结构转型进程中的第三次转型

2008 年的金融危机之后，我国开始迈入了从数量型到价格型货币政策转型，这一时期我国货币政策框架的典型特征伴随着金融危机之后国内外经济环境的巨大变化和中国的利率市场化改革的逐步深入，我国的货币政策框架的中间目标从货币供应量的调控方式向基准利率的调控方式转变，并以2012年我国政府的一系列金融体制改革政策的加快部署与实施为分界岭划分为两个阶段。

2012年之前的货币政策中，2009年中央政府出台了4万亿的财政刺激政策，货币政策作为辅助手段进行了全面宽松的操作，一般而言，这种货币政策之下的信贷资金的主要流向渠道集中在房地产和地方投融资平台上，信贷扩张中的大约50%份额流向了这两个渠道造成了房地产泡沫，这种局面下，加强了家庭和政府的持币意愿，降低了货币流通的速度，降低了货币政策框架的实施效果。

2012以后，我国社会经济步入了"三期叠加"的局面，增速放缓、经济结构调整、前期刺激政策消化成为货币政策所面临的主要宏观经济形势，原有的数量型货币政策框架有效性不足，基于此人民银行加快了利率市场化改革的步伐，2015年10月23日人民银行放开了我国存款利率上限，标志我国利率管制时代的结束，我国的货币政策框架正式进入了从数量型向价格型转型的时期，同时外汇占款下滑、直接融资市场比例的扩大、信贷资产证券化开展、汇率市场改革加快等方面的因素也促进了向价格型货币政策框架转型的步伐。转型期内短期流动性调节工具（SLO）、常备借贷便利（SLF）、中期借贷便利（MLF）和抵押补充贷款（PSL）等特殊的货币政策工具开始出现，在货币政策最终目标的选择上加入了金融稳定的结构性调控目标使得调控的难度加大、复杂程度提高，货币政策的最终目标的重要性顺序为：在保证金融稳定、结构不失衡的前提下保证经济的平稳增长为首要目标，物价稳定、就业平衡、国际收支平衡的目标成为次级目标。

（三）货币政策转型逻辑关系

我国的货币政策框架的转型应该从两个逻辑关系上进行分析。第一种逻辑关系：从直接调控的行政干预式向间接调控的市场调节式转型，这方面应该站在政府与市场关系的处理的高度来进行，解决政府与市场应该在什么样的原则下进行资源的配置，政府直接干预的货币政策传导渠道的选择上信贷渠道更为直接有效，而市场调节下的传导渠道利率传导、资产价格传导、汇率传导和预期传导更为有效。第二种逻辑关系：从数量型向价格型转型，转型的核心是传统的利率管制下的数量调控向完善的利率市场机制下的价格调节转变。在这个过程中，一是要回答如何处理数量型向价格型过渡阶段过程中的特殊货币政策工具的取舍与评价；二是多元化的目标体系向单一化目标体系如何转型。数量型货币政策框架的多元化无论是在操作工具上、操作目标（除了基础货币外还兼有管制利率）还是最终目标上相对价格型货币政策都具有多样性，而且是以货币供应量作为中介目标而实施的；完善的市场机制条件下，单一型的目标体系说明在操作工具、操作目标和最终目标的选择上都有一项必不可少的选项，具体而言，一国货币当局主要运用公开市场操作工具对基准利率（唯一性，可选货币市场的拆借利率或债券回购利率）施加影响实现主要以物价稳定为主的目标，其他少量的目标（如充分就业的最终目标）和其他少量的操作工具（如存款准备金）作为其补充。基于上述两种逻辑关系的理解，可以看出，间接调控的价格型货币政策框架是基于这两种逻辑发展的最优模式和最成熟的阶段。

三、我国货币政策转型的现实条件和阶段特征

货币政策环境的变化使得我国的数量型货币政策难以发挥其效用，同时我国央行自1995年开始提出利率市场改革的基本思路，到2015年10月存贷款利率完全放开，尤其十八大以来随着市场化改革的逐步深入，为价格型货币政策框架的利率传导机制打造了一定的条件。同时，在货币政策从数量型项价格型的转型的过渡期内，转型虽然具备了一定的现实条件，但由于货币政策环境和这些条件本身还需要进一步完善，呈现了数量型和价格型货币政策的"双失效"的显性特征。

（一）货币政策转型的现实条件分析

央行在《2014年第一季度货币政策执行报告》指出价格型货币政策框架下的利率传导机制需要三个必要性条件：第一，金融市场机制的完善；第二，微观主体对市场利率的高敏感性；第三，汇率机制具有充分的弹性。我国当前在这三个方面分别存在着不足，但同时得到了一定程度的改善。

1. 金融市场

我国的金融市场虽然一直存在着准入资格的市场垄断、法制建设相对落后等不足，但在直接融资和间接融资的构成上得到了一定的改善。就数据表现来看，在金融市场的不足方面，近年来社会融资规模的增量的减少（增速的降低），如图6-2所示，在2008年金融危机之前和金融危机之后表现的截然不同，2009年社会融资规模的增速为99.28%，但在之后的几年增长乏力，2002到2009年的社会融资总规模从2.01万亿元增长到13.91万亿元，增长了5.9倍，平均增速为73.96%；2016年的社会融资规模达到17.8万亿元，2009年到2016年仅仅增长了0.30倍，平均增速仅为4%，两个区间的差异明显。

在金融市场的改善方面，主要表现在直接融资比例最近几年的上升，间接融资比例下降和直接融资比例上升是比较明显的趋势（如图6-3所示），在2002年以银行贷款为代表的间接融资比例达到最高的92%，2013年这一比例下降至最低的51%；直接融资比例所占社会总融资额度的比例从最低的2003年3.1%上升到最高的2015年24%，未来直接融资比例的上升趋势应该会继续得到加强。但需要注意

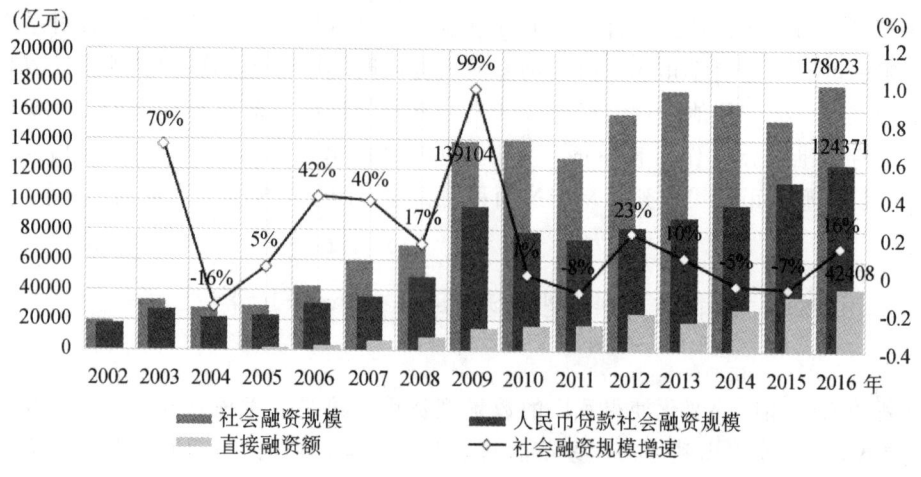

图 6-2 中国社会融资总额及结构示意图

数据来源：中国人民银行网站。

的是 2013 年之后间接融资比例上升趋势明显，2015 年达到了较高的 73%，直接融资比例从 2012 年的 15.9% 下降到 2013 年的 11.74%，说明了这种趋势会在局部或一定时期内由于外部环境的影响而有所反复。

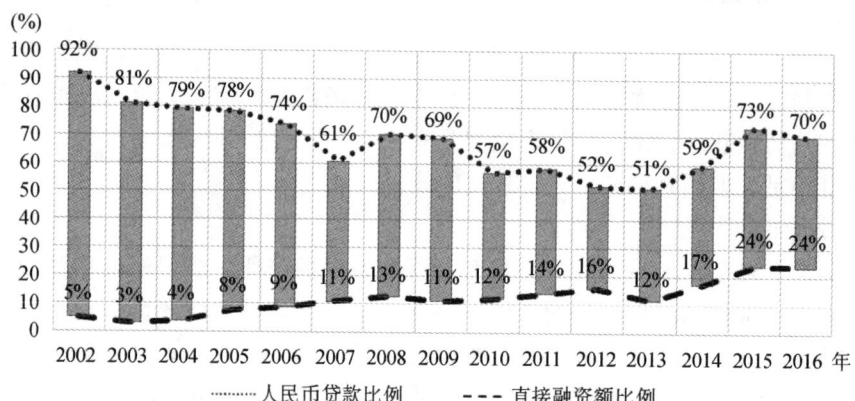

图 6-3 直接融资与间接融资比例比较示意图

数据来源：中国人民银行网站。

注：间接融资比例通过人民币贷款占社会融资总额的比例来表示；接融资为企业债券融资额与非金融企业股票融资额之和。

同时，就制度层面而言，我国的金融市场的不足主要体现在准入资格的市场垄断、法制建设相对落后等方面，但我国十八大以来金融体系改革深化也有助于我国金融市场的完善，表现在（1）利率市场化进程加快；（2）信贷资产证券化也在国务院的部署下开始；（3）随着我国加入 SDR，国债收益率曲线的逐步完善。

2. 微观主体对市场利率的敏感性

货币政策的央行政策利率需要传导至金融市场，同样也需要从金融市场传导至实体经济，微观主体的对利率市场的高敏感性就成为必须条件。

微观主体对市场利率的不敏感性是我国金融与实体经济脱节的主要原因之一，不敏感性主要来源有：第一，我国经济增长速度与利率的差距过大，如图6-4所示，在2002年到2010年之间，这种差距保持在3.7%以上，这种较大的差距说明资金成本远远小于预期收益，造成了投资率过高和消费率过低的总需求结构失衡的结果，成为了我国经济结构失衡的主要原因；第二，地方投融资平台和国有企业的预算软约束问题，这一问题由来已久，而且在第一个因素的作用下越发明显，在我国经济结构和产权结构体系之下，投资的主体主要由国有企业和地方政府的投融资平台构成。需要指出的是，图6-4的两项比较数据贷款利率和GDP经济增长率实际的差额要比图示中所列的差距要大，因为贷款利率是没有扣除物价因素的数值，GDP增长率是扣除物价因素之后的数值，以2007年为例，名义GDP增长率为23.14%[①]（国家统计局的GDP增长率为14.20），名义GDP增长率与贷款利率的差值为15.67%，远远大于图6-4所列的6.73%的水平。一些学者更为严谨地测算了实际贷款利率与GDP的差距，陈彦斌等（2014）指出2000~2012年的实际贷款利率平均只有3.56%，在2008~2011年甚至为负，并指出相对于一般的国际经验而言，10%的经济增长率应该对应7%的实际贷款利率，但中国的实际贷款利率只有3.5%左右，二者的差距达到了6.5%。

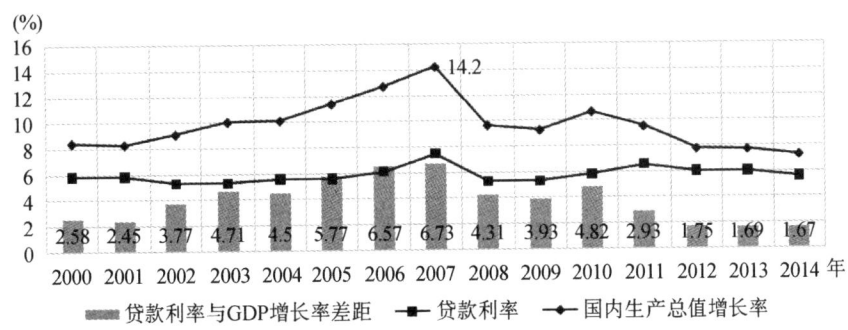

图6-4 我国贷款利率与经济增长率比较

数据来源：世界银行网站、国家统计局。

注：贷款利率来源于世界银行，GDP增长率来源于国家统计局。

但同时，从图6-4可以看出，从2011开始，贷款利率与经济增长率的差距在逐步下降，在2011年贷款利率和GDP增长率反向变动，也就是贷款利率增长、而

[①] 根据国家统计局数据计算得出：（$GDP^{2007} - GDP^{2006}$）%/GDP^{2006} =（268019.35亿元 - 217656.59亿元）%/217656.59亿元 = 23.14%

GDP 增长率下降，这说明了微观主体对市场利率的不敏感性的第一个来源因素的作用在逐步减弱。亦有研究成果表明（郭豫媚、陈彦斌，2015），利率市场化后的贷款利率会增至 4.5%，而 2016~2020 年我国的潜在经济增长率为 5.4%，其差距会迅速缩小到 1% 左右的水平。随着贷款利率与经济增长率的差距的降低，地方投融资平台和国有企业的预算软约束问题会得到逐步改善，同时，地方政府债务高企的问题越发突出，也会降低其向地方国有企业的输血及兜底能力，也会一定程度上缓解国有企业的预算软约束问题，《中华人民共和国预算法》的修订和国有企业的混合所有制改革也有助于使预算软约束问题从根本上得到解决。因此，就长期趋势而言，微观主体对市场利率的高敏感性的条件正在逐步完善，会成为价格型货币政策框架的利率传导机制的有利条件。

3. 人民币汇率弹性机制

蒙代尔"三元悖论"（The Trilemma，即：固定汇率制、资本的自由流动和货币政策的独立性三个方面只能同时兼顾两个方面）理论下，为了使价格型货币政策框架能有效实施，保证资本的自由流动和执行独立的货币政策，要逐步放开固定汇率制。未来人民币汇率弹性进一步提高是长期性趋势，人民币国际化的发展（2015 年 11 月 30 日中国加入 SDR 即为阶段性成果）、"一带一路"走出去国家战略背景下中国资本账户的开放成为必然选择。汇率制度在资本账户开放的情况下，必然会成为影响利率传导渠道的一项主要因素，因为国内利率必然会受到国际利率的影响，这种情况下如果没有充分弹性的汇率机制，采取固定汇率制度，利率市场与汇率市场的联动和相互影响机制就不存在，势必会影响到货币政策框架的利率传导渠道。

我国的人民币汇率改革从 1994 年开始提出，为了实现市场供求在人民币汇率中的决定性作用的目标，央行自 2005 年实行了有管理的浮动汇率制度，到 2014 年 3 月历经的浮动比例为 0.3%、0.5%、1.0% 和 2.0%，如表 6-2 所示，使得人民币汇率弹性显著增强，为价格型货币政策框架的实施和拓展形成了一定空间。尤其是 2015 年 8 月 11 日央行实施"完善人民币兑美元汇率中间价报价"的新政，其汇率中间价由央行的"指导价格"发展为基本由市场供求所决定，有利于减少行政干预并提高人民币汇率弹性，预计未来会进一步提高人民币汇率的浮动比例，并且会继续完善人民币汇率中间价的形成机制，使其能朝着进一步市场化的方向发展，或者更远的将来取消中间价也成为其中选项。

（二）数量型货币政策依然存在，但有效性丧失

转型过程中，我国数量型货币政策依然发挥作用但其有效性在丧失，可以通过两类数据的比较得出，一是货币供应量 M2 和 GDP 相关数据的比较，二是货币供应量与 CPI 相关数据的比较。

表 6-2　　　　　　　我国浮动汇率制度下的浮动比例概况

时间	2005.7	2007.5	2012.4	2014.3	2015.8.11
浮动比例	±0.3%	±0.5%	±1.0%	±2.0%	±2.0
特征	● 报价方式（汇率中间价）：由央行制定"指导价格" ● 当天汇率市场被允许在该"指导价格"上下浮动比例范围内交易				● 报价方式（汇率中间价）：基本由市场供求决定：由做市商在每日银行间外汇市场开盘前，参考前一日银行间外汇市场收盘汇率，综合考虑外汇供求情况以及国际主要货币汇率变化，向中国外汇交易中心提供中间价报价 ● 当天汇率市场由市场决定的中间价格±2%浮动
结果	● 在2005年7月至2015年8月11日期间，人民币汇率基本呈升值状态，有效汇率升值将近40%				● 2015年8月11日，受外汇市场供求关系的影响，人民币汇率连续三天下跌，单日跌幅达到了1.9%

数据来源：中国人民银行网站。

从我国货币供应量 M2 与 GDP 的比值或 M2 增速与 GDP 增速的比较，前者如图 6-5 所示，后者如图 6-6 所示。图 6-5 表现了其不稳定的状态，从我国货币供应量 M2 与 GDP 的比值看出，M2 为代表的货币供应量指标的变化已不能很好地反映 GDP 的变动，其比值不断上升，如图 6-5 所示，在 1999 年该比值为 134%，2008 年该比值为 151%，金融危机之后，2009 年迅速上升到 179%，2014 年、2015 年和 2016 年分别达到了 193%、206% 和 208%，同样从两者的历年增加值之比来看更大，2006 年达到了 267%。另外，M2 增速与 GDP 增速的比较也符合这一结论，如图 6-6 所示，有两个现象值得注意，一是 M2 增速与 GDP 增速的背离，可以看出我国历史上（自 1990 年以来）曾经有过两次 M2 增速与 GDP 增速的背离，一次发生在 20 世纪 1990 年到 1992 年，另一次发生在金融危机之后的 2008 年到 2010 年；二是 M2 的增长速度一直远远高于 GDP（实际）的增长率，这说明了我国货币供应一直以来脱离实体经济的发展，背离了商品交换的实际所需的货币需求，说明了数量型货币政策框架有效性的降低，这同时也透支了人民币潜在的升值空间，使得人民币自 2005 年"汇改"时开始的人民币升值的周期到 2015 年 8 月 11 日宣告结束。图 6-5 和图 6-6 都表现了当前我国的数量型货币政策失效现象。

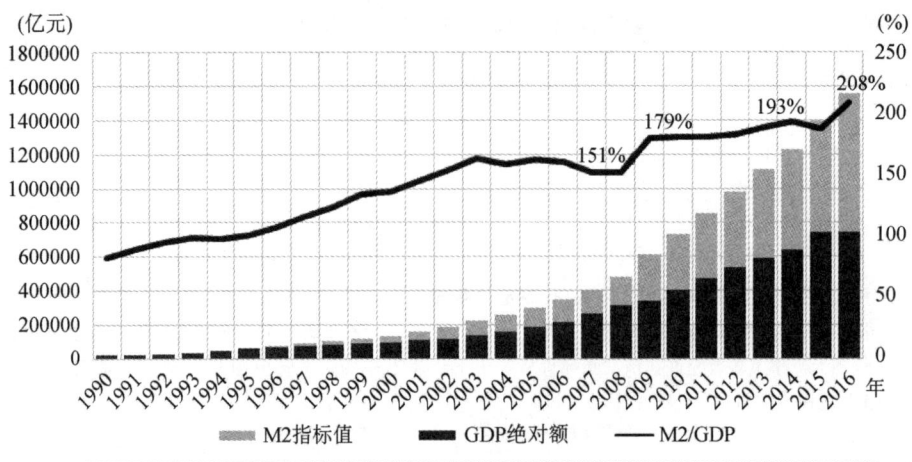

图 6-5　中国 M2 与 GDP 之比走势图

数据来源：GDP 数据来源于国家统计局，M2 数据来源于中国人民银行网站。

注：此处的 GDP 增速为剔除物价因素后的增速。

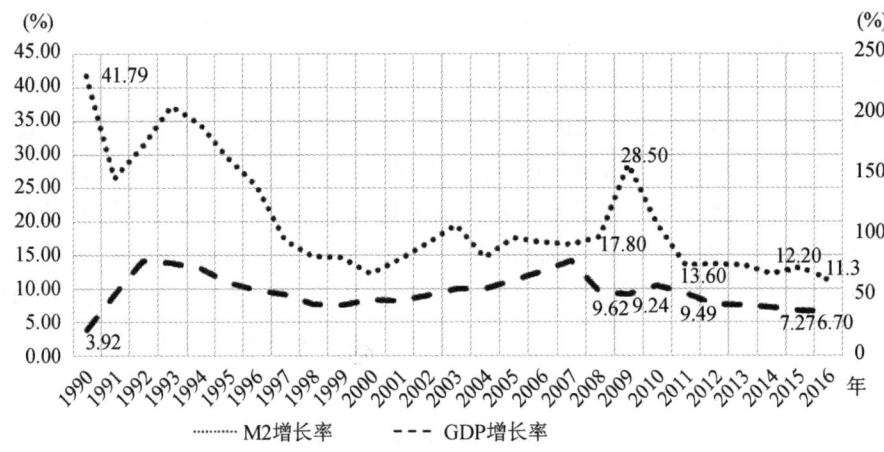

图 6-6　中国 M2 增速与 GDP 增速对比图

数据来源：GDP 数据来源于国家统计局，M2 数据来源于中国人民银行网站。

注：此处的 GDP 绝对额为名义 GDP。

从我国的 M2 增长速度与 CPI 增长速度来考察，按照数量型货币政策理论，货币供应增长率的变化能够对应通货膨胀率的变化，但从实际情况来看，这种相关性自 2003 年之后基本呈现了背离的趋势，如图 6-7 所示，突出表现在两个阶段，（1）第一个阶段是 2003~2007 年，尤其是 2003 年到 2004 年 M2 的增长率从 19.6% 下降到 14.7%，而 CPI 却从 1.2 上升到 3.9%，M2 增长与 CPI 的相关性可以达到 0.67%（张杰和翟福昕，2014）；（2）第二个阶段是 2008 年到 2016 年，2008 年到 2009 年 M2 的增长速度从 17.8% 增长到 2009 年的 28.5%，而 CPI 的下降趋势非常明显,从 5.9% 降至 -0.7%,2009 年 M2 增速开始迅速下降,CPI 却保持上升趋势,有学者指出,该时期 M2 增长与 CPI 的相关性从上个时期的 0.67% 下降到 0.19% (2009 年至 2014 年),从 2014 年到 2016 年的趋势来看,CPI 为 2%、1.4% 和 2%,表现为降、升;M2 增速为 12.2%、13.3% 和 11.3%,表现为升、降。表明了货币供应量作为中介指标的数量型货币政策与物价指数作为最终目标的相关性的偏离度越来越高。

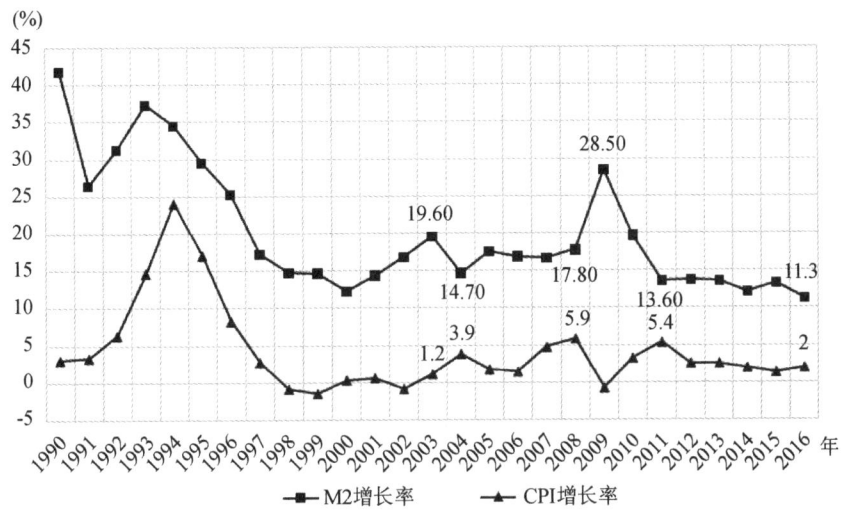

图 6-7 中国 M2 增速与 CPI 增速对比

数据来源:GDP 数据来源于国家统计局,M2 数据来源于中国人民银行网站。

(三) 价格型货币政策逐步建立,有效性尚未或难以建立

当前我国价格型货币政策框架的有效性尚未建立主要表现为以下四个层面。

第一,我国央行对于价格型货币政策框架的规划不甚明晰,我国央行对于价格型货币政策框架的规划不甚明晰是造成当前价格型货币政策框架的有效性难以建立的原因,我国正处于全面改革深化的攻坚阶段,处于经济结构转型的关键时期,货币政策中间目标(操作目标和中介目标)的转换速度过慢会直接影响到货币政策的操作性和有效性,从上述的货币政策框架转型的现实条件来看,我国已经具备了转型的相应外部环境,可以适当加快中间目标的转换速度。我国的《金融业发展与改革"十二五"规划》提出了"推进货币政策从以数量型调控为主向以价格型调控为主转型"的目标,但目前来看除了在利率市场化加速推进之外(表现在存贷款利率放开),在其他方面的表现还有有待完善,例如,2014 年一季度央行继续强调了重申了"货币政策调控框架将由'量'向'价'转变",但如何转变缺少实施路径和计划安排,"十二五"规划的目标难以进一步开展,相应的我国《金融业发展与改

革"十三五"规划》如何就其进行部署与实施有待观察。

第二，一般而言基准利率应当具备市场性、基础性和可控性的特征，市场性主要指资金的定价（利率）由资金的供应与需求而决定，需要真实而有效的反映市场的供求关系；基础性主要指在一定期限内基准利率可以作为无风险利率信号，为金融市场上的其他金融产品的定价起到参照或指导作用，并通过金融市场作为传导渠道对实体经济产生影响；可控性主要指央行可以通过公开化的市场操作工具实现对基准利率形成影响。同时，基准利率属于货币政策框架体系内的操作目标的范畴，操作目标被选择应当具备可预测性、可控性和相关性的前提条件，这些前提条件应该相对中介目标而言。基于市场性、基础性和可控性特征，当前国际上所选择的基准利率主要分为两种：普遍采用的一种是国债回购利率，主要被英国和欧盟内的德国、法国和西班牙等国采取；另一种是银行间同业市场利率，较为熟知的有国际金融市场的 LIBOR 和美国的美联储联邦基金利率。各国采取哪种基准利率应当根据本国货币市场、金融市场和实体经济的具体情况而选取，英国因为其金融市场上短期国债的市场容量最大最能反应资金市场的供求关系，而美国的联邦基金市场是对商业银行流动性最大的资金市场。但当前我国的货币政策框架离价格型的差距还较大，表现在以下几方面：

（1）市场基准利率还不能完全确定，汇总当前我国学者的研究成果，大部分认为应当采用银行间同业市场利率作为我国市场的基准利率（戴国强和梁福涛，2006；中国工商银行城市金融研究课题，2008；王志栋，2012；柳欣等，2013；曹凤岐，2014），认为7天期银行间回购利率、上海银行间同业拆借的利率 Shibor 比较合适，这也与我国当前国债市场不发达、期限结构不合理有关系有关系。

（2）我国央行当前的货币政策执行上依然采取直接设定存贷款基准利率的手段，还没有采取公开的市场操作或者调控再贴现率的间接手段；

（3）现有的货币政策采取了转型期特殊的定向投放的操作工具，但依然属于数量型货币政策范畴，虽然在局部或短期内产生一定的效果，但不具备整体性和长期性效应，这也是我国货币政策框架转型过程中的特殊货币政策工具本身的过渡性特征所决定的，同时这也是由于我国利率传导机制不健全和传导途径不通畅而采取的为了解决当前经济结构转型问题的应急措施。在这一点上，我国央行也有一定的认识，《2014年第二季度中国货币政策执行报告》曾经认为定向降准的结构性措施只是辅助性的，若长期实施会存在一些问题。例如，央行2015年推出的抵押补充贷款 PSL 的目的在于培育一个中远期基准利率，表明了央行尽快实现价格型货币政策框架的效应的态度，但这样的创新型操作工具不符合基准利率市场化的要求，同时，与一直培育的短期基准利率（例如 Shibor）的关系处理上没有清晰的界定，因为世界上很少有国家的金融市场上短期基准利率和中长期基准利率并存。

第三，存贷款利率上下限的完全放开并不代表利率市场化的实现，金融市场的竞争充分也是利率市场化实现的条件之一。充分竞争的市场能够有效的配置资源。充分竞争的金融市场所决定的价格才是真正的市场化的利率，但当前中国以银行业为主的金融市场存在竞争不充分的地方，主要体现在外部约束力较强和内部激励不足，外在约束主要表明的是市场公平竞争和市场纪律，需要解决金融垄断、市场准入不合理、隐性担保和刚性兑付的问题；内在激励一般而言指的是产权结构和公司治理结构，我国金融机构需要解决其产权关系和产权约束、进而优化金融机构的公司治理架构的问题，这些问题突出表现在国有银行的独立性不足、银政不分的问题所导致国有银行间的竞争不充分。

第四，预期管理的缺失或者央行货币政策的不透明。预期管理机制是货币政策在公共沟通方面的具体体现，美国在前任美联储主席伯南克和现任耶伦均强调了公共沟通在货币政策实施方面的积极性，在 2012 年 1 月美联储引入了阈值指引（Threshold Guidance）代替了以前的时间指引（Calendar Guidance）。阈值指引能够使大众对联邦基金利率形成预期，能熨平不确定性扰动，起到自动稳定器的作用与功能。对我国而言，尤其在货币政策框架转型过程中可以部分地解决由于中间目标的缺失而造成有效性降低的问题，因为良好的预期可以不过多地依赖中间目标而使微观主体了解政策意图进而引导其行为，可以弥补价格型货币政策框架有效性尚未建立的缺陷，而且可以为价格型货币政策有效性逐步建立赢得空间和时间。但当前我国在预期管理的缺失使得这种可能性几乎不存在，一些转型时期的特殊货币政策被各种各样的专家学者和机构解读为不同、甚至相互矛盾的市场预期和市场信号，其主要原因在于两个方面，其一，与公众沟通的不足或者央行货币政策的不透明，相对于降准和降息的常规性操作工具，当前所采取的定向宽松更加复杂，更加需要央行的信息公开并且要提前向市场传递相关信号，但实际情况却有待改善，例如，SLF 等定向宽松工具在央行 2014 年第三季度货币执行报告公布之前该年 5 月份就在其他媒体上出现，信号的传递作用严重滞后，还有，就是当前央行实施"稳健的货币政策"，期限长（连续 4 年）且含义模糊（"既包括防止通货紧缩，也包括防止通货膨胀"）；其二，货币政策的最终目标过多，如前文所述，货币政策事实上执行了"经济增长、充分就业、价格稳定、国际收支平衡"以及金融危机之后的"金融稳定"的目标，最终目标的过多无疑增加市场预期的难度和预期的稳定性。

四、我国货币政策转型路径建议

由于数量型和价格型货币政策的"双失效"的显性特征及所带来的问题，在货币政策转型期内需要进一步明确其改革路径，从我国货币政策框架的内部要素与运行机制和我国货币政策框架的外部环境两个层面开展，具体分为以下三个部分。

（一）修补优化当前的数量型货币政策

当前数量型货币政策框架仍然发挥作用，可以采取修补的方式来缓解货币政策实施效果不佳的问题。

1. 对现有数量型货币政策目标的优化

德国和韩国的货币政策框架在转型过程中为了缓解数量型货币政策逐步失效的问题，对当时所采用的 M2 的中介目标进行了扩展，德国采用 M3 作为中介目标、韩国采取了 MCT（M2 + CDs + 货币信托）作为中介目标（M3）转型期做法，进行货币总量的计算，以此来反映转型期非银行金融机构活动对货币政策最终目标的影响。随着我国社会融资结构的变化，直接融资所占的比例逐年上升而人民币贷款的间接融资比例逐年下降，有必要采用社会融资总额作为中介目标进行范围更广的货币供应量的监控，以此来反映转型期非银行金融机构活动对货币政策最终目标的影响。对于应该采用社会融资总额作为中介目标，除了一些研究文献之外，《金融发展与改革"十二五"规划》也提出了"发挥社会融资规模在制定货币政策中的参考作用"，2012 年以来的每季度的央行货币政策执行报告中也会明确提到社会融资总规模及结构性数据，但离正式发挥中介目标的作用距离尚远。

我国现有的货币政策的最终目标的突出特点是过多地设置了最终目标，《银行法》所规定的保持币值的稳定、促进经济增长，再加上 2008 年金融危机以来央行反复强调的促改革、调结构、惠民生和保持金融稳定的目标，这些目标的优先次序会依据不同的经济形势被不时地调整，首先，这样会给市场预期带来难度，基于某种经济形式的货币政策工具往往被市场解读为不同的政策意图，难免会带来货币政策市场预期的混乱，降低了货币政策实施的效果；其次，根据丁伯根法则（Tinbergen's Rule），每个独立的政策目标必须至少有一个独立（如果有多个政策工具对应一个政策目标，这些政策目标应该线性无关）的政策工具，过多的政策工具无疑加大了货币政策执行的难度和复杂程度且容易发生相互矛盾的问题。因此，当前在数量型货币政策框架下的多元化目标问题的解决之途应该是将物价稳定作为核心目标来对待，当然这需要建立在人民银行（相对）能够独立行使货币政策的前提下。

2. 货币政策"双失效"局面下的预期管理

在当前货币政策"双失效"的局面下建立良好的预期管理机制的作用非常关键且直接，预期管理可以在一定程度上替代货币政策中介目标，通过市场微观主体清晰地了解政策意图之后的反应来引导市场行为，显然这种货币政策的预期管理机制能够很好地以较低的代价和较快的速度实现货币政策的目标。但当前我国货币政策的预期管理机制的失效是显著的，突出表现在：一是货币政策的不透明，在央行的货币政策目标与市场主体之间往往存在一个理解上的鸿沟，某项货币政策出台之后市场上往往有各种不同的解读,但央行作为货币政策部门却又不做官方的进一步解释;二是没有一个较为恒定的目标,缺少类似于美联储的阈值指引(Threshold Guidance);三是央行缺少与市场的良好、主动和有效的沟通机制,例如,连续5年货币政策的基调被定为"实施稳健的货币政策",这种基调在不断变化的宏观经济环境和不断推陈出新的货币政策工具之下形成了与政策本意的偏差。建立预期管理机制的应该首先明确货币政策最终目标的阈值,从前瞻性方面加强货币政策对市场的指引;同时要强化货币政策工具实施过程中的事前沟通和实施后的事后解释。

3. 转型期特殊货币政策工具完善及舍取

转型期特殊货币政策工具主要表现在当前的定向投放工具的使用上,一般被称之为"结构性"特殊货币政策工具,包括定向降准、差别存款准备金率、定向再贷款,包括支农再贷款和支小再贷款等具体工具,所追求的目标主要在于"去杠杆"和进行结构性调整,主要的定向投放领域为基建、农业和中小企业的扶持,承担了应该由财政政策所承担的结构调整功能。但这种过渡性的货币政策一是会引起央行的独立性地位降低,其所承担的非央行应该承担的结构性调整功能难免会导致财政赤字的"货币化"和"隐形化";二是容易滋生资金的套利行为;三是可能会使得市场配置资源的作用被削弱,引起资源配置失衡以及市场功能扭曲等问题。还有较少提及的"债务性"特殊货币政策工具,主要是为了解决地方政府发债问题,改善地方政府资产负债表而在2015年的地方债务转置换过程中推出,虽然研究较少,但显然存在明显的争议。对于"结构性"特殊货币政策工具,需要就其货币政策的传导机制进行规范性的分析,运用DSGE模型分析其效果和作用,找到这种特殊阶段的货币政策工具的实施成本;对于"债务性"特殊货币政策工具主要要从"风险传染机理"的视角进行分析。对这两类特殊的货币政策工具进行退出机制的研究,需要结合美国和欧洲国家的实际情况进行比较分析,最终完成对转型期特殊货币政策工具完善及舍取。

(二)我国价格型货币政策框架有效性建立的立足点

未来我国转向价格型货币政策框架能否转型成功,其内部的机制建设和进一步的完善是根本,如果说修补当前我国的数量型货币政策框架是一种应急之举,那么着眼于未来价格型货币政策框架体系内的运转机制的培养就成为根本之举。2012年以后的货币政策框架转型的核心就是利率市场化在结束利率管制后的继续深入,包括培育货币市场基准利率、市场无风险收益率曲线、完善金融市场等,从而促进数量型向价格型的转变。所采取的基本途径为:采取以公开市场操作为主的工具调节市场基准利率并传导至金融市场利率,最终实现对物价调控的目标,在这个过程中,尽量采取相对单一的目标体系以保证价格型货币政策的连续性并提高微观主体的预期。具体而言,其有效性建立的立足点包括以下三个环节。

1. 确定我国货币市场的基准利率

基准利率是价格型货币政策得以发挥作用的核心，基于其操作目标，基于可预测性、可控性和相关性标准，比较符合的有：上海银行间同业拆借利率（Shibor）、银行间同业拆借利率（Chibor）和银行间债券质押式回购利率（Repo）等。同时在确定其中之一为基准利率的前提下，需要进一步确定其短端和长端的定价模型，使得央行可以清楚对基准利率的应该从哪些方面进行影响来实现其货币政策的目标并选择正确的货币政策工具。

2. 明确从货币政策工具到基准利率的实施机制

建立利率走廊可以实现从货币政策工具到实施基准利率的目标，利率走廊的模式下中央银行可以通过引导商业银行的市场预期和改变商业银行的储备管理两种方式来实现利率调控的目标。

3. 确定三种市场的利率传导体系

价格型货币政策框架的利率传导渠道的逻辑关系是：央行政策目标利率→基准利率→短期货币市场利率（形成以银行间拆借利率为代表的批发市场利率）→债券市场利率→信贷市场利率，总体而言是利率"批发价"决定利率"零售价"。这一逻辑关系解决这三个方面问题：第一，基准利率在我国如何进行培育，包括基准利率的市场机制构建和货币政策工具的影响机制；第二，货币政策工具到基准利率的如何实施问题；第三，货币市场、债券市场和信贷市场三种市场的利率传导渠道和机制的建立问题。

（三）稳步推进基于我国货币政策环境的优化的配套改革

1. 金融市场体系的改革

第一，金融市场体系的改革首先应该从债券市场的完善进行。当前，我国的金融市场体系结构中，除了社会融资结构中直接融资的规模逐年上升说明了债券市场的重要性得到提升，也存在着债券市场由于期限品种的不完善，使得完整的国债收益率曲线无法构建和无法使利率在三个市场中顺利传导等方面的不足，在本章其他地方也分散地提到诸如企业债市场相对国债市场规模较小、市场流动性性差、不同的债券市场由于监管主体不同造成的分裂等。这些债券市场方面的问题都需要进一步解决和完善，包括推进股票发行注册制的改革、发展多层次的资本市场、加大发展金融市场的资产证券化的力度等。

第二，要从完善金融机构的内在激励方面和外在约束方面提高银行业的竞争程度。完善金融机构内在激励机制要从完善其产权关系和产权约束，并优化金融机构的公司治理，外在约束机制要通过市场竞争和市场纪律打破金融垄断，放宽市场准入，进而打破隐性担保和刚性兑付，能够使金融机构在市场竞争中优胜劣汰。我国银行主要由国有五大行、股份制商业银行、城市商业银行和农村商业银行（含农村信用合作社）等组成，产权结构上是以国资为主的，这也是由我国社会主义国家属性所决定的，由于金融的重要性要保证主要金融机构国有资本的控制权，但同时也要从正确解决政府与市场的关系的角度出发，处理好银行的公司治理问题，要从运用利率的价格机制更加有效和科学地配置资本市场资源的视角来分析和解决这个问题。当前我国银行业主要的问题是国有银行的独立性不足、银政不分的问题进而导致国有银行间的竞争不充分，解决这方面的问题从内在激励和外在约束上，一方面在保证能有效控制金融的系统性风险的基础上有限度、有步骤、分区域的引入民营资本和设立民营银行；另一方面增强国有银行和主要股份制银行的经营独立性、优化其治理结构和人事管理制度来改变银企不分的不足和缺陷。另外，从更微观的视角来看，随着存贷款利率的上下线放开之后，商业银行的揽储业务已经不再成为其主营业务，经营模式需要从"规模即效益"转到"以利润为中心"上来，盈利模式要从利差转向全面的资产负债管理，这些客观环境的改变也要求商业银行自身要主动改革。

2. 摒除预算软约束的国企改革和解决地方债务问题

从国有企业改革和我国地方债务问题入手分析当前我国存在的预算软约束和刚性兑付的问题，主要还是要进一步增强对利率的敏感性，当前货币市场、信贷市场上广泛存在的"委托贷款""影子银行"等问题主要的来源还是国有企业和地方投融资平台的预算软约束的问题，利率市场化的改革进程中如果这些问题依然存在，这种资金"黑洞"效应会扩大，而且在经济形势下行、货币政策宽松的局面下这种资金"黑洞"效应会进一步削弱利率在金融市场上的资源配置效用，重蹈"四万亿"刺激的覆辙。因此，摒除预算软约束来解决国企和地方投融资平台对利率的不敏感性的问题，一是要需要踩着党中央国务院关于混合所有制改革的步点来夯实货币政策利率传导的微观基础，二是要积极推进地方政府的财税制度改革，在国务院于 2014 年 10 月 8 日颁布的《关于深化预算管理制度改革的决定》的基础上积极推进预决算的公开制度，来规范地方政府的融资活动以优化其金融市场的资源配置功能。

3. 加强中央银行的自身基础设施和制度建设

货币政策框架能够成功转型，汇率的自由浮动和资本项目的放开是转型的必要条件之一，这一点在日韩两国的转型经验中已经得到证实，蒙代尔"三元悖论"下的固定汇率、货币政策的独立性和资本的自由流动三个方面只能同时兼顾两个方面，央行的独立性和资本的自由流动都是未来我国金融体制改革的方向，放弃固定汇率制就成为其必然选项，但同时我国又是事实上执行汇率锚的国家，固定汇率制度就成为我国货币政策框架是否能够转型成功的一个障碍。就具体而言，应该探索我国人民币汇率的形成机制，适度扩大人民币汇率的浮动区间，这种探索应该坚持主动、可控和渐进的原则来进行，增强人民币的双向浮动的弹性空间，逐步退出外汇市场的政府干预，使我国的货币政策的目标能专注于物价稳定。同时资本账户的开放，在人民币国际化趋势和"一带一路"走出去国家战略下也是要实现的阶段性目标和保障，具体而言，应该吸取1997年亚洲金融危机的经验教训，采取循序渐进的方式分两步走：第一，可以首先考虑扩大境内合格投资者（QDII）和境外合格投资者（QFII）的主体资格来吸引外资增加投资额度；第二，可以逐步推进境内合格的个人投资者（QDII2）和非居民的个人境外投资专户制度（QFII2），这样可以有序提高跨境资本有序流动的双向开放程度。

第七章

促进资金流入实体经济研究

近年来,我国实体企业经营景气程度下降,更加重视财务成本,金融机构风险承受能力下降,更加重视信用风险,由此导致实体企业融资难、融资贵问题受到更多关注。与此同时,我国金融体系规模持续快速扩张,高于社会融资规模的扩张速度,更远高于工业的扩张速度,引发了关于资金在金融体系内部空转的批评和关于建立在有限实体经济之上的庞大金融体系可能产生风险的担忧,也进一步增加了货币政策的执行难度。实体企业融资难与金融体系流动性膨胀之间的矛盾成为目前我国宏观经济中的突出问题。

一、当前企业融资情况

(一) 贷款增速保持适度,社会融资规模稳步增长

贷款增速先抑后扬,住户贷款持续增长,企业及机关团体贷款尤其是短期贷款增速低迷。2016年末,我国银行业金融机构各项贷款余额112.06万亿元,同比增长12.8%,比上年降低1.7个百分点。从2016年的变化情况来看,1~7月各项贷款增速出现2.9个百分点的回落,8月份以来累计回升1.2个百分点。从分类来看,受住房按揭贷款影响,住户贷款持续增长,2016年末余额为33.37万亿元,同比增长23.4%,比上年提高6.7个百分点,增速比各项贷款增速高10.7个百分点。企业及机关团体贷款增速持续回落,其中的短期贷款增速步入超低速增长。2016年末,企业及机关团体中长期贷款余额为39.61万亿元,同比增长11.1%,与上年持平,比各项贷款增速低1.7个百分点,企业及机关团体短期贷款余额为27.57万亿元,同比增长仅为2.1%,比上年降低3.6个百分点,比各项贷款低10.7个百分点。

社会融资规模稳定增长,直接融资占比不断提高。2016年末,我国社会融资规模余额为155.99万亿元,同比增长12.8%,比上年提高0.3个百分点,2016年以来增速保持平稳。2016年末,企业债券和非金融企业境内股票等直接融资的余额为23.69万亿元,占社会融资规模的比例为15.2%,比年初提高1.3个百分点。其中

企业债券和非金融企业境内股票的余额同比增速分别为 22.5% 和 27.6%，分别比社会融资规模增速高 9.7 个百分点和 14.8 个百分点。

（二）银行间利率和银行机构放贷利率总体保持较低水平

银行机构对企业单位的贷款利率处于较低水平并稳步下降。2016 年四季度，银行机构对非金融企业及其他部门的贷款加权平均利率为 5.27%，分别比三季度和二季度提高 0.05 个百分点和 0.01 个百分点。四季度贷款加权平均利率的升高主要来自票据融资，2016 年四季度，票据融资加权平均利率为 3.90%，分别比三季度和二季度提高 0.85 个百分点和 0.47 个百分点。2016 年四季度，一般贷款加权平均利率为 5.44%，分别比三季度和二季度降低 0.21 个百分点和 0.14 个百分点，个人住房贷款加权平局利率为 4.52%，与三季度持平，比二季度下降 0.03 个百分点。企业一般贷款利率的稳步下降，一方面源于央行 2015 年的降息操作和 2016 年以来通过多种货币政策工具引导金融机构降低企业融资成本，另一方面由于目前银行机构贷款更多地投向于政府背景项目和个人贷款等信用等级较高的领域。

从温州指数来看民间借贷利率，2016 年 12 月，温州地区民间借贷综合利率日平均为 16.1%，比年初降低 2.6 个百分点，2016 年以来综合利率持续下行。

（三）信贷政策引导金融机构资金投向

再贷款、再贴现、抵押补充贷款（PSL）等作为央行信贷政策的主要手段，有利于银行类金融机构对国民经济重点领域和薄弱环节的信贷投放。2016 年上半年末，央行开展支农再贷款余额为 1897 亿元，开展支小再贷款余额为 606 亿元，开展再贴现余额为 1202 亿元，开展扶贫再贷款余额为 436 亿元。2016 年末，央行开展补充抵押贷款操作余额为 2.05 万亿元，年初以来补充抵押贷款操作共 9714.11 亿元。通过面向国家开发银行、中国进出口银行和中国农业发展银行发放的抵押补充贷款，支持了棚改项目、重大水利工程项目、人民币"走出去"项目等的信贷需求。

中期借贷便利（MLF）是目前央行调节银行体系中期流动性的主要工具，在目前外汇占款不足的情况下成为央行提供基础货币的重要渠道，同时通过调节银行机构中期融资成本完善对市场利率的引导。2016 年，央行开展中期借贷便利操作共 5.52 万亿元，其中 3 个月期、6 个月期、1 年期操作分别为 1.26 万亿元、2.61 万亿元、1.67 万亿元，占比分别为 22.8%、47.3%、30.0%。截至 2016 年末，中期借贷便利操作余额为 3.46 万亿元，全年共新增 2.79 万亿元。目前，中期借贷便利 3 个月期、6 个月期、1 年期操作利率分别为 2.75%、2.85% 和 3%，作为较低的政策利率，在有效降低社会融资成本方面发挥了积极作用。同时，央行利用中期借贷便利作为信贷政策手段，引导银行机构加大对小微企业和"三农"等国民经济薄弱环节的信贷投放。

二、企业融资领域存在的问题

（一）融资结构性问题突出，中小微企业融资较为困难

目前，我国贷款投向主要为政府类项目和个人贷款，企业新增贷款占比很小。降息降准政策的实施有效地改善了企业的融资环境，降低了企业的融资成本，目前较为突出的问题是，融资难易程度的差异非常明显，政府类项目和个人贷款项目融资较为容易，中小微企业融资较为困难。2016年，全国企业中长期贷款新增3.95万亿元，占金融机构各项贷款新增的31.1%，住户贷款新增6.34万亿元，占金融机构各项贷款新增的49.9%。与之相比，2016年，企业短期贷款新增仅为0.56万亿元，占金融机构各项贷款新增的4.4%。

银行理财产品业务也主要对接政府类项目和房地产项目。从银行表外业务来看，银行理财产品对接的项目同样以政府类项目和房地产行业的占比较高。2016年上半年末，全国银行理财产品通过配置债券、非标准化债券类产品、权益类资产等方式进入实体经济的余额为16.03万亿元，其中投向实体经济规模最大的五类行业是土木工程建筑业、房地产业、公共设施管理业、电力热力生产供应业和道路运输业等，占比为51.54%。

政府类项目融资较为容易的原因，一是政府类项目有财政显性或隐性的担保，在目前信用风险高企的情况下，风险较低的政府类项目具有明显的优势。二是政府对基础设施、重点项目建设的支持力度加大客观上也支持了信贷资金的流向，例如，目前专项建设资金支持项目主要以政府类的基础设施、重点项目建设为主，这类项目可以带动大量的银行信贷资金的流入。

个人融资较为容易的原因，一是目前我国住户部门负债率较低，对应的贷款风险也相对较低。二是个人信用透明度较高，人民银行建立的征信系统可以准确及时地反映个人信用卡消费等的信用情况，同时个人工资类等收入可以通过银行流水系统清晰看到。三是个人贷款违约成本较高，导致人为主动的违约率较低。这主要因为个人信用信息的主体明确，个人发生违约事件对其后续金融服务影响巨大。四是个人贷款抵押物较易获得，目前除信用卡贷款外，个人贷款主要集中在住房按揭贷款和汽车等耐用品贷款领域，这类贷款的抵押物明确且有保障。

（二）中小微企业融资难的自身原因分析

信用风险问题是中小微企业融资难的根结所在，中小微企业本身信用风险较高，

同时，银行机构对中小微企业资质的甄别难度更大。

中小微企业信用透明度较低，银行机构获取中小微企业信用信息的难度非常大。从目前企业信息披露的主要渠道来看，主要有金融市场公开披露信息、人民银行征信系统信息等。作为中小微企业，绝大部分均为未上市公司，同时通过金融市场公开发售债券的可能性也较小，所以银行机构很难通过股票市场、债券市场等渠道获取企业经营情况的信息。在人民银行征信系统方面，由于中小微企业贷款规模较小，其金融业务涉及的商业银行数量也较小，银行机构也很难从其他银行机构对中小微企业的金融服务中得到企业的信用信息。对于规模过小的企业，甚至其会计报表的质量都很差，信用信息获得难度可想而知。除上述渠道外，银行机构通常还可以通过水电费缴存情况、税务部门数据、海关数据等渠道搜集企业信用信息，但我国目前还没有建立统一的信用体系，这类数据的获取难度和成本均较大。

中小微企业的违约成本相对较低。中小微企业绝大多数为有限责任公司，作为法人机构，当企业发生违约时不会追索到股东或者企业主的个人资产，对其个人信用不会造成不良影响。同时，中小企业的品牌价值等无形资产的价值相对较低，企业运行和发展并非倚赖企业的品牌价值等，更多地依赖企业主本人的人脉关系，由此导致中小企业破产后，企业主另外成立一家新公司的成本相对较小。

中小微企业增信渠道有限。首先，中小微企业固定资产价值有限。很多中小微企业无法得到土地的合法使用权，所以土地和厂房能够用来抵押的比例相对较低，同时作为抵押物的设备等固定资产也相对较少。其次，企业主个人通常不愿以个人资产为企业贷款作抵质押。针对中小微企业抵质押物不足的问题，银行机构在对中小微企业发放贷款时，通常要求企业主用个人的房产、存款、信用等作为抵质押和担保，对此企业主通常均比较谨慎。再次，部分地区担保链断裂引起企业之间的担保行为萎缩。受抵质押物缺乏影响，我国沿海经济较为活跃的地区企业相互担保行为普遍，由此形成了广泛的担保链、担保圈。在目前经济下行阶段，受担保链影响，由于为其他企业代偿银行贷款导致自身企业经营困难的案例曾出不穷。受担保链断裂事件的影响，目前中小微企业对彼此之间的担保较为谨慎。最后，我国融资性担保公司风险暴露加剧，业务萎缩。受企业经营情况恶化影响，我国融资性担保公司代偿金额和担保代偿率不断攀升，业务萎缩较大。同时银行机构鉴于融资性担保公司自身风险的上升，代偿难问题突出，对其信任度下降，要求融资性担保公司利用其自身存款作质押的条件下来开展业务。虽然政策性融资担保机制取得了较好的效果，但其中也存在一些问题，例如，银行机构对其承担的风险敞口存在抵触情绪，积极性不高，甚至通过与企业签订补充协议，要求企业增加反担保或抵押物等。

部分中小微企业主的恶意逃废债行为影响恶劣。目前逃废银行债务问题较为突出。部分中小微企业主的恶意逃废债行为对金融生态产生了非常恶劣的影响，使得银行机构对其他类似企业的放贷均心有余悸。目前，我国金融生态环境的恶化风险需要引起关注，一方面金融生态恶化具有较强的传染性，一旦形成风气，诚信与道德将会瓦解，另一方面相比企业经营情况的好转和经济的复苏，金融生态的修复更为困难。

（三）我国目前缺少专耕小额贷款业务的金融机构

我国目前银行机构数量并非很少，县域法人机构也能保证一定数量，同时近年来也成立了包括小额贷款公司、资金互助社等在内的非银行放贷机构。但是，目前各类放贷机构均有做大整体资产规模、做大单笔贷款规模的冲动，缺少精耕细作专门为小额信贷需求服务的金融机构。

从数量来看，我国县域银行类金融机构和非银行放贷机构数量并非很少。截至2015年末，我国银行类金融机构共3814家，其中县域法人银行类金融机构为3614家（包括农村商业银行、农村合作银行、农村信用社、村镇银行）。同时，2015年末，我国小额贷款公司共8910家，农村资金互助社共48家，共8958家。按我国2015年末361个县级市、1397个县、117个自治县来算，全国平均每一个县域拥有法人银行类机构1.9家，拥有非银行放贷机构4.8家。

做大资产规模成为我国银行类金融机构的优先目标。从我国目前银行机构的发展来看，整合地方小法人银行组建来大型银行机构已经形成趋势。城市商业银行整合方面，徽商银行、吉林银行、内蒙古银行、湖北银行、中原银行、海南银行、江苏银行等陆续成立。农村合作金融机构整合方面，各省级联社人员规模不断扩大，对省内农村合作金融机构的管理权限也不断扩大，虽然目前农村合作金融机构仍保留法人地位，但人事任免、人员培训、资金结算和调剂等权利逐步上收至省级联社。

我国各类放贷机构均有做大单笔贷款规模的冲动。银行机构通过整合做大资产规模后，实力得到增强，必然会致力于从事融资规模较大的业务。同时，对于放贷机构来讲，单笔放贷成本的高低与贷款规模的大小关系不是很大，由于大客户信息透明度较高、信用风险较低，小客户搜寻成本、贷前调查和贷款监督成本较高等原因，某些情况下对大客户的放贷成本甚至比对小客户的放贷成本还要低。

我国目前的情况，即使是法律法规规定的仅限在当地开展放贷业务的村镇银行、小额贷款公司、资金互助社等机构也有做大单笔贷款规模的冲动。以小额贷款公司为例，2015年末我国小额贷款公司已经达到8910家，成为数量最多的放贷机构。2008年开始设立小额贷款公司时，监管部门希望小贷公司将民间借贷规范化，主要从事于小额贷款业务。但是，作为当地龙头企业的小额贷款公司的发起人，他们的初衷是期待小贷能够转型成为商业银行，所以多数小贷公司成立之日起便是参照商业银行的经营模式在运作，其贷款对象也主要是当地龙头企业或发起人企业的上下游企业。

我国合格的低成本信贷人员缺乏。放贷行为需要非常严肃、谨慎，贷款质量是银行机构生存的根本,所以银行机构普遍非常重视信贷人员的培养。成为一名合格信贷人员的要求颇高,需要具有良好的与客户沟通的能力,需要具有对企业运行和相关行业的了解,还需要具有银行业务、风险管理等金融知识。这些能力除了学校的培养外,还需要具体的实践积累。在一家成熟运作的商业银行,具有金融专业学历背景人员入职后,经过网点柜台、助理岗位等层层考核和选拔最终成为客户经理通常需要3~5年,甚至更长的时间。目前,我国一家农村合作金融机构的支行所拥有的客户经理通常仅有3~5人,村镇银行通常是从商业银行高薪聘请有经验的客户经理加之若干无经验的员工,至于小额贷款公司很多都是管理层人员自己在外做业务。如此高成本培养而又稀缺的客户经理自然身价不菲,如此高薪的客户经理自然更多关注大额贷款业务。

(四)银行经营中导致中小微企业融资难的因素

银行机构不良贷款包袱沉重,不良贷款处置难度较大。不良贷款不断攀升是近年我国银行机构面临的最突出的问题。2016年末,我国商业银行不良贷款余额为1.51万亿元,同比增长18.7%,不良贷款率为1.74%,比上年同期提高0.07个百分点。同时,我国商业银行贷款损失准备金余额为2.67万亿元,拨备覆盖率为176.40%。银行机构背负大量不良贷款的同时拨备同样较高,但不良贷款处置、核销进度缓慢。其原因,一是商业银行对贷款核销缺乏自主权。因为财政、税收方面原因,商业银行准备金的使用限制过严,核销程序繁琐,导致损失贷款很难从银行资产负债表中移出。二是大部分贷款在核销前都需要经过严格的司法追索程序,但目前法院诉讼和执行时间较长。法院方面按程序进行受理、判决、执行等环节,每个环节都需要有债务人在场,如遇债务人跑路无法联系等情况,即需要采用公告方式,拖延时间长达数月之久。同时随着不良贷款攀升,法院积压经济类案件过多,而人员有限,导致诉讼受理排队较长。三是随着存量不良贷款资产不断增长,银行机构在不良资产打包转让市场中的议价能力大幅降低。同时,不良资产交易信息没有较为权威的发布平台,信息渠道成本较高、效率较低。

银行机构利润下滑明显,对风险容忍度降低。受宏观经济环境、利率市场化、不良贷款持续攀升、互联网金融竞争等多种外部因素影响,以及同质化经营严重等自身原因,我国商业银行盈利能力下滑明显。盈利能力的下滑严重影响了商业银行化解不良贷款的能力,也降低商业银行对问题贷款的容忍度,对于出现恶化苗头的贷款便尽快压贷收贷,对于暂时无法偿还的贷款便通过担保尽力回收,这同时也压缩了企业自身化解信贷风险的时间和空间。

随着国内外需求低迷,产能过剩成为我国目前面临的重要问题,钢铁、煤炭等行业中大量企业经营困难。在此背景下,银行机构总行信贷管理部门通过简单的行业分类来规避风险,导致产能过剩行业企业普遍受到影响,一些原本经营情况较好的企业也受到牵连。同时，大量中小微企业是为大型企业提供配套的上下游企业，在大型企业受到产能过剩影响的背景下，这类中小微企业的融资自然受到牵连。

企业续贷仍然较为困难。虽然银监会于 2014 年 7 月下发了《关于完善和创新小微企业贷款服务，提高小微企业金融服务水平的通知》，允许银行机构开展符合小微企业资金需求特点的循环贷款、年审制贷款、续贷等流动资金贷款产品，减轻小微企业还款压力。但具体落实情况并不理想，小微企业续贷仍然较为困难。

（五）中小微企业直接融资渠道狭窄

目前，我国中小微企业直接融资渠道狭窄问题仍没有得到解决。股票中小板和创业板门槛较高，绝大多数中小微企业无法达到上市条件，股票新三板市场还非常不成熟，债券市场审批非常严格。可以为中小微企业提供融资的直接投资基金方面，2016 年第二季度末，我国证券公司直投子公司的私募基金管理资产规模 0.24 万亿元，已登记的私募股权投资基金认缴规模 3.46 万亿元，创业投资基金认缴规模 0.35 亿元，上述总计为 4.05 万亿元，与我国资产管理行业逾 90 万亿元的规模相比仍然较小。

（六）统计口径导致信贷政策支持的小微企业并不小

我国目前关于大中小微企业划分的主要依照是工信部等 4 部门于 2011 年 6 月联合发布的《关于印发中小企业划型标准规定的通知》。目前统计局、人民银行、银监局、税务总局等部门都是依此对中小微企业的生产经营情况、银行贷款情况、税收情况进行统计。依此标准为指导的小微企业信贷支持存在小微企业并不小的问题。例如利用政策性融资担保机构、小微企业专项金融债等支持的小微企业贷款通常在 300 万～400 万元左右。

（七）企业融资难与银行贷款难矛盾并存

与企业融资难共存的是，部分经营较为稳定的企业的信贷需求下降。面对宏观经济复苏乏力，企业产品需求不足，企业扩大生产等投资的意愿较低，部分企业甚至由于没有合适的投资项目，办理提前还款。尤其是信息技术、高端装备、战略性新兴产业等具有较为广阔发展空间的产业占比较低、发展较慢的地区这一现象更加明显。同时，受到多种因素影响，重大优质项目进展不及预期，项目用款进展也有所放缓。

三、当前金融体系发展情况

金融体系的范围有多种界定方式,其中最为核心的是银行、证券、保险三大主导行业,近年来由三大主导行业衍生出的资产管理行业快速发展,是造成目前金融体系规模膨胀的主力。

(一)金融体系资产规模快速膨胀

从传统的银行、证券、保险行业来看,2016年末,全国银行机构(即其他存款性公司)总资产230.38万亿元,同比增长15.7%。2016年末,全国证券公司总资产5.79万亿元,同比减少18.0%。2016年末,全国保险公司总资产15.12万亿元,同比增长22.3%。综合来看,不排除业务交叉导致的重复计算,2016年末,全国银证保行业总资产251.28万亿元,同比增长15.3%。

近年来,我国资产管理行业发展迅速,已经从最初的信托公司和公募基金公司拓展到银行、证券、保险机构设立的各类资产管理机构。2016年上半年末,我国存续的银行理财产品账面余额26.28万亿元,信托行业管理的信托资产规模为17.29万亿元,证券公司资产管理业务规模为15万亿元,公募基金管理人管理的公募基金规模为7.95万亿元,基金管理公司及其子公司专户业务规模为16.47万亿元,期货公司资产管理业务规模为0.23亿元,私募基金管理机构资产管理实缴规模5.58万亿元,保险资产管理公司发起设立资产支持计划业务规模1.44万亿元。不排除业务交叉导致的重复计算,2016年上半年末,我国资产管理行业管理资金总计为90.23万亿元,比年初增加11.94万亿元,其中基金管理公司及其子公司专户业务和证券公司资产管理业务分别比年初增加3.87万亿元和3.11万亿元,规模增长幅度居前两位。向前追溯两年来看,2014年末,我国资产管理行业管理资金总计为49.92万亿元,仅为2016年上半年末的55.3%。

随着资产管理行业的快速发展,传统银证保行业在金融体系资金规模的占比出现下滑。现将银行、证券、保险、资产管理四个行业作为金融行业,2016年上半年末,我国金融行业资金规模为327.27万亿元,银行机构资金占比为66.31%,比2015年12月末降低0.92个百分点,证券公司资金占比为1.76%,比2015年12月末降低0.41个百分点,保险机构资金占比为4.36%,比2015年12月末提高0.19个百分点,资产管理行业资金占比为27.57%,比2015年12月末提高1.14个百分点。

(二)金融业膨胀速度快于社会融资和工业

2016年上半年末,将银证保和资产管理四个行业作为金融业的资金规模为

327.27万亿元，比年初新增31.05万亿元，资金规模同比增长19.9%（保险资管业务由于数据可得性利用了2015年末数据，同比增速存在部分低估）。与之相比，2016年上半年末，我国社会融资规模147.99万亿元，为金融业资金规模的45.2%，社会融资规模比年初新增1.65万亿元，为金融业资金规模新增的5.3%，社会融资规模同比增长12.4%，比金融业资金规模增速低5.4个百分点。2016年二季度末，我国规模以上工业企业总资产为99.45万亿元，为金融业的30.4%，规上工业总资产同比增长5.7%，比金融业规模增速低12.1个百分点。

（三）央行货币政策操作情况

2016年以来，央行调整了一次存款准备金率，即2016年3月1日普遍下调金融机构人民币存款准备金率0.5个百分点，以2016年2月末M2余额142.46万亿元进行近似计算，可释放金融机构流动性7123亿元。一方面，此次降准缓解了公开市场逆回购操作压力。央行为满足春节前流动性需求，在1月末集中开展的7000亿元28天期逆回购操作即将到期，加之2015年11月至2016年2月央行外汇资产累计减少1.90万亿元，导致2016年2月末央行对其他存款性公司债权已经达到5.26万亿元，较2015年末提高了2.6万亿元。另一方面，此次降准也为2016年3月开始的地方政府债券密集发行提前做好了流动性管理工作，仅2016年3~4月地方政府债券发行便达到了1.85万亿元。

货币政策加大了公开市场操作力度，加强了流动性管理的精细化程度。2016年，央行累计开展公开市场逆回购操作投放流动性24.81万亿元，月均为2.07万亿元，操作力度是2015年公开市场逆回购月均0.27万亿元的7.7倍。从期限来看，公开市场7天期、14天期、28天期逆回购操作分别为17.91万亿元、3.9万亿元、3万亿元，占比分别为72.2%、15.7%和12.1%。2016年1月，央行开展了3天期和6天期短期流动性调节工具（SLO）操作各一次，分别投放流动性550亿元和1500亿元。央行自2016年2月18日起建立公开市场每日操作常态化机制，每日稳定开展7天期逆回购操作。央行的公开市场逆回购操作有效熨平了地方债加量发行、国库现金收缴等因素，以及美联储加息和英国脱欧公投等国际事件冲击造成的流动性波动。2016年，公开市场7天期、14天期逆回购操作利率分别稳定在2.25%和2.4%，28天期逆回购操作利率1~2月为2.6%，9月以来下降至2.55%。大力度的公开市场操作和精细化的流动性管理有效地保障了目前银行间市场利率的稳定，进而保障了债券市场、票据市场、信贷市场等的利率稳定。

央行利用常备借贷便利（SLF）覆盖范围广的特点，充分发挥其在春节等关键时点稳定银行体系流动性的功能，并引导银行机构完善常备借贷便利作为利率走廊上限的作用。2016年，央行总行和分支机构开展常备借贷便利操作共7122.3亿元，其中隔夜、7天期、1个月期操作分别为3306.76亿元、2894.19亿元、921.35亿元，占比分别为46.4%、40.6%和12.9%。为了满足春节前流动性的流动性需求，2016年1月开展常备借贷便利操作共5209.1亿元，占2016年开展数量的比例为73.1%。目前，常备借贷便利利率仍保持2015年11月20日央行下调后的水平，隔夜、7天期、1个月期常备借贷便利操作利率分别2.75%、3.25%和3.6%，有效地发挥了利率走廊上限作用，保证了银行间市场利率稳定在较低水平。

（四）央行数量型调控能力在下降

央行提供基础货币，通过商业银行的货币乘数效应形成广义货币，这种货币创造过程是数量型货币政策发挥作用的基础。从目前情况来看，央行货币创造占银行体系资金的比例在持续下降。2016年末，我国广义货币M2余额为155万亿元，银行机构总资产230.38万亿元，M2占银行机构总资产的67.3%，占比2016年以来持续下滑共2.7个百分点，由此导致在央行稳健的货币政策下，银行体系资金规模仍出现膨胀。2016年末，以M2计算的货币乘数为5.02倍，比年初下降0.02倍。与之相比，银行机构总资产与央行总资产的比值却在持续走高，2016年11月为6.7倍，比年初上升0.43倍。

四、金融体系膨胀的原因分析与存在问题

（一）金融机构业务交叉是金融体系规模膨胀的主因，也导致企业直接融资的发展速度低于金融体系膨胀速度

我国金融业实行银行、证券、保险行业分业监管模式，但近年来，银证保金融机构的混业经营愈发成为趋势，这其中资产管理业务充当了重要的桥梁作用。2005年至2015年间，银行、证券、保险行业先后出台了本行业资产管理业务管理办法，传统金融机构混业经营格局形成，金融机构业务之间的交叉也直接推动了金融体系资金规模的迅速膨胀。从银行理财产品来看，2016年上半年末，资金来源中银行同业资金余额4.02万亿元，占全部银行理财产品资金余额的15.3%，资金运用中现金及银行存款、货币市场工具两类投资余额8.80万亿元，占全部银行理财产品资金余额的33.4%。从信托公司资金来源来看，2016年三季度末，单一资金信托余额9.69万亿元，占全部信托资产余额的53.3%，银信合作方式余额为4.43万亿元，占全部信托资产余额的24.4%。从证券公司、基金公司及其子公司的通道业务来看，2016年三季度末，证券公司定向资管计划余额为13.09万亿元，占全部资产规模的83.0%，基金公司及其子公司的一对一产品余额为12.55万亿元，占全部资产规模的72.2%。

(二) 银行机构是资产管理行业的资金源泉

一方面个人和企业的银行存款通过银行理财产品转移至资产管理行业。2016年上半年末,全国银行理财资金账面余额26.28万亿元,其中个人资金为14.57万亿元,非银行机构的资金为7.69万亿元,分别占比为55.4%和29.3%。另一方面银行自有资金积极参与资产管理行业的运作,成为资产管理行业通道业务主要资金来源。2016年末,银行机构(即其他存款性公司)对其他金融机构的债权余额为26.53万亿元,同比增长50.2%,其中2015~2016年两年,债权增加15.37万亿元,增长137.7%。

(三) 实体企业尤其是小微企业的金融支持力度仍需加强

从银行理财产品方面看,2016年上半年末,通过配置债券、非标资产、权益类资产等方式投向企业的资金余额为16.03万亿元,占理财资金投资余额的60.74%,其中投向政府类和房地产相关行业的占比较高,按投向行业分类,规模最大的五类分别是土木工程建筑业、房地产业、公共设施管理业、电力热力生产供应业和道路运输业,占比合计为51.54%。从证券公司、基金公司及其子公司的专项和专户资产管理业务来看,2016年上半年末,证券公司定向资管计划和专项资管计划的单一产品平均规模分别为7.07亿元和9.89亿元,基金公司和其子公司一对一产品平均规模分别为11.77亿元和9.41亿元。资产管理产品资金规模较大和资金管理团队人数较少使得这些业务很难投向小微企业。

(四) 监管规则不统一严重影响资产管理行业的健康发展

银行理财产品、证券公司资产管理业务、基金公司及其子公司专户业务本质上从事着相同的资产管理业务,但我国目前针对机构的金融业分业监管格局导致资产管理行业缺少统一制度设计和发展规划,管理制度碎片化,管理方式行政化,基础设施建设滞后,严重影响了资产管理行业的健康发展。一是规避监管和制度套利成为目前金融机构资产管理业务的核心竞争力,从客户需求角度出发的交易方式的创新严重不足。二是无法建立起统一的登记、清算、结算等基础设施体系,一方面制约了资产管理行业的持续发展;另一方面使得监管部门无法全面掌握金融机构业务,为政策制定和风险防范带来诸多障碍。三是资产管理行业法律不统一,司法实践方面存在诸多难题,一方面使得投资者权益无法得到有效保护;另一方面也导致资产管理机构目前的刚性兑付,导致整个资产管理行业的畸形发展。

五、政策建议

（一）科学定位放贷机构，政策措施精准扶持

针对实体经济的薄弱环节，坚持市场主体自愿原则，政策上科学定位放贷机构，通过制定有针对性的实施方案引导放贷机构增加信贷投放，政策性机构精准支持。具体而言，（1）对于中小企业融资问题，宜通过设立政策性融资担保机构、政策支持贷款保证保险等方式为中小企业提供增信服务，引导银行类金融机构增加信贷投放。（2）对于微型企业、个体工商户、农户融资问题，宜政策支持农村合作金融机构和小贷公司增加信贷投放。政策上，人民银行可以进一步加强和完善对农村合作金融机构的"三农"领域的再贷款政策。省市金融办和小贷公司协会可以选择部分有意愿从事小额放贷业务的小贷公司，通过政策性小贷公司股权投资公司对其进行优先股等形式的入股，增强其资金实力，解决其由于贷款客户数量过少无法分散风险的难题。同时，对于农业领域，宜完善财政支持的政策性农业灾害保险为其提供增信服务。

（二）协调完善银行监管体系建设

加强人民银行、银监会、财政部、税务总局等部门在银行监管政策上协调，在守住不发生系统性区域性金融风险的条件下，切实解决银行机构经营中的障碍，减轻银行机构负担，增强银行机构为实体经济服务的能力。具体而言，（1）保证银行机构能积极落实银监会《关于2015年小微企业金融服务工作的指导意见》的精神，建立并有效执行小微企业贷款尽职免责制度，即经检查监督和责任认定，有充分证据表明授信部门和授信工作人员按照有关法律法规以及商业银行相应的管理制度勤勉尽职地履行了职责的，在授信出现风险时，应免除授信部门和相关授信工作人员的合规责任。（2）逐步加大银行机构在不良贷款核销方面的自主权，增加收购不良贷款的金融资产管理公司的许可，增强不良贷款转让市场的供需平衡。（3）根据银行机构和担保机构实际承担风险的比例来确定贷款业务中资本金的消耗，通过减少资本消耗提高金融服务实体经济效率。（4）各级政府要避免对商业银行经营行为的干预，在处置不良贷款的问题上，各方需要坚持市场化原则，严禁政府站在危机企业的立场，强制要求银行追加信贷支持。

（三）建立资产管理行业统一监管框架

以业务性质作为监管职责划分依据，解决目前金融机构从事本质上相似的资产

管理业务，却由于监管部门不同而造成制度差异，避免监管套利行为。建立以证监会监管为核心，人民银行、银监会、保监会辅助监管的资产管理行业统一监管框架。具体来看，对于银行理财产品，要求发售银行理财产品的银行机构设立总行直属的全资资产管理子公司（简称银行子公司），承接银行机构所有表外银行理财产品，银行子公司由证监会统一监管。银行机构在银行子公司之外设立的银行理财产品必须纳入银行机构自身资产负债表，由银监会负责管理。人民银行和银监会对银行机构包括银行子公司银行理财产品在内的所有表外业务进行总量管理，以保证银行机构经营的稳健性。从而形成，证监会主管业务发展，人民银行和银监会主管业务风险的银行理财产品管理格局。

证监会要完善制度设计，建立证券公司、银行子公司、基金子公司等非标资产业务的统一监管制度。赋予证监会金融体系内追溯金融机构业务的权利，允许证监会检查与资产管理机构发生业务的其他金融机构，直至资金最终来源方和最终使用方。完善证监会组织建设，配合金融监管体制改革，在证监会无派出机构的地市，利用银监会派出机构加以充实。建立金融监管部门之间资产管理业务信息的共享制度，证监会有责任将资产管理机构信息向其他金融监管部门公开，建立信息公开制度规范和发布平台，规定信息公开具体科目和发布时间，建立信息公开问责机制。

禁止银行、证券、基金、保险机构在信托业务和资产管理业务渠道之外开展非标资产投资业务合作；禁止资产管理机构之间设立非结构化产品；禁止多个资产管理产品成立资金池；在金融机构通过特殊目的实体渠道开展非标资产投资业务时，对特殊目的实体层级进行限制。建立银行、证券、基金、保险机构及其子公司成立的包括特殊目的实体在内的所有资产管理类产品的独立核算机制和定期财务报表制度，建立配套的统一登记、清算、结算体系。

提高银行等机构的市场化程度，减少信贷投向等领域的行政干预，降低银行机构对通道业务的依赖。充分利用法律和制度手段引导产业结构调整，完善环保等领域的制度建设和执行力度。积极发挥财政税收政策的调节作用，充分发挥产业引导基金、固定资产投资方向调节税等在调整产业结构方面的作用。加强财政政策和信贷政策的协调，充分发挥财政政策的引领作用和信贷政策积极配合作用。积极采用再贷款、再贴现、中期借贷便利、补充抵押贷款等货币政策工具，积极利用宏观审慎评估等手段，发挥资金价格对金融机构信贷投向的引导作用，避免简单信贷投向的限制。推动货币政策由数量型为主向价格性为主转变，理顺利率政策传导路径，应对目前数量型调控有效性逐步下降的困境。

（四）加强商业银行自身建设

商业银行要建立合理的自身定位，进行差异化经营，避免单纯追求做大资产规模。要进一步完善信贷审批制度，避免单纯分配信贷额度，坚决遏制商业银行联合大型企业做大业务规模以此要挟政府,加强对分支机构信贷人员合规展业的监管。对于不良贷款处置,商业银行总行需要给予分支机构更多的时间和空间,避免简单的行长免职和员工收入扣发。在目前企业经营整体较为困难的情况下,商业银行要建立企业是银行生存和发展的基础的理念,与企业共渡难关,避免简单压贷、抽贷等行为。商业银行要积极发挥金融中介和信息中介的功能,为困难企业提供包括供应链融资、引进外部资金、促成并购重组等全业务链服务,在帮助困难企业的同时,提升自身中间业务收入占比,缓解利率市场化和利差收窄对利润的影响。

银行机构要积极贯彻银监会《关于完善和创新小微企业贷款服务,提高小微企业金融服务水平的通知》的精神,根据企业生产经营特点、规模、周期和风险状况等因素,积极研发符合小微企业资金需求特点的循环贷款、年审制贷款、续贷等流动资金贷款产品。对经营正常、效益良好、能及时还本付息的企业,适当延长流动资金贷款期限。

(五)加快社会信用体系建设,打击恶意逃废债行为

加快推进国家社会信用体系建设,支持第三方开展外部信用评级,支持地方政府建设中小微企业信用信息和融资对接平台。推广政策性融资担保机制,建立政策性担保机构、中央和省财政、银行、所在地本级财政共同参与的政银担风险分担机制。推广小微企业信贷风险补偿基金机制,建立地市级小微企业贷款风险补偿金、设立应急转贷资金、建立助保贷基金池等,鼓励引导金融机构开办"助保贷"、"政保贷"等创新小微企业信贷支持业务,加大对小微企业的信贷投放。加强政府部门的税务、企业用水用电等信息对银行机构的开放力度,有效加强中小微企业信用的透明度。建立银税信息共享机制,引导银行机构为具有良好纳税记录的小微企业提供免担保的信用贷款。

打击恶意逃废债行为,维护金融生态环境的底线,紧密结合国家社会信用体系建设规划,加强政府部门间的信息共享,建立逃废债重点监测企业名单和逃废债行为人黑名单,加强向社会公众曝光,对逃费债行为人形成必要的社会舆论压力。

(六)利用财政货币政策,建立稳定的宏观经济环境

发挥积极财政政策杠杆作用。财政政策的力度需有所加大,加强财政资金对基建基金、产业基金、企业发展基金等各类政府投资基金的支持力度,吸引社会资金通过 PPP 等模式广泛参与,加大相关投资领域对社会资金的开放,加快地方政府融资平台的市场化转型。继续通过专项建设基金加大对房改、基础设施、农田水利、重点产业等的支持力度。发挥财政资金的引导和稳定作用,充分吸引民间资金参与,缓解我国企业对担保链的过分依赖,发挥其逆周期调节功能,增强目前经济环境下企业的投资意愿。

实施稳健的货币政策，保持金融体系流动性的稳定，严守不发生系统性、区域性风险的底线。继续发展债券市场，满足企业的融资需求，增强企业借款的流动性和透明度。积极发展包括新三板在内的股票市场，扩大企业直接融资比率，为降低企业杠杆率发挥积极作用。支持民营银行等新型金融机构的发展，满足各类新兴经济业态的金融需求。同时，对在当前形势下仍不顾风险，一味追求做大资产规模的企业，要在证券市场准入等方面形成必要的融资约束。

第八章

缓释不良资产风险的创新性金融手段探索

一、宏观经济环境与不良资产走势分析

随着中国经济发展进入新常态,经济增长进入换挡期、结构调整面临阵痛期、前期刺激政策处于消化期,企业经营压力增加,不良资产规模快速上升,部分经济金融风险特别是区域性、系统性金融风险已有所显现。2017年,我国经济减速风险犹存,宏观调控从"需求侧"迈向"供给侧",市场出清有望加速,实体企业债务风险有可能更多、更快的暴露,金融和非金融领域的不良资产将延续增长趋势。

一方面,随着经济增速持续放缓,企业经营压力逐渐增加,信贷风险加速暴露,不良贷款余额和不良贷款率呈现"双升"趋势。2016年,我国商业银行不良贷款整体仍然保持双升态势,但增速明显放缓。银监会数据显示,截至2016年三季度末,商业银行不良贷款余额14939亿元,较年初增长17.2%,连续20个季度保持温和增长态势,但同比增速较2015年同期大幅放缓23.6个百分点。不良率1.76%,较年初提高9BP,上升幅度趋缓,特别是二季度出现12季度以来首次止升企稳。

另一方面,传统的不良资产处置方式是,银行将不良资产打包出售给金融资产管理公司以实现风险转移,不良资产由后者逐一处置变现。随着经济下行压力持续增大,不良资产规模的快速上升,客观要求各金融机构提高不良资产处置能力,创新不良资产处置方式,财政、金融政策并举,从而不断缓释不良资产可能导致的金融风险。

通过使用资产证券化、救援性融资两种创新模式缓释不良资产增长积聚的金融风险,用创新金融产品满足投资资产需求,支持经济增长,维护金融稳定。

1. 探索资产证券化方式处置不良资产。银行资产负债在迅速扩张的同时,周期性地形成了大规模的不良债权,银行体系积累了大量风险。我国已经积累了十多年资产证券化业务发展经验,未来基础资产由优质资产向一般资产和不良资产延伸,这是国际经验和业务发展大趋势决定的。通过资产证券化这种方式处置不良资产,能够实现市场风险价格发现功能,提高风险资产和风险投资人匹配度,能够通过结

构分层、增信、风险隔离等结构化设计,满足多层次投资人不同风险偏好的需求前提下,能够拓宽金融机构处置不良贷款的渠道,加快处置速度,提高金融机构经济资本利用效率,从而降低潜在金融风险。

2. 探索救援性融资模式缓释不良资产风险。在企业面临日益加剧的经营压力之际,中国的资本市场应该在控制好自身金融风险的同时,更好地为企业改革和转型服务。救援性融资制度在防范和化解金融风险,维护金融稳定方面作用显著。无论在国际金融危机时期,还是在国内系统性金融风险集中爆发的时期,政府部门均积极开展各种救援性融资行动,例如历次金融危机期间 IMF 对各国的救援性融资;2007 年次贷危机时期美联储、美国财政部和联邦存款保险公司对美国金融业的救助;20 世纪末经济泡沫破灭时期日本政府主导的对其国内银行业的救助,以及亚洲金融危机后我国对大型国有银行不良贷款的政策性剥离等。与此同时,各国在金融危机时期通过建立政策性救援机构(资产管理公司、处置信托公司等)来吸收和处置不良资产,这些机构中的一部分在金融危机过后仍旧存续下来,继续发挥处置不良资产、开展救援性融资、化解金融风险的作用。

不良资产证券化和救援性融资制度的研究是金融领域的前沿课题。本章将力图在总结现有不良资产证券化和救援性融资相关理论的基础上,分析其功能定位和具体运行模式,探讨保持金融稳定与效率最优的二者相关理论与实践道路,为新常态下防范控制金融风险提供有力的支撑,为国家供给侧结构性改革以及去过剩产能政策提供工具选择。

二、我国不良资产市场的环境分析

(一) 2016~2017 年不良资产市场发展现状

从经济金融环境看,2016 年,世界经济整体缓慢复苏且态势分化,增长动力不足,不确定因素依然较多。一方面,实体企业经营困难增多,违约风险持续暴露,推动金融和非金融领域的不良资产供给显著增加,潜在的市场交易机会逐渐增多;另一方面,转型发展产生资源优化配置和存量优化调整的需求,化解产能过剩、问题企业并购重组、破产企业重整、国企改革、产融结合等特殊机会投资有所增加。

从政策氛围看,我国政府反复强调要坚决守住不发生系统性、区域性金融风险的底线。李克强总理曾公开表示,允许个案性金融风险的发生,按市场化的原则进行清算。为此,监管部门加强了对地方债务、影子银行、产能过剩、民间借贷等重点风险的防范和管控工作,进一步引导不良资产市场参与主体发挥化解金融风险的作用,客观上推动了不良资产市场扩容。

展望2017年，全球经济面临的风险因素依然不容忽视。美联储开始加息周期，导致美元走强和回流，进而冲击全球金融市场稳定。我国经济将面临更加复杂多变的外部环境，培育新增长点、深入推进结构调整等转型发展任务依然艰巨，经济增速面临进一步放缓的风险。尤其是区域性、行业性的局部风险暴露将持续给经济金融稳定带来严峻挑战，不良资产交易仍可能处在发展窗口期。同时，监管部门也将继续培育良好的市场氛围。

（二）我国未来不良资产的趋势预测

1. 2016年银行业不良贷款继续较快增长

2016年，我国商业银行不良贷款整体仍然保持双升态势，但增速明显放缓。银监会数据显示，截至2016年三季度末，商业银行不良贷款余额14939亿元，较年初增长17.2%，连续20个季度保持温和增长态势，但同比增速较2015年同期大幅放缓23.6个百分点。不良率1.76%，较年初提高9BP，上升幅度趋缓，特别是二季度出现12个季度以来首次止升企稳。

分机构类型看，大型银行不良贷款快速增长态势开始改善，中小银行风险相对突出。截至2016年三季度末，大型银行不良贷款余额较年初增长9.4%，相比2015年同期35.8%的增速明显放缓，不良贷款余额占比也较年初下降3.6个百分点至51.3%；不良率较年初微幅上升1BP，从季环比增速看，二季度以来不良率已连续2个季度下滑。其余四类银行不良贷款规模、占比、比率仍保持明显的升势。其中，以农商行最为明显，不良贷款余额较年初增长32.3%，不良率较年初提高26BP；股份制银行、城商行和外资行不良贷款余额分别较年初增长25%、22.7%和20.8%，不良率分别较年初提高14BP、11BP和26BP。

分资产类别看，次级类贷款占不良贷款余额比例较年初下降3.6个百分点。可疑类贷款和损失类贷款的绝对规模和相对占比均明显上升，余额分别较年初增长24.3%和27.2%。

总体判断，商业银行通过加大处置力度持续释放存量不良资产风险，通过加强内部风险控制舒缓增量不良资产压力，双管齐下使得不良贷款较快增长势头出现改善迹象。但对不良贷款的估算和预测市场仍存较大分歧。

2. 非银行金融领域的违约风险有所增加

一是非银行金融机构资产质量下行压力加大。信托公司、金融租赁公司、财务公司、消费金融公司等非银金融机构，主要也为企业提供债务融资，在经济下行期同样面临信用风险暴露压力，但由于其规模相对较小，风险防控方式相对灵活，资产质量相对稳定。

二是债券违约出现蔓延趋势。自"11超日债"利息违约以来，债券市场逐渐步入违约常态化阶段。2015年，在经济增长减速、信用逐渐收缩、发债规模持续攀升、市场对利率的定价趋于理性等多种因素的影响下,债券违约风险渐呈蔓延态势。截至2015年11月底,债券市场已经发生二十余起信用风险事件,包括:近十只公募债(包括公司债、企业债、中票和短融)先后卷入兑付风波;私募债市场出现"12东飞01"、"12蓝博01"、"12致富债"、"13大宏债"、"13福星门"、"14绿保01"等多起兑付事件;离岸债券市场相继爆出佳兆业、永晖控股等美元债违约等。2016年,债券违约范围继续扩大。从募集性质来看,公募债违约逐渐成为常态。从期限看,中短期品种违约率相对较高。

三是非持牌金融机构的债务违约风险相对突出。在传统金融体系之外,尚有多类非持牌金融机构给企业提供债务融资,如担保、小贷、典当行、互联网金融公司等,由于其缺乏正规监管、准入门槛较低、抗风险能力较弱,面临的违约风险明显高于银行等传统金融机构。以P2P互联网金融平台为例,在P2P快速发展的同时,提现困难、跑路、坏账、第三方担保倒闭等负面消息不断涌现。

3. 非金融领域风险暴露加快

经济增长进一步放缓必然导致实体企业基本面继续恶化,随着宏观调控从"需求侧"迈向"供给侧",市场出清加速,企业盈利能力下降和亏损面扩大的问题短期内将进一步凸显,导致债务风险可能更多、更快的暴露。

一是企业盈利能力持续下降。二是企业亏损数量和亏损金额显著增长。三是应收账款规模持续攀高,带来较大的流动性压力。四是产能过剩行业范围有所扩大。

4. 2017年不良资产市场展望

2017年,我国经济"三期叠加"的阶段性特征难以根本改变,去产能化趋势仍将持续,股市、汇市及资产价格波动可能加剧,金融和非金融领域不良资产的增长压力犹存。特别是,随着债务融资体系的膨胀以及融资方式的多元化,不良资产的外延和内涵可能进一步延伸。目前我国债务融资体系主要包括银行,信托,债券,券商、基金等发行的资管计划,小贷,担保,P2P等。经济下行压力将导致整个债务体系的违约率上升,除了银行不良贷款仍处在增长周期之外,信托产品、债券、资管计划、P2P平台等债务融资工具的偿付压力也将日趋加大,违约或者潜在违约事件可能继续增多。

广义的不良资产市场则包括了更多的内容和更大的发展空间。除了上述金融机构待处置的不良或违约资产之外,还包括企业兼并重组、改制破产、商业账款抵债、涉诉涉案等特殊资产。如果将风险链条前移,还可以囊括事实上的不良资产,即债务人的盈利能力持续无法覆盖利息,主要依赖增加负债来覆盖现金流,即使未来两三年暂不违约,但已经是"事实不良"。此类"事实不良"依赖持续增加的债务融资来覆盖现金流,体现出明显的借新还旧、借新还息等特征,违约风险较高,属于问题资产。未来在经济继续下行、金融改革试错成本叠加的背景下,市场预计广义的不良资产的市场规模将保持20%以上的增幅。

三、探索不良资产的资产证券化处置方式

随着经济增速持续放缓,企业经营压力逐渐增加,信贷风险加速暴露,不良贷款余额和不良贷款率呈现"双升"趋势。如果未来宏观经济没有明显好转,关注类及逾期类贷款转不良压力增大,预计不良资产规模将进一步增长。

传统的不良资产处置方式是,银行将不良资产打包出售给金融资产管理公司以实现风险转移,不良资产由后者逐一处置变现。开展不良资产证券化,不仅有助于商业银行和金融资产管理公司提高资本利用效率、降低资金成本、降低风险敞口,还可以借助市场风险价格发现功能,提高风险资产和风险投资人匹配度,满足不同风险偏好资金的资产配置需求,在降低潜在的金融风险的同时,解决资产荒问题。

我国可以通过资产证券化模式缓释不良资产增长积聚的金融风险,用创新金融产品满足投资资产需求,支持经济增长,维护金融稳定。

(一)国外和我国不良资产证券化的实践经验

不良资产证券化在国内外都有过大量成功的实践和案例,证明了不良资产可以证券化,说明其具备可行性。比如,美国在1989年8月到1995年底不到6年的时间里,以资产证券化方式处置的不良资产账面价值达4500亿美元,高效盘活了存在流动性和支付性困难与危机的储蓄银行资产,推动了美国储蓄信贷市场回归正常运营。

1. 不良资产证券化的优势

一是通过分层增信技术缓冲不良风险。不良资产证券化自身可以通过优先/次级的结构设计安排,通过将资产分层打包,即通过资产的重新组合来实现资产收益的重新分割,从而增进产品信用,吸纳和缓冲资产的"不良"因素。

二是满足不同风险偏好需求。利用风险价格发现机制,为不良资产证券化产品定价,既能满足不同偏好以及不同风险识别、风险定价能力的投资者需求,又能降低不良资产持有者的风险敞口。

三是有效地风险隔离。通过在交易结构中设立特殊目的机构(SPV),以及完成证券化资产的真实出售,不仅能够将该不良资产风险与原始持有人的其他风险进行隔离,从而降低证券购买者的购买风险;又能够完成发起方资本节约的目的。

2. 美国不良资产证券化经验

美国国会于1989年设立处置信托公司(RTC)专用于接管和处理储蓄信贷机构的资产与负债,除了使用一些常规性处置方法,还积极探索运用包括不良资产证券化在内的创新方法。RTC利用资产证券化方式高效盘活了存在流动性和支付性困难

的420亿储蓄银行资产,推动了美国储蓄信贷市场回归正常运营。在 RTC 第一例证券化交易的构造过程中,曾经产生是否将违约贷款纳入到住房抵押贷款证券的疑问。美国银行业当时的标准做法是不将违约贷款置入组合。为了推进产品创新,提高处置收益,RTC1991-1 系列证券的承销人通过"违约价格减让"分析,评估得出如果资产组合中包含不良贷款,投资者会要求 0.05% 额外风险补偿,据此 RTC 决定在提供价格折让的前提下,将拖欠日期不超过89天的贷款纳入出售组合,这即是住房抵押贷款证券化交易中第一次包括违约贷款。这种策略也为后来大量的、各种类型发行人寻求快速便捷的方式,为其"不良"住房抵押贷款再融资铺平了道路。虽然 2008 年金融危机后,美国资产支持证券的发行规模一度急剧下降,但从2009年之后逐步回升,截至 2014 年,美国资产支持证券存量10.7万亿美元,规模达到其债券市场的四分之一。

3. 中国不良资产证券化实践

伴随着国内法律和监管制度的不断完善,我国的不良资产证券化实践一直在推进。2001年《信托法》的颁布实施,为不良资产证券化项目通过设立特定目的信托(SPT)而进行风险隔离提供了法律依据。其后,2005年我国所颁布的《金融机构信贷资产证券化试点监督管理办法》、《信贷资产证券化试点管理办法》,2007年中国人民银行发布的关于规范信贷资产证券化信息披露的第16号公告,2008年颁布的《关于进一步扩大信贷资产证券化试点有关事项的通知》(简称为《通知》),为我国不良资产证券化业务的开展奠定了法律基础。

我国发行资产证券化产品开始试点始于2005年。从试点到2008年金融危机业务停滞期间,建设银行、信达资产和东方资产做了四单不良资产证券化项目,总计规模134.15亿元。涉及的发起程序主要有如下两种:一是由金融资产管理公司批量收购商业银行的不良资产,将其作为基础资产池发行产品,并认购产品中的次级证券;二是商业银行作为发起人,但出于监管要求以及不良资产真实出表需要,在自持小比例次级证券前提下,将次级证券出售给投资者。四单业务当中,"建元2008-1重整资产证券化"是商业银行作为发起模式、市场化批量处置不良资产的成功范例。该产品优先级资产支持证券21.5亿元,次级资产支持证券6.15亿元,次级证券向信达公司定向发行。其余三单则都是金融资产管理公司发起模式,以首单不良资产证券化项目信达公司发行的"信元2006-1重整资产支持证券化产品"为例,该产品基础资产池为包括中国银行在内的机构本息合计314亿元的可疑类不良贷款,次级作为剩余权益全部由信达公司持有,规模为18亿元。

在2005~2008年试点期间,金融资产管理公司以及商业银行在不良资产证券化方面的有益实践,为相关法律的构建积累了经验,为未来的业务发展创新奠定了基础。但是,次级证券并没有真正推向市场,没有实现通过不良资产证券化实现风险出表的目的。

（二）我国不良资产证券化的新形势与发展瓶颈

1. 我国不良资产证券化的新形势

第一，国内试水不良资产证券化。2012年5月，《通知》的下发重启了资产证券化试点，试点额度逐年增加，已经从2012年的500亿元增长到2015年的5000亿元。银监会分别在2016年初和年中的工作会议上要求开展不良资产证券化试点和扩大不良资产证券化试点机构范围。2016年5月，中国银行"中誉2016年第一期不良资产支持证券"和招商银行"和萃2016年第一期、第二期不良资产支持证券"陆续发行，标志着不良资产证券化时隔8年后重启，商业银行不良资产市场化处置渠道进一步拓宽。2016年6家不良资产证券化试点机构共发行14只产品，规模156.10亿元，占试点额度的31%。基础资产类型快速创新，"和萃一期""和萃二期"成为首单以零售类不良贷款和小微企业不良贷款作为基础资产的不良资产证券化产品，建设银行2016年9月23日发行的"建鑫2016年第二期不良资产支持证券"则是首单不良个人住房抵押贷款资产支持证券。

第二，非金融类不良资产只能借道证券化。近年我国在经济结构转型升级过程中，非金融企业仍面临负债率偏高、应收账款难以回收、产能过剩行业深度调整等压力，非金融不良债权资产大幅增加。金融资产管理公司首先通过借道信托公司收购非金融类不良资产，通过重组将其转变为优质信贷资产，然后再次借道信托公司，发行信贷资产证券化产品。

华融公司于2015年发起的新锐2015年第一期信贷资产支持证券就是上述模式。该项目发行规模38.5925亿元，这是自信贷资产证券化业务重启以来我国金融资产管理公司作为发起机构发行的单次最大规模信贷资产支持证券；优先A档资产支持证券信用评级为AAA级，优先B档资产支持证券信用评级为AA+级；优先A档票面发行利率4.0%，优先B档证券票面发行利率4.7%，次级档证券发行价格133元/百元面值；采取了次级证券溢价发行的方式。

第三，刚性兑付尚未打破，市场化定价机制不完善。因为在市场还存在普遍的刚性兑付情况下，投资者普遍追求高收益产品，使得一方面因为过剩需求导致定价偏低，次级产品无法实现合理的风险溢价，另一方面发行方可能被迫为次级产品寻找收益担保，从而提高了发行成本。不良资产证券化在于风险分担分散，要保证次级证券投资者获得相对高的收益率。

2. 我国不良贷款证券化的发展瓶颈

国外经验早已表明，不良资产也可以证券化，过去国内操作的几单也都运行顺利，增信手段和交易结构与发展中的一般资产证券化并无实质性区别，金融资产管理公司也有非常强的问题贷款的催收、重组技术。能否更快地推动发展不良资产证券化市场，关键在于如何进行有效估价的问题。不良资产包如何定价转让，如何估算现金流设计成相应的证券,技术层面上也不存在实质性障碍,相对容易借鉴国外技术和历史经验。不良资产定价问题的核心与根本,还是在与业务相关的会计、税务、法律以及包括信息披露在内的监管法规等政策方面。

第一是会计出表问题,考虑到不良贷款证券化的次级(占比在40%~60%之间)较一般信贷资产证券化要厚得多,对应的资本消耗(风险权重1250%)很高,直接对应了银行的会计出表需求,银行会千方百计地考虑如何将次级销售出去。这就需要相应的会计准则配套措施或制度安排,最好的方式是培育和发展能够承接次级产品的投资人,真正实现出表。

第二是税收中性要求。实行资产证券化的一个基本原则就是保持"税收中性",也就是在实施证券化前后的交易主体,所承担的总税负,大体上应该保持不变的,既不大幅增多,也不会优惠减少。目前,关于资产证券化的税收政策集中体现在2006年发布的《关于信贷资产证券化有关税收政策问题的通知》中,总体上体现了促进资产证券化创新试点的导向,但仍存在诸多不足,比如在相关主体交易行为及其所得性质的认定上,存在不够明确的问题,难免会发生重复征税。

第三是法律方面问题。基于资产的不良属性,与法律相关的重要问题有:

一是资产以何种价格转让,这种转让是否构成低价转让等可能被认为转让无效、可撤销,以及可能损害原股东和债权人合法权益的其他情形(如果是国资,还可能涉及是否侵害国有资产,造成国资流失等问题);

二是在转让上,涉及繁复的通知和担保变更登记等问题;

三是资产的追偿有效性问题,也即诉讼时效是否过期,以及该不良资产是否仍然有效,是否存在抗辩权等需要结合具体资产情况,尽调之后才能处理的问题。不过,上述问题在法律上都不存在禁止性的规定,在具体情形下都是可以解决,但法律不明确时,市场发展过程中参与主体的预期与行为规范就难以保证。

第四是监管方面问题。不良资产证券化的重启,已经有了监管和市场双向的呼吁,但是包括注册标准和信息披露要求在内的具体政策措施还没到位,针对不良资产证券化对应的信用风险更高、发行人道德风险更加严重、投资者利益更难保障等客观存在的问题,监管主体需要思考如何建立保护投资者合法权益的监管约束,以保障市场未来的长远发展。

此外,固定收益市场刚性兑付尚未打破,市场化定价机制不完善也构成一大障碍。因为在市场还存在普遍的刚性兑付情况下,投资者普遍追求高收益产品,使得一方面因为过剩需求导致定价偏低,次级产品无法实现合理的风险溢价,另一方面发行方可能被迫为次级产品寻找收益担保,从而提高了发行成本。不良资产证券化在于风险分担分散,要保证次级证券投资者获得相对高的收益率。

(三)我国发展不良资产证券化的政策建议

随着不良贷款总额和不良率"双升"以及利率市场化的推进,银行存在通过不良资产证券化降低资本压力、盘活存量资金的强烈需求。同时，目前金融资产管理公司商业化收购不良资产需要自有资金及向金融机构融资，伴随着不良资产规模快速增长，而处置不良资产需要一定的周期，将对资产管理公司的流动性造成压力，不良资产证券化也是资产管理公司盘活存量、融入资金，解决流动性风险的有效手段。所以，笔者建议尽快明确税收、法律以及监管等相关政策，大力推动不良资产证券化，化解银行不良资产处置压力，服务于国家供给侧结构性大局。具体建议如下：

1. 完善相关税收制度

税收法规方面，建议将不良资产证券化过程中折扣销售导致的损失从应税收入中扣除。除此之外，重要的是我国资产证券化的税收法规仍有待完善，需要进一步明确资产支持证券相关主体和环节的纳税义务，避免对投资者和发起人的双重征税。这主要体现在：一方面，《通知》只是规定了资产证券化业务的一些税收处理，对一系列纳税申报具体问题如纳税地、发票开具等方面的规定，建议也予以明确；另一方面，《通知》没有给予证券化交易特定的税收政策，可能导致交易的重复征税、高额税负，易导致交易灵活性和效率的降低。比如《通知》规定了发起机构在资产转移环节负有所得税义务，同时，资产转移中是否免营业税也未明确，从税收上限制了发起机构考虑真实销售、资产出表的方式。为减轻税负，发起人会尽可能规避销售而将证券化交易设计为担保融资，从而无法真正实现风险、破产隔离。

2. 借鉴美国 ABS 新规，完善不良资产证券化相关法律法规及监管要求

金融危机后，美国针对资产证券化业务的发展与监管做出了相应的反思，他们认识到由于市场主体对资产证券化的不当利用以及监管的缺位，证券化过程放大了金融风险。当然，我们看到，美国的资产证券化是存在发展过度的问题，而我国的资产证券化市场是发展严重不足。市场主体对不良资产证券化需求迫切，但政策和监管当局更多考虑其对应的信用风险、道德风险。我们可以充分参考美国次贷危机中总结的经验教训，这些教训和反思就体现在政府部门出台的相关法案、法规和监管新措施中（尤其是去年美国出台的资产证券化专项法规 RegABII），将完善法律法规和监管要求作为基础设施，保障投资者利益。监管方面的具体建议有：

（1）加强对不良资产证券化市场的监管。资产证券化是贷款等债权基础上的金融衍生产品，美国次贷危机中的一个教训就是金融衍生品与金融创新市场应该受到更加严格的监管，需要把大量衍生品交易转移到正规交易所中，因此，我们建议加强对不良资产证券化的监管，鼓励不良资产证券化到规范化、标准化、规模化和组织化的交易所上市发行交易，少数的大单可以到个性化的场外市场，并通过透明的信息来促进竞争、降低暴利、提升市场深度、防范严重的道德风险。

（2）信息披露方面，借鉴次贷危机教训，进一步完善不良资产证券化项目流程的信息披露制度。2008 年金融危机后，美国进一步提高资产证券化信息披露要求，

希望通过更加详细、标准化的信息促进投资者更好地理解和管理证券化产品的风险。针对不良资产证券化,我国也有必要在交易结构、基础资产筛选等方面要求披露更多信息,让投资者全面了解表内外资产证券化风险暴露及基础资产的风险特征,明确诸如基础资产的相关信息,包括资产类别、借款人资信状况、各类逾期资产占比、违约率、提前还款率、基础资产抵质押品类别及其权属状况、平均抵质押率以及行业和地域分散情况等;全面掌握可能对风险暴露产生重大影响的资产证券化交易的结构特征,包括信用增级、流动性便利、与交易有关的违约定义、各种触发机制和资产支持证券偿付安排等。

(3)减少对评级结果的依赖。关于资产证券化风险加权资产的计量,是将确定的资产证券化风险暴露金额,乘以相应的风险权重来实现。对于风险权重的确定,巴塞尔协议不是单纯依赖评级结构,而是着重从以下六大方面综合考察:一是有无外部评级;二是评级为长期评级或者短期评级;三是评级的结果,四是该资产池中资产分散状况;五是资产证券化风险暴露的优先等级;六是因提供信用增级而产生的风险暴露,通常 BB- 以下或者未评级的部分给予 1250% 的风险权重。当商业银行作为发起人参与不良资产证券化时,不仅要做好完全的风险隔离,而且要注意尽可能减少以信用增级机构的角色参与。

(4)资产一致性检查。针对前文介绍法律方面问题时提到的,不良资产证券化过程中"资产的追偿有效性问题",可以参考美国 ABS 新规中实施的资产一致性检查。为了解决交易协议等文件中条款难以保证实施,以及投资人请求、申诉以及行权很难等问题,美国最新规定的做法是,要求交易协议中设置如下条款:当某些触发事件,比如,在与资产池相关的违约率超过某一阀值发生时,必须由第三方"资产特征检查员"来强制性地检查资产,至少要审查所有拖欠 60 天及以上的资产,以保证资产在证券化后交易协议中的合规性陈述和保证条款能够得到实施。"资产特征检查员"不附属于发起人、托管人、服务商、受托人或者第三方勤勉尽责服务商机构,它由交易参与方在交易开始前选举产生。

四、引入救援性融资模式化解不良资产风险

在企业面临日益加剧的经营压力之际,中国的资本市场应该在控制好自身金融风险的同时,更好地为企业改革和转型服务。救援性融资制度在防范和化解金融风险,维护金融稳定方面作用显著。无论在国际金融危机时期,还是在国内系统性金融风险集中爆发的时期,政府部门均积极开展各种救援性融资行动,例如历次金融危机期间 IMF 对各国的救援性融资;2007 年次贷危机时期美联储、美国财政部和联邦存款保险公司对美国金融业的救助;20 世纪末经济泡沫破灭时期日本政府主导的

对其国内银行业的救助，以及亚洲金融危机后我国对大型国有银行不良贷款的政策性剥离等。与此同时，各国在金融危机时期通过建立政策性救援机构（资产管理公司、处置信托公司等）来吸收和处置不良资产，这些机构中的一部分在金融危机过后仍旧存续下来，继续发挥处置不良资产、开展救援性融资、化解金融风险的作用。

救援性融资制度的研究是金融领域的前沿课题。本文将力图在总结现有救援性融资相关理论的基础上，分析其功能定位和具体运行模式，探讨保持金融稳定与效率最优的救援性融资理论与实践道路，为新常态下防范控制金融风险提供有力的支撑，为国家供给侧结构性改革以及去过剩产能政策提供工具选择。

（一）金融市场离不开强有力的救援性融资体系

全球经济金融体系存在非常显著的顺周期特性，这导致经济繁荣和衰退的程度都被加剧，所以我们需要在现有市场结构中，在宏观和微观层面安排更多的逆周期机制，以确保金融体系更为稳健。救援性融资体系即具备很强的逆周期特性。救援性融资体系可以被定义为当企业在生产经营过程中由于流动性短缺、资产负债表杠杆过高等原因，无法获得其他资金来源而导致经营困难时，由政府或私人机构向其提供的以救援为目的的融资体系。

1. 救援性融资是解决金融脆弱性的主要手段

随着金融自由化和国际化的步伐不断加快，金融不稳定（金融脆弱性）相关的理论研究也在不断深入。早期的金融不稳定的研究主要围绕经济周期中企业和银行的信贷扩张和收缩行为而进行，即企业在经济向好时过度负债，在经济向下时暴露出债务过重问题，再加上银行收缩信贷，最终导致企业倒闭引发危机（费雪，1933）。另一方面经济进入衰退的原因是企业的盈利机会受生产力增长约束，而信贷则不然，最终信贷被过多用于投机而非实物投资，当债务超过了债权人收入所能偿还的金额时，危机发生（Minsky, 1982）。也有观点认为银行在经济繁荣时期逐渐降低资金的贷出标准（安全边界）也助推了金融风险（Kregel, 1997）。与此同时，金融自由化和国际化、以及金融创新的发展进一步激化了金融体系的不稳定性和风险。

处理金融系统本身的脆弱性及不稳定性，离不开政府干预。早期古典经济学派和凯恩斯经济学派最大的争论就是政府是否应该干预市场，但随着资本国际化和贸易全球化的发展，支撑这两个理论体系的前提条件已经改变，现代经济学理论研究均非常重视政府在经济及金融稳定方面的作用。金融危机的解决不仅要依靠市场自身的修复调节能力，还要依靠政府灵活使用财政货币政策及其他创新性政策手段，不仅要从制度设计上避免金融风险的发生，还要在危急时刻对关键企业实施救援性融资。历次金融危机经验表明，救援性融资是化解金融风险，降低金融脆弱性的主要手段。

2. 救援性融资能够有效化解金融风险

救援性融资能够有效化解金融风险，快速恢复金融秩序，维护金融市场稳定和经济增长。救援性融资能够通过收购金融企业不良资产，提高金融公司整体资产质量，改善其资产负债表，增加其流动性，最终促进金融行业健康有序发展。救援性融资能够通过承接非金融类企业的不良资产，扩张企业信用，提高企业流动性，使其得到再生，带动经济恢复，促进产业结构调整。

3. 救援性融资可以切实提高企业营运价值

在许多情况下，企业的营业价值要高于其清算价值，即高于它的净资产通过清算变价所能获得的价值回收，此类企业面临的仅是财务上的困难，即短期内无力清偿到期债务。而企业面临的破产风险又可分为结构性风险和周期性风险。当经济不景气时，面临周期性风险的企业可能由于盈利下降而到达破产边缘，若其可以在困难时期获得外部的救援性融资，将会在经济上行时恢复盈利能力。而面临结构性风险的企业的盈利下降更多是由于其处在一个过剩的产业，或者一个产业的底端，此时救援性融资无法挽救这样的企业。

（二）多层次的救援性融资对应多层次的金融风险

资本市场是多层次的，当不同层次的市场主体出现危机时，应当由相对应的救援机构提供融资。国际组织和各国央行会联合应对全球性的金融危机，存款保险公司会为国家内的金融危机提供救援性融资，而私营金融机构只能为局部范围的金融突发事件提供救援性融资。

救援性融资的资金来源可分为外国资金、央行资金、财政性资金和私人资金。因为使用央行或财政性资金等公共资源进行救助会产生潜在的道德风险，所以会受到来自纳税人的压力和质疑。

1. 政府性救助融资多应对系统性金融危机

（1）国际组织和各国央行联手应对全球金融危机。2008年金融危机期间，G20和IMF领导人通过加强全球金融稳定合作，更加有效地动员和使用救助资源，避免了金融市场进一步恶化，维护了全球金融稳定。

一是国际机构向成员国提供流动性。IMF向受金融危机影响严重的经济体提供紧急援助贷款，防止金融危机蔓延。例如当希腊在国际金融市场长期存压，国债被评为"垃圾级"失去自身融资能力时，接受IMF救援融资以避免违约。

二是各国央行向市场提供流动性。在金融危机期间各国央行充当"最后贷款人"，通过间接或直接向金融机构注入流动性，降低金融风险。例如在美国次贷危机引发大规模信贷紧缩，常规货币政策手段（调低联邦基金利率、降低再贴现率）无法阻止金融市场剧烈动荡的背景下，美联储利用下列非常规货币手段，发挥"最后贷款人"作用，千方百计增加市场流动性供给。

一是启用短期招标工具（TAF）、一级交易商信贷工具（PDCF）、定期证券信贷工具（TSLF），分别向存款金融机构和一级交易商提供流动性。二是启用资产支持商业票据货币市场共同基金流动性工具（AMLF）、商业票据融资工具（CPFF）、货币市场投资者融资工具（MMIFF），分别向存款类金融机构和银行控股公司、票据发行人以及货币市场投资者提供流动性。三是启用中长期证券购买计划、定期资产支持证券信贷工具（TALF），向房利美、房地美、联邦房贷银行、持有资产支持证券（ABS）的美国企业和投资基金提供流动性。

美联储通过一系列创新性的货币政策，修复了货币传导机制，扩张了信用，缓解了金融机构的流动性困难，促进了金融市场的稳定。

（2）存款保险公司在化解国内金融危机时至关重要。所谓存款保险制度，是指存款银行交纳保费形成存款保险基金，当个别存款银行经营出现问题时，使用存款保险基金依照规定对存款人进行及时偿付的制度。为了保护存款人的合法权益，同时通过市场机制强化对存款银行经营行为的监督，及时防范和化解金融风险，维护金融稳定，许多国家和地区先后建立了存款保险制度。存款保险制度在一国金融安全网中处于重要地位，它不仅有效防范了银行挤兑和贷款中断现象，还在应对危机的过程中对通过突破和扩展自身的职能，提升了化解系统性风险的能力。

美国联邦存款保险公司（FDIC）具有三个主要职能，即保险人、清算人和监管者。在20世纪80年代和90年代初的美国银行和储贷机构危机中，FDIC的重要性非常突出，它保证了参保的机构没有出现严重挤兑和贷款业务中断，而且保证了存款人的受保存款未受损失。在应对2008年次贷危机的过程中，FDIC的风险处置对象不仅包括濒临破产的金融机构，而且延伸到了受危机影响严重，经营压力较大的金融机构。FDIC通过对收购问题贷款的投资基金进行担保，以及通过出台临时流动性担保计划，积极致力于解冻信贷市场、清理银行体系资产负债表、协助处置高风险大型复杂金融机构，在美国政府的一系列重要危机处置计划中发挥了重要作用。

中国存款保险制度已经出台。2014年中国人民银行发布了《存款保险条例》。按照条例规定，存款保险实行限额偿付，最高偿付限额为人民币50万元。与此同时，如果个别规模较小的存款银行发生了被接管、被撤销或者破产的情况，也是先动用存款保险基金，支持其他合格的金融机构对出现问题的存款银行进行"接盘"，收购或者承担其业务、资产、负债，而存款人的存款将转移到其他银行，继续得到全面保障。确实无法由其他银行收购、承接的，按照最高偿付限额直接偿付被保险存款。

2. 私人性救助融资多应对局部金融风险

（1）资产管理公司通过救援性融资化解风险。资产管理公司依托政府建立，主要通过收购困难企业存量不良资产，向困难企业提供救援性融资。例如美国的重组信托公司（RTC），受FDIC管辖，依靠国会拨款和其他间接资金维持运作；以及为了接受银行不良贷款、间接为大型商业银行融资而设立的中国四家政策性资产管理公司。资产管理公司处置金融不良资产的过程中,通过债务追偿、债务重组、债转股、拍卖、分包、诉讼、上市推荐、证券承销等手段,市场化、法制化、专业化地改善企业资本和财务状况,化解企业经营风险和信用风险,化解了金融风险,维护了金融体系稳定,促进了经济发展。

我国资产管理公司成立之初主要是充分依托国家政策,之后在逐渐探索商业化转型,其通过处置政策性剥离的不良贷款大幅降低了大型商业银行的不良率,支持了国有商业银行改革;通过托管高风险金融机构和企业帮助了国有企业改革脱困;通过资产重组、债转股和破产清算等方式盘活了各类企业资产、提升了企业资源利用效率和流动性,改善了企业资产负债结构。资产管理公司无论在接受政策性剥离的不良贷款,还是在托管或重组陷入困境的金融及非金融企业,均具有很强的救援性融资特性。

(2) 行业协会建立的行业保障基金缓释风险。行业协会一般会通过建立非政府性的行业保障基金,引入市场化风险处置机制,构建防范风险的"安全网",促进行业持续健康发展。行业保障基金可将行业风险有效隔离,通过保障基金的救援性融资介入,换取风险缓释和化解的"时间窗口",将单体项目和单体机构风险消化在行业内部,是逐步释放存量风险、减少对金融市场乃至社会负外部冲击的关键手段。

我国正在建立各种行业保障基金。2014年,财政部和银监会批准设立信托业保障基金,基金由中国信托业协会联合信托公司等机构出资设立的保障基金公司负责管理,由各家信托公司认购。保障基金可以用于以下情形,一是信托公司因资不抵债,在实施恢复与处置计划后,仍需重组的;二是信托公司依法进入破产程序,并进行重整的;三是信托公司因违法违规经营,被责令关闭、撤销的;四是信托公司因临时资金周转困难,需要提供短期流动性支持的。信托业保障基金建立了信托行业有效化解风险、维护稳健运行的长效机制,有助于防范信托公司及其股东的道德风险。

(三) DIP 融资模式是救援性融资介入破产企业的最优手段

高风险机构处置机制的核心是强化股东和债权人自救,强化从外部获取救援性融资的能力,通过提高资本和债券的损失吸收能力,使外部风险资金、股东和债权人成为剩余风险的真正承担者。而 DIP 融资模式是各方介入救援破产机构的最优手段。DIP 融资模式是指一种为处于财务困境的公司提供的特殊融资制度,是指启动破产重整程序后,经债务人申请和法院批准,债务人从公司外部得到独立于公司现有资产之外的资金的融资方式。

1. DIP 融资模式——从"破产清算"到"重整再生"

伴随着破产法立法理念从个别主体单面保护到相关主体利益均衡保护的转变,

从最大限度地满足债权人的偿债需求到拯救困境企业、均衡各方利益以及社会利益的转变，破产制度开始从清算型转变为真正意义上的再建型。DIP 重整制度就是这种转变的产物。DIP（Debtor–in–Possession）指占有中的债务人，是美国破产法中重整人选任模式，DIP 模式是指在重整程序中，由债务人继续经营申请破产公司。美国破产法规定了重整程序是以债务人自我重整为原则。

（1）分配价值最大化是破产重整的核心追求。重整是对破产公司价值的考验，重整制度能帮助面临短期流动性困难、但仍具造血能力和存续价值的企业起死回生，最终实现救援性融资提供者、债权人、债务人和社会多赢的局面。重整制度通过保持公司的持续经营，并且通过经营所获得的利益实现新旧债权人的利益，从而最大限度地提升债务人财产价值，最终实现分配价值的最大化。如果企业破产重整失败，一定程度上就可以质疑其经营模式和盈利模式，可能不符合市场的发展趋势，企业面临的可能是结构性而非周期性的问题。通过让这类企业破产也达到了市场优胜劣汰，提升整体经济运行效率的目的。

（2）DIP 融资模式可以填补重整中的公司治理真空。由 DIP 所发起的重整融资模式为 DIP 融资模式。DIP 模式不仅赋予了债务人发动重整程序的特权，而且使得债务人控制了公司的经营管理权，使得公司出现权利真空。此时债权人可能受到债务人机会主义行为的损害。而从 DIP 模式开启 DIP 融资模式后，债务人单独控制公司的弊端即可以解决。DIP 融资人可以在融资契约中规定各种条款主导重整程序，从而可以平衡债务人对重整的排他控制权，填补公司治理真空。融资人不仅可以将撤换管理层作为提供贷款的条件，也可以通过循环评估然后贷款的方式控制债务人的经营活动。

（3）优先受偿权所蕴含的利益平衡机制。重整的常见理由是企业缺少流动性资金，无法清偿到期债务，并且经营前景不确定，经营风险高。如果重整条款能够真正为债务人提供避免清算的希望，就必须能够获得贷款，获得贷款是重整成功的少数关键之所在。而保证债务人能够获得贷款的决定因素，就是要尽可能地为投资人的资金提供优惠条件和优先偿付保证。

美国破产法第 364 条为了更好地从制度上帮助债务人获得贷款，其将贷款区分为六个不同的等级，第一等级为等同于普通债权人受偿权利的贷款；第二等级为获得等同于管理费用待遇的贷款，第三等级为优先于管理费用待遇的贷款，第四等级为从没有负担的财产上获得担保权益的贷款，第五等级为在有负担的财产上获得劣后担保权益的贷款，第六等级为享有比现存担保权"优先或者相同顺位"的担保权益的担保权，即真正享有"超级优先权"的贷款。由此可以看出，DIP 融资制度千方百计地为债务人争取新入资金，而优先受偿权为债务人吸引 DIP 融资人提供了保证，从而使得破产企业通过重组恢复正常运营成为可能。

（4）组合借款、资产转让、结构调整等多种融资模式。组合借款、资产转让、资本结构调整这三种融资模式在 DIP 重整过程中都会使用,但争取获得外来资金往往是重整成功的关键所在。

一是重整借款,借款的来源包括重整公司的股东、债权人以及其他投资者。借款利息一般较高,或者需要为借款设置担保。因为如果破产清算股东将无法获得任何清偿,所以股东会考虑提供贷款,但股东更倾向于由他人出资,或者同其他人共同出资。因为 DIP 融资模式下新入投资者可以对未设担保的财产设定担保,而且享有优先受偿权,这将损害旧债权人的受偿率,所以旧债权人愿意提供借款。对于其他投资者来说,向破产公司投资主要基于看好公司所拥有的资源或者看好公司未来发展前景,认为通过专业的资源整合或者管理改进,可以提高企业盈利能力,从而得到投资的高收益率。二是重整资产转让,即通过转让资产或者转让业务等方式获得资金,通过调整公司经营范围来减轻运营压力。三是资本结构调整,即通过债转股的方式,将债权人的债权与股东的股权进行置换,从而降低公司债务压力。

2. 我国《破产法》的重整融资制度尚需完善

我国 2007 年 6 月 1 日开始实施的《破产法》也引入了重整模式,用第八章共 25 个条文明确重整制度,这表明政府对破产企业重整制度的重视。但是条文中未包含详细的操作指南,仅列出原则性规范,例如关于新债权人优先受偿权问题上,我国破产法仅在第 75 条第二款中规定:"在重整期间,债务人或者管理人为继续营业而借款的,可以为该借款设定担保",但没有明确设定担保的具体操作指引,没有明确界定区分重整各方的权责利分配,从而造成无法充分发挥重整制度的优势,无法最大限度地调动外部投资人的积极性,从而阻碍了重整进程,降低了重整效率。

我国破产法中重整制度的不足不仅直接导致了私营企业在我国企业破产重整过程中参与不足,使得破产企业无法通过资本市场为重整获取资金,而且导致了破产企业重整过程对各级政府的过分依赖。政府的过分介入不仅降低了企业重整的效率,又不符合我国大力发展构建的市场经济体制。

(四) 救援性融资的发展需要前瞻性的制度设计

救援性融资制度呼应了党的十八届三中全会提出"发挥市场机制在资源配置中的决定性作用"的战略背景,是贯彻十八届三中全会提出的"完善金融机构市场化退出机制"和"保障金融市场安全高效运行和整体稳定"的战略方针,建立金融行业有效化解风险、维护稳健运行的长效机制的具体举措。

1. 央行创新性的货币政策和完善的存款保险制度

鉴于我国始终保持政策制定的独立性以及所拥有的巨额外汇储备,我国接受国际组织救援,例如 IMF 救援融资的可能性较小。因为通常只有外汇储备不足、偿债压力过大情况下,才会考虑申请 IMF 救援融资,并要接受所附带的非常苛刻的改革条件。因此我国充分发挥中央银行和存款保险制度在救援性融资制度的作用非常重要。

中央银行在货币政策制定过程中要更加注重流动性形势，要更加注重改革创新，要根据流动性需求的期限、主体和用途，丰富和完善货币工具组合。与此同时，要进一步完善我国的存款保险制度，FDIC 在美国 1984－1994 年金融危机以及 2007 年次贷危机中所发挥的显著作用表明，存款保险制度在维护金融体系系统性稳定中至关重要。

2. 完善《破产法》的重整融资制度

我国《破产法》中重整制度的不足阻碍了破产企业获取救援性融资的效率，降低了市场自我修复能力和化解金融风险的能力，使得市场无法顺畅地通过合理的制度安排甄别企业好坏并实现企业的优胜劣汰。只有实行市场化的处置机制，允许经营失败的企业退出市场，才能显著弱化政府救助的刚性预期，才能使市场基本法则发挥作用。

因此完善《破产法》重整融资制度迫在眉睫。只有从制度上明确提供救援性融资企业的权责利，才会化解破产企业对政府的过分依赖，才会提高破产企业重整最终恢复正常运营的效率。只有尽可能地减少政府对破产企业的干预，实现市场化的救济和退出机制，才能真正地保障金融市场安全高效运行和整体稳定。

3. 推动资产管理公司规模化多元化发展

只有充分强大的市场化运营的资产管理公司，才能有能力主导或配合债务人和债券人化解金融风险。金融风险处置要发挥市场机制的决定性作用，要防范道德风险。救助性融资机制对危机公司的救助，必须坚持市场原则，不是无成本的救助，更不是对危机公司及其股东的逆向激励。在出现金融风险时，要通过市场原则，实现股东、债权人和资产管理公司相互协助，通过注资、资产出售和分拆、股转债等机制，化解金融风险，防止动用公共资金救助。

因此要大力推动资产管理公司转型，通过政策引导使其更加市场化、专业化、规模化、多元化，提高资产管理公司的风险处置能力和进行救援性融资的专业能力，增强其逆周期金融救助功能，充分发挥其金融体系"过滤网"、"安全网"、"稳定器"的作用，发挥其在救援性融资中具有的天然优势，将有助于落实优胜劣汰的市场竞争机制，有助于配合国家去过剩产能的战略举措，有助于维护国家经济金融稳定。

五、总结

我国的金融资产管理公司应在不良资产证券化以及救援性融资发展过程中中扮演积极的角色。

(一) 资产管理公司拥有的比较优势

考虑到当前监管体系以及市场环境特点，资产管理公司应当在不良资产证券化试点中扮演积极的角色。一是资产管理公司具有长期收购处置不良资产的经验，拥有较为成熟的技术力量和团队组织，并较早在资产证券化领域展开了探索，可以发挥多元协同的优势来深挖不良资产处置潜力、发挥市场救助功能。二是资产管理公司不良资产收购业务覆盖面广，可提供不同行业、地域的大规模不良资产组合，实现稳定的本息回收率，避免中小金融机构基础资产结构单一、风险集中的问题。三是资产管理公司资本规模较为雄厚，整体资产状况优良，可以减少投资者对发起方道德风险的担忧。

(二) 资产管理公司主动迎接不良资产证券化的几种方式

随着商业银行创新处置不良资产的需求逐渐上升，资产管理公司应该在打包转让处置方式为主的基础上，积极开拓资管计划与基金对接、资本市场联动等创新方式，多角色多功能参与不良资产证券化，双向促进商业银行不良资产的化解，满足创新处置需求，提高市场份额。一方面，资产管理公司可以作为不良资产证券化的服务机构，帮助商业银行展开不良资产证券化设计，提供专业化的中介服务，提供不良资产的清收服务；另一方面，资产管理公司可以作为发起人，对存量资产证券化，降低经济资本占用，提高资金运用效率，进一步提高不良资产收购能力，扩大对商业银行不良资产的收购规模。

(三) 资产管理公司应积极推动救援性融资发展

资产管理公司可以通过重整借款、贷款担保、重整资产转让、债转股、追加投资等方式参与陷入流动性危机的企业的重整 DIP 过程，或者收购具有低收益、低流动性、有贬值风险的企业资产，然后通过资产重组、债务重组、债转股等方式提升资产价值。资产管理公司运用 DIP 融资模式不仅可以维护社会稳定、提高债权人清偿比例、保留企业营运价值，还有利于增强处置不良资产业务能力，从而获得一定的投资收益。在经济下行时期或资本市场遭遇重挫严重低估时，积极寻找暂时遭遇流动性危机或陷入周期性低谷，但发展前景良好的企业，以股债结合方式开展救援性融资，同时与包括公司债转股企业在内的战略投资者合作，运用资本市场退出，在救治企业的同时提升公司盈利能力。

第九章

人民币国际化问题研究

随着国际金融危机治理的深化,世界经济环境正在发生着天翻地覆的变化。在此大背景下,随着中国实体经济快速发展而崛起的人民币的国际化进程,也面临一样的发展环境大变化。如何在新形势下有效推进人民币国际化成为我国的一大课题。与此同时,美联储货币政策开始由宽松政策向紧缩政策转变,市场普遍预期美元将进入新一轮升值周期,美元"剪羊毛"问题也再次成为各界关注焦点。

一、人民币国际化的现状

在欧美金融加杠杆消费、东亚依托廉价劳动力生产、广大发展中经济体供给能源资源的世界经济大三角运行模式下,随着实体经济的快速发展,中国经济快速发展,变身世界第二大经济体、货物出口第一大经济体。与此同时,人民币也踏上国际化道路,成为国际金融领域一道亮丽风景线。2015年6月,人民银行发布《人民币国际化报告》,对人民币国际化的情况进行了盘点。

(一)人民币国际化的发展过程

我国的人民币国际化起始于2005年的人民币汇率改革。根据世界经济运行模式的转型阶段,人民币国际化分成两个阶段:国际金融危机之前的阶段和国际金融危机之后的阶段。现通过人民银行公布的人民币国际化大事记总结如下。

1. 国际金融危机爆发前的阶段

国际金融危机爆发前,人民币国际化是中国实体经济发展的反应,是实体经济外溢导致的虚拟经济外溢表现。在实体经济外溢的条件下,人民银行根据实体经济国际化的需要推出了一系列货币政策改革,推进人民币国际化。

1996年年底,我国在实现了人民币经常账户自由兑换后,迟迟没有推出人民币资本账户自由兑换措施,主要担心国内改革尚不具备较强的支撑条件。

2005年7月汇改以后,中央下决心推进资本项下改革,宣布实行以一篮子货币为参照的有管制的浮动汇率体系,开启了人民币国际化进程。中央决定,实行"三步走"的策略推进人民币国际化进程：在地域上，低层次上的国际化：坚持人民币周边化；中层次的上国际化：区域化；高层次的国际化：国际化。在货币职能上，坚持人民币结算货币、人民币投资货币和人民币储备货币。在"三步走"战略指导下，人民币国际化进程开启。

1993年，中国人民银行先后与越南、蒙古、老挝、尼泊尔、俄罗斯、吉尔吉斯、朝鲜和哈萨克斯坦等8个周边经济体央行签署了边贸本币结算协定。

2000年5月，在泰国清迈召开的第九届东盟与中日韩"10+3"财长会议上，与会各国共同签署了建立区域性货币互换网络的协议——《清迈协议》(Chiang Mai Initiative)。《清迈协议》包括两部分内容：扩大了东盟互换协议（ASA）互换货币的规模；达成中日韩三国与东盟国家的双边互换协议。

2001年12月，中国人民银行与泰国达成规模达为20亿美元的单边货币互换协议。

2002年3月中国人民银行与日本央行达成规模为60亿美元的双边货币互换协议；6月，中国与韩国达成规模为80亿美元双边货币互换协议；10月中国与马来西亚达成规模为15亿美元单边货币互换协议；8月，中国与菲律宾达成规模为20亿美元的单边货币互换协议。

2003年12月，中国与印度尼西亚达成规模为40亿美元的单边货币互换协议；2003年，中国人民银行分别为香港和澳门的银行的个人人民币业务提供清算安排；截至2003年12月底。东亚"10+3"货币互换机制取得了实质性进展，中日韩与东盟10国共签署了16个、累积金额达440亿美元双边互换协议。

2004年，中国人民银行出资2.22亿美元储备资产，认购亚洲债券基金二期，投资中国债券市场，启动了国外央行间接对人民币债券投资的历程。

2005年，印度储备银行将人民币纳入了汇率指数一篮子货币。2007年6月，首支人民币债券登陆香港，此后内地多家银行先后在香港推出两年或三年期人民币债券，总额超过200亿元人民币。

2008年5月，中日韩与东盟建立规模为800亿美元多边储备货币基金；12月4日，中国与俄罗斯两国就加快在两国贸易中改用本国货币结算问题进行了磋商；12日，中韩两国签署了双边货币互换协议，通过本币互换可相互提供1800亿元人民币的短期流动性支持。25日，国务院决定，对广东和长三角地区与港澳地区、广西和云南与东盟的货物贸易进行人民币结算试点；期间，中国与蒙古，越南，缅甸等周边八国签订了自主选择双边货币结算的协议，人民币区域化的进程大步加快。

截至国际金融危机爆发，人民币国际化所做的工作主要根据国际贸易发展的需要集中在人民币的周边化上下功夫，并取得了引人注目的成绩。

2. 国际金融危机爆发后阶段

2008年，起源于华尔街的国际金融风暴席卷全球，世界经济陷入低谷，主要国际货币发行国货币都遭受重挫，人民币因其币值超强的稳定性成为世界各经济体，特别是中国周边和东南亚各国选择的避险货币。人民币国际化进一步提速。

2009年，适应国际环境的变化，人民币国际化在区域化方面迈出新步伐。1月，中国人民银行与香港金管局达成2000亿元人民币的货币互换协议；2月，中国与马来西亚签订规模为800亿元人民币/400亿林吉特的互换协议。3月，国务院确认，将在香港进行人民币跨境结算中心试点。3月11日，中国人民银行和白俄罗斯共和国国家银行签署规模为200亿元人民币/8万亿白俄罗斯卢布的双边货币互换协议，意在通过推动双边贸易及投资促进两国经济增长。协议实施有效期3年，经双方同意还可展期；3月23日中国人民银行与印度尼西亚银行签署规模为1000亿元人民币/175万亿印尼卢比的双边货币互换协议，意在支持双边贸易及直接投资以促进经济增长，并为稳定金融市场提供短期流动性。协议实施有效期3年，经双方同意还可展期；3月25日国务院审议并原则通过关于推进上海加快发展现代服务业和先进制造业、建设国际金融中心和国际航运中心的意见，致力于到2020年将上海基本建成与中国经济实力和人民币国际地位相适应的国际金融中心；4月2日，中国人民银行和阿根廷中央银行签署规模为700亿元人民币/380亿阿根廷比索的双边货币互换协议。协议实施有效期3年，经双方同意还可展期。4月8日，中国人民银行先后公布《跨境贸易人民币结算试点管理办法》及《实施细则》，跨境贸易人民币结算业务进入实际操作阶段；4月20日，中国人民银行与韩国银行签署了规模为1800亿人民币/38万亿韩元的双边本币互换协议；6月1日，中国人民银行、财政部、商务部、海关总署、国家税务总局和中国银行业监督管理委员会联合发布《跨境贸易人民币结算试点管理办法》（中国人民银行　财政部　商务部　海关总署　国家税务总局　中国银行业监督管理委员会公告〔2009〕第10号）；6月3日，中国人民银行与中国银行（香港）有限公司签署修订后的《香港人民币业务清算协议》，配合跨境贸易人民币结算试点工作的开展；6月3日，为贯彻落实《跨境贸易人民币结算试点管理办法》，中国人民银行发布《跨境贸易人民币结算试点管理办法实施细则》（银发〔2009〕212号）。6月29日，中国人民银行与香港金融管理局就内地与香港跨境贸易人民币结算试点业务签订《补充合作备忘录（三）》；7月1日，中国人民银行等六部委联合发布了《跨境贸易人民币结算试点管理办法》，决定在上海、深圳、广州、珠海、东莞五个城市开展跨境贸易人民币结算试点；7月6日，基于日益增强的经济实力以及较高的外贸依存度，国家决定正式启动人民币跨境贸易结算试点，上海市办理第一笔跨境贸易人民币结算业务；人民币跨境收付信息管理系统（RCPMIS）正式上线运行，人民币朝着国际化目标迈出了第一步；7月7日，广东省4城市启动跨境贸易人民币结算试点工作；7月10日，国务院批准中国人民银行三定方案，新设立汇率司，其职能包括"根据人民币国际化的进程发展人民币离岸市场"。这是中国官方文件首次公开提及人民币国际化，正式拉开了人民币区域化序幕；7月14日，中国人民银行、财政部、商务部、海关总署、国家税务总局、中国银行业监督管理委员会联合向上海市和广东省政府发布了《关于同意跨境贸易人民币结算试点企业名单的函》（银办函〔2009〕472号），第一批试点企业正式获批开展出口货物贸易人民币结算业务，共计365家；9月10日，中国人民银行和国家税务总局签署《跨境贸易人民币结算试点信息传输备忘录》；9月15日，财政部首次在香港发行人民币国债，债券金额共计60亿元人民币；9月28日，财政部在香港发行60亿元人民币国债，这是中国政府首次在大陆以外地区发行以人民币计价的债券；同日，中国银行宣布，其在瑞士的基金管理公司发行24只基金，其中一部分基金将提供人民币计价，全球首例以人民币计价的瑞士基金出现，人民币国际化提速。11月6日，中国人民银行批复国家开发银行开展境外项目人民币融资试点业务，这是我国金融机构首次开展此类业务；12月22日，中国人民银行发布《跨境贸易人民币结算试点相关政策问题解答》。

2010年，人民币国际化启动非接壤经济体国际化进程。2月11日，香港金融管理局发布《香港人民币业务的监管原则及操作安排的诠释》；3月8日，中国人民银行发布《人民币跨境收付信息管理系统管理暂行办法》（银发〔2010〕79号）；3月19日，中国人民银行和海关总署签署《关于跨境贸易以人民币结算协调工作合作备忘录》；3月24日，中国人民银行与白俄罗斯共和国国家银行签署了《中白双边本币结算协议》。该协议是我国与非接壤国家签订的第一个一般贸易本币结算协议；6月9日，中国人民银行与冰岛中央银行签署了规模为35亿人民币/660亿冰岛克朗的双边本币互换协议；6月17日，中国人民银行、财政部、商务部、海关总署、国家税务总局和中国银行业监督管理委员会联合发布《关于扩大跨境贸易人民币结算试点有关问题的通知》（银发〔2010〕186号），扩大跨境贸易人民币结算试点范围；7月19日，中国人民银行与香港金融管理局在香港签署《补充合作备忘录（四）》，与中国银行（香港）有限公司签署修改后的《关于人民币业务的清算协议》；7月23日，中国人民银行与新加坡金融管理局签署了规模为1500亿人民币/300亿新加坡元的双边本币互换协议；8月17日，中国人民银行发布《关于境外人民币清算行等三类机构运用人民币投资银行间债券市场试点有关事宜的通知》（银发〔2010〕217号）；8月19日，经中国人民银行授权，中国外汇交易中心在银行间外汇市场完善人民币对马来西亚林吉特的交易方式，发展人民币对马来西亚林吉特直接交易；8月31日，中国人民银行发布《境外机构人民币银行结算账户管理办法》（银发〔2010〕249号）；11月22日，经中国人民银行授权，中国外汇交易中心在银行间外汇市场完善人民币对俄罗斯卢布的交易方式，发展人民币对俄罗斯卢布直接交易。

2011年，人民币国际化在拓展双边互换协议基础上在完善人民币投资进出渠道方面迈出新步伐。1月6日，中国人民银行发布《境外直接投资人民币结算试点管理办法》（中国人民银行公告〔2011〕第1号），允许跨境贸易人民币结算试点地区的银行和企业开展境外直接投资人民币结算试点，银行可以按照有关规定向境内机构在境外投资的企业或项目发放人民币贷款；4月18日，中国人民银行与新西兰储备银行签署了规模为250亿元人民币/50亿新西兰元的双边本币互换协议；4月19日，中国人民银行与乌兹别克斯坦共和国中央银行签署了规模为7亿元人民币/1670亿乌兹别克斯坦苏姆的双边本币互换协议；5月6日，中国人民银行与蒙古银行签署了规模为50亿元人民币/1万亿蒙古图格里克的双边本币互换协议。6月3日，中国人民银行发布《关于明确跨境人民币业务相关问题的通知》（银发〔2011〕145号）；6月9日，昆明富滇银行与老挝大众银行共同推出人民币与老挝基普的挂牌汇率；6月13日，中国人民银行与哈萨克斯坦国家银行签署了规模为70亿元人民币/1500亿坚戈的双边本币互换协议；6月23日，中国人民银行与俄罗斯联邦中央银行签订了新的双边本币结算协定，规定两国经济活动主体可自行决定用自由兑换货币、人民币和卢布进行商品和服务的结算与支付；6月28日，中国工商银行广西分行和中国银行新疆分行相继推出人民币兑越南盾、哈萨克斯坦坚戈挂牌交易；6月30日，交通银行青岛分行、韩国企业银行青岛分行推出人民币对韩元的柜台挂牌交易；7月27日，中国人民银行、财政部、商务部、海关总署、国家税务总局、中国银行业监督管理委员会发布《关于扩大跨境贸易人民币结算地区的通知》（银发〔2011〕203号），明确将跨境贸易人民币结算境内地域范围扩大至全国；10月13日，中国人民银行发布《外商直接投资人民币结算业务管理办法》（中国人民银行公告〔2011〕第23号）；10月24日，中国人民银行发布《关于境内银行业金融机构境外项目人民币贷款的指导意见》（银发〔2011〕255号）；10月26日，中国人民银行与韩国银行续签双边本币互换协议，互换规模由原来的1800亿元人民币/38万亿韩元扩大至3600亿元人民币/64万亿韩元；11月4日，根据中国人民银行公告〔2003〕第16号确定的选择香港人民币业务清算行的原则和标准，中国人民银行授权中国银行（香港）有限公司继续担任香港人民币业务清算行（中国人民银行公告〔2011〕第25号）；11月22日，中国人民银行与香港金融管理局续签双边本币互换协议，互换规模由原来的2000亿元人民币/2270亿港币扩大至4000亿元人民币/4900亿港币；12月16日，中国证券监督管理委员会、中国人民银行、国家外汇管理局联合发布《基金管理公司、证券公司人民币合格境外机构投资者境内证券投资试点办法》（证监会令第76号）；12月22日，中国人民银行与泰国银行签署了中泰双边本币互换协议，互换规模为700亿元人民币/3200亿泰铢；12月23日，中国人民银行与巴基斯坦国家银行签署了规模为100亿元人民币/1400亿卢比的双边本币互换协议；12月29日，人民币对泰铢银行间市场区域交易在云南省成功推出，这是我国首例人民币对非主要国际储备货币在银行间市场的区域交易；12月31日，中国人民银行发布《关于实施〈基金管理公司、证券公司人民币合格境外机构投资者境内证券投资试点办法〉有关事项的通知》（银发〔2011〕321号）。

2012年，人民币国际化继续完善人民币回流渠道，推进离岸金融市场建设。1月17日，中国人民银行与阿联酋中央银行签署了规模为350亿元人民币/200亿迪拉姆的双边本币互换协议；2月6日，中国人民银行、财政部、商务部、海关总署、国家税务总局和中国银行业监督管理委员会联合发布《关于出口货物贸易人民币结算企业管理有关问题的通知》（银发〔2012〕23号）；2月8日，中国人民银行与马来西亚国家银行续签了中马双边本币互换协议，互换规模由原来的800亿元人民币/400亿林吉特扩大至1800亿元人民币/900亿林吉特；2月21日，中国人民银行与土耳其中央银行签署了规模为100亿元人民币/30亿土耳其里拉的双边本币互换协议；3月20日，中国人民银行与蒙古银行签署了中蒙双边本币互换补充协议，互换规模由原来的50亿元人民币/1万亿图格里克扩大至100亿元人民币/2万亿图格里克；3月22日，中国人民银行与澳大利亚储备银行签署了规模为2000亿元人民币/300亿澳大利亚元的双边本币互换协议；4月3日，经国务院批准，香港地区人民币合格境外机构投资者（RQFII）试点额度扩大500亿元人民币；6月1日，经中国人民银行授权，中国外汇交易中心在银行间外汇市场完善人民币对日元的交易方式，发展人民币对日元直接交易；6月26日，中国人民银行与乌克兰国家银行签署了规模为150亿元人民币/190亿格里夫纳的双边本币互换协议；6月29日，中国人民银行发布《关于明确外商直接投资人民币结算业务操作细则的通知》（银发〔2012〕165号）；7月31日，中国人民银行发布《境外机构人民币银行结算账户开立和使用有关问题的通知》（银发〔2012〕183号）；8月31日，中国人民银行与台湾方面货币管理机构签署《海峡两岸货币清算合作备忘录》；9月24日，中国人民银行与中国银行澳门分行续签《关于人民币业务的清算协议》；11月13日，经国务院批准，香港地区人民币合格境外机构投资者（RQFII）试点额度扩大2000亿元人民币；12月11日，中国人民银行授权中国银行台北分行担任台湾人民币业务清算行。

2013年，人民币国际化立足全球需求完善人民币进出渠道。1月25日，中国人民银行与中国银行台北分行签订《关于人民币业务的清算协议》；2月8日，中国人民银行授权中国工商银行新加坡分行担任新加坡人民币业务清算行，并于4月与其签订《关于人民币业务的清算协议》；3月1日，中国证券监督管理委员会、中国人民银行、国家外汇管理局联合发布《人民币合格境外机构投资者境内证券投资试点办法》（证监会令第90号）；3月7日，中国人民银行与新加坡金融管理局续签了规模为3000亿元人民币/600亿新加坡元的中新双边本币互换协议；3月13日，中国人民银行发布《关于合格境外投资者投资银行间债券市场有关事项的通知》（银发〔2013〕69号）；3月26日，中国人民银行与巴西中央银行签署了规模为1900亿人民币/600亿巴西雷亚尔的双边本币互换协议；4月10日，经中国人民银行授权，中国外汇交易中心在银行间外汇市场完善人民币对澳元的交易方式，发展人民币对澳元直接交易；4月25日，中国人民银行发布《关于实施〈人民币合格境外机构投资者境内证券投资试点办法〉有关事项的通知》（银发〔2013〕105号）；6月21日，两岸签署《海峡两岸服务贸易协议》，允许台资金融机构以人民币合格境外机构投资者（RQFII）方式投资大陆资本市场，投资额度考虑按1000亿元掌握；6月22日，中国人民银行与英格兰银行签署了规模为2000亿元人民币/200亿英镑的双边本币互换协议；7月9日，中国人民银行发布《关于简化跨境人民币业务流程和完善有关政策的通知》（银发〔2013〕168号）；8月23日，中国人民银行办公厅发布《关于优化人民币跨境收付信息管理系统信息报送流程的通知》（银办发〔2013〕188号）；9月9日，中国人民银行与匈牙利中央银行签署了规模为100亿元人民币/3750亿匈牙利福林的双边本币互换协议；9月11日，中国人民银行与冰岛中央银行续签了规模为35亿元人民币/660亿冰岛克朗的双边本币互换协议；9月12日，中国人民银行与阿尔巴尼亚银行签署了规模为20亿元人民币/358亿阿尔巴尼亚列克的双边本币互换协议；9月23日，中国人民银行发布《关于境外投资者投资境内金融机构人民币结算有关事项的通知》（银发〔2013〕225号）；10月1日，中国人民银行与印度尼西亚银行续签了规模为1000亿元人民币/175万亿印尼卢比的双边本币互换协议；10月8日，中国人民银行与欧洲中央银行签署了规模为3500亿元人民币/450亿欧元的双边本币互换协议；10月15日，第五次中英经济财金对话宣布给予英国800亿元人民币合格境外机构投资者（RQFII）额度；10月22日，中新双边合作联合委员会第十次会议宣布给予新加坡500亿元人民币合格境外机构投资者（RQFII）额度；12月31日，中国人民银行发布《关于调整人民币购售业务管理的通知》（银发〔2013〕321号）。

2014年，人民币国际化致力于推进离岸金融市场建设。3月14日，中国人民银行、财政部、商务部、海关总署、国家税务总局和中国银行业监督管理委员会联合发布《关于简化出口货物贸易人民币结算企业管理有关事项的通知》（银发〔2014〕80号）；3月19日，经中国人民银行授权，中国外汇交易中心在银行间外汇市场完善人民币对新西兰元的交易方式，发展人民币对新西兰元直接交易；3月26日，中法联合声明宣布给予法国800亿元人民币合格境外机构投资者（RQFII）额度；3月28日，中国人民银行与德意志联邦银行签署了在法兰克福建立人民币清算安排的合作备忘录；3月31日，中国人民银行与英格兰银行签署了在伦敦建立人民币清算安排的合作备忘录；4月25日，中国人民银行与新西兰中央银行续签了规模为250亿元人民币/50亿新西兰元的中新双边本币互换协议；6月11日，中国人民银行发布《关于贯彻落实〈国务院办公厅关于支持外贸稳定增长的若干意见〉的指导意见》（银发〔2014〕168号）；6月17日，中国人民银行授权中国建设银行（伦敦）有限公司担任伦敦人民币业务清算行；6月18日，中国人民银行授权中国银行法兰克福分行担任法兰克福人民币业务清算行；6月19日，经中国人民银行授权，中国外汇交易中心在银行间外汇市场完善人民币对英镑的交易方式，发展人民币对英镑直接交易；6月28日，中国人民银行与法兰西银行签署了在巴黎建立人民币清算安排的合作备忘录，与卢森堡中央银行签署了在卢森堡建立人民币清算安排的合作备忘录；7月3日，中国人民银行与韩国银行签署了在首尔建立人民币清算安排的合作备忘录，给予韩国800亿元人民币合格境外机构投资者（RQFII）额度，4日，授权交通银行首尔分行担任首尔人民币业务清算行；7月7日，在德国总理默克尔来华访问期间，李克强总理宣布给予德国800亿元人民币合格境外机构投资者（RQFII）额度；7月18日，中国人民银行与阿根廷中央银行续签了规模为700亿元人民币/900亿阿根廷比索的中阿双边本币互换协议；7月21日，中国人民银行与瑞士国家银行签署了规模为1500亿元人民币/210亿瑞士法郎的双边本币互换协议；8月21日，中国人民银行与蒙古银行续签了规模为150亿元人民币/4.5万亿蒙古图格里克的双边本币互换协议；9月5日，中国人民银行授权中国银行巴黎分行担任巴黎人民币业务清算行，授权中国工商银行卢森堡分行担任卢森堡人民币业务清算行；9月16日，中国人民银行与斯里兰卡中央银行签署了规模为100亿元人民币/2250亿斯里兰卡卢比的双边本币互换协议；9月28日，中国人民银行办公厅发布《关于境外机构在境内发行人民币债务融资工具跨境人民币结算有关事宜的通知》（银办发〔2014〕221号）；9月30日，经中国人民银行授权，中国外汇交易中心在银行间外汇市场完善人民币对欧元的交易方式，发展人民币对欧元直接交易；10月11日，中国人民银行与韩国银行续签了规模为3600亿元人民币/64万亿韩元的双边本币互换协议；10月13日，中国人民银行与俄罗斯联邦中央银行签署了规模为1500亿元人民币/8150亿卢布的双边本币互换协议；11月1日，中国人民银行发布《关于跨国企业集团开展跨境人民币资金集中运营业务有关事宜的通知》（银发〔2014〕324号）；11月3日，中国人民银行与卡塔尔中央银行签署了在多哈建立人民币清算安排的合作备忘录，签署了规模为350亿元人民币/208亿元里亚尔的双边本币互换协议，给予卡塔尔300亿元人民币合格境外机构投资者（RQFII）额度；11月4日，授权中国工商银行多哈分行担任多哈人民币业务清算行；11月4日，中国人民银行、中国证券监督管理委员会联合发布《关于沪港股票市场交易互联互通机制试点有关问题的通知》（银发〔2014〕336号）；11月5日，中国人民银行发布《关于人民币合格境内机构投资者境外证券投资有关事项的通知》（银发〔2014〕331号）；11月8日，中国人民银行与加拿大银行签署了在加拿大建立人民币清算安排的合作备忘录，签署了规模为2000亿元人民币/300亿加元的双边本币互换协议，并给予加拿大500亿元人民币合格境外机构投资者（RQFII）额度；11月9日，授权中国工商银行（加拿大）有限公司担任多伦多人民币业务清算行；11月10日，中国人民银行与马来西亚国家银行签署了在吉隆坡建立人民币清算安排的合作备忘录；11月17日，中国人民银行与澳大利亚储备银行签署了在澳大利亚建立人民币清算安排的合作备忘录,给予澳大利亚500亿元人民币合格境外机构投资者(RQFII)额度;11月18日,授权中国银行悉尼分行担任悉尼人民币业务清算行;11月22日,中国人民银行与香港金融管理局续签了规模为4000亿元人民币/5050亿港元的货币互换协议;12月14日,中国人民银行与哈萨克斯坦国家银行续签了规模为70亿元人民币/2000亿哈萨克坚戈的双边本币互换协议;11月15日,经中国人民银行批准,中国外汇交易中心正式推出人民币对哈萨克斯坦坚戈银行间区域交易;12月22日,中国人民银行与泰国银行签署了在泰国建立人民币清算安排的合作备忘录,并续签了规模为700亿元人民币/3700亿泰铢的双边本币互换协议;12月23日,中国人民银行与巴基斯坦国家银行续签了规模为100亿元人民币/1650亿巴基斯坦卢比的双边本币互换协议。

总之,人民币国际化立足我国实体经济外溢发展需要,适应国际经济环境的变化,抓住有利时机,满足国际贸易和投资需求,完善人民币跨境流动渠道,推进离岸金融市场建设,构建在岸市场和离岸市场联动机制,全力推进人民币国际化,推进人民币从国际结算货币向国际投资货币再向国际储备货币转变,打造全能型国际储备货币。

(二)当前人民币国际化的机遇与挑战

经历了长达10多年的发展,人民币国际化取得了巨大成就,面向未来人民币的国际化进程也面临诸多机遇和挑战。

1. 人民币国际化概况

第一,根据人民银行发布的《人民币国际化报告》(2015年6月11日),经常项目人民币结算规模保持较快增长。

2014年,经常项目人民币结算金额6.55万亿元,同比增长41.6%。其中:货物贸易人民币结算金额5.9万亿元,同比增长42.6%,占同期货物贸易本外币跨境结算金额的比重接近20%;服务贸易及其他经常项目结算金额6565亿元,同比增长31.3%。全年经常项目人民币实收2.73万亿元,实付3.83万亿元,净流出1.1万亿元,收付比为1:1.4。[①]

境外地域范围进一步扩大。截至2014年末,与我国发生跨境人民币收付的国家达189个(不含港澳台等境外地区)。2014年,与香港地区的跨境人民币收付量占比为52.7%,同比下降4.4个百分点。与新加坡、中国台湾、日本、德国、英国等的跨境人民币收付量占比较2013年同期均有所上升。

境内各地区经常项目人民币跨境结算金额较快增长。2014年,经常项目人民币跨境结算地区前3名是广东省、上海市和浙江省,占比分别为26.7%、15.5%和

---

① 中国人民银行:《人民币国际化报告》,2015年6月11日。

11.4%；全国共有9个地区经常项目人民币跨境结算金额超过1000亿元；8个边境省（自治区）的结算金额合计约4006.6亿元，占比为6.1%。

货物贸易项下人民币购售业务呈现净买入态势。2014年，境内代理银行共办理跨境人民币购售业务1925亿元，其中自境外参加行买入人民币1022.8亿元，向境外参加行售出人民币902.2亿元，净买入人民币120.6亿元。境外人民币清算行共办理人民币购售业务609亿元，其中自境外参加行买入人民币294亿元，向境外参加行售出人民币315亿元，净售出人民币21亿元。

第二，根据人民银行发布的《人民币国际化报告》（2015年6月11日），人民币在跨境直接投资中的使用有了长足进展。

对外直接投资（ODI）。2014年，ODI人民币结算金额为1865.6亿元，同比增长117.9%。截至2014年末，ODI人民币结算金额累计3320.5亿元。

外商来华直接投资（FDI）。2014年，FDI人民币结算金额为8620.2亿元，同比增长92.4%。截至2014年末，FDI人民币结算金额累计16886.5亿元。

第三，根据中国人民银行发布的《人民币国际化报告》（2015年6月11日），据不完全统计，截至2015年4月末，境外中央银行或货币当局在境内外持有债券、股票和存款等人民币资产余额约6667亿元。

第四，根据中国人民银行发布的《人民币国际化报告》（2015年6月11日），人民币国际债券持续增长。2014年中国债券市场共发行人民币债券11万亿元，同比增长22.3%；截至2014年末，债券托管余额35万亿元，同比增长18%；全市场共成交结算396万亿元，同比增长30.6%。其中，现券交易43.2万亿元，交易活跃度稳步回升。截至2015年4月末，共有232家境外机构获准进入中国境内银行间债券市场，债券托管余额为6346.1亿元。

按照国际清算银行（BIS）狭义口径，截至2014年末，以人民币标价的国际债券余额5351.18亿元，其中境外机构在离岸市场上发行的人民币债券余额5304.8亿元，在中国境内发行的人民币债券（熊猫债）余额46.3亿元。

第五，根据人民银行发布的《人民币国际化报告》（2015年6月11日），非居民持有人民币资产不断增长。截至2015年4月末，非居民（境外机构和个人）持有境内人民币金融资产44065亿元，其中：境外机构持有的股票市值和债券托管余额分别为6444亿元和7352亿元；境外机构对境内机构的贷款余额8739亿元；非居民在境内银行的人民币存款余额21530亿元，包括境外参加行同业往来账户存款、境外机构和境外个人存款。

据不完全统计，截至2014年末，港澳台地区和新加坡、卢森堡等主要离岸市场人民币存款余额约19867亿元（不含存款证）。

第六，根据人民银行发布的《人民币国际化报告》（2015年6月11日），人民币外汇交易规模不断扩大。2014年，中国境内人民币外汇市场（含银行间市场和银行代客市场）日均交易量550亿美元。全年银行间市场人民币外汇即期成交折合4.12万亿美元，同比增长1.2%；人民币外汇掉期交易成交折合4.49万亿美元，同比增长32.1%；人民币外汇远期市场成交折合529亿美元，同比增长63.5%。

据不完全统计，2014年香港、新加坡、伦敦等主要离岸市场人民币外汇交易量日均超过2300亿美元。

第七，根据人民银行发布的《人民币国际化报告》（2015年6月11日），人民币现钞境外流通不断扩大。目前人民币现钞跨境流动主要有个人携带现钞出入境和银行跨境调运现钞两个渠道。自2005年1月1日起，中国公民出入境、外国人入出境每人每次携带人民币限额调整为2万元。银行有两个人民币现钞跨境调运渠道，一是以我国和毗邻国家中央银行签订的边贸本币结算协定为基础，边境地区商业银行与对方国家商业银行合作跨境调运人民币现钞。二是人民银行授权香港、台湾等境外人民币清算行负责跨境调运人民币现钞。2007年，人民银行启用首个境外人民币现钞代保管库——中银香港代保管库，并以其为基础向海外其他国家和地区提供人民币现钞供应和回流服务。人民币现钞跨境供应回流机制运行稳定，供应回流渠道已覆盖港澳台地区及周边国家，并向全球延伸。银行人民币现钞跨境调运总量稳步上升，2014年人民币现钞调入金额为399亿元，调出金额为117亿元，合计516亿元，同比增加23.2%。

总之，人民币国际化取得了巨大成绩。据环球银行金融电信协会（SWIFT）统计，2014年12月，人民币成为全球第2大贸易融资货币、第5大支付货币、第6大外汇交易货币。当前，人民币在国际金融市场上的地位出现了小幅波动。SWIFT公布的最新《RMB Tracker》显示，2016年6月，人民币在全球支付市场中的份额为1.72%，连续三个月维持第六大支付货币地位。与此同时，人民币继续保持全球第二大贸易融资货币的地位。国际清算银行（BIS）公布的每三年一次对各国央行就外汇市场和衍生品市场发展进行的调查报告显示，2016年9月之前的三年间，人民币在全球外汇交易中的占比增长一倍，至4%，交易量在全球货币中排名第八，并已成为交易最活跃的新兴市场货币。

2. 人民币国际化面临的机遇和挑战

人民币国际化是国内人民币金融市场与国际金融市场接轨融合的过程。面向未来，人民币国际化仍然面临市场化改革带来的诸多挑战，也面临诸多发展机遇。

首先，人民币国际化面临诸多挑战。一是资本项目市场化改革的挑战。中国于1996年实现经常项目可兑换后即开始稳步推进资本项目可兑换。目前中国距实现人民币资本项目可兑换的目标并不遥远。但面向未来，中国还面临进一步推动人民币资本项目可兑换改革的挑战。个人项下跨境投资渠道尚不畅通，需要推进个人项下跨境投资市场化改革；境外投资者境内投资渠道尚不畅通，需要为非居民在境内发行除衍生品外的金融产品创造市场渠道，提高境外投资者投资我国资本市场便利性；

外汇管理法规修订相对滞后，需要建立与国际接轨的外汇管理法规；涉外政策壁垒尚存，涉外经济必要的基础设施还相对落后，需要系统调整和建设；国际金融市场更加动荡，防风险任务更加繁重。二是利率市场化改革带来的挑战。人民币存款利率、市场利率定价自律机制、同业存单发行和交易等人民利率市场化建设有待进一步推进，人民基准利率机制有待进一步建设。三是人民币汇率形成机制改革带来的挑战。国际金融市场的动荡给保持人民币汇率在合理均衡水平上的基本稳定带来巨大挑战，特别是国际汇率战的加剧，使人民币在选择定值篮子、加大市场决定汇率的力度、增强人民币汇率双向浮动弹性、保持人民币汇率在合理均衡水平上的基本稳定等方面面临挑战。四是中国经济增长速度的降低以及国际贸易的萎缩将从根本上削弱人民币国际化的动力。虚拟经济的外溢的根本动力来自实体经济的外溢速度。中国经济减速对人民币国际化带来根本挑战。

其次，人民币国际化面临诸多机遇。一是国际市场对人民币的需求不断增大。市场主体在国际贸易中使用人民币计价结算，没有货币错配和汇率风险，可节省汇兑成本，提高资金使用效率。越来越多的市场主体使用人民币作为计价结算货币，中外资银行跨境人民币业务平稳较快发展，人民币跨境收支占本外币跨境收支的比重有望进一步提高。这给人民币国际化提供了长远动力，有利于人民币国际化。二是双边货币合作将继续稳步提升。由于"一带一路"战略的实施，中国国际贸易对象将持续增加，双边货币合作将持续增加，这将增加人民币的需求，利好人民币国际化。三是人民币加入特别提款权（SDR）货币篮子将带动人民作为储备货币的规模扩张。人民币加入特别提款权（SDR）货币篮子意味着人民币的国际市场信誉增加，将促使越来越多的经济体将人民币作为储备货币，加大对人民币的需求，推进人民币深度国际化。四是人民币离岸金融市场的发展将加大人民币的持有和使用。随着人民币国际化的基础设施的进一步完善，人民离岸金融市场将进一步发展，人民币持有和使用的范围扩大，有利于对人民币需求的增加，有利于人民币国际化。

（三）当前推进人民币国际化的任务

当前，人民币国际化的根本任务集中在资本项下的市场化改革。中国要进一步推动人民币资本项目可兑换改革：一是要打通个人跨境投资的渠道，考虑适时推出合格境内个人投资者（QDII2）境外投资试点。二是要完善"沪港通"和"深港通"，降低非居民在境内发行除衍生品外金融产品的成本。三是要修订外汇管理条例，取消大部分事前审批，建立有效的事后监测和宏观审慎管理制度。四是要提高境外机构投资者投资我国资本市场便利性。五是要继续便利人民币国际化，消除不必要的政策壁垒和提供必要的基础设施。六是要切实做好风险防范工作，特别是跨境资本流动带来的可能风险。另外，还要做好人民币币值定制工作，切实使人民币币值与中国经济实际情况相适应，促进出口，推动实体经济健康发展。

二、美元币值变化的阶段性趋势

作为世界最主要的国际储备货币，美元币值的变化对经济发展的影响不仅局限在美国国内，还通过国际经济渠道对世界各经济体产生巨大影响。其引发的国际资本流动甚至还能引发其他经济体的金融危机，引发世界财富的再分配。因此，密切关注美元币值变化对世界各经济体都具有重要意义。

（一）美国虚拟经济经营的逻辑

美元是美国的主权货币和国际储备货币。随着美元定值之锚——黄金变身为国家信用，美国也改变了虚拟经济的经营模式，形成延续至今的由美元、美国国债和国际金融市场构成的大三角模式，使美元变身为从世界各经济体"剪羊毛"的财富利器。

1. 由主权货币变身"剪羊毛"货币

美元发展到今天，可谓腥风血雨，经历了主权货币到世界货币再到"剪羊毛"利器的三大变身。期间，经历了与大英帝国英镑的世界货币争夺，获得了世界货币的铸币税征收的特权；经历了与英德法等国货币定值之锚的争夺，获得了以国家信用为担保，剪世界各经济体"羊毛"的特权。

首先，世界货币铸币税征收特权的争夺。美国的国际战略十分高超。一战二战之中，美国在战争前期都以中立军火商的身份现身列强博弈，成为交战双方都争着做生意的对象，积累起雄厚的综合国力；战争后期，美国加入稳操胜券的一方保证成为胜利方的最重要成员，攫取胜利方红利。二战胜利之后，美国领导建立起了三个世界体系：政治体系——联合国；贸易体系——关贸总协定，后来发展成世界贸易组织（WTO）；货币金融体系，也就是布雷顿森林体系。

布雷顿森林体系的建立，美国的最初愿望是拿到世界货币的身份地位。经过二战的经营，美国掌握了全球80%左右的黄金，而且是交战双方绝大多数国家的债权国。1944年，为了从大英帝国手中接过世界货币霸权，美国召集世界主要国家在布雷顿森林庄园召开战后国际货币体系国际会议，展开了由英国经济学家凯恩斯提出的"凯恩斯方案"与美国财政部官员怀特提出的"怀特方案"的较量。最终，在美国要求英国归还战债的要挟下，英国让步，"怀特方案"脱颖而出，成为战后国际货币体系的蓝本。最终形成了战后初期的国际货币体系："双挂钩"——世界各国货币与美元挂钩，美元与黄金挂钩，美元居于世界货币体系的核心地位；世界货币的定值之锚为黄金——每35美元兑换1盎司黄金。这个阶段，美国只是拿到了世界货币的身份地位，而没有包含铸币税征收特权的霸权，只是在美元霸权道路上迈出了第一步。因为35美元兑换1盎司黄金，意味着美国不能随便地滥印美元，美国多印35美元钞票，金库里就要多储备1盎司黄金。

布雷顿森林体系固有的"特里芬难题"缺陷，给美元变身包含征收铸币税特权的"剪羊毛"利器提供了机会。二战之后，美国连续卷入朝鲜战争和越南战争两场耗费巨大的战争。据测算，仅越南战争就使美国耗掉约八千亿美元的军费。随着战争花费越来越高，美国财政压力越来越大，国库中的黄金储备越来越少。因为布雷顿森林体系规则，每35美元的流失就意味着1盎司黄金的流失。所以，布雷顿森林体系确立的20多年间，从1944年到1971年，美国黄金储备日益减少，多次出现美国难以兑现"35美元兑换1盎司黄金"承诺的情况。期间，也出现了"十国集团方案"等改良措施，但都难以从根本上破解"特里芬难题"。而且，美国兑现承诺的信用降低，加速了其他外汇盈余国兑换黄金的步伐。反过来，各国兑现黄金步伐的加速又进一步加剧了美国兑现承诺的困境。与此往返反复，加速了布雷顿森林体系的崩溃。法国总统戴高乐就是把外汇盈余兑换成黄金的急先锋。戴高乐不相信美元，担心美国又朝一日难以兑现承诺，一直推行把美元储备一分都不剩地兑换成黄金拿回来的政策。法国对美国的行动对其他国家产生了示范效应，其他一些外汇盈余的国家纷纷从美国兑换成黄金拉回本国。这样就使美国的黄金储备快速消耗，1971年8月美国黄金储备大概仅剩8269.96吨。在黄金储备快速消耗的压力下，1971年8月15日，时任美国总统尼克松宣布关闭黄金窗口，美元与黄金脱钩，"双挂钩"机制瓦解，布雷顿森林体系最终崩溃。

牙买加国际货币体系时代的美国与欧佩克组织达成的全球石油交易必须用美元结算协议使美元变身"剪羊毛"利器。后布雷杜森林时代，国际货币体系进入混乱状态。为了保住世界货币的地位，借助世人使用美元的惯性和无奈，1973年10月迫使石油输出国组织（OPEC）接受了美国提出的条件：全球的石油交易必须用美元结算。这样，美元与黄金贵金属脱钩之后又实现了与大宗商品石油挂钩。任何国家都要消耗能源，都需要石油，而需要石油就等于需要美元。所以，借助这个与石油结算挂钩的协议，美元保住了第一大国际储备货币的地位，目前美元依然是世界第一大结算货币，占世界结算份额的40%左右。1976年1月，国际货币基金组织（IMF）理事会"国际货币制度临时委员会"在牙买加首都金斯敦举行会议讨论国际货币基金协定条款，经过激烈的争论，签定了以浮动汇率为核心"牙买加协议"。国际货币体系至此进入牙买加时代。"牙买加协议"只是承认了布雷顿森林体系解体后的现实，实行浮动汇率制，并废除了黄金在各国货币定值之中的定值之锚地位，黄金非货币化。所以，世界货币体系实际进入了信用货币时代，美元也就成了不受黄金约束的、可以任意超发的货币，美元进入了一个新的发展阶段。

2. 美国虚拟经济的经营逻辑

立足信用时代的货币无硬约束定值之锚现实，利用世界第一大国际货币的地位，美国构建起新的虚拟经济的经营模式。其虚拟经济的经营逻辑如下。

美国虚拟经济经营的实体结构：美元、美国债券市场、国际金融市场。美元是世界最主要的结算货币、资产定价货币；美国又构建了包括期货市场、股票市场和债券市场组成的全球最大的证券市场；国际金融市场是美元主导的定价市场和结算市场。后两者联通，美国就构建了以美国证券市场、国际金融市场为载体的美元循环流转渠道，美联储通过操作美元指数的变动周期控制美国证券市场和国际金融市场资产的价格涨落周期，进一步控制国际金融市场上美元进出的周期，从而在国际国内市场架构的基础上创造美元"剪羊毛"的市场条件。

美元"剪羊毛"的手段。美联储通过美元市场供给的周期操作美元指数的变化周期，操作本国证券市场价格的变化周期，操作全球生产资源在世界市场的配置周期，操作区域经济繁荣衰落周期，制造出美元由繁荣区域回流美国证券市场的动力，创造美元"剪羊毛"的条件。在美元流入期，美联储通过美元的流入制造国际金融市场上的资产洼地和国内证券市场上的高地，使美国公司在国内证券市场的繁荣期在美国债券市场上大规模获利，并用这些资金收购外围市场洼地上的地板价资产；在美元的流出期，美国公司通过前期收购的外围市场洼地低价资产抛售获取巨大利益，并流入美国证券市场升值获利。这样，美元就实现了"剪羊毛"，两头获利，打劫外围市场经济体发展成果。

总之，美国虚拟经济经营的模式的完成是美联储和金融公司共同完成的。美联储通过美元供给量的操作完成美元进出美国证券市场和外围资产市场，制造出资产的高地和洼地，美国金融公司则通过高抛低吸完成盈利，实现"剪羊毛"。这就是美国虚拟经济运营的逻辑，即运营模型。

（二）美元指数的变化规律

美元与黄金脱钩以来，美元的币值呈现周期性的变化，美元指数大致经历了五个阶段的升贬周期，呈现很强的规律性。

美元指数总体表现为长度约为10年的贬值周期和长度为6年的升值周期交替。具体情况如下（见图9-1）。

第一阶段，1976~1980年间的贬值周期。在这个阶段，美国实行较为宽松的货币政策，导致美元贬值。期间，美元与其他主要货币的名义有效汇率与1975年相比贬值10.4%，实际有效汇率贬值13.5%。与此同时，主要发达经济体在货币供应量方面，都进入急速增长的第一个历史周期。新货币大量进入流通领域与美元的贬值在时间上基本吻合。国际市场上，大宗商品，如石油、黄金及其他贵金属、基础原材料，价格飞涨。世界经济总体处于"滞胀"阶段，"石油化美元"大规模流入拉美国家以及其他原材料供给国。

第二阶段，1981~1985年的升值周期。在此阶段，以1979年美联邦基金开始

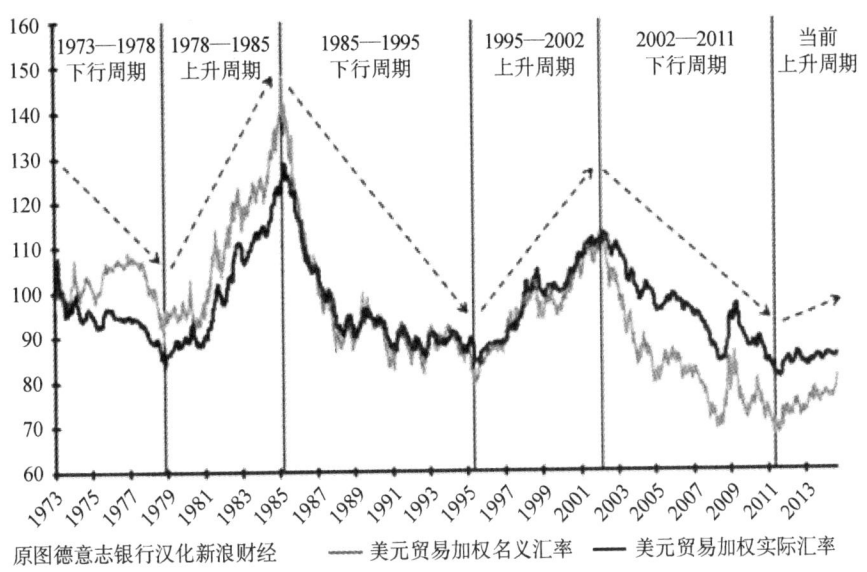

图 9-1 美元指数周期变化趋势

大幅提高基准利率为起点,美国货币政策进入大规模紧缩期。美元终结了持续了近十年的弱势状态,进入强势美元周期。1981 年,美元汇率较上一年度升值近 10%。这种态势一直持续到 1985 年。期间,美元名义汇率以及实际汇率分别比 1980 年升值 44% 与 36%。与此同时,美国政府出现经常账户与政府预算"双赤字",美元资金流入的拉美各国债务负担大幅加重。1982 年开始,拉美债务危机全面爆发,拉美国家人均国内生产总值平均每年下降 1.2%。拉美债务危机与美国为期十年的加息周期(1977 年~1987 年)相吻合。

第三阶段,1986~1995 年的贬值周期。期间,美国以经常账户与政府财政"双赤字"为借口,强迫日元与欧系货币升值。1985 年 9 月,《广场协议》签订,非美主要经济体货币汇率相对美元进一步有序升值。此后,美联储通过多次"公开市场操作"干预和操纵外汇市场,在大量抛售美元的同时,大量买入日元与马克。这直接导致美元相对日元与马克大幅贬值。1986 年,美元名义和实际汇率比 1985 年大幅度贬值 17.5% 与 17.3%,美元重新进入贬值周期。1995 年,美元名义利率比 1985 年贬值了 36%,实际汇率贬值幅度更是达到 43%。期间,日本股市跌幅超过 70%,地产跌幅超过 50%,欧洲经济也出现了相似的严重冲击,相关国家货币汇率大幅下跌。这个周期中,大量资本从美国资本市场外逃,美国股市一度出现暴跌,美元指数从高点 103 一路下跌至 80 以下,美国央行利率从 1989 年 3 月的 9.9% 一路下滑至 1992 年 12 月份的 2.9%。

第四阶段,1996~2002 年的升值周期。1996 年美元名义汇率与实际汇率分别比 1995 年升值 4% 与 2%,并于此后进入到加速升值周期。2002 年美元的名义汇率与实际汇率分别较1995年大幅升值达28%与31.5%。全球其他主要经济体也一同与其经历了这个加息周期。期间，美国政府财政赤字改善，出现了连续三年的财政盈余。美国本土投资吸引力的急剧升吸引着全球资本涌入美国，美国信息技术革命也吸引了大量的资金回流美国。这支撑了美元此轮强势周期。与此同时，亚洲经济体金融体系遭到强烈冲击。国际热钱迅速离开亚洲各经济体，使得亚洲各国资产价格与泡沫迅速破裂，亚洲金融危机爆发。

第五阶段，2003~2009年的贬值周期。2001年9.11事件后，为了避免美国经济陷入持续严重的衰退期，美联储更是连续进行了13次的减息，联邦基金利率达到了46年来的最低水平。2003年美元名义汇率和实际汇率分别大幅度贬值12%与10%。到2007年美元名义汇率与实际汇率对比2002年相对贬值25.7%与25.3%。期间所形成的流动性急剧增加，使房地产市场的信贷迅速扩张，触发了美国房地产非合理性爆炸式发展，积累了大量泡沫。2004年下半年起的美元加息周期直接导致了美国房地产泡沫的破灭，引爆了2008年的次贷危机以及此后以发达经济体为主的国际金融危机。此后，美国又以量化宽松的方式开启了新一轮贬值周期。

总之，美元汇率走势受到美国货币政策尤其是利率政策的直接导向性影响，美元贬值和升值大体呈现明显的周期性特征，美元汇率的重大调整往往与金融危机（包括区域性以及全球性）相生相伴的。

（三）美国证券市场价格的变动周期

作为一个投资选择，美国国债（U. S. Treasury Securities）因有美元世界货币地位的护卫无疑是全球最具有诱惑力的投资品种之一，也是美国证券市场的代表性品种，代表了美国证券市场价格的变化规律。

1. 美国国债利率的实际走势

作为一个投资品种，美国国债是需求学派进入政府决策视野的结果。在凯恩斯以前，经济学家几乎全部反对赤字财政，世界各国政府也主要信奉预算平衡理念。1936年，英国经济学家凯恩斯在其出版的《就业利息和货币通论》一书提出，政府应通过增加政府支出、减少税收的方法去刺激总需求，采用扩张性财政政策应对经济衰退。在大萧条的大背景下，这首开了需求学派的先河，给处于困境中的政府找到了处理危机的药方，纷纷采用这种理念治理经济。由于政府支出来源于税收，这种政策导致财政赤字和国债的产生。此后，美国历届政府都以各种理由通过发行国债融资刺激经济增长和就业，导致美国国债规模不断上升，国债市场不断扩容。甚至政府一度因赤字过高而无法在国会通过政府财政预算案而关门。目前，美国国债债券品种期限从3个月到30年不等，品种丰富，各期限债券分布也较为合理，其收益率曲线也是成熟债券市场的代表，国债的持有者也已经囊括了国内持有者和国际持有者。美国国债市场实际已经成了一个国际市场。经过了漫长岁月的发展完善，美国国债概念被投资者和政策制定者以各种名义所接受，国债利率也经历了多个收缩和扩张的周期性变化，总体呈现三大变化趋势。

第一，从长期的角度看，美国国债利率总体呈现逐步下降趋势。总体来看，从1990年以来，如图9-2和图9-3，美国国债2年期国债和10年期国债的利率整体是处于下降通道，国债利率由1990年的9%一路下降到2015年的不足2%。

图9-2 美国国债利率变动趋势（1990~2008年）

数据来源：美国财政部。

美国长期国债利率呈现阶梯式震荡下行趋势。如图9-2所示，在1990年至2001年之间，美国10年期利率大体围绕6.5%的中间线上下波动；2001年至2008年又开始围绕4%的中间线波动。如图9-3所示，2009年之后，受国际金融危机的冲击，美国10年期国债的利率又开始围绕2%的中间线波动。总体来讲，美国10年期长期国债利率整体呈现阶梯式震荡下行态势。美国长期国债利率曲线基本上就是美国金融市场的基准收益率曲线，其走势与美元长期信用软实力流失的大趋势基本吻合。

第二，美国短期国债利率总体以低于同期长期国债利率的方式呈现波浪式下降态势。如图9-3所示，从1990年至今，美国2年期国债利率都不高于同期美国长期国债的利率；国际金融危机之前，美国2年期国债的利率是以波浪式降低的方式一直在加速赶底，利率由最高的近9%一路下降到2009年的不足1%；如图9-3所示，国际金融危机之后，美国以2年期为代表的短期国债利率就以0.5%为中间线不规则波动，但一直没有摆脱低位。

第三，美国长期国债利率与短期国债利率的差（可视作票面利率与实际利率的差）与美国经济的周期性繁荣和复苏呈一定相关性，由小变大则往往预示着美国经济将走向复苏。根据美国经济研究所的研究，美国经济呈现约每 5 年为一个周期的变化，每个周期分为收缩期、扩张期；如图 9-2 和 9-3 所示，一般情况下，美国长期国债利率与短期国债利率的差与美国经济周期有明显的相关性。这个差在美国经济扩张后期变为最小；美国经济迈入经济收缩期和扩张期的初期时，这个差又开始扩大；当美国经济扩张到中期时，这个差达到最大，随后逐渐缩小；当美国经济进入扩张后期时，这个差将再次降到最低。也就是说，美国长期国债利率与短期国债利率的差逐步扩大，意味着美国经济即将进入复苏和繁荣阶段；美国长期国债利率与短期国债利率的差日益缩小，意味着美国经济即将进入衰退和萧条阶段。

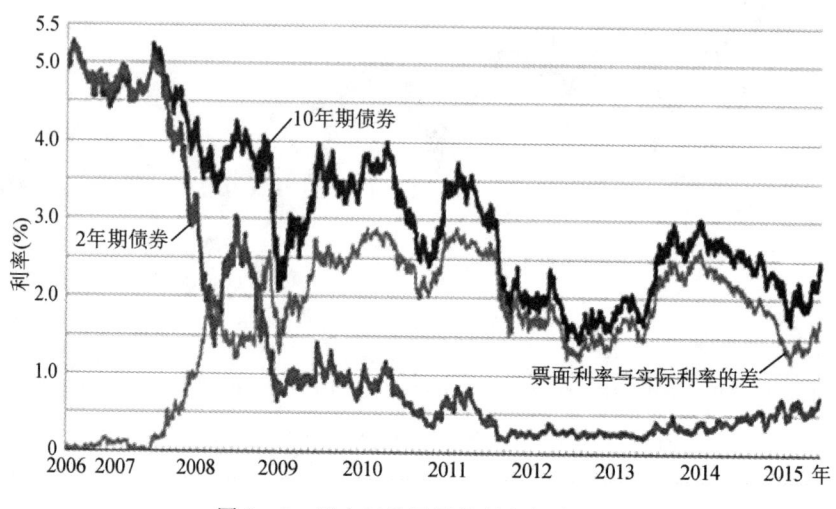

图 9-3　近十年美国国债利率变动趋势

数据来源：美国财政部。截止日期：2015 年 6 月初。

2. 美国国债利率走势的成因

美国国债利率之所以呈现这样的变化趋势是市场主体博弈的综合结果，根本反映了市场主体对美国经济的预期，是美国长期和短期国债投资者"用脚投票"的结果。

首先，美国国债利率整体波浪式走低是美国经济实力总体发展趋势的结果，也是投资者对这趋势预期的反映。美国国债利率是美国经济财富生产能力的产物，也是市场供求的产物。其变化直接反映了美国债券的国际供需状况，间接反映了美国经济的财富生产能力。美国是世界上最发达的开放型市场经济体，参与美国债券交易的主体遍及全世界，而且以非美国主体为主。当市场主体看好国债融资收益即看好美国经济时，购买需求量就会大，世界各地的资金就会流入美国争相买入美国债券，美国债券利率就会上升，反之亦然。美国国债利率的变化也间接反映了全球投资者对美国经济财富生产能力发展前景的判断。二战之后，美国凭借超强的经济实力一跃而成为世界上实力最强的国家；冷战结束之后，美国更是成为世界上唯一的超级大国。在这种情况下,国内外投资者普遍看好美国经济财富生产能力,不担心美国还不起国债,争相购买美国国债,搭美国经济的顺风车。因而美国国债的利率持续攀升,在冷战结束时达到顶峰的9%左右。冷战之后,世界经济进一步一体化和全球化,美国经济的竞争力相对弱化,世界格局的变化正在改变美国的绝对优势地位。经过近30年的发展,各国力量对比已经发生天翻地覆的变化。就经济力量方面来讲,如图9-4所示,根据IMF按照购买力平价进行的统计,近24年间,在全球美英法德俄日中等主要国家中,各国GDP占世界GDP总额的比重在发生深刻的变化,除中国之外的其他主要国家都在缓慢地降低,只有中国所占比重在快速增高,并在2013年超过了美国,成为占世界GDP比重最大的国家。但必须说明的是,按照现价名义GDP统计的话,2014年中国GDP只占世界的13.7%,美国占世界的22.9%,日本占世界的6.3%,中国还远没有超过美国。但尽管如此,中国GDP占世界的比重正在赶超美国,越来越成为举足轻重的力量,是个不争的事实。这就意味着,美国之外的高回报投资机会也越来越多。这导致美国国内的投资者越来越多地选择在美国之外的投资机会;国际投资者由于在美国之外的投资增加,也就相对减少了对美国国债的投资。随着国际格局扁平化的进一步发展,这种趋势还将延续甚至加剧。所以,在投资机会分散化的背景下,对美国国债的投资金额就呈现下降趋势,而高回报率的投资机会在全球范围内越来越均衡化,美国生产的可供各经济体分享的经济剩余总额变少,也就造就了美国国债利率递减的规律。

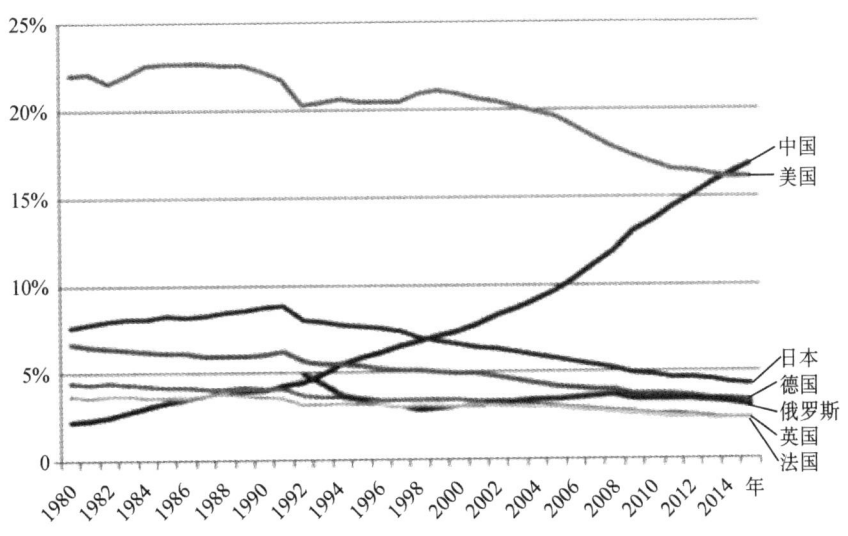

图9-4 主要国家GDP占世界总额比重的变化趋势

注:IMF按照购买力平价进行统计,2011年之后数据为评估数据。

其次,美国长期国债利率与短期国债利率的差日益扩大与美国经济的周期性繁荣和复苏的正相关性,主要是投资者对长期国债和短期国债资金重新配置的结果。

美国经济发展主要是以市场为基础进行资源配置。在美国长期国债和短期国债利率长期走低的大趋势下，当由创新驱动的经济繁荣接近尾声时，国际投资者对美国经济信心不足，欲走还留，在观望中避险的需求增加，对短期国债的需求增加，以便随时变现出逃，从实体经济中流出的资金和变卖长期债券的资金加大了对短期国债的购买规模。这导致美国短期国债利率相对较慢下行、长期国债利率较快下行，进一步导致长期国债与短期国债利率差变小。当由美国经济新一轮经济繁荣开始时，投资者看好美国经济，放心分享美国经济发展成果，资金配置正好相反，购买美国长期国债的规模加大，购买美国短期国债的规模减小，这个利差也就变大。所以，投资者对美国经济不同发展阶段风险的判断以及由此引发的资金再配置是导致长期国债与短期国债利率差规律性变化的主要原因，是投资者"用脚投票"的结果。这个差的扩大往往预示着美国经济将进入下一轮的经济增长期；缩小则预示着美国经济将进入衰退期。长期国债利率与短期国债利率或美国国债票面利率与实际利率的差也就成为观察美国经济走势的一个风向标型指标。

3. 美国国债利率未来走势判断

首先，就长期趋势来看，美国国债利率继续下降将成为不得不面对的客观现实。美国国债利率变化反映的是美国经济在国际格局中相对优势的变化。当前，美国对世界经济的贡献力和影响力越来越弱，正在被更具活力的金砖国家所取代。2014年，新兴经济体对世界经济增长的拉动作用超过发达国家，金砖国家也从美国手中接过领跑的接力棒。中印对世界经济增长的贡献率分别跃居全球第一和第三位。实际上，自2008年金融危机爆发以来，美国经济对世界经济的影响力越来越小。由于短视，美国主导世界银行、国际货币基金组织和世界贸易组织正在玩脱，越来越难以发挥控制其他国家的作用。与之相反，"金砖国家"新成立的新开发银行，以及在中国大力推动下正式设立的亚洲基础设施投资银行（AIIB）（见图9-5）都引发了国际社会甚至发达经济体的高度关注和热烈响应。英法德等发达经济体撇开美日的阻挠先后加入亚投行的事实说明，美国试图借助二战继承的全球同盟体系推动西方发达国家联手制衡新兴大国的努力，在经济利益面前更多地表现为停留在口头上做个姿态。美国力不从心的最大问题就在于无法提出引领全球增长的创新方案，冷战思维只会加速自己的衰落。随着国际多极化局势的进一步加深，美国经济和社会影响力会进一步削弱，特别是在政府关门事件一再发生之后，世界各国投资者普遍担心美国政府是否能够还的起国家债务，越来越不会把投资美国国债作为牟利的手段，而会把更多的资金投入到世界更具活力的经济体去谋取更大利益。所以，由于源头之水的递减成为必然，美国国债的收益率进一步降低将成为必然。

其次，短期来看，美国国债利率可能因美国经济回暖而出现短期回调，但不会改变长期趋势。据美国商务部2015年10月29日公布的最新数据显示，经季节性调整，美国三季度GDP初值年化季率增速由二季度的3.9%放缓至1.5%，略低于预

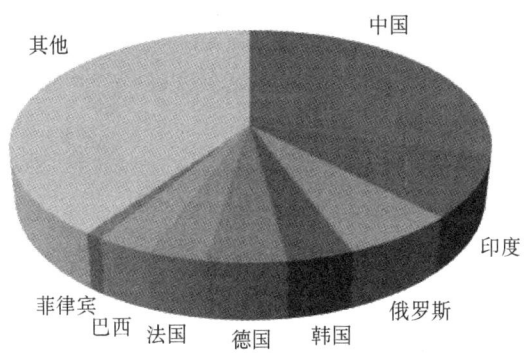

图 9 - 5 亚投行 1000 亿美元注册本金各国占比

期的 1.6%。美国二季度 GDP 年化季率为 3.9%。但是，三季度商业库存增加 568 亿美元，低于二季度 1135 亿美元增幅。三季度出口增速从二季度的 5.1% 放缓至 1.9%，进口增速从二季度的 3.0% 放缓至 1.8%。三季度消费者支出年化季率二季度的 3.6% 放缓至 3.2%。三季度政府支出由二季度的 2.6% 放缓至 1.7%。这一切表明，虽然美国经济在三季度表现最差，但复苏跃进势头已经显现。但是美国三季度进出口和消费增速的下滑，意味着美国经济复苏还存在一定的不确定性，复苏的基础还不牢固。另外，从美国长期国债利率与短期国债利率的差这个指标看，在经历了国际金融危机的冲击之后，如图 9 - 6 所示，该指标出现了向上的趋势。这意味着美国经济总体正处在复苏的前夜，市场对资金的需求面临增加的局面，美国国债利率可能因美国经济回暖而出现短期回调。所以，随着美国经济复苏势头的加大，特别是美联储加息政策的出台，美国国债利率近期可能有一定幅度的上升。但是，这种上升只是美国经济依据自身规律做出的小幅回调，不会改变国际体系范围内的竞争力相对削弱的根本态势，美国国债利率总体还是处于下行通道。美国经济复苏导致的国债利率回调撼动不了相对实力弱化和国际多极化带来的巨大影响。

4. 美元指数变化的当前趋势

2016 年 12 月 14 日，美国宣布联邦基金基准利率自 2010 年以来的第二次加息，幅度为 0.25 个基点。之后，如图 9 - 7 所示，在非农数据连续报喜的推动下，美元指数进入了新一轮快速攀升，一度在一月份冲高至 103 多点的近期最高点。随后，美元指数又震荡下跌，一度与 2 月初击破 100 点大关。随后又冲高至 102 点的高位，现又出现下行态势，总体波动下行大趋势难改。由于近来美国经济已经大幅衰落，远没了前六轮美元周期中对美元指数掌控的底气。特朗普与耶伦对美元基准利率走向的说词变来变去，美联储姿态在鹰派和鸽派之间来回转换。这都表明，美联储已有美元加息的意向，很想通过美元加息大剪一次"羊毛"，挽救美国经济颓势。但外围市场恐慌氛围没有形成，美国一直在等这个外围条件的形成，在选择时点。所以，当前美元面临一个加息窗口期，也就是说，美联储已经有了促进美元指数上行

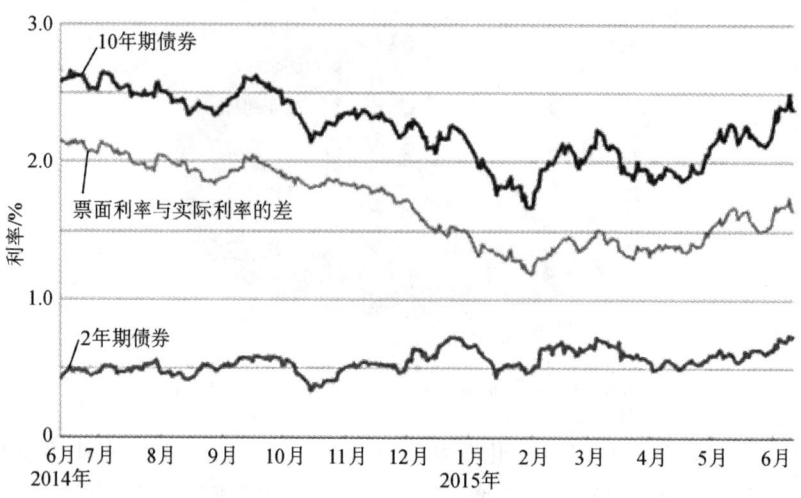

图 9-6 近两年美国国债利率变化趋势

数据来源：美国财政部。截止日期：2015 年 6 月初。

的意向，但对美国经济耐受能力和资金回流美国效果迟疑，需要外围市场条件的配合。美国不是不想通过美元加息吸引美元回流美国，而是在等待外围市场恐慌条件的形成，在选择时点。

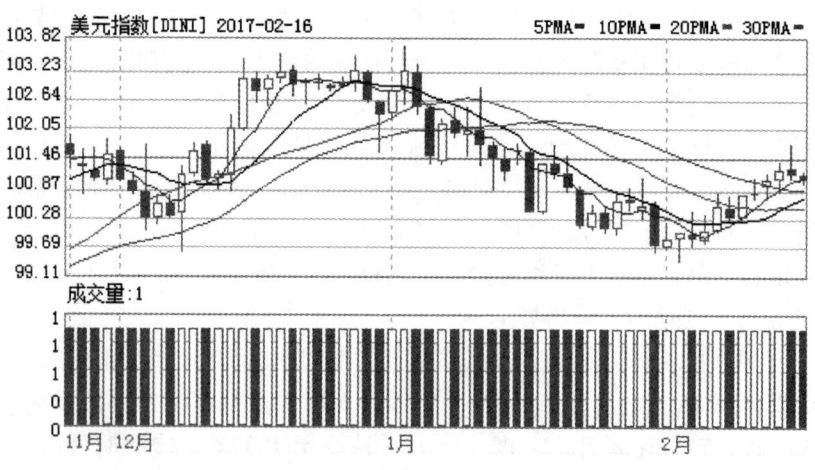

图 9-7 近期美元指数日 k 线图

数据来源：东方财富网。

三、防止美元"剪羊毛"的对策

美元要成功"剪羊毛"，美联储就必须通过美元指数操作在国际国内市场架构的基础上创造美元"剪羊毛"的市场条件。这些条件包括非美地区的相对不良经济发展预期、投资环境的相对恶化、安全环境的相对恶化,等等。要防止美元"剪羊毛",我国就要有针对性地做好以下工作。

(一) 推进"一带一路"建设,夯实经济发展基础

"一带一路"沿线共有 65 个经济体,聚集的总人口约 44 亿,占全球人口的 63%,经济总量约为 21 亿美元,约占全球经济总量的 29%,消费市场巨大;沿线多为发展中经济体,基础设施相对落后,新建和升级市场潜力巨大。"一带一路"建设,不仅能破解我国当前产能过剩的瓶颈,也能奠定我国长远发展的市场基础,奠定经济发展后劲基础。

产能过剩是我国当前面对的重大挑战。随着世界经济运行模式的转型,欧美消费市场动力越来越不足,还由于其普遍实施的再工业化战略而加重了发展中经济体的产能过剩压力。其中,处于制造中心和能源资源供给中心的广大发展中经济体在国际和国内市场都萎缩的压力下,产品无法卖出,积压严重,不得不不计成本地低价处理,更能感受到"严冬"的味道。作为全球生产中心,我国更是倍感压力。以钢铁为例,根据行业机构数据统计,2014 年,我国钢铁产业链品种价格全线超跌,现货钢材市场价格创 20 年新低,期钢屡次刷新上市以来最低点,进口矿石更是暴跌至 70 美元关口,创下 5 年来低点。由于国际市场的萎缩和产能过剩,钢铁行业度过了一个严酷的"冬天",成为相关企业难掩的痛。这不仅导致了环境破坏和资源浪费,还进一步加重产能严重过剩,反过来压制了企业的生产,激化了国际市场竞争矛盾,恶化了企业经营环境,侵蚀了企业的盈利能力。2015 年 7 月份,美国《财富》杂志发布了 2014 年财富世界 500 强企业最新排名。中国上榜公司数量一举达到了创纪录的 100 家,中石化也取代埃克森美孚位列排行榜第三,也打破了该公司与沃尔玛和壳牌三足鼎立的格局。但这张 500 强榜单中,共有 50 家公司在 2013 年处于亏损状态,其中中国就独占 16 席。通过分析发现,这 16 家公司密集分布在中国经济产能过剩严重的行业,比如钢铁、能源、水泥等行业。产能过剩是多年累积的行业顽疾的大爆发,已经成为金砖国家企业竞争力提升的巨大羁绊。在难以通过创新跟上世界经济进入科技革命带动的复苏步伐的背景下,产能过剩的对企业竞争力提升的制约更加明显。

"一带一路"建设,给我国破解阶段性产能过剩提供了钥匙,也为我国经济后续发展开辟了广阔前景。消化过剩产能的具体路径有两条。一是增大我国自身市场对过剩产能的需求,增加消费量,提高在全球价值链中的竞争力,破解有销量无盈利魔咒。因此,我国要实施扩大消费的措施。但是,我国市场容量毕竟还是有限的,需要高瞻远瞩开拓新的市场,即第二条途径。二是通过加强与"一带一路"沿线经济体的市场合作,在消化我国产能的同时造福于沿线国家人民。实际上,当前我国

面临的过剩产能多是基础设施领域相关产品的产能。而"一带一路"沿线经济体正好基础设施落后，需要加大建设力度。因此，我国要携手沿线经济体共建"一带一路"，推进我国过剩产能的消化。当前"一带一路"沿线国家也意识到加强与我国产能合作的重大意义，纷纷提出了与我国"一带一路"相似的国家发展战略。哈萨克斯坦提出了"光明之路"计划，俄罗斯提出了"欧亚经济联盟"计划，蒙古国提出了"草原之路"计划，印度提出的"季风行动"计划，欧盟提出的"莱茵河计划"，法德提出的"法德联合投资计划"，韩国提出了"欧亚倡议"，等等。这些"一带一路"沿线国家提出的计划都与中国的"一带一路"战略高度契合，都致力于通过互连互通建设扩大本国生产要素组合的范围，提高生产效率，促进国家发展。其中，"一带一路"战略、"欧亚经济联盟"计划、"欧亚倡议"更是站在欧亚全局的角度提出欧亚大市场的构想，旨在通过促进交流与合作，建立统一的欧亚大市场。这类战略旨在沟通国际产业链下游市场，通过建设一方面拉动基础设施建设市场，增加对金砖国家过剩产能的消化，另一方面推进生产要素向国际产业链下游市场的转移，启动这些经济体的市场，增加对包括我国在内的国家的相关产能消化能力。所以，"一带一路"与沿线国家相关国家发展略的对接，有利于扩大我国海外市场，推进我国过剩产能消化，也为我国经济后续发展提供了广阔的空间，有利于形成强大经济发展动能预期，避免资本大规模流出。

总之，"一带一路"建设，不仅有利于解决我国当前过剩产能问题，还有利于打开我国经济发展的空间。我国要通过推进"一带一路"建设，与沿线国家一道挖掘彼此之间经济结构互补性潜力，开拓国际产业链下游市场，打造长久繁荣的欧亚大市场。

（二）营造经济发展良好稳定的环境

良好稳定的经济环境是经济活动正常进行的直接基础，也是吸引资本集聚的先决条件。要避免因资本大规模集中外流被美元"剪羊毛"，我国就要全力营造有利于经济发展的良好稳定环境。

首先，要以本国经济可持续增长和培育新引擎为核心。经济实力及其相关的科技实力是国家一切能力之源，只有保证自身经济实力，不断开拓自身的经济和科技增长的源泉，中国才能保证本国参与国际竞争综合国力的可持续性和积累性，才能保证国家在国际竞争中最终取胜。要推进新型大国关系建设，中国就要坚持不懈地推进国家经济增长引擎建设，以确保自己的在大国俱乐部成员资格，并为在大国竞争中胜出创造条件。保证本国经济增长引擎动力十足是中国参与国际竞争的第一要务。

其次，我国把防范各种潜在风险放在优先位置。随着去杠杆进程的深化，我国原有的地方债务风险、局部或系统的金融风险等会不断深化；由于收入普遍减少导致社会内部张力也会不断加大，各种社会矛盾也会不断加大；政治风险也会因社会注意力内聚而加大。因此，国家要动用国家资源强化社会保障的保底作用，强化强力部门的社会风险压制作用，确保经济社会稳定，为经济社会创造尽可能好的良好稳定环境。

总之，为防范被"剪羊毛"，当前我国要动用一切可以动用的资源维护社会经济稳定，为经济社会发展创造良好的环境。

（三）夯实国家安全的基础

当前，由于世界经济运行模式的转型，国家间矛盾深化，传统安全风险和非传统安全风险都处在集中爆发期，安全隐患增多。在西太，我国受美国"亚太再平衡"战略的压制，南海矛盾在不断演化，来自外部的安全风险增加。在西部，由于伊斯兰国恐怖主义受到压制，国际恐怖分子向周边逃散，给我国带来的非传统安全因素增加。所有这一切表明，国家安全受到的威胁前所未有。

因此，我国要以国家安全和权益维护为底线配置国家资源。只有以国际关系行为主体的存在为前提，国际关系才能存在，大国关系才能演进。大国霸权涉及美国的战略利益，必使其全力保卫既得利益。中美达成的新型大国关系建设共识为中美合作向世界提供公共产品提供了渠道。但美国决不会甘心与他国共享霸权权力，必然发动激烈的霸权保卫战。卷入大国博弈的我国必须以本国的安全为底线，加强本国安全建设，争取在国际安全结构中不断增加自身安全剩余。我国要特别注意这一点，加大现阶段的国家安全投入。一旦国家安全没有保障，资本不可能长期留在战乱的中心，国家损失就不仅仅是"剪羊毛"所能概述的了。

总之，为防范被"剪羊毛"，我国要夯实国家安全的基础，以国家安全和权益维护为底线配置国家资源。

（四）合理多元化配置外汇储备

我国是美国国债的第二大持有国。因此，面对当前的国际国内环境，面对美国国债利率长期下行、短期可能回调的局面，我国不仅要防范美元"剪羊毛"的基本条件形成，还要对原有外汇储备投资策略进行调整，防范经济金融利益流失。

首先，以更加商业化运作方式为原则，提高外汇储备资金使用效率。所有的商业投资都应遵循以下三个原则。一是效益与风险最佳组合原则。任何投资资金都追求"风险一定的前提下，尽可能使收益最大化；或收益一定的前提下，风险最小化"，实现效益与风险的最佳组合。二是任何投资都遵循"证券的多样化，建立科学的有效证券组合"，即遵循分散投资的原则。三是理智投资原则，即任何投资都要在分析、比较后审慎投资，追逐利润。随着经济全球化和一体化的深入发展，根据国际金融危机投资美国国债收益率明显较低的现实，我国要逐步改变过去偏重考虑防风险的需要的思维习惯，强化对投资回报率的追求，增强外汇储备资金的使用效率。

其次，紧跟世界经济运行模式调整的步伐，以新时期的国家战略为指导，适当增加"一带一路"沿线战略投资，适当减少对美国债投资规模，逐步实现外汇储备国际投资的多元化配置。"一带一路"战略是适应新时期国际环境的国家战略，一方面尽力规避中国与发达经济体因市场竞争矛盾激化而可能导致的摩擦和冲突，贡献于世界和平。另一方面，为我国加强与周边和广大发展中国家的共同发展找到了新的互利共赢合作模式，是新时期国家对外交往的总纲。所以，我国要把外汇储备作为"一带一路"战略实施的支撑工具，加强沿线投资和经济合作，特别是提升国内基础设施水平，利用金融杠杆服务于国家战略的执行，为世界经济和我国经济培育新增长点。在此基础上，逐步把国家外汇储备配置到有更高回报的地区和项目上。同时，我国又要抓住"一带一路"战略的精髓——致力于扩大经济剩余净额，在加强向"一带一路"沿线基础设施投资的同时，致力于加强中美大市场的融合，可以考虑把部分对美国债投资资金就地转化为对美基础设施投资，转化为对美高收益行业的股票等投资，在自己发展的同时也给美国发展创造机会，实现中美之间的互利双赢合作。

总之，新时期，适应国际投资渠道越来越多的现实，我国要强化经济利益追求，逐步减少对美债投资规模，分散外汇储备投资，优化资金配置，把资金配置到国家战略需要和收益率高的项目上去。同时，充分考虑各地投资回报优势，可以考虑把对美债券投资部分转化为对美基础设施等高收益领域的投资上去，致力于资金配置效率提高基础上的全方位互利共赢合作。

第十章

建设中国特色普惠金融体系

一、小微经济体融资难问题呼唤普惠金融体系

（一）小微经济体数量巨大、作用巨大

1. 小微经济体占据实体经济的绝对多数

小微经济体是相对于大中经济体而言的，包括小微企业（小企业和微企业）、个体自营（个体工商户和自营就业者）和各类农业经营主体（包括从事生产经营活动的农民专业合作社、家庭农场、专业大户、普通农户和贫困农户）。截至 2016 年，全国共有小微经济体 30725 万户，其中，小微企业 1876 万户，个体自营 9797 万户，各类农业经营主体 16000 万户。相比于大中企业，小微经济体占据了国民经济生产经营主体总量的 99.8% 以上。具体如表 10-1 所示。

表 10-1　　　　　　中国的四类九层生产性经济体

大类	层次	细分	数量（户）	占比	小计	合计	合称
大中企业	一	大型企业	52 万	2.7%	1928 万	52 万	大中企业
	二	中型企业					
小微企业	三	小型企业	1876 万	97.3%			小微经济体
	四	微型企业				30725 万	
个体自营	五	个体工商户	5140 万	52.5%	9797 万		
	六	自营就业者	4717 万	47.5%			
各类农业经营主体	七	新型农业经营主体	16000 万				
	八	普通农户					
	九	贫困农户					

注：小微企业、大中企业数量根据 2015 年 4 月底企业总数并按第二次全国经济普查小微企业占企业总数比重推算。企业总数和个体工商户数据来自《国家工商总局 2015 年 4 月全国市场主体发展报告》。自营就业者数据时间为 2015 年，仅包括农民工自营就业部分，数据来源于《2016 年全国农民工监测调查报告》。生产性农户数据引自农业部韩长赋部长 2016 年 11 月 3 日对《关于完善农村土地所有权承包权经营权分置办法的意见》的介绍和解读讲话，数据节点为 2016 年 6 月底。

2. 小微经济体在国民经济中发挥着重要作用

数量巨大的小微企业、遍布城乡的个体工商户、自营就业者和数量众多的各类农业经营主体是支撑经济发展和社会稳定的主力。世界各国的经济发展实践也表明，小微经济是市场经济发展的必然结果和国民经济体系演进过程中内在、客观的要求。单个小微经济体虽然微不足道，但作为一个整体的小微经济对经济社会发展的意义重大。

小微经济支撑并优化着现代产业组织结构。从生产和服务的角度，小微经济是产业发展链条中必不可少的环节。具体而言，各类农业经营主体支撑起了几乎整个第一产业，而小微企业和个体工商户是第三产业的主力军。第二产业的结构相对复杂，大体可分为两个方面：对于电力、石油、石化、汽车和冶金等支柱产业，小微经济体为其提供零部件和维修等服务，发挥了重要的配套和辅助作用；而对于建材、服装、鞋帽、日用品和零部件加工等行业，小微企业则是绝对主力，起着举足轻重的作用：既支撑众多零散型产业，又是大企业的有益补充，还通过协作构成大规模产业集群。

小微经济体是现代社会生产分工的客观要求。生产分工趋细、企业规模趋小是现代化大生产发展的必然趋势。现代企业平均规模的小型化、微型化趋势日益明显。这主要基于四个原因：一是危机瘦身，即在经济危机的爆发期及其之后的衰退期，大中企业为渡过难关而裁员，与此同时，规模较小的企业业绩良好，一般也会得到政府政策上的大力扶持。两者合力作用，使企业平均规模变小，其突出表现即是小企业数量和雇用劳动力不降反升。二是资本有机构成提高。即伴随技术进步，企业雇员人数不断增长，发展到一定时期会出现拐点——资本替代劳动，劳动密集型企业逐渐减少，资本密集型和技术密集型企业逐渐增多。三是市场需求结构变化。个性化消费趋势使得单个品类的市场需求量不断变小，大中型企业标准化、批量化的生产方式越来越难以满足消费者的个性化需求，却为小微企业灵活地根据个体需求提供定制服务创造了广阔空间，加速企业小型化的进程。

小微经济体是中国农业发展的主要载体。农业是国民经济中的基础产业，为工业和服务业提供原材料和必需品。农户作为一个微型生产单位，能够在一定时间内吸纳返乡农民工回归农业，降低经济衰退的负面影响，使农村成为维护社会稳定的蓄水池。此外，在农村所涌现出的各类新型农业经营主体，将农户联系起来，实现了农业经营的规模化和标准化，提高了农业生产效率，增加了农民收入，活跃了农村经济。因此，中国近 1.6 亿农户及其生产经营组织所成就和巩固的农业基础及其生存的农村地区，既是国民经济发展的基础，也是中国社会稳定的基石，维护好、发展好农户的利益，具有重大而深远的意义。

小微经济体是城乡就业、创业的主渠道。小微经济体数量多、就业门槛低、资本有机构成低，成为大众谋生的主渠道和自我创业的主方式。数量众多的小型、微型企业已成为基层弱势群体自我谋生、提升社会地位的手段；而个体工商户、各类农业生产经营主体等草根经济体历来是众多基层群体实现自我就业的现实选择。

小微经济体是社会经济发展的减震器和稳定器。社会发展史表明，社会稳定与经济发展是互相依托的，没有社会稳定就没有经济发展；社会稳定会推进经济发展，经济发展又使社会得以稳固。大中企业与小微企业是一种特定的结构功能关系。现代经济是一种系统经济，或者说是生态经济，没有小微企业是很难想象的。数目众多的已有和新创小微企业通过吸收就业，对促进经济发展、社会和谐和政治稳定具有极其重要的战略意义，可以实现对危机的有效化解。国际经验也表明，一个经济体处于低迷或欠发达的形势下，经济活力主要来自最低位次经济拉动点（能够使大多数人增收致富的生产经营方式）。小微企业还是经济周期的自动调节器。受产业生命周期、消费热点转移、有效需求波动等因素的影响，经济周期震荡不可避免。发达国家实践证明，大中企业与经济周期之间具有紧密的同步性，小微企业受经济周期影响较小。与大中企业相比，小微企业具有用工成本低、要素周转快和经营决策灵活迅速等优势，客观上成为减轻经济周期震荡的力量。

小微经济体是培养企业家精神的摇篮。小微经济大发展、大繁荣有助于培养企业家精神，引导全社会开拓创新与科技进步。特别是小微企业的成长有助于培养、造就大批企业家，提升全民族的创造力、革新意识、冒险精神以及勇于开拓的素质。熊彼特在《经济发展理论》一书中提出了经济创新思想，认为不屈不挠、敢于冒险的企业家精神是推动经济发展的重要力量。小微企业虽然个体规模很小，但由于其数量庞大，集聚发展就会产生"蝴蝶效应"，成为孕育大中企业的坚实基础。一般而言，大中企业都是由小微企业发展而来的，只有少数特别的大企业在建立时就具有相当规模。

（二）融资难是小微经济体面临的首要难题

以三类七层小微经济体中实力最强，更可能获得融资支持的小微企业为例，党的十五大以来，随着社会主义市场经济体制的不断完善和改革开放的不断推进，中国政府相继出台了一系列法律、法规和政策文件，推动中小企业发展。以2003年1月1日施行的中国第一部专门扶持和促进中小企业发展的《中华人民共和国中小企业促进法》、2005年8月12日发布的《国务院关于鼓励支持和引导个体私营等非公有制经济发展的若干意见》（国发〔2005〕3号）为代表的一系列法律法规和政策文件，主要围绕加快技术进步和结构调整、营造良好发展环境、财税扶持、缓解融资难、改进服务、提高经营管理水平和加强领导等方面，提出为中小企业发展提供全面支持。经过十多年的努力，中小企业取得了空前发展，总体数量明显增长，盈利能力显著增强，不仅大大激发了国家经济发展活力，而且为解决就业问题作出了重要贡献。

2011年，工信部等四部委联合颁布了新的《中小企业划型标准规定》，首次提出了微型企业的概念。自此之后，原来小企业概念覆盖下的微企业独立出来。小微企业是中小微企业的绝对主体，但总体的生存和发展能力与中企业相差悬殊。经过十几年的政策支持，中企业的综合实力显著增强，而绝大多数小微企业则依然举步维艰。在这样的背景下，2012年4月26日，国务院发布《国务院关于进一步支持小型微型企业健康发展的意见》（国发〔2012〕14号），从加大财税支持力度、缓解融资困难、创新发展和结构调整、加大支持开拓市场力度、帮助提高经营管理水平、促进集聚发展和加强公共服务七个方面给予了方向性指导，带动近年来各地区、各部门出台了一系列支持政策，在很大程度上增强了小微企业的生存能力，改善了其发展环境。

虽然一系列政策支持发挥了很大作用，也取得了很大的成效，但小微企业的发展依然困难重重。以平均寿命为例，小微企业总体平均寿命不足3年，而中小微企业为3~7年。这表明，对小微企业而言，首要的任务是解决生存问题，而非发展问题。但从目前来看，小微企业的生存仍然面临着三大考验：

一是要素成本上升快。这主要是人工成本上升快，随着各省最低工资标准的逐年上调，人工成本对利润空间的挤占越来越多。此外，物流费用、房屋租金等也都大幅上涨。

二是税费负担高。除了增值税、土地使用税、房产税、印花税等十几个税种外，小微企业还要缴纳残疾人保障基金、工会经费、河道维护费、人防费、价格调节基金、社会保险费等。加之各地还不同程度地存在各级行政管理部门及其工作人员"管、卡、拖"等现象，导致许多小微企业是在沉重的税费负担中艰难运行。

三是融资难。银行从自身经营风险出发，很少给小微企业贷款。小微企业本身缺少资产做抵押，又几乎得不到国有大型金融机构的支持。为解决资金短缺难题，有的小微企业只好选择非正规渠道融资——借高利贷解决资金需求，这样不但付出高于银行4~5倍的利息，还增加了经营风险，一笔贷款毁掉一个企业的现象并不鲜见。

在以上三大障碍中，融资难是小微企业的主要难题，原因如下：

一是小微企业有能力将升高的成本转嫁给下游。国内小微企业的总体产品议价能力相对较强，企业有能力应对和转嫁原材料及劳动力成本上升的压力。要素成本升高对小微企业的挑战，更多的是维持或扩大当前生产规模能否获得必要的资金支持，最终会转化为融资问题。

二是小微企业的税费负担重，主要因为税费政策对各类企业一概而论，不加区分。可喜的是，从近几年的政策来看，在"小微企业的主要作用不是保证财政收入，而是保障就业"这方面已经取得了广泛共识。这一点在2014年11月15日召开的国务院常务会议上得到充分印证。小微企业税费负担重的问题，正在逐步、加快解决，可以预期，在不久的将来，小微企业税费负担会越来越轻，并最终得到有效解决。

三是相对以上两难题，融资难最难以解决。要素成本可以通过市场对资源配置的决定性作用转嫁，税费负担重可以通过政府减少行政收费和制定税收优惠政策减负。但小微企业融资难的问题却复杂得多，其中既有市场失灵问题，又有政府缺位问题，虽然由来已久，解决效果并不显著。当前还普遍存在着小微企业融资需求强烈，但供给远远不足的情况。事实上，在企业发展所需要的资金、技术、人才和政策等各类因素中，只要资金充足，其他方面的困难几乎都可以用资金化解。如上述要素成本升高问题：第一，支付高工资就能够在相当程度上化解招工难；第二，及时的资金支持能帮助企业正常运营以转嫁成本。而更为重要的是，资本的杠杆效应决定了金融是市场经济的核心，资金到哪里，其他生产要素就会跟随到哪里。在市场竞争激烈且资本化程度非常高的现代社会，融资难题如果得不到妥善解决，小微企业的生存和发展将收到严重制约。因此，融资难既是小微企业生存面临的主要障碍，又是首要问题和最大瓶颈。

小微企业尚且如此之难，个体工商户、自营就业者和农业经营主体亦是如此。随着各项支持个体、私营经济政策的制定落实，农业现代化的持续推进、新型农业经营主体的不断涌现，融资问题对于小微经济体的重要意义将比过去的10年更为凸显。因此，要推动中国小微经济的大发展，必须着力解决好小微经济体的融资难问题，这就需要我们深刻认识三类七层小微经济体的实际融资状况，以此为出发点，维护好、发展好小微经济体乃至与小微经济发展紧密相关的广大人民群众的根本利益。

(三) 小微经济体的融资满足现状

1. 小微企业融资境况没有明显改善

进入21世纪以来，中小企业融资难问题开始受到社会各界的普遍重视。2010年，"一行三会"联合下发《关于进一步做好中小企业金融服务工作的若干意见》，明确了金融支持中小企业发展的政策。此后，包括中国人民银行、银监会、证监会、保监会、财政部和工信部等部委下发了一系列文件，在很大程度上缓解了中小企业融资难困局。但依然存在很大问题。

首先，前期政策的主要受益者是中企业。与10年前相比，中国的银行贷款覆盖率出现了重要变化。大企业的覆盖率一直维持在几乎100%；随着各项针对中小企业优惠政策的实施，中企业的覆盖率也已达90%左右；而小企业仅为20%，微企业就更低。[①] 以2010年为例，单笔少于500万元的小微企业贷款占中国企业贷款余额

---

① 关于中小微企业的信贷满足率，不同研究机构的多项调查结果差别较大，但在中企业融资问题上得到明显改善，小微企业融资依然困难这一点上是一致的。文中数据是课题组多地调研并综合多项调查结果的经验数。

的比重低于5%。[①] 解决中小企业融资难问题的成果,主要集中在中企业上,小微企业境况改善甚微。中企业融资条件的改善在很大程度上掩盖了小微企业融资难问题。

其次,现有政策尚未完全调整到服务小微企业融资难上。之前的政策,多是针对中小企业的——如在融资领域的各项扶持政策,都是笼统指所有的中企业规模以下企业。在具体政策落实过程中,贷款的绝大多数还是流向那些经营规模比较大、效益比较好、实力比较强的企业。结果是中企业得到了"锦上添花"的支持,小微企业则较少得到"雪中送炭"的帮助。虽然目前小微企业融资难问题被提到更加重要的位置,但整体的政策导向尚未完全转到小微企业上,小微企业生存发展依然举步维艰。

从部分省的数据看,2012年云南省工信委调查显示,省内一般小微企业的融资满足率为32.3%;而根据《河北小微企业发展调查报告》,2014年上半年,超7成小微企业面临融资难题,资金面紧张,由于缺乏抵质押物和规范的财务报表,考虑到资金成本和时效性,占调查总数高达83%的小微企业的日常运营资金来源为自有资金。

从部分市县数据来看,2008~2011年间,湖北十堰小微企业的银行贷款满足率维持在30%~40%之间,选择银行融资渠道的小微企业不足企业总数的三分之一,整体满足率很低;从2012年陕西安康的情况来看,当年调查的小微企业中仅有36%与正规金融机构有借贷关系,安康全市金融机构仅能满足25%小微企业的贷款需要,且安康唯一一家政府性质的中小企业信用担保公司最多仅能为有担保需求小微企业的10%提供服务。再有,截至2016年10月底,该市超过80%的中小微企业流动资金短缺,而同期信贷满足率不足15%。又如,在小微金融服务发展较好的福建全州,其2016年1~4月的小微企业信贷覆盖率仅为34%。个体自营和农业经营主体的信贷满足率、覆盖率则更低。

2. 个体自营的融资难最严重

小微经济体中经济实力最强、管理最规范的小微企业尚且面临这样的难题,其他小微经济体的融资自然更为困难。从小微企业的笔均贷款额度来看,小企业一般在100~500万元之间,微企业一般在50万~100万元之间,而各地金融机构给出的个体工商户最高额度为50万元。也就是说,金融机构普遍认为个体工商户的信用等级和偿债能力在微企业之下。虽然目前难以获得可靠的个体工商户融资情况相关数据,但从逻辑上看,其境况应比微企业更差。

与个体工商户相比,自营就业者没有注册登记,现金流量更小,且很大一部分是流动的,虽然目前尚未有相关金融机构明确公布过自营就业者融资满足情况,但从课题组调研结果来看,仅在极个别地区,有自营就业者获得过金融机构小额贷款

[①] 引自国务院发展研究中心2011年10月《中小企业发展的新环境新问题新对策》研究成果。

支持的情况。

个体工商户和自营就业者的融资情况缺乏较为详尽、系统的数据，说明这可能是两个被忽视了的群体。在企业层面，从中小企业融资难到小微企业融资难的理念逐步为社会认可；在农业经营主体层面，随着脱贫攻坚、现代农业等既定国策的推进，农业经营主体的融资问题也早已纳入公众视野。而无论在学术研究还是在公众舆论中，却很少看到对个体工商户和自营就业者融资问题的讨论，这可能会使这一群体，特别是自营就业者，成为中国融资最难的群体。

3. 农户从正规金融机构融资难引致融资成本高

农村是熟人社会，历史上早在农耕社会中就形成了村民间自发性的资金融通习惯。在中国的广大农村，信用社是最初就广泛扎根农村的正规金融机构，由于其管理者和员工大多也来自农村，所以它所提供的金融服务既遵循正规金融的方式，也带有农村村民社会的特征。2003年之前，农户用于打通和维系信用社关系的隐形成本远高于利息成本，且农村信用社会提出一些附加条件，额外增加成本，导致从信用社融资的总体成本并不比民间借贷低，且手续更为繁杂，这也是很多农户和农业经营主体如没有熟人就不愿去农村信用社贷款的原因。各大商业银行县级支行在2000年前后纷纷撤出农村，目前仅有农行和邮储行对县域的覆盖较全，但基本也主要发挥农村资金"抽水机"的作用。三类新型农村金融机构中，除村镇银行外，其余两类几乎没有发挥实质作用，而村镇银行与小贷公司一样，虽最初被寄予支农重任，但其后都出现了"使命漂移"，多数离农弃农。加之农村内生合作金融发展不畅，农户的贷款可得性极低，且越贫困越低。

根据西南财经大学中国家庭金融调查与研究中心发布的《中国农村家庭金融发展报告》，2013年农户从事农业生产的信贷可得性为31.3%，整体偏低。越是贫困农户，信贷可得性越低。家庭平均收入在4万元以下的最穷农户，其信贷可得性低于平均水平。无论从全国还是农村地区来看，最穷的家庭信贷可得性仅相当于最富家庭的一半左右。这也使得民间金融在农村一如既往地活跃，2013年有43.8%的农村家庭参与了民间借贷，户均规模3.65万元。由于大部分农户难以从正规金融机构成功融资，一部分农户不得不转向高利贷，从而带出融资成本高问题。因此，解决农户融资难的关键在于解决好农户从正规金融机构融资难问题。

（四）解决小微经济体融资难问题的出路在于全方位引入普惠金融模式

融资难逐渐成为困扰中国小微经济体可持续发展的主要因素。从小微经济体的融资需求来看，具有额度小、笔数多、期限短、需求急、频次高、无财表和抵押少、质押少的特征。而从融资供给来看，中国金融体系的融资供给同样具有五个方面特征：一是大中型金融机构成为金融供给的主体；二是大中型企业及有政府背景的机构成为主要服务对象；三是大中型城市成为主要服务区域；四是正规财务报表、充分抵质押物及第三方担保成为信用识别的基础；五是实行中央高度集中、以大中型金融机构为监管重点的单一层次和分业监管模式。可见，传统的贷款产品无法适应和满足小微经济体的融资需求。

当前，专门针对小微经济体的贷款技术尚未大规模推广，难以有效降低单位交易成本以实现商业可持续，在此背景下，多数金融机构不愿意或无能力为小微经济体提供融资，小微金融市场供求严重失衡，多数小微经济体不得不依靠民间融资来求得生存。同样是合法的生产主体，大中型企业可以获得正规金融机构的全面支持，而小微经济体却不能得到有效支持，这是不公平的。

应该说，小微经济体有强劲的融资需求，需要现行金融体系为其服务，但现行金融体系存在不足，难以与小微经济体的融资需求实现有效对接，这就需要引入新的普惠金融模式，来解决这一问题。

二、中国特色普惠金融体系的总体框架

（一）小微经济体融资难的症结

小微经济体呈现出个体规模小、数量多、分布广、基础弱、业务活、缺少抵质押物和财务报表不规范等自然形态，决定了其融资需求具有额度小、客户多、笔数多、地点散、需求急、期限短、借款频、难以提供有效抵质押物和财务报表、调查审核难度大、成本高的特点，使传统金融机构的服务流程难以与之相适应。因此，融资难成了小微经济体长期需要解决的难题。

2005 年是国际小额信贷年，联合国将普惠金融看成是实现千年发展目标的关键，标志着世界进入普惠金融时代。也是从这时起，中国破解小微经济体融资难问题的探索开始加速，小微经济体的金融服务状况得到了一定程度的改善。但如前所述，中国的探索起步晚、基础差、认识不够一致、实践不够充分，有些措施临时性、单一性较强，小微经济体融资难问题尚未得到根本解决。

对于小微经济体融资难的症结，国内外主要有五种代表性意见：一是从宏观资金供给数量角度，提出社会资金总规模有限，难以全面满足小微经济体的融资需求；二是从实体经济角度，提出作为小微金融客户的小微经济体由于自身的弱质性，阻碍了小微金融的健康持续发展；三是从制度供给角度，提出政府缺位，对小微经济体融资的政策支持不足；四是从金融业务角度，提出银企间的信息不对称是造成传统金融机构不能顺利为小微经济体放贷的主要原因；五是从金融供给制度角度，提出我国当前的金融体系出现结构性失衡，导致针对小微经济体的金融供给不足。对于上述五种意见，总体来看：

第一，本世纪以来，中国长期处于国际收支顺差状态，境内人民币货币供应充足，小微经济体融资从宏观资金供应总量来说，不仅没有约束，而且有较大的可为空间。此外，我国高储蓄率使得银行储蓄规模庞大，金融系统有较为充足的可放贷资金。即使偶尔在国际国内大环境的变化波动影响下，宏观资金总量出现时段性短缺，也并非主要问题。

第二，中央及地方政府向来重视小微经济体融资问题，各级部门积极研究，给予了较多关心和支持。开发性、政策性、商业性和合作性金融并存，扶贫和开发工作并重，通过各项措施扶持小微经济体发展，努力为其融资发展创造便利。当然，政府在制度供给上确有不足，至少激励的效果不够，激励的范围也有扩大的余地。应当说，政府的政策支持广度深度不够、效率不高是主要因素，但不是主要问题。

第三，小微经济体个体规模小、数量多、分布散、基础弱、业务灵活等自然态，决定了小微经济体的融资需求特征：一是单笔业务额度小、业务笔数多、地点分散、调查审核难度大、成本高，使传统的金融机构难以与之相适应；二是缺少抵质押物和第三方担保，财务制度不健全，缺少正规财务报表及其他传统银行要求的有效信用记录等，增加了风险，使依托抵押担保及财务报表进行风险控制的基础丧失；三是时间急、期限短、频度高，对融资效率要求灵活便捷，个性化差异显著，使传统银行的流程难以与之相适应。这在一定程度上构成小微经济体融资难的原因，但绝非主要原因。孟加拉国尤努斯教授创办的乡村银行，以"人人拥有平等融资权"的理念为贫困人群提供贷款，且成功实现了财务可持续，就是最好的例证。

第四，信息不对称是小微经济体融资难的重要原因，会极大地影响小微经济体的融资效率。但这只是表层和次要问题，根本问题是传统金融机构缺乏有效技术来识别小微经济体的信用。小微经济体的信用特征是天然存在的，只是这种信用特征超出了传统金融机构对于传统信息的收集方式，从而导致信息不对称。

第五，当前中国金融体系出现的结构性失衡，才是小微经济体融资难的根本原因。现行以传统大中银行为主体，以服务大中型企业为目标，基于正规财务报表和充分抵质押物运作的金融体系，难以适应小微经济体的特点和小微经济的发展需求。大中银行服务大中企业，供过于求，能力过剩。其服务的机构对象、依托的技术手段、面对的监管政策等，与小微经济体的方方面面均不适应，最终导致传统金融的供应态与小微经济体的自然态及融资需求态相冲突。从可供应资金整体充裕，但在小微经济体融资上，却恰恰出现了资金短缺的现象来看，即是明证。

综上所述，小微经济体融资难的原因可归结为信息阻、成本高、风险大、收益低和操作繁，解决的办法自然就是通信息、降成本、防（释）风险、稳收益和政府改善服务。以上解决办法可归结为态度、机构、技术、监管、公共服务和政策六个方面，即对当前金融体系出现的结构性失衡进行改革，建立多层次匹配、可满足各层次小微经济体融资需求特征的完整金融体系，建立一个具有中国特色的普惠金融体系。中国特色普惠金融体系是大国双层金融体系的重要组成部分，它既是对传统金融体系的改革和发展，又与传统金融体系有效对接，协调合作，共同促进中国金融治理体系和治理能力现代化。

（二）中国特色普惠金融体系的总体框架

1. 总体框架："三支柱、两支持"

中国特色普惠金融体系的框架设计可以概括为"三支柱、两支持"，其中"三支柱"包括普惠金融自身的机构、技术和监管三个方面，构成普惠金融体系的核心；"两支持"包括社会服务和政府政策两个方面，是对"三支柱"的辅助和支持。"三支柱两支持"所包括的机构、技术、监管、服务和政策这五个方面，在市场决定和政府调节的共同作用下，合成为多层次、多元化、全覆盖的中国特色普惠金融体系，向广大的中国小微经济体提供丰富、适用、快捷和优质的现代金融服务。

2. 普惠金融"支柱"体系

中国普惠金融体系的核心部分是"三大支柱"，即数量众多的普惠金融机构、创新多样的普惠金融技术、分层差异的普惠金融监管。

支柱之一：众多分层的普惠金融机构。要解决小微经济体融资难问题，首先要解决中国金融体系失衡的第一个方面，即机构失衡问题，方法就是建立数量众多的分层次的普惠金融机构，为众多分层次的小微经济体提供金融服务。这是普惠金融的根本基础。

支柱之二：适用多样的普惠金融技术。普惠金融活动的载体是普惠金融机构，机构形成了交易的可能，但并不是现实，因为交易各方是不同的利益主体。使交易从可能变成现实的是信用，而技术则是放贷主体（出借人）识别、认知受贷客体（用资人）信用，即还贷意愿及能力（现金流）的工具。银行等传统金融机构采用的技术主要是抵押、质押和正规的第三方担保，其依靠的信息是规范的财务会计报表和有关的土地、房屋等不动产和动产权属的法律文书。但小微经济体多数不具备或不充分具备抵质押物和正规的第三方担保条件，且没有规范的财务报表。这样的现实与传统的"四有"（有抵押、有质押、有正规担保、有规范财务报表）金融技术相矛盾。"四有"金融技术无法识别"四无"小微经济体的信用和现金流，即还款意愿和还款能力。

因此，需要普惠金融机构要发展能够普遍充分识别小微经济体信用和能力的技术：一是传承国内已有且行之有效的民间金融技术；二是学习采用国际上成熟的信贷技术——小组联保、个人信用贷款、打分卡等技术；三是试验、创新大数据技术及其他技术。在具体实践中，首先，金融机构不可只拘泥于正规财务报表来识别客户，应积极发现和利用"三品三表"（人品、产品、押品、电表、水表、纳税申报表或报关表）等非正规财务信息。其次，要研究拓宽抵质押与担保的种类与范围，如农村产权抵押、存货质押、仓单质押、应收账款质押、知识产权质押、股权质押、财政补贴资金质押、农机具质押和产业链上下游生产经营主体担保等。最后，要大力推广小地域、熟人圈的个人和微企业的联保贷款，以及现场调查无抵押无担保的小、微型信用贷款。还可依托外部机构，批量开发客户，通过外部合作机构推荐客户和控制风险，典型的业务有"商会融资"、"商圈融资"等。

支柱之三：双层差异的普惠金融监管。构建普惠金融体系并将其有机纳入国家整体金融系统，需要对普惠金融供给要素（机构、产品等）展开有效的监管。这一监管一方面要考虑普惠金融行业特有的业务和风险特征，另一方面也要注意普惠金融行业的发展阶段性特征。并且，监管的任务除了防范金融风险，还要起到引导机构发展、扩大金融服务的作用。

普惠金融监管要与普惠金融机构一同下沉，原因在于：第一，监管机构要充分了解普惠金融机构处理小微经济体信息的能力和过程；第二，普惠金融机构规模小，与小微经济体一样，其财务报表的规范同样需要一个过程，这就要求监管的触角延伸到普惠金融机构中间获取与其相关的局部知识。此外，对局部知识的掌握是随地理距离的增大而逐级递减的，所以普惠金融监管要求必要的小区域分割。再有，我国幅员辽阔，普惠金融监管的小区域地域分割必然在全国层面呈现出多种差异。普惠金融的以上特点决定了对草根金融的监管必须是分层的、差异的，而不能仅由中央一层用一种模式、一个队伍实施，而应在分层基础上因地制宜实施，充分发挥地方政府在普惠金融监管中的作用。唯如此，才能实现普惠金融监管的可靠性和专业化。

借鉴国际经验，结合当前中国金融监管的现实，我国的普惠金融监管可按照"两级监管、三级操作"的方式展开，即中央管大中（型金融）、地方管小微（型金融）；中央管全国、地方管区域；中央管公众类、地方管非公众类。

3. 普惠金融"支持"体系

支持之一：健全配套的普惠金融基础服务。普惠金融基础服务是指由市场、政府与社会组织共同努力，向普惠金融机构提供的社会化配套服务。应鼓励更多企业、个人及行业组织、社会团体、NGO成为普惠金融基础服务的供给方，与政府一道共同建立全国小微型金融技术培训咨询体系，建立培训基地；成立国家和地方专业技术咨询公司，为普惠金融业务发展提供人力资源支持和智力支撑；健全推广小微型金融管理IT系统，进一步完善人民银行企业和个人征信服务体系，鼓励支持社会兴办企业和个人征信服务平台。此外，还需发动社会力量为城乡基层金融机构提供包括批发供资、信用评级、支付结算、会计审计在内的其他各项公共服务。

支持之二：规范梯次多元的普惠金融政策。普惠金融的政策支持是指政府以有效推动普惠金融健康发展为目的，全面协调相关部门出台的直接或间接支持普惠金融机构建设、技术创新与应用、产品开发和业务开展的、有机衔接的一系列科学政策的组合。这个体系应是开放的和动态的，要根据小微经济和普惠金融的发展及时调整和补充完善。在准入政策领域，应适当降低普惠金融机构市场准入门槛，尤其要降低非公有制企业、民营企业进入这一市场的门槛，尽可能地吸引多元化投资主体；在监管政策领域，不应过度限制普惠金融的发展，要坚持风险防控和稳步发展并重的原则，既注重监管的有效性，又关注机构发展的灵活性；在财政政策领域，要停止指向性不强、精细化不足的一般性奖励、补助政策和容易破坏市场机制的贴息政策，整合资金根据小微经济体获取金融服务的状况，重点投入到小微经济体贷款坏账分担上；在税收政策领域，对普惠金融机构和普惠金融业务实行梯次税收优惠，主要是减免增值税、所得税、印花税等，同时将税收优惠政策要延伸至普惠业务担保机构、批发供资机构，防止短板制约。在货币政策领域，基本导向是通过对特定金融机构的存款准备金、扶贫再贷款等手段，将资金供应更多向服务小微经济体倾斜，既保证科学调控货币总量，又能更加精准、高效地支持小微金融机构。在法律保障上，应在《中小企业促进法》、《个体工商户条例》和《乡镇企业法》的基础上，尽快制定专门的小微经济体法律（实施条例或实施细则），明确小微经济体（涵盖各类农业生产经营主体、个体自营和小微企业）的法律地位、准入、退出、管理、社会服务、财税金融扶持政策以及其他基本制度。修改完善《商业银行法》和《贷款通则》，加快出台《放贷人条例》和《非存款类放贷组织条例》，制定《小微经济融资法》、《小微经济担保法》等相关法律。

第十一章

财政货币政策的着力点

一、当前我国经济形势分析及走势预测

综合分析当前我国经济形势,不难看出,我国经济既面临严峻挑战,也面临巨大发展机遇。认识这一形势及未来走势,是有的放矢地采取财政货币政策的重要前提。

(一) 2016 年经济下行压力仍然很大

2016 年,面临复杂严峻的国内外形势,我国经济增长承受的下行压力进一步增大,面临的不确定因素增多。

(1) 2016 年的国际环境更为严峻复杂。2015 年临近尾声,美联储启动了加息的按钮,这是美国货币政策转向的重要标志。作为全球最为重要的储备货币和讲价结算货币,美联储加息在全球市场引起了巨大影响,近期阿根廷比索等货币较大幅度的贬值,国际油价一度下跌到每桶 30 美元以下,全球主要股市市场纷纷出现下跌。这种变化究竟会在何种程度上影响全球实体经济的发展尚无法衡量,但鉴于 2015 年巴西、俄罗斯经济已经因货币贬值、油价等大宗商品价格下跌而出现 4% 左右的负增长;2016 年随着这种影响的进一步发酵,更多新兴经济体的贸易收支状况会更加恶化,资本流出的情况会延续甚至规模还会扩大,不排除有更多经济体出现负增长的可能性。根据经济合作发展组织(OECD)最近发布的经济景气数据,由发达国家和中国、印度、印尼、巴西、俄罗斯、南非六大新兴经济体景气指数加权合成所形成的指数,近期低于长期增长趋势值,说明未来世界经济走势不容乐观。国际货币基金组织总裁拉嘉德称,2016 年全球经济增长将令人失望且不平稳,代表了国际组织对 2016 年世界经济的不乐观预期。

2015 年,我国经济已经受到国际经济环境的不利影响。一方面体现为我国外贸出口出现小幅下降的情况,另一方面体现为资本出现一定规模的外流,2015 年我国外汇储备减少 5100 多亿美元,在一定程度上就说明了其影响。2016 年,这些情况

无疑会对我国经济运行继续产生影响。在美联储于 2015 年 12 月 16 日决定加息之后,人民币汇率也出现了一定幅度的下跌,12 月当月外汇储备减少逾千亿美元,尽管这其中有欧元等货币对美元贬值和国内企业结汇意愿下降等因素的影响,但也反映了汇率贬值等因素的影响有所加大。部分外汇资金从我国流出,在一定程度上会影响到外汇资金的信贷规模,进而对投资产生不利影响。

(2)国内经济形势仍不容乐观。从 2015 年的变化情况看,下半年国内需求对经济增长的拉动作用也有所减弱。具体表现在,社会消费品零售额增速尽管在下半年各月份连续回升,消费需求扩张的步伐有所加快、对经济的拉动作用有所增强。但固定资产投资总额的增速呈现持续下滑的态势,2015 年固定资产投资增速较上半年累计增速下降了 1.4 个百分点,较上年同期增速的下滑幅度更大,下降了 5.7 个百分点。综合考虑投资和消费和变化,国内需求对经济的拉动作用较上半年有所减弱。

下半年外需对经济的拉动作用也有所减弱。上半年,由于我国进口下降幅度较大且明显高于出口,导致外贸顺差较上年同期扩大 1.5 倍,从国民经济核算的角度看,外贸净出口对经济的拉动作用较强。但由于从 2014 年下半年开始,国际大宗商品价格开始出现快速下跌,导致我国外贸进口额出现下降,并带动外贸顺差明显增加,因此,从 2015 年下半年开始,我国贸易顺差的同比增长率较上半年明显下降,四季度与上年同期相比只增长 17.3%,外贸净出口对经济的拉动作用明显减弱。

从工业品价格变化看,工业品价格持续下跌,对企业运营造成较大影响。2015 年以来工业品价格下跌的压力明显扩大。1~7 月份工业品生产者价格指数(PPI)降幅继续扩大,近五个月 PPI 同比降幅为 5.9%,近四个月工业品购进价格同比降幅为 6.8%~6.9%,分别比 2014 年 12 月降幅扩大 2.6 和 2.9 个百分点。这其中尽管在更大程度上是受国内产能过剩和需求不足的影响,但与国际大宗商品价格出现下降关系较大。加上人民币对美元汇率基本保持稳定,输入性价格下降压力对国内价格的影响较为直接。

工业生产者价格和购进价格降幅的扩大,对工业企业的生产运营造成了很大的不利影响。2015 年全国规模以上工业企业实现主营业务收入同比仅增长 0.8%,实现利润总额同比下降 2.3%,国有控股企业实现利润总额同比下降幅度达 21.9%。

中国 2015 年 GDP 增速放缓至 25 年最低水平为 6.9%,为 1990 年以来最低水平。这样的增速回落趋势在 2016 年很可能仍将持续。根据中国社科院发布 2016 年《经济蓝皮书》预计,2016 年中国经济增长 6.6%~6.8%,就业、物价保持基本稳定,经济不会出现硬着陆。

(二)去产能、去库存任务艰巨

受前期形成产能规模较大和当期需求不足的影响,我国一些产业出现产能严重过剩的问题，主要表现为钢铁、有色金属、水泥、玻璃等产业和产品上。2015年钢铁、水泥、玻璃等产业已经在压缩产能，并取得一定进展，但由于受房地产投资增速明显下滑等因素的影响，这些产品的库存不仅没有减少，不少产品的库存还在增加。截至的2015年9月底，工业企业库存量与年初相比，钢材增加17.2%，水泥增加16.4%，平板玻璃增加24.8%，而有色金属由于2015年产量增长较快，更是增加了47.6%。同时，一些工业消费品库存也大幅度增加，9月底汽车库存量较年初增加19.8%，摩托车库存量较年初增加32.8%，两轮脚踏自行车库存量较年初增加48.7%。房地产库存压力也很大。2015年末，商品房待售面积71853万平方米，比11月末增加2217万平方米。2010年我国商品房待售面积不到2亿平方米，2014年，这一数字已经突破6亿平方米。按照我国人均住房面积30平米计算，"空置"住房可供近2.4亿人口居住。这些情况说明，传统产业去产能去库存任务非常艰巨，2016年工业生产仍将面临较大压力。受库存压力大的影响，2016年房地产投资增速仍将低迷。

（三）实施创新驱动战略将成为经济动力转换的关键

从世界层面看，当前，新一轮科技革命和产业变革蓄势待发，信息技术、新能源技术、生物技术、新材料、智能制造和机器人等进入新一波创新浪潮，谁能在科技创新方面占据优势，谁就能够掌握发展的主动权。我国同发达国家的差距主要体现在创新能力上。高度依赖低端加工组装、缺乏技术创新和品牌的产业体系已越来越不适应竞争环境的变化。如果创新搞不上去，发展动力就难以转换，在全球经济竞争中就会处于下风。

当前我国的需求正在向多样化、高端化、服务化的需求转换。随着百姓收入的提高，中等收入群体的扩大，我们对商品的品质、性能有了更高的追求。发展动力转换的关键在于实施创新驱动战略，推动各种创新，特别是科技创新和制度创新。实施创新驱动战略的主要目的是提高全要素生产率，通过创新来提高潜在的和现实的产出水平。这是当前推进供给侧结构性改革的核心所在。

国际金融危机爆发以来，我国与世界主要发达国家几乎同时布局一些新兴产业，诸如新能源、信息电子产业、生物医药以及新材料等，一些重要技术基本上都处于同一起跑线上。解决这些新兴产业的技术问题不可能单靠引进与模仿，必须大力提高自主创新能力，着力解决要素驱动、投资驱动向创新驱动转变的制约。只有这样，才能支撑起"十三五"时期我国经济发展对技术的巨大需求并跨越"中等收入陷阱"。

从我国推进实施创新驱动战略以来，已经取得了明显成效。从税收数据可以看出这一成效。

从2015年的税收数据看，部分高端装备制造业、医药、科研和技术服务行业以及新兴信息产业等行业税收增长较快，发展势头良好，国家大力实施创新驱动发展战略和支持大众创业、万众创新的政策措施取得显著成效。

一是部分高端装备制造业税收增长较快。2015年，全国税务部门组织税收收入110604亿元（已扣减出口退税），比上年增长6.6%，与经济增长基本协调。受经济下行、产能过剩及库存较高影响，制造业税收增长较慢，但部分高端装备制造业得益于创新力度大，产业集聚程度高，市场竞争力强，税收增长较快。如电气机械和器材制造业税收收入完成1870亿元，增长8.3%，比制造业整体税收增幅高3个百分点，其中江苏、浙江和广东三大产业集聚区电气器材制造业税收占全国的57%，增长10.6%。

二是医药、科研和技术服务行业税收增长较快。创新驱动是技术密集型行业快速增长的重要动力。2015年全国医药制造业税收增长13%，领先制造业整体税收增速7个多百分点；科学研究和技术服务业税收增长13%，大大领先于制造业整体税收增长水平。

三是新兴信息产业税收大幅增长。近年来，新兴信息产业快速增长，因其创新程度高、溢出效应强，日益成为引导经济结构调整的重要力量。2015年，全国软件和信息技术服务业税收完成1210亿元，增长21.2%，其中北京、广东、上海和浙江等主要集聚区份额占全国的74%，浙江税收增幅甚至高达57%。

四是新型服务业税收大幅增长。租赁和商务服务业是创新程度较高的行业，如融资租赁产品越来越多样化，商务服务业更是汇集了法律、咨询、知识产权服务等知识密集型行业。2015年，第三产业税收增长7.6%，其中租赁和商务服务业是高增长行业，完成税收5822亿元，增长23.8%，连续3年增幅提高，企业所得税增长40.9%，显示其企业利润大幅增长。

五是创新创业企业大量增加。2015年，全国创新创业激情高涨，江苏国税纳税企业新增30万户，同比增长28%；浙江国税（不含宁波）纳税企业新增17万户，同比增长22%。杭州梦想小镇汇集了较多的电子商务、软件设计、大数据等互联网领域的创新型创业企业，2015年国税登记企业户数达295家，而2014年只有25家，创新创业企业激增，发展势头强劲。

引入创新基因，传统行业也能出现增长亮点。2015年，传统行业税收大多比较低迷，如汽车制造业税收仅增长0.3%。但重庆长安福特汽车公司税收收入扣除特殊增收因素后仍增长22%，主要得益于创新驱动的产品结构转型，通过淘汰旧产能、推出新车型，盈利水平大大提升。深圳比亚迪汽车工业公司税收收入增长56.8%，企业所得税增长71.7%，在电动车领域表现显眼，也与创新因素密不可分。

以上数据说明，创新驱动战略已经并将继续作为我国经济发展的新动力持续存在。

(四) 金融波动对经济的影响仍不容忽视

一般说来，金融周期的高涨期和衰退期均与经济增长显著负相关，而金融周期的正常期则与经济增长显著正相关。这一结果表明，当金融周期处于过热与过冷的状态时，均不利于经济增长，而当金融周期处于平稳的正常状态时，则会对经济增长产生明显的促进效应。

2015年6月份以来，我国股票市场出现了较大幅度的波动，根据前述分析，这不仅会对2016服务业增加值的增长产生直接影响，还可能通过对金融市场的运行间接影响经济走势。当前，我国企业负债率较高，已经成为影响企业健康发展的瓶颈，这也是中央经济工作会议要求"去杠杆"的重要原因。降低企业杠杆率，除了减少企业负债和借贷之外，就是增加企业的资本金，这方面资本市场担负着重要责任。但当前由于资本市场存在一些制度缺陷，加上整体经济不景气，2015年还由于市场波动幅度较大而一度停止了股市的IPO，这些会对企业融资产生不利影响，"去杠杆"面临的困难增加。

(五) 以"一带一路"为核心的对外开放战略实施将为经济发展注入新活力

当前全球经济仍处于危机后的深度调整期，复苏乏力，恐怖主义等非传统安全因素严重影响国际社会的安全，应对气候变化等挑战紧迫而严峻。在这样的大环境下，"一带一路"以新的理念和形式致力于和平发展和携手应对全球重大挑战，以实现沿线各国的共同需要。

首先，有利于促进各国经济优势互补、合作共赢。当今世界的经济由两条南北向的线主导，大西洋南北线主要是欧洲和连带的北美，西太平洋南北线主要是中、日、韩和东盟。这两条线的经济体占了世界经济总量的75%以上，"一带一路"东连发展势头强劲的东亚经济圈，西连发达的欧洲北美经济圈。在两条南北主线之间架起一条纵贯东西的大经济带，可以充分发挥沿线各国的比较优势，挖掘潜力，深入合作，这必将建立起世界跨度最长、最具活力，而且发展前景良好的大经济走廊。

其次，有利于加强不同文明交流，多种文明和谐相处。古丝绸之路是商贸之路，也是不同文明之间的交流之路，不同的宗教、不同的文明秉持开放包容的心态，对话沟通，彼此接纳，交流互鉴，为世界发展做出了巨大贡献。发扬光大这种精神，并且注入新的时代内涵，对于当代不同文化，不同社会制度国家之间的交往合作，具有重大意义。

第三，有利于促进共同繁荣。国际关系中的不公正、不平等现象仍然很突出，创造和平环境是大家的共同愿望。与此同时，发展不平衡问题十分突出，全球仍然有12亿绝对贫困人口，主要在亚洲等地。气候变化给人类带来了巨大损失。更有效的实现包容性、可持续发展是大家的共同愿望。"一带一路"着力促进沿线国家的经济持续健康共同发展，实现不同文明的包容共存与交流互鉴，这就必将为和平奠定坚实的基础。与此同时，在坚持和平共处五项原则的前提下，致力于践行共同、综合、合作、可持续的安全观，这就形成了一个三足鼎立、标本兼治的坚实有效架构，这将有利地推动构建共同繁荣新格局。

从国内实际情况看，"一带一路"战略构想地区同时覆盖了我国中部、西部、西南部大部分地区及重要沿边地区，这些地区拥有巨大的对外开放潜力，是我国经济巨大回旋空间的承载地所在。以西部地区为例，西部地区占我国国土面积的72%，与13个国家接壤，但进出口贸易总额只占我国贸易总量的7.7%，利用外资和对外投资占比不足10%。在市场在资源配置中起决定性作用的前提下，"一带一路"从根本上讲，就是为内陆和沿边地区打开国际市场通道，培育国际市场空间，完善国际市场规则，使中西部开放腹地变为开放前沿，这将为我国开放型经济开辟新的空间和路径。

二、财政货币政策的着力点

财政政策和货币政策是宏观调控的两大政策工具，二者有区别也有联系。市场经济条件下，市场对资源分配起着基础性的作用。与计划体制相比较，市场机制更有效率，但是它还存在着许多缺陷。在市场经济体系中，存在着公共产品、外部性、垄断、风险和不确定、收入分配不公、经济波动等情况，市场机制无法引导资源分配达到最优状态，即存在着"市场失灵"。经济运行客观上要求作为宏观管理者的政府对市场进行调控与管理，以弥补或消除市场失灵，促进经济的协调发展。20世纪30年代席卷世界的经济危机后，政府管理的市场经济取代了自由放任的市场经济。在混合市场经济制度下，宏观经济管理在保证资源的有效利用和经济的良性运行中发挥着重要的作用，政府的一部分责任就是要解决和消除宏观经济运行过程中出现的各种问题和矛盾，熨平经济周期，实现经济的稳定增长。财政政策和货币政策作为国家宏观调控的两大重要政策，在弥补市场失灵、促进经济持续稳定发展中发挥着重要的作用。一国宏观经济运行是否正常、经济运行中各种问题能否得到顺利解决，在很大程度上都取决于能否正确地制定和实施财政政策和货币政策，使之能够协调配合，形成最大合力。只有两者的紧密搭配，才能使两者发挥各自优势，甚至发挥1+1>2的优势，宏观经济政策目标得以实现。

（一）继续推动消费增长，增强消费对经济增长的拉动作用

消费是拉动经济增长，推动经济结构调整，实现经济健康可持续发展的源动力所在。随着工业化、城镇化、信息化的持续推进，近年来我国消费需求正步入快速

发展的新车道，对经济增长的贡献持续提高。在消费规模快速扩张的同时，消费升级步伐加快，消费层次、消费品质、消费形态、消费方式和消费行为等方面均呈现出明显的趋势性变化，新消费方兴未艾。比如，居民保健和环保意识不断增强，对住和行的需求不断升级，通信、电影、旅游等服务消费持续火爆，"互联网+"消费突飞猛进，个性化、定制化、多样化消费渐成主流。总体上看，目前我国消费趋势呈现出以下五大特点：一是消费层次由温饱型向全面小康型转变。二是消费品质由中低端向中高端转变。三是消费形态由物质型向服务型转变。四是消费方式由线下向线上线下融合转变。五是消费行为由从众模仿型向个性体验型转变。

在消费领域，财政货币政策要着眼于发挥制度优势、弥补市场失灵、引导市场行为，加强政策协调配合，形成有利于消费升级和产业升级协同发展的政策环境。

首先，强化财税支持政策。要在改善消费市场相关基础设施、降低相关交易成本、打通有关流通环节等方面发挥重要的作用。加大对新消费相关领域的财政支持力度，更好发挥财政政策对地方政府和市场主体行为的导向作用。完善地方税体系，逐步提高直接税比重，激励地方政府营造良好生活消费环境、重视服务业发展。落实小微企业、创新型企业税收优惠政策和研发费用加计扣除政策。适时推进医疗、养老等行业营业税改征增值税改革试点，扩大增值税抵扣范围。严格落实公益性捐赠所得税税前扣除政策，进一步简化公益性捐赠所得税税前扣除流程。按照有利于拉动国内消费、促进公平竞争的原则，推进消费税改革，研究完善主要适应企业对企业（B2B）交易的跨境电子商务零售进口税收政策，进一步完善行邮税政策及征管措施。健全政府采购政策体系，逐步扩大政府购买服务范围，支持民办社会事业、创新产品和服务、绿色产品等发展。完善消费补贴政策，推动由补供方转为补需方，并重点用于具有市场培育效应和能够创造新需求的领域。创新财税政策。适时推进"营改增"改革，研究将尚未试点的生活性服务行业纳入改革范围。科学设计生活性服务业"营改增"改革方案，合理设置生活性服务业增值税税率。发挥财政资金引导作用，创新财政资金使用方式，大力推广政府和社会资本合作（PPP）模式，运用股权投资、产业基金等市场化融资手段支持生活性服务业发展。对免费或低收费向社会开放的公共体育设施按照有关规定给予财政补贴。推进政府购买服务，鼓励有条件的地区购买养老、健康、体育、文化、社区等服务，扩大市场需求。

其次，坚持稳健货币政策，发挥货币政策的消费效应。所谓货币政策的消费效应，是指货币政策会对金融资产格局产生影响，改变金融资产的价格，从而影响人们拥有的财富价值，人们拥有的财富价值变动会导致消费选择的变动。另外，货币政策对人们预期的影响会使得预期通胀提前到来，也会影响居民部门的储蓄及消费倾向。货币政策对消费的影响效应还取决于：第一，居民部门获得消费信贷的能力。消费信贷的增长可以带来居民消费需求的增加，而消费信贷获得能力在居民的个体间存在差异，因此信贷政策的调整必然引起居民消费的变动。第二，城乡居民消费弹性不同，农村的实物经济波动较大，货币经济波动较小，农村居民的生存型消费比城镇居民高，而城镇居民的享受型消费较高，货币政策调整对农村居民的影响就小于对城镇居民的影响。应加强和改善流动性管理，引导货币信贷和社会融资规模平稳适度增长。

再次，配合金融产品和服务创新，推动消费升级。完善金融服务体系，鼓励金融产品创新，促进金融服务与消费升级、产业升级融合创新。鼓励商业银行发展创新型非抵押类贷款模式，发展融资担保机构。规范发展多层次资本市场，支持实体经济转型升级。支持互联网金融创新发展，强化普惠金融服务，打造集消费、理财、融资、投资等业务于一体的金融服务平台。支持发展消费信贷，鼓励符合条件的市场主体成立消费金融公司，将消费金融公司试点范围推广至全国。鼓励保险机构开发更多适合医疗、养老、文化、旅游等行业和小微企业特点的保险险种，在产品"三包"、特种设备、重点消费品等领域大力实施产品质量安全责任保险制度。支持符合条件的生活性服务业企业上市融资和发行债券。鼓励金融机构拓宽对生活性服务业企业贷款的抵质押品种类和范围。鼓励商业银行在商业自愿、依法合规、风险可控的前提下，专业化开展知识产权质押、仓单质押、信用保险保单质押、股权质押、保理等多种方式的金融服务。发展融资担保机构，通过增信等方式放大资金使用效益，增强生活性服务业企业融资能力。探索建立保险产品保护机制，鼓励保险机构开展产品创新和服务创新。积极稳妥扩大消费信贷，将消费金融公司试点推广至全国。完善支付清算网络体系，加强农村地区和偏远落后地区的支付结算基础设施建设。

（二）推动公共产品投资增长

当前，中国经济发展进入新常态，供给侧结构性改革成为适应和引领经济发展新常态的重要抓手。供给侧结构性改革不仅仅是市场部门的改革，政府作为公共产品和公共服务的提供方，同样面临改革问题。在经济新常态下，政府与社会资本合作（Public – Private Partnership，简称 PPP）模式不仅是缓解经济下行压力，稳定经济增长的重要手段，更是推动政府职能转变，提高公共产品和公共服务供给质量和效率，实现经济可持续发展的重要突破口。

公共产品投资是优化政府投资使用方向的重要抓手，也就是说政府投资主要投向公益性和基础性建设。对鼓励社会资本参与的生态环保、农林水利、市政基础设施、社会事业等重点领域，政府投资可根据实际情况给予支持，充分发挥政府投资"四两拨千斤"的引导带动作用。

为了有效推动公共产品投资，在同等条件下，政府投资应优先支持引入社会资本的项目，根据不同项目情况，通过投资补助、基金注资、担保补贴、贷款贴息等方式，支持社会资本参与重点领域建设。探索创新信贷服务。支持开展排污权、收费权、集体林权、特许经营权、购买服务协议预期收益、集体土地承包经营权质押贷款等担保创新类贷款业务。探索利用工程供水、供热、发电、污水垃圾处理等预期收益质押贷款，允许利用相关收益作为还款来源。鼓励金融机构对民间资本举办的社会事业提供融资支持。

采取积极稳健的货币政策，充分发挥政策性金融机构的积极作用。在国家批准的业务范围内，加大对公共服务、生态环保、基础设施建设项目的支持力度。努力为生态环保、农林水利、中西部铁路和公路、城市基础设施等重大工程提供长期稳定、低成本的资金支持。

鼓励发展支持重点领域建设的投资基金。大力发展股权投资基金和创业投资基金，鼓励民间资本采取私募等方式发起设立主要投资于公共服务、生态环保、基础设施、区域开发、战略性新兴产业、先进制造业等领域的产业投资基金。政府可以使用包括中央预算内投资在内的财政性资金，通过认购基金份额等方式予以支持。

支持重点领域建设项目开展股权和债权融资。大力发展债权投资计划、股权投资计划、资产支持计划等融资工具，延长投资期限，引导社保资金、保险资金等用于收益稳定、回收期长的基础设施和基础产业项目。支持重点领域建设项目采用企业债券、项目收益债券、公司债券、中期票据等方式通过债券市场筹措投资资金。推动铁路、公路、机场等交通项目建设企业应收账款证券化。建立规范的地方政府举债融资机制，支持地方政府依法依规发行债券，用于重点领域建设。

（三）推动创新创业及战略性新型产业发展

实施创新驱动战略，需要落实好创新创业战略和切实推动战略性新型产业发展。其中，"创新"是着力点，"发展"是落脚点。要从以下五个方面着手：一是在国家层面要实施一批重大科技项目。力求在航空发动机、量子通信、智能制造和机器人、深空深海探测、重点新材料等战略性领域有所突破。二是在企业层面要培育一批创新型领军企业。鼓励企业开展颠覆性技术创新。在主要产业领域从过去追赶为主转向追赶和引领并举。三是在社会层面要推动"大众创业、万众创新"。现在年轻的创业者普遍受过良好的专业教育、具有国际化视野，从中会孕育出一批新的企业和企业家。四是在产业层面要加快建设制造强国。实施"中国制造2025"和"互联网＋"行动计划，在装备领域取得突破，从传统制造走向智能制造、绿色制造。五是在体制层面要构建有利于创新的体制机制。营造激励创新的公平竞争环境，实行严格的知识产权保护制度，强化金融支持创新的功能，完善成果转化激励机制，创新培养和吸引人才的体制。

创新财政资金支持方式，利用奖励引导、资本金注入、应用示范补助等方式，支持应用示范和公共服务平台建设等具有较强公共服务性质的项目；运用和引导产业投资、风险投资等基金，支持创新产品研发、产业化建设等方面具有营利性、竞争性的项目，扶持具有创新发展能力的骨干企业和产业联盟，整合产业链上下游资源。探索医疗器械生产企业与金融租赁公司、融资租赁公司合作，为各类所有制医疗机构提供分期付款采购大型医疗设备的服务。研究制定国内短缺、有待突破的原料药重点产品目录，对目录中化学结构清晰、符合税则归类规则、满足监管要求的原料药，研究实施较低的暂定税率，健全研制、使用单位在医药产品创新、增值服务和示范应用等环节的激励机制。支持符合条件的创新型医药生产企业上市融资、发行债券、并购、重组。

按照公开透明、公平竞争的原则，完善招标采购机制，逐步将医药产品招标采购纳入公共资源交易平台。实行分类采购，科学设置评审因素，推动药品、高值医用耗材采购编码标准化，确保价格合理、保障供应、质量安全。规范竞争秩序，打破医药产品市场分割、地方保护。进一步完善双信封评价方法，对竞标价格明显偏低、可能存在质量和供应风险的药品，必须进行综合评估，避免恶性竞争。全面推进信息公开，建立对价格虚高药品的核查和动态调整机制，确保药品采购各环节在阳光下运行。根据区域卫生规划，制定完善各级医疗机构的医疗器械配备标准，严格控制财政性资金采购不合理的超标准、高档设备。严格落实《中华人民共和国政府采购法》规定，国产药品和医疗器械能够满足要求的，政府采购项目原则上须采购国产产品，逐步提高公立医疗机构国产设备配置水平。

创新财政科技专项资金支持方式，支持符合条件的企业通过众创、众包等方式开展相关科技活动。充分发挥国家新兴产业创业投资引导基金、国家中小企业发展基金等政策性基金作用，引导社会资源支持四众加快发展。降低对实体营业场所、固定资产投入等硬性指标要求，将对线下实体众创空间的财政扶持政策惠及网络众创空间。加大中小企业专项资金对小微企业创业基地建设的支持力度。大力推进小微企业公共服务平台和创业基地建设，加大政府购买服务力度，为采用四众模式的小微企业免费提供管理指导、技能培训、市场开拓、标准咨询、检验检测认证等服务。

实行适用税收政策。加快推广使用电子发票，支持四众平台企业和采用众包模式的中小微企业及个体经营者按规定开具电子发票，并允许将电子发票作为报销凭证。对于业务规模较小、处于初创期的从业机构符合现行小微企业税收优惠政策条件的，可按规定享受税收优惠政策。

创新金融服务模式。引导天使投资、创业投资基金等支持四众平台企业发展，支持符合条件的企业在创业板、新三板等上市挂牌。鼓励金融机构在风险可控和商业可持续的前提下，基于四众特点开展金融产品和服务创新，积极发展知识产权质押融资。大力发展政府支持的融资担保机构，加强政府引导和银担合作，综合运用资本投入、代偿补偿等方式，加大财政支持力度，引导和促进融资担保机构和银行业金融机构为符合条件的四众平台企业提供快捷、低成本的融资服务。

(四) 推动收入分配结构调整

收入分配制度是经济发展中带有根本性、基础性的制度安排。我国转型期的经济结构导致了国民收入分配格局向企业部门倾斜，而居民总可支配收入占比不断下降的现象。由于对养老、买房、子女教育等的预防性储蓄动机较大，在经济增长的大背景下，居民储蓄率仍节节攀升。这一国民收入分配失调问题日益凸显，不仅导致了居民消费需求不足，还造成我国过分依赖国外需求拉动经济增长的格局。

随着世界经济增长减缓，国外需求的减少，国内的需求不足以消耗过剩的产能，长期维持这种失衡的需求结构将不利于我国经济的持续增长。要想维持经济长期增长，就必须改变需求结构，带动国内消费需求的增加，这就意味着要增加居民可支配收入、降低储蓄动机。如果需求结构持续保持目前的失衡状态，当外需逐步下降导致国内企业生产低迷时，居民就业困难，获取收入的途径也就无法改善。所以说，需求结构的改善有助于调节收入分配格局。

应从货币政策入手改善需求结构，货币政策的结构调控效应对国民收入分配的影响机制如下：利用货币政策的结构调整效应，使得需求结构调整后，可以增加居民获取收入的途径，从而降低居民的预防性储蓄，让收入分配格局从企业部门逐步向居民部门倾斜。居民收入渠道增加，储蓄率降低并促使居民部门的收入、消费不断增长，国内实体经济需求增加后，配之以传统货币政策压低投资需求，促进国内投资消费需求结构进一步改善。总的来说，这是通过货币政策的结构调整效应推动收入分配格局改进。

货币政策的结构调整效应可以分为产业结构效应与就业效应。

所谓货币政策的产业结构效应，是货币政策通过调整利率等金融工具，对储蓄率及储蓄倾向造成影响，从而影响资本形成。资本形成再通过产业格局及居民就业影响收入分配及需求结构。货币政策发挥产业效应有两条路径：第一，通过信贷政策或金融机构选择性对产业进行扶持或补贴，引导产业发展。第二，利率政策会影响资本形成，各行业对利率的反应有差异，利率政策也可导致行业乃至产业的差别化反应。

所谓货币政策的就业效应，是货币政策帮助创造调节贫富差距的就业机会。货币政策的信贷资金进入实体经济领域，通过推动民营企业及中小企业的发展，创造更多的产出，推动实体经济的增长，辅助形成消费需求及改善收入分配，能发挥货币政策的就业效应，通过对前述两种可能性的引导，能改善收入分配，形成消费需求。货币政策对就业的影响有两种可能性：首先，通过产出渠道，货币政策扩张会引起价格变化，推动国内经济增长，厂商产出增加；造成的本币贬值会促进出口型企业的产量增加。但产品名义价格升高，消费者需求减少。来自生产方与消费方的需求变化大小无法确定，因此造成就业的变动也不确定。其次，通过贷款资本流入渠道，一方面基于对贷款利率的敏感性不同，各个产业的要素投入量会不同，资本的流入可能引起资本、技术进步对劳动的替代，使就业率降低；另一方面是资本流入创造更大的生产能力，带来劳动力需求的增加，促进就业率提高。资本流入对就业率的影响大小及正负变动也具有不确定性。

在货币政策推动实施的前提下，还应在积极财政政策的框架下，综合利用财政投资、补贴、税收等多种手段，坚持以完善收入分配改革为抓手，化解影响宏观经济运行的结构性矛盾，实现宏观经济与企业和个人等微观主体的全面发展。一是完善就业支持政策，保障生产与分配的利益关系基本统一。要实施就业优先战略和更加积极的就业政策，扩大就业创业规模，创造平等就业环境，提升劳动者获取收入能力，实现更高质量的就业。大力支持服务业、劳动密集型企业、小型微型企业和创新型科技企业发展，创造更多就业岗位。新增财政教育投入向职业教育倾斜，逐步实行中等职业教育免费制度。建立健全向农民工免费提供职业教育和技能培训制度。

二是加强农民收入支持力度，逐步破除城乡二元结构。财政政策要加快完善城乡发展一体化体制机制，加大强农惠农富农政策力度，促进公共资源在城乡之间均衡配置、生产要素在城乡之间平等交换和自由流动，促进城乡规划、基础设施、公共服务一体化。主要包括：增加农民家庭经营收入；健全农业补贴制度；合理分享土地增值收益；加大扶贫开发投入。

三是大力推进城镇化，构建城乡要素平等交换和收益分配的平台。要建立健全农业转移人口市民化机制，统筹推进户籍制度改革和基本公共服务均等化。重点探索建立政府、企业、个人共同参与的市民化成本分担机制，重点推进解决举家迁徙及新生代农民工落户问题。努力实现城镇基本公共服务常住人口全覆盖。

四是加强按劳分配制度建设，促进劳动要素内部分配关系的基本平衡。我国劳动要素主要分布在国有企业、民营企业和机关事业单位中，促进劳动要素内部分配关系平衡的关键是保障分布在不同属性单位中劳动要素报酬的基本平衡。具体有：第一，促进民营企业职工工资合理增长，建立反映劳动力市场供求关系和企业经济效益的工资决定及正常增长机制；第二，加强国有企业高管薪酬管理，对部分过高收入行业的国有及国有控股企业，严格实行企业工资总额和工资水平双重调控政策，逐步缩小行业工资收入差距；第三，完善机关事业单位工资制度，建立公务员和企业相当人员工资水平调查比较制度，完善科学合理的职务与职级并行制度，结合分类推进事业单位改革，建立健全符合事业单位特点、体现岗位绩效和分级分类管理的工资分配制度。

五是建立政府对居民的直接支持渠道，从源头优化政府与居民间的分配关系。具体政策目标包括：第一，全面建立覆盖全部国有企业、分级管理的国有资本经营预算和收益分享制度，合理分配和使用国有资本收益，扩大国有资本收益上交范围，适当提高中央企业国有资本收益上交比例，新增部分的一定比例用于社会保障等民生支出。第二，建立健全资源有偿使用制度和生态环境补偿机制。完善公开公平公正的国有土地、海域、森林、矿产、水等公共资源出让机制，加强对自然垄断行业的监管，防止通过不正当手段无偿或低价占有和使用公共资源。建立健全公共资源出让收益全民共享机制，出让收益主要用于公共服务支出。

六是加大民生支持力度，完善转移支付制度，进一步改善政府与居民间分配关系。要进一步健全公共财政体系，完善转移支付制度，调整财政支出结构，大力推进基本公共服务均等化。全面建成覆盖城乡居民的社会保障体系，按照全覆盖、保基本、多层次、可持续方针，以增强公平性、适应流动性、保证可持续性为重点，不断完善社会保险、社会救助和社会福利制度，稳步提高保障水平，实行全国统一的社会保障卡制度。落实并完善慈善捐赠税收优惠政策，对企业公益性捐赠支出超过年度利润总额12%的部分，允许结转以后年度扣除。

七是完善税收调节体系，构建科学合理的居民间收入分配关系。当前，要加大税收调节力度，改革个人所得税，完善财产税，推进结构性减税，减轻中低收入者和小型微型企业税费负担，形成有利于结构优化、社会公平的税收制度。具体包括加快建立综合与分类相结合的个人所得税制度，完善房产保有、交易等环节税收制度，扩大资源税征收范围，提高资源税税负水平，以及合理调整部分消费税的税目和税率等。

在收入领域，重点要加强财政在国民收入再分配中的重要作用。结合扶贫攻坚工程，通过必要的减税、调整支出结构、加强转移支付等方式，直接或间接地加快中低收入者的收入增长。

（五）推动"一带一路"战略实施和自贸区改革

目前，各国都积极推动基础设施建设，扩大内需。这就为我国推进"一带一路"建设，与周边国家对接提供了历史机遇。"一带一路"是互联互通的典范，它贯穿欧亚大陆，东边连接亚太经济圈，西边进入欧洲经济圈，许多沿线国家与我国有共同利益。"一带一路"覆盖的范围越广，有效促进资本、劳动力、资金和货物的流动，越能有效降低经济运行成本，拉动外需。

在开放的背景下，"一带一路"融资既要考虑国内金融市场，还要考虑与所有的利益共同体一起去国际金融市场融资，直接融资或间接融资，离岸人民币、美元、欧元或者相关国家的货币都可以。应发行人民币计价"丝路债券"。"丝路债券"可以补充亚投行和丝路基金的本金，也可以根据"一带一路"项目的融资需求发行；丝路债券可以在国内金融市场发行，也可以在国际债券市场发行；还可通过设立SPV等方式，做好风险隔离，吸引国际金融机构、项目东道国金融机构参与。

另外，要加大中国四个自贸区的改革力度。可能有人说，自贸区改革最不需要财政货币政策支持，这种观点是值得商榷的，如果没有财政货币政策创造的优良宏观环境，自贸区的建设发展是难以想象的。因此，我们认为，在自贸区建设这一重大课题面前，财政货币政策同样客观地在发挥着直接或间接的作用，关键是要与国际规则接轨，吸取有益经验，才可能切实推动自贸区这一新生事物的快速成长。

（六）防止陷入债务与通缩压力的恶性循环，加强金融监管

国家统计局数据显示，2016年9月份工业生产者出厂价格（PPI）同比上涨0.1%，结束了同比连续54个月下降的态势，自2012年3月以来首次由负转正。尽管如此，但由于我国消费占GDP比率显著低于发达国家平均水平，工业增加值在GDP中的比重显著高于主要发达国家，物价上涨缺乏基础，CPI反弹缺乏动力，通缩有再次显化的可能性。因此我国货币政策还要考虑防止实体经济面临的通货紧缩再现，避免经济陷入债务与通缩的恶性循环。

目前大多数国家通货紧缩压力显著，各国央行纷纷采取降息、汇率贬值等量化宽松货币政策，这对我国外需改善和跨境资本流动都将产生不利影响。针对我国当前经济形势，为了应对经济下行压力和通货紧缩压力，2016年应继续实施结构宽松的货币政策，支持和配合积极的财政政策，保持流动性合理充裕和社会融资规模适度增长。发达经济体中遇到通货紧缩需要实施宽松的货币政策，我国因为前几年在4万亿刺激计划实施过程中，货币宽松比财政宽松的力度更大，因此目前这个阶段要防止货币政策过度宽松导致的资产泡沫，只能实施一些结构宽松的货币政策，防止货币政策过度宽松使流动性流向虚拟经济。2016年应加强利率、存款准备金率和汇率政策的协调配合，保持货币政策的灵活适度，为深化改革和结构调整赢得时间和空间。降息降准和定向宽松都是可以选择的工具。加强"反通缩"的政策力度十分必要。

同时，要加快金融机构治理体制改革，加强金融宏观审慎管理，防范系统性金融风险。当前的"混业经营、分业监管"的金融机构治理体制将使我国金融市场稳定和防范系统性风险面临新挑战。在利率市场化和跨境资本流动波动加剧的新背景下，资金可以通过金融创新在金融市场内自由流动，监管的分割使不同行业之间的监管防火墙形同虚设，风险在跨金融市场间快速传递。"混业经营、分业监管"无法适应金融创新、金融风险与金融监管的动态平衡关系，导致监管滞后和部分领域的监管缺位。

必须加强金融宏观审慎管理，完善监管公共基础设施建设、推动新常态下的监管升级。要加快金融机构治理体制改革，加快推进"一行三会"的治理体系的改革。要把加快构筑统一监管、功能监管、大数据监管和长期利益监管新体系，防范系统性金融风险，作为2016年工作的重中之重。

三、财政货币政策的效果预估

通过以上各个方面的财政货币政策的构想设计,只有把政策着力点推进到位,才可望实现未来 3~5 年中国经济的平稳增长。

(一)内需将得以有效扩大

扩大内需是我国发展的战略基点,也是最大的结构调整。过去几年我们成功应对国际金融危机冲击,靠的是内需。在世界经济可能长期放缓的形势下,我们仍要靠扩大内需实现持续发展。扩大内需还与保障和改善民生密切相关,它能够开拓发展领域,创造社会财富,促进居民增收。从国际经验看,以内需为主也是大国发展的必由之路。我国作为世界上最大的新兴市场国家,蕴藏着巨大的需求潜力。

通过上述扩大消费与投资的财政货币政策,将有力推动扩大居民消费,在增强消费能力、优化消费环境、培育消费热点等方面发挥重要推动作用。同时,在工业化、城镇化深入发展过程中,将有力发挥投资对促进经济增长直接而有效的支撑作用。同时,推动投资结构不断优化,提高投资效益,更多地寻求投资与消费的结合点,实现增投资、扩消费、惠民生的一举多得。

需要看到,我们采取财政货币政策积极扩大内需,不仅是自身发展的需要,而且世界经济调整与发展的需要。我国扩大内需是在开放条件下进行的,是要参与全球配置资源和要素,更加充分地利用国际国内两个市场、两种资源,这对形成扩大内需和拓展外需良性互动有重大作用。

(二)产业转型升级取得重大进展

产业是实体经济的集合。我国总体上仍处于工业化中期,处于国际分工和产业链的中低端。面对传统优势减弱和日益激烈的国际竞争,迫切要求产业转型,在"中国制造"的基础上培育和发展"中国创造"。实施推动创新创业、推动战略性新兴产业发展的政策措施,将有力推动战略性新兴产业和先进制造业健康发展,推动企业跨行业、跨地区、跨所有制兼并联合和战略性改组,提高产业集中度,促进产业层次从低端走向中高端。全面推进自主创新,使创新成果在各领域和全社会得到推广应用,加强新技术、新产品研发及营销,通过市场开拓带动新兴产业发展。使创新驱动的传统产业升级与新兴产业崛起,为我国发展不断注入新的动力。

此外,我国服务业发展仍然滞后,吸纳就业能力不强。第三产业产值和就业比重都明显低于发达国家水平,也低于不少发展中国家水平。同时,人口多、就业压力大是我国的基本国情,而随着制造业转型升级、劳动生产率继续提高,相对而言工业对劳动力的需求减弱，扩大就业必须从服务业上找更多出路。而服务业大多属于劳动密集型行业、中小微企业，是交通、流通、通信等城市功能的载体。做大做强服务业，能够增加就业，也有利于推进城镇化、扩大内需。更为重要的是，工业与服务业融合发展是现代产业发展的新趋势。工业分工协作越深化，对服务业需求就越大。深化企业主辅分离，把一些工业内部研发、设计、营销等环节剥离出去，成为效率更高的服务业主体，这有利于促进企业结构由"橄榄型"向"哑铃型"升级。

采取完善的财政货币政策措施，推动生产性服务业和生活性服务业加快发展，将促进服务业比重和水平大幅提高。服务业加快发展、持续繁荣，终将成为我国经济增长的重要动力。

（三）收入分配结构更趋合理

综前所述，产业效应、就业效应对居民消费需求的影响大小及变化方向能反映出我国货币政策对收入分配产生的影响。合理引导这种效应可逐步改善我国需求结构，使国民收入分配更有利于经济长期增长。但这并非意味着只强调货币政策的结构效应，否定其他政策的作用。在未来的政策操作中，不仅要充分考虑货币政策对经济结构的调节作用，还要发挥财政政策及其他相关政策共同的配合作用。财政政策与货币政策的配合使用，可以一方面提高我国居民收入、进而提高居民消费倾向；另一方面扶持第三产业与金融市场发展，进一步促进居民收入渠道增加。消费增加、需求结构改善后，同时也能改善调节居民、企业间的收入分配，循序渐进，能不断推动需求结构与收入分配间的相互促进改善。

要看到，城乡之间"二元结构"形成的差距是我国发展中最大的差距，城市内部"二元结构"形成的差距则是最突出的差距。通过鼓励人们通过自己的劳动和智慧获得应有的报酬，多渠道增加居民财产性收入，着力增加广大农民收入。把调整预期利益与调整既得利益、调节增量与调节存量结合起来，突出重点，循序渐进，努力扭转收入差距扩大趋势。最终，我国居民将朝着共同富裕方向稳步前进。

（四）金融风险得到有效控制，金融市场走上成熟轨道

首先，长期以来，粗放式发展模式使我国企业和地方政府习惯采用加大投入、扩大投资的办法推动发展。加上资本市场发育不充分，企业自有资本金来源不足，主要依赖银行信贷等间接融资，成本偏高。特别是前些年企业和地方政府平台大量融资，导致现在经济增速、企业效益、地方财政下滑，债务负担更加凸显。债务负担给实体经济带来较大压力，同时也积累了大量金融风险。通过正确的财政货币政策推动去杠杆，一方面要创造稳健的货币政策环境，大力发展直接融资，拓宽企业融资渠道；另一方面要降低地方政府债务，通过财政政策引导发展政府和社会资本

合作（PPP）等新机制，将使债务风险得到切实化解。

其次，灵活运用公开市场操作、利率、存款准备金率、再贷款等货币政策工具，保持社会流动性基本充裕。采取切实措施引导全社会降低企业融资成本。运用好结构性、差别化货币信贷工具，加大对小微企业和三农等领域支持。充分发挥国家开发银行、农业发展银行和中国进出口银行等政策性银行开发性金融的作用，加大对基础设施、三农、进出口等领域支持。通过这些做法着力加强金融对实体经济的服务，使实体经济得到健康发展，将为防范和化解金融风险提供根本动力。

再次，在适度宽松的货币环境下，大力发展资本市场，以法治化和市场化双轮驱动，重构股市生态，要在企业上市、退市、转板、并购重组、对冲等制度安排上推进市场化改革，在推进注册制改革的过程中要进行配套制度涉及，完善信息披露制度，加强资本市场法治建设，严厉惩处违法行为，建设直接融资和间接融资协调发展的金融市场体系，努力做到控制局部风险，避免系统性风险，将对实体经济发展、产业结构升级、创新创业推进、居民财富保值增值提供有效金融支持。

（五）对外开放取得重要突破

我国推动"一带一路"战略实施，目的是与周边国家和区域形成利益共同体和命运共同体。中国正加速建设对外自贸区，加大对外开放力度，既是主动参与和适应国际分工变化的现实需要，也是应对国际竞争压力、在全球化过程中争夺话语权的必然举措。两者都是新形势下中国新一轮对外开放的重要内容。

借鉴国际经验和国际规则，特别是 TPP 规则，采取积极有效的财政货币政策，推动"一带一路"战略实施和自贸区建设，将为我国对外开放开创出一大片新局面。首先在"一带一路"建设中，实施利率市场化改革和汇率市场化改革，推动资本账户有序开放，推动政府和社会资本合作，将快速有效推动企业走出去，推动国际产能合作，建立与周边国家和地区的经贸合作关系。同时积极推进"一带一路"与自由贸易区的结合，将形成"一带一路"大市场，将"一带一路"打造成畅通之路、商贸之路、开放之路。中国在吸引外资方面，整个环境条件已经发生了很大变化，这几个自贸区的扩围会对扩大利用外资，进一步吸引外商外资在经济发展中发挥重要的支撑作用，能够起到积极的效果。这些都将适应在国务院印发的《关于加快实施自由贸易区战略的若干意见》中所提出的，我国自由贸易区建设的布局在周边要力争和所有与我国毗邻的国家和地区建立自由贸易区，不断深化经贸关系，构建合作共赢的周边大市场。

中国积极推进"一带一路"战略实施和自贸区建设，不仅有利于构建开放型经济新体制，同时也将为中国经济注入新的开放红利，让中国获得更高的平台、更广阔的空间，同时将为相关地区乃至世界经济增添新的发展动力。

第十二章

全球财政货币政策协调

国际金融危机爆发以来,全球经济进入深刻的再平衡调整期,这一进程仍未完成。全球经济在深度调整中曲折复苏、增长乏力、不确定性突出。主要经济体走势和财政货币政策取向分化,金融市场动荡不稳,大宗商品价格大幅波动,全球贸易持续低迷,贸易保护主义强化,地缘政治等非经济扰动因素增多。

一、全球主要经济体经济形势分析

总体上看,美国经济形势相对较好;欧元区经济回归复苏轨道,但仍面临一些掣肘;日本经济波动较大且面临物价下行压力;新兴市场经济体经济增长压力大且分化严重,金融、贸易和财政状况不容乐观。

(一)美国经济形势分析

2014年美国经济复苏动能增强。虽然第一季度受年初不利天气影响经济增长缓慢。但从4月份开始,在国内消费持续增长、房地产市场回暖及国内投资额和出口都大幅增加等利好因素的驱动下,美国经济强劲反弹,实现四年来GDP最大增幅增长2.4%。同时,受美元升值和国际油价下跌等因素影响,商品价格保持稳定。这一年美国的失业率下降了1.1%,新增就业岗位约为250万人,是自1999年以来新增就业岗位最多的一年。

2015年美国经济总体温和复苏。第一季度受严寒天气、西海岸港口罢工等因素影响,实际GDP环比折年率为0.6%。但从第二季度开始,在制造业和服务业保持扩张势头、消费增速回升、房地产市场回暖等因素的共同驱动下,经济出现明显反弹。进入第四季度,经济运行总体稳定,制造业和服务业扩张势头有所减缓,消费状况总体向好,劳动力市场持续改善,失业率降至2008年5月份以来的最低值。通胀水平全年保持低位,离美联储的目标通胀率仍有较大差距。12月16日,美联储将2016年经济增长预期调升至2.4%。

（二）欧洲经济形势分析

2014年欧元区经济弱于预期，且伴随较大的通缩压力。2014年欧元区实际GDP总量增长缓慢，虽然欧央行出台了一系列宽松货币政策，但仍未从根本上提振欧元区经济。第二、第三季度生产总值环比仅增长0.1%和0.2%。通胀水平持续下行，综合物价指数也不断下降，通缩压力较大。制造业PMI和服务业PMI都处于收缩状态，产业结构难以调整。失业率仍居高不下，从年初到12月末一直维持在11.5%左右。

2015年欧元区经济回归复苏轨道，但仍面临一些掣肘因素。受益于欧央行刺激政策加码和欧元贬值等因素，经济呈温和复苏态势，2015年前三季度GDP同比分别增长1.3%、1.6%和1.6%。进入第四季度，经济继续温和增长，劳动力市场持续改善，12月失业率降至10.4%，为2011年11月以来最低水平。通胀水平依然处于低位，且仍面临较大下行压力。欧洲难民潮带来的不稳定因素和巴黎恐怖袭击等负面冲击对欧元区经济复苏的影响仍有待进一步观察。

（三）日本经济形势分析

2014年日本经济受政策影响明显。第一季度经济增速大幅反弹，但随后受日元贬值、消费税率上调以及企业投资下滑等因素影响，实际GDP总量增速明显回落。前三季度制造业PMI表现低迷，第四季度有所回升，产品产量和出口量上升，但消费和投资信心依然低迷，消费者信心指数连续4个月低于40。此外，受国际油价持续下跌等影响，日本物价水平再次面临较大下行压力，实现通胀目标的难度加大。

2015年日本经济波动较大，存在通胀下行压力。2015年第一季度经济增速大幅反弹，但随后受私人消费和净出口大幅萎缩影响，经济增速下降，第二季度和第三季度环比增长率分别为-0.5%和1.0%，显示经济复苏仍较乏力。进入第四季度，虽然制造业PMI数据回升明显、失业率有所改善，但受国际油价持续快速下跌等因素影响，通胀下行压力依然存在，离日本央行2%的通胀目标仍有较大差距。

（四）新兴经济体经济形势分析

2014年新兴市场经济体增长普遍放缓，部分国家遭遇金融市场动荡。在美国货币政策回归正常化、地缘政治风险增大、国际油价大幅下跌、结构性问题凸显的背景下，部分新兴市场经济体面临资本外流风险。其中，俄罗斯、巴西、马来西亚等高度依赖大宗商品出口的国家首当其冲，印度尼西亚等结构性问题较大的亚洲国家也受到波及。中国经济在合理区间平稳运行，结构调整呈现积极变化。第三产业增加值比重继续提高,城乡居民收入差距进一步缩小,消费对经济增长的贡献提高。消费价格温和上涨,就业形势稳定。

2015年新兴市场经济体增长总体放缓,部分经济体出现负增长。受大宗商品价格持续低迷、美联储加息预期背景下国际资本流动逆转、地缘政治冲击等因素影响,新兴市场经济体金融市场风险上升。加之受自身结构性因素制约,一些经济体经济增速放缓,部分国家甚至出现负增长,如巴西第三季度GDP同比下跌4.5%,俄罗斯2015年GDP同比萎缩3.7%。

2014年第四季度至2015年第四季度主要发达经济体宏观经济金融指标如表12-1所示。

表12-1 主要发达经济体宏观经济金融指标

国别	指标	2014年第四季度			2015年第一季度			2015年第二季度		
		10月	11月	12月	1月	2月	3月	4月	5月	6月
美国	实际GDP增速(环比折年率,%)	2.2			-0.2			3.9		
	失业率(%)	5.7	5.8	5.6	5.7	5.5	5.5	5.4	5.5	5.3
	CPI(同比,%)	1.7	1.3	0.8	-0.1	0	-0.1	-0.2	0	0.1
	制造业PMI	59	58.7	55.5	53.5	52.9	51.5	51.5	52.8	53.5
	DJ工业平均指数(期末)	17391	17828	17983	17165	18133	17776	17841	18010	17620
欧元区	实际GDP增速(环比折年率,%)	1.6			2.1			1.4		
	失业率(%)	11.5	11.5	11.4	11.3	11.2	11.2	11.1	11.1	11.1
	HICP综合物价指数	0.4	0.3	-0.2	-0.6	-0.3	-0.1	0	0.3	0.2
	制造业PMI	50.6	50.1	50.6	51	51	52.2	52	52.2	52.5
	服务业PMI	52.3	51.1	51.6	52.7	53.7	54.2	54.1	53.8	54.4
日本	实际GDP增速(环比折年率,%)	2.2			2.4			-1.6		
	失业率(%)	3.5	3.5	3.4	3.6	3.5	3.4	3.3	3.3	3.4
	CPI(同比,%)	2.9	2.4	2.4	2.4	2.2	2.3	0.6	0.5	0.4
	制造业PMI	52.4	52.1	52.1	52.1	51.5	50.4	49.7	50.9	49.9
	日经225指数	16414	17460	17451	17674	18847	19207	19983	20563	20236

续表

国别	指标	2015年第三季度			2015年第四季度				
		7月	8月	9月	10月	11月	12月		
美国	实际GDP增速（环比折年率,%）	1.5			0.7（初值）				
	失业率（%）	5.3	5.1	5.1	5.0	5.0	5.0		
	CPI（同比,%）	0.2	0.2	0	0.1	0.4	0.7		
	制造业PMI	52.7	51.1	50.2	50.1	48.6	48.2		
	DJ工业平均指数（期末）	17689	16528	16285	17664	17720	17425		
欧元区	实际GDP增速（环比折年率,%）	1.6			…				
	失业率（%）	10.9	10.9	10.8	10.6	10.5	10.4		
	HICP综合物价指数	0.2	0.1	-0.1	0.1	0.1	0.2		
	制造业PMI	52.4	52.3	52	52.3	52.8	53.2		
	服务业PMI	54	54.4	53.7	54.1	54.2	54.2		
日本	实际GDP增速（环比折年率,%）	1.0			…				
	失业率（%）	3.3	3.4	3.4	3.1	3.3	3.3		
	CPI（同比,%）	0.2	0.2	0	0.3	0.3	0.2		
	制造业PMI	51.4	51.9	50.9	52.5	52.8	52.5		
	日经225指数	20585	18890	17388	19083	19747	19033		

数据来源：各经济体相关统计部门及中央银行。

二、全球主要经济体货币政策分析

（一）主要发达经济体货币政策分析

2014年以来，主要发达经济体央行货币政策分化明显。美联储维持联邦基金利率在0~0.25%的水平不变，自1月起开始削减其每月的资产购买规模，并于10月结束了资产购买计划。同时，美联储调整了前瞻性指引，弃用维持低利率相当长一段时间的表述，但强调对货币政策正常化要保持耐心。欧央行分别在6月和9月的例会上下调政策利率，将主要再融资利率、边际贷款便利利率和存款便利利率调降至0.05%、0.30%和-0.20%。同时，欧央行于9月启动定向长期再融资操作

(TLTROs),并从第四季度开始购买资产抵押证券和担保债券。日本银行于10月底大规模加码"量化和质化宽松货币政策",宣布将每年基础货币扩张规模由60万亿~70万亿日元增至80万亿日元,将每年国债购买规模增加30万亿日元至80万亿日元,所持国债未到期时间延长至7~10年,同时大幅扩大交易所交易基金(ETF)投资组合和房地产投资信托(REIT)的购买量。

2015年主要发达经济体货币政策进一步分化。2015年12月16日,美联储正式启动加息,将联邦基金利率目标区间由0~0.25%上调25个基点至0.25%~0.5%,同时将法定和超额准备金利率由0.25%上调至0.5%,将隔夜逆回购操作利率上调至0.25%,将贴现率从0.75%上调至1.00%。美联储表示,加息后一段时间内仍将维持宽松货币政策立场。欧央行多措并举,加大了宽松力度。1月宣布进一步扩大资产购买计划规模至600亿欧元,同时将购买范围扩展至欧元区政府、机构和欧洲企业发行的债券。3月正式启动欧央行公共部门债券购买计划(PSPP),并于9月扩大了单一国家债券购买比例上限(从25%上调至33%)。12月3日,欧央行宣布下调存款便利利率10个基点至-0.30%,维持原有再融资操作利率和边际贷款便利利率不变。同时,欧央行还将资产购买计划延长至2017年3月,将主要再融资操作(MRO)和三个月期长期再融资操作(LTRO)实行的固定利率全额招标方式至少延长至2017年末。日本银行继续实施"量化和质化宽松货币政策"(QQE),维持基础货币年扩张规模在80万亿日元。2016年1月29日,日本银行决定在QQE的基础上引入负利率政策,对金融机构存放在日本央行的边际过剩资金实施-0.1%的利率,以期实现2%的价格稳定目标。3月15日,日本央行发布3月份货币政策声明称,日本央行将维持基础货币每年80万亿日元扩张速度,以及负0.1%利率不变。受新兴经济体增速放缓影响,日本出口和生产疲软。但国内需求呈增长趋势,家庭和企业保持收支平衡,出口有望适度增长。因此,日本央行将继续推行负利率QQE,以实现2%通胀目标。英格兰银行维持0.5%的基准利率和3750亿英镑的资产购买规模不变。加拿大、丹麦、挪威、澳大利亚和新西兰等多个经济体纷纷下调利率,以提振国内经济,部分国家甚至多次降息。除欧央行外,丹麦央行、瑞士央行、瑞典央行也实施了负利率政策。此外,瑞士央行放弃了欧元/瑞郎的汇率下限,瑞典央行扩大了资产购买计划规模。为应对国内通胀压力,2015年冰岛央行3次上调基准利率100个基点至6.50%。

主要经济体国债收益率波动加大。发达经济体国债收益率总体维持低位且波动加剧。截至2015年末,美国、德国和英国10年期国债收益率分别收于2.275%、0.634%和1.961%,较上年分别上升了10个、14个和21个基点,日本10年期国债收益率收于0.272,下降了6个基点。新兴经济体国债收益率走势出现分化。阿根廷、俄罗斯和希腊10年期国债收益率较上年末分别下降840个、428个和121个基点,巴西、土耳其、南非和印尼10年期国债收益率则较上年末分别上升了416

个、238 个、197 个和 102 个基点。

2015 年全球货币政策的最大事件当属欧央行推出大规模量化宽松政策。2015 年 1 月 22 日，欧央行召开首次由 19 个成员国（立陶宛于年初加入）组成的理事会会议，为实现价格稳定目标，决定推出"欧版"量化宽松政策。主要内容包括：一是继续扩大资产购买计划的规模。从 3 月起每月资产购买规模提升至 600 亿欧元，将持续至 2016 年 9 月或中期通胀率接近 2%，预计总资产购买规模达 1.1 万亿欧元。二是扩大资产购买计划的范围。在此前购买资产支持证券和担保债券（每月约 110 亿欧元）的基础上，将购买范围扩大到投资级的成员国政府机构债券和欧盟机构发行的债券（每月约 490 亿欧元）。三是欧央行和成员国央行共同参与。对于新增资产部分，欧央行购买和持有成员国政府机构债券的 8%；成员国央行购买和持有剩余的 92%，其中 12% 为欧洲机构债券，80% 为成员国政府机构债券（以各成员国央行在欧央行持有的股份比例为基础进行分配）。四是欧央行和各成员国央行共同分担所持部分资产风险。欧央行所购 8% 的政府机构债券，以及各成员国所购 12% 的欧洲机构债券纳入共担风险的范围，其余资产的风险由各成员国央行自行承担。2015 年 3 月 5 日，欧央行进一步公布了 QE 细节，并于 3 月 9 日开始正式执行。

量化宽松政策推出以来，欧元区经济金融状况有所改善。一是欧元区多数国家各期限国债收益率进一步下降，股票及其他资产价格上升。二是银行融资成本和贷款利率降低，信贷条件更加宽松。三是通胀预期触底回升，综合物价指数（HICP）降幅也逐步收窄。四是欧元区经济呈现部分复苏迹象，消费者和企业信心总体有所提高。欧央行量化货币政策对其他经济体产生了溢出效应。瑞士在欧央行正式宣布量宽之前采取行动，于 1 月 15 日宣布放弃自 2011 年以来实行的瑞郎与欧元挂钩的汇率政策，丹麦、加拿大、埃及、土耳其、秘鲁和印度等多家央行纷纷降息以应对可能带来的冲击。

目前欧元区成员国仍处于"紧缩改革"和"增长优先"的激烈争论中，量化宽松政策的长期效果还有待观察。欧元区各成员国竞争力差异较大，从根本上看，加快经济结构调整和改革才是经济复苏的治本之策。此外，也有观点认为，风险共担机制虽然减少了欧央行的风险，强化了各成员国风险责任，但也可能会降低危机国家主权债券对市场的吸引力，弱化"欧版"量化宽松政策的可信度和政策效力。

持续量化宽松，增加金融市场流动性。如果通货膨胀前景没有得到改善，去杠杆化和改革需要加大，欧洲央行有可能将企业债券列入资产购买清单，并定向长期再融资操作和量化宽松延长 1 年左右甚至更久，预计到 2019 年将会给金融体系增加大约 6800 亿欧元流动性。在欧洲央行的使命内动用政策工具将越来越不受限制，欧洲央行有能力采取其认为必要的措施来捍卫其在通胀方面的职责。而英国很可能紧跟美国的步伐在明年开始货币政策正常化进程。

日本货币政策展望：扩大 QQE 政策，日元汇率平稳。尽管安倍经济学致力于推行大规模的货币政策刺激,但经济增速与核心通胀水平却难见起色。由于全球通缩压力将持续对日本的通胀预期产生影响,总通胀率仍然远低于2%。日元过去两年贬值18%,通过推动日元贬值来应对通缩、拉动出口增长的策略已见成效,因此预期未来日元汇率波动不大。

(二) 新兴经济体货币政策分析

新兴市场经济体货币政策走势分化,政策制定难度增大。一方面,部分经济体收紧货币政策以应对通胀、资本外流和货币贬值的压力。为应对通胀,2014年巴西央行、南非央行都上调基准利率,阿根廷央行2次上调央行短期票据利率共930个基点至28.8%。为应对汇率大幅贬值,俄罗斯央行、乌克兰央行上调基准利率,此外,巴西、俄罗斯等一些经济体为维持汇率稳定实施了外汇市场干预。另一方面,更多的新兴市场经济体为提振经济增长放宽了货币政策。11月22日,中国人民银行采取非对称方式下调金融机构人民币贷款和存款基准利率。其中,金融机构一年期贷款基准利率下调0.4个百分点至5.6%;一年期存款基准利率下调0.25个百分点至2.75%。土耳其央行3次下调七天回购利率共175个基点至8.25%,智利央行、韩国央行、墨西哥央行都下调基准利率。

2014年新兴经济体利率调整情况如表12-2所示。

表12-2 　　　　　　　　2014年新兴经济体利率调整情况

新兴经济体	基准利率	调整次数	调整基点	上调/下调	主要原因
巴西	11.75%	5	175	上调	应对通胀
南非	5.75%	2	75	上调	应对通胀
俄罗斯	17%	6	1750	上调	货币贬值
乌克兰	14%	2	450	上调	货币贬值
智利	3%	6	150	下调	提振经济
韩国	2%	2	50	下调	提振经济
墨西哥	3%	1	50	下调	提振经济

2015年新兴市场经济体货币政策出现分化,外部环境复杂性增加导致政策制定难度进一步加大。一方面,多个经济体为提振经济、缓解外部冲击先后放宽了货币政策。2015年俄罗斯5次下调基准利率共600个基点至11%;印度储备银行4次下调回购利率共125个基点至6.75%。韩国、泰国、越南、匈牙利、印尼、乌克兰、波兰等央行也下调了政策利率。另一方面,部分经济体收紧货币政策以应对国内通胀压力,减少美联储加息带来的冲击。巴西央行5次上调基准利率共250个基点至14.25%;秘鲁央行、南非央行分别2次上调基准利率共50个基点至3.75%和6.25%。美联储加息后,墨西哥、智利、沙特等国跟随加息25个基点,以应对资本

外流压力,其中墨西哥是 2008 年以来首次加息;为缓解外汇储备下行压力和资本外流风险,阿根廷宣布取消外汇管制措施,允许汇率自由浮动。

高通胀和经济收缩限制俄罗斯央行的政策选择。尽管糟糕的经济前景要求俄罗斯央行降息,但该国高达两位数的通胀率则要求央行紧缩货币政策。为缓解俄罗斯卢布的压力并满足市场对硬货币的需求,俄罗斯央行通过外汇掉期以及回购协议拍卖向市场提供美元和欧元。但俄罗斯央行提供外币的最新举措已使得俄罗斯的黄金和外汇储备降至 4000 亿美元一下,为 2009 年以来首次。俄央行已表示不会消耗其储备,暗示俄罗斯卢布可能走软。

抑制通胀和缩减财政赤字是印度、南非和巴西货币政策的共同目标。印度央行与财政部共同决定将于 2017 年 3 月结束那一财年的通胀目标设定为 4%。按照国际上通行的《马斯特里赫特条约》标准,赤字率 3% 一般设为国际安全线,而南非 2014~2015 年预算赤字占 GDP 比重约为 4.1% 且有继续扩大的趋势,如果南非劳资纠纷或电力故障问题进一步恶化,南非的主权信用评级将被国际信用评级机构调降。巴西因食品、电力、服务价格上涨,以及巴币贬值带来的输入型通胀是巴通胀率较高的主要因素。从供需角度看,供给方成本提高是主因,在此情况下,巴政府提高利率反而会增加生产成本,抑制产出水平,甚至进一步推高物价。因此,在生产成本及巴币贬值难以有效控制的前提下,通胀仍将是巴经济有待解决的主要问题。受世界经济不景气,大宗商品价格下跌,燃料油进口增加等因素影响,巴西经常项目赤字增大。此外,巴西还面临着雷亚尔大幅贬值的风险。

中国继续施行稳健的货币政策,由于存款利率已经完成市场化改革,且无风险利率下行的风险,同时 CPI 和 PPI 处于低位运行,降息的次数会明显减少,市场预计降息的次数在 1~2 次之间。降准则有更大的空间。目前大型金融机构的存款准备金率还维持在 17.5% 的高位,如果人民币贬值压力不减,央行为了对冲外汇占款的下降必须充分降准。

三、全球主要经济体财政政策分析

(一)主要发达经济体财政政策分析

2015 年以来,主要发达经济体财政政策侧重点分化明显。欧委会在制定欧盟预算时考虑了三个方面:一是推动就业,支持小微企业发展,鼓励创业,寻找欧盟成员国"欧洲青年计划"实施进展缓慢的原因,并确保 2015 年后该计划资金继续落实到位;二是减少区域差距,确保关键领域公共投资,推动成员国与非成员国合作,共同解决移民问题;三是改革税制,解决逾期支付问题,稳定欧盟财政秩序。欧元区经济复苏仍处于"年幼时期",因此各成员国政府将延长削减赤字周期。财政赤字对经济增长影响不大,但令人担忧的是大规模赤字是如何使用的。相比较通过税收减免或基础设施投资来为长期增长提供支撑,欧元区一些政府似乎更热衷于帮选民立即获得现金流。在一些"前危机"成员国努力摆脱紧缩政策时,德国为维持预算平衡,将继续推行紧缩政策,毫无疑问,这样做的结果就是欧元区北部需求减弱,欧元区经济增长减慢。

美商务部预算需求,预算将主要投资以下四个方面:一是促进贸易与投资;二是鼓励创新,扩展国家制造业创新网络,支持数字经济发展;三是支持数据驱动经济发展,改善联邦政府统计措施;四是发展环保智能,投资基础设施建设以应对环境变化。美国 2015 年税收的增速快于预期,并且开支也略为降低,因此,2016 财年的赤字将减少至 5050 亿美元(占 GDP 的 2.6%),2017 财年和 2018 财年的赤字均为 4800 亿美元(分别占 GDP 的 2.5% 和 2.4%)。虽然这将会导致少量的原始(非利息)赤字,但受益于利率与增长之间有利于预算的差异,债务水平可能仍然稳定在约占 GDP 75% 的水平。在税收方面,我们预计到期的企业税减免将于 2016 年早些时候恢复。开支方面,国会将开支维持在现行法律允许的水平。联邦财政赤字不断下降的同时,美国政府已经超过 18 万亿美元的债务上限,10 月 30 日美国国会参议院 30 日通过债务上限以及两年期预算法案,授权美国财政部在目前约 18 万亿美元债务规模的基础上继续发债,直至 2017 年 3 月 16 日,高债务终将成为美国政府最难解决的问题。

加拿大 2015 年经济行动计划将致力于平衡预算、扶植小微企业和制造商、支持加拿大家庭及降低税负。韩国企划财政部将进一步推进 PPP 项目以吸引国内投资,巩固与中东经济合作成果以推进双向投资进程。在 PPP 项目方面,韩政府正积极探寻新型商业模式以实现私人及公共部门共担盈亏,合作领域将扩展至供水设施、道路改造、城市基础设施重建等方面,私人投资程序将极大简化。

在税收政策上发达经济体遇到相同的困境。美国财政部发布《新市场税收抵免方案》,根据新一轮的税收抵免计划,将有 76 个组织获得税收抵免分配权利。9 月 4 日,欧委会发布消息称,欧盟成员国增值税收入未能显著提高。欧盟增值税损失总额为 1680 亿欧元,15.2% 的损失由于偷税漏税、破产和误算。欧盟增值税收系统需进一步改革,并敦促成员国采取措施打击逃税骗税。11 月 19 日,美国财政部和国税局发表声明称,制定新规将进一步打击税收倒置。欧盟委员会发布消息称,欧盟当务之急是解决税基侵蚀问题。欧盟成员国和欧委会应在讨论如何打击税基侵蚀和逃税避税中发挥领导作用。同时,欧盟应通过对税收透明度、税收与社会公正、税收政策采取措施,改善欧盟商业环境并促进欧盟经济增长。加拿大财政部发布加拿大 2015 年经济行动计划。该计划致力于平衡预算、低税收、经济增长和安全,并将继续履行维持预算平衡的承诺、支持就业和经济增长、帮助家庭和社区繁荣、确保公民安全。

2015年发达经济体公共债务状况。7月23日，欧盟统计局发布数据显示，经季节性因素调整，欧元区一季度政府赤字GDP占比达2.3%，环比下降0.2个百分点；欧盟一季度政府赤字GDP占比为2.6%，环比下降0.2个百分点。9月22日，德国联邦统计局发布数据显示，截至2015年二季度，德国公共债务总额2.03万亿欧元，同比减少190亿欧元，降幅为0.9%。其中，联邦政府债务1.27万亿欧元，同比减少137亿欧元，降幅为1.1%。美联储建议银行在其资产中增加特定的一般义务债券和市政债券以满足监管要求。同时，帮助大型银行在金融压力期间满足其自身流动性。10月23日，欧盟统计局发布数据显示，截至二季度末，欧元区政府债务占GDP比为92.2%，环比下降0.5个百分点，同比下降0.5个百分点；欧盟政府债务占GDP比为87.8%，环比下降0.3个百分点，同比上升0.5个百分点。11月14日，欧盟理事会发布消息称，欧盟理事会与欧洲议会就欧盟2016年预算草案达成一致，总预算为1550亿欧元。其中，超20亿欧元将用于应对难民危机，95.4亿欧元用于"地平线2020"，6.98亿欧元用于支持欧洲农民。11月10日，日本财务省发布数据显示，截至9月底，日本一般政府债务达105442.43亿日元，较二季度末减少279.91亿日元，较上财年增长106.72亿日元。其中，政府债券为89458.63亿日元，较二季度末增长647.94亿日元，较上财年增长1310.15亿日元；贷款5380.97亿日元，较二季度末减少17.87亿日元，较上财年减少117.44亿日元；融资10602.83亿日元，较二季度末减少909.99亿日元，较上财年减少1086.00亿日元。目前，日本债务高企，靠财政扩张和无限宽松的货币政策，不会有刺激经济的实质效果。日本的总债务占到GDP的230%以上，高居发达国家首位。安倍重掌大印后，先后在金融、财政、投资、强劲经济、育儿支援和社会保障等领域开展新政，但收效甚微。随着债务风险的不断加剧、国内消费的持续低迷以及财政政策筹码所剩无几，2016年日本经济增长将面临巨大挑战，预计未来2年到3年，安倍经济学也不能扭转日本经济恶化的趋势。

（二）新兴经济体财政政策分析

加大对经济建设重点领域的投资是新兴经济体的财政政策的重点。基础设施落后一直是制约印度、南非、巴西和俄罗斯等主要发展中国家的主要因素。2015财年，各国政府继续加大相关领域、特别是铁路公路等交通基础设施的投入，采取的措施主要包括：一是大幅增加交通基础设施投入；二是设立"国家投资和基础设施基金"，通过股权投资方式支持铁路金融公司及国家公路局等基础设施融资机构；三是允许铁路、公路和水利项目发行免税基建债券；四是对基础设施建设公私合作模式进行调整，增强其活力，进一步平衡风险机制；五是筹建超大型发电项目。南非经济发展部部长帕特尔表示，南非政府平均每天投入10亿兰特资金，以支持正在进行的史上最大规模的基础设施建设，可见发展中国家对基础设施的重视程度。

继续加大农业和农村发展投入。2015 财年，印度农业部支出总额 1370 亿卢比，较上一财年增长 19.2%。印度政府将安排专项资金 530 亿卢比，用于灌溉、水流域治理等领域相关项目。此外，印度政府拟注资农业金融机构，提高农业部门生产效率和信用，增强对小微农户的支持。俄联邦统计局网站 7 月 17 日公布的初步统计数据，2015 年上半年俄农业产值为 13998 亿卢布，同比增长 2.9%。南非总统祖马明确提出重振农业发展的计划。中国预计 15 年农林水支出 660.62 亿元，增长 18.6%。完善农业补贴政策，加大补贴资金整合力度，提高补贴的精准性、指向性和实效性。加大对产粮、产油和制种大县的支持力度，完善粮食主产区利益补偿机制。加强农田水利和重大水利工程终端配套设施建设。

加快社会保障体系建设和提高教育水平也是新兴经济体财政投入的重点。OECD 建议巴西继续推进财政整顿计划，强化公共财政，重塑市场信心，并为严重的人口老龄化做好准备，通过提高公共支出效率和改革养老金制度控制公共支出。提高社会福利的针对性，支出更多向贫困人口倾斜，可以在加强公共财政的同时减少社会不公平。印度政府加快建立惠及全民的社会保障体系。就业保障方面，劳动与就业部 2015 财年预算为 396.7 亿卢比，同比增长 15%。养老保障方面，考虑人口老龄化因素，印度财政部建立惠及全民特别是惠及贫困人群的社会保障体系，2015 财年，投入约 1 亿卢比用于城市老龄事务。南非政府投入 5020 亿兰特用于医疗卫生建设，其中 466 亿兰特用于艾滋病预防及治疗；投入 4980 亿兰特用于社会保护。中国继续按照 10% 的幅度提高企业退休人员基本养老金水平。以制度本身精算平衡为重点，改革完善统账结合的职工基本养老保险制度，堵塞制度漏洞，增强基金支撑能力。

2015 财年，印度教育部门通过预算计划资金和其他公共资金渠道，向相关教育领域活动提供资金支持。此外，政府着力加强劳动力技能培训，基于为数庞大且相对年轻的劳动力人口（25 岁以下人口占比达 54%），且农村人口占比超过 70% 的国情，为提高农村青年就业率，有针对性地开展技术培训，对推动"印度制造"至关重要。印度政府特别设立了技能提升与企业文化部，2015 财年中央预算安排支出 1543.5 亿卢比，推动国家技能行动计划。南非 2015 年投入 6470 亿兰特用于基础教育建设，其中 367 亿兰特将用于校园基础设施建设；投入 1970 亿兰特用于毕业后深造及培训；投入 180 亿兰特，向约 900 万名学子提供免费餐饮。中国 2015 年实施第二期学前教育行动计划。继续聚焦贫困地区、聚焦薄弱学校，支持和引导地方加大贫困地区农村中小学寄宿制学校建设、县镇"大班额"学校扩容改造、中小学生活附属设施建设等方面的投入力度，全面改善义务教育薄弱学校基本办学条件。

新兴经济体普遍实行减税政策。受经济下行压力依然存在以及实行结构性减税和普遍性降费等因素影响，2015 年 1~10 月累计，中国一般公共预算收入 128848

亿元，比去年同期增长 7.7%，同口径增长 5.4%。其中，地方本级一般公共预算收入 69081 亿元，增长 9%，同口径增长 5%。各级财政部门要继续加强收入监测分析，大力支持税务、海关等部门依法加强征管，落实好各项减税降费政策措施，同时坚决杜绝收取过头税、虚收空转财政收入等违法违规行为。俄罗斯政府 2015 年推出对工业企业减税方案，并修改税法。减税后俄联邦财政应征收工业企业利润税全免，地方减免 60%。印度加快税制改革，减轻产业税负，企业所得税税率从 30% 降至 25%；对投资于中小企业、基础设施和社会项目的投资基金将给予税收优惠；给予私募股权基金税收优惠以促其在印发展；为鼓励国外技术为小企业低成本引进，将特许使用费和技术服务费所得税率从 25% 降至 10%；22 种原材料进口关税的基本税率将降低，以鼓励印度本土制造。南非政府落实一系列税收优惠政策，以刺激小型企业发展、推动绿色经济，并对转让税率及补助条件进行调整，以减轻中等收入家庭的纳税负担，价值 75 万兰特以下的房产将免缴转让税。

从紧将成为俄罗斯财政政策的基调。在经济衰退长期化的挑战面前，俄罗斯政府应当调整财政政策，大幅削减政府支出，同时将财政赤字控制在适度范围内。为应对金融市场和能源市场充满不确定性，以及社会经济发展的各项预测指标存在难以实现的高风险，应当重新调整财政预算编制，将预算时限由 3 年改为 1 年；俄政府必须"开源节流"应对财政困境，可选的政策工具包括提高退休年龄、大幅削减国防预算、修改原油开采税计算公式以提高原油税收等。预计俄罗斯 2016 年预算赤字占 GDP 之比约为 1.5%。

简化税收制度和扩大财政赤字将是印度财政面临的重要挑战。供给瓶颈和结构性挑战主要集中在农业、矿业和能源行业，约束了中期经济增长并有碍于创造新的就业机会。持续走低的全球能源价格同时构成经济增长的上行风险和通胀走低的下行风险，并将使外部失衡与财政失衡持续一段时间。印度政府将在农业、全民社会保障和促进就业等领域扩大财政投入。

调整税制结构、削减赤字和增加投资是南非财政的主要任务。在经济发展形势不甚乐观的情况下，南非将调整税收制度，一是增收 1% 的个人所得税；二是适当提高烟酒产品消费税、电力消费税和燃油税；三是为刺激小型企业发展、推动绿色经济，落实一系列税收优惠政策。预计 2016~2017 财年，南非预算赤字占国内生产总值比重保持在 3.9%，这将通过调整支出优先级、重新分配资金、出售国有资产等方式实现。同时，南非政府还应当在科技创新、私营企业及海洋经济等领域加大财政投入。

财政收支不平衡加剧，减税和增税并存将是巴西 2016 年财政政策需认真面对的现实。改善民生仍是巴西政府今后的施政重点，政府将继续保持对基本生活和食品的减税政策，放宽经济政策增加财政投入促就业，允许私营资本更多参与大型基础设施建设。同时，征收临时金融流通税，以便增加国家财政收入。巴西财政目标从盈余 0.7% 调整至赤字 0.5%。

中国将继续坚持积极的财政政策，减税和扩大赤字双管齐下。财政政策要转向为企业减税，转向为老百姓的最低生活保障提供兜底，不能施行大规模地刺激政策。通过减税，减轻市场主体负担、促进企业扩大投资、提振消费者消费需求，是应对当前经济形势可取的政策。2015 年我国财政赤字规模占 GDP 比重约为 2.3%，与欧美国家相比相对较低，可以适当扩大财政赤字弥补财政收入不足。同时，政府发债还能解决当前"资产配置荒"的问题。2016 年发债，三五年后等经济繁荣时再还债，还能在一定程度上"熨平"经济波动。

四、未来全球经济面临的主要风险

展望未来，全球经济仍将继续处于深度调整期，可能面临以下主要风险：

一是美联储加息使主要发达经济体货币政策进一步分化，可能产生一定外溢效应。主要经济体货币政策的分化及其相互影响，将会激发全球资产配置的调整和风险的重新定价，进而加剧跨境资本流动的波动。美联储实际加息路径受到多重不确定性因素制约，可能会增大未来全球经济和金融市场的波动性。

二是部分新兴市场经济体可能面临严峻的经济下行压力。美联储加息之后，新兴市场经济体宏观经济政策与发达经济体协同的难度进一步增加，一些经济体面临着应对资本外流和国内经济下行压力的两难选择。其中，具有经常账户赤字较高、对外债依赖性较高、对大宗商品出口依赖较高、名义或实际上实行盯住美元汇率制度等特征的经济体的潜在风险可能更大。

三是国际大宗商品价格低位震荡，大宗商品出口国经济下行压力和债务风险增加。在地缘政治、供需变动等多重因素相互影响下，未来大宗商品价格不确定性依然较大。部分经济结构较为单一、以初级大宗商品出口为经济支柱的国家的经济增长仍将面临严重冲击。

四是全球范围内面临通胀下行压力。受油价走低和内需乏力等因素影响，主要发达经济体面临通胀下行压力，通胀水平仍然大幅低于政策目标。考虑到全球范围内经济复苏较为乏力、债务水平整体较高、投资增长有所放缓等因素，中期内通胀下行压力依然存在。

五是全球贸易增速持续放缓。受全球经济复苏乏力、新兴市场经济体对原材料进口需求减少、全球贸易结构发生变化、全球价值链出现国内化趋势、新贸易保护主义抬头等因素影响，全球贸易增速放缓，有可能拖累全球经济增长。此外，地缘政治风险有所上升。国际反恐形势更加严峻，中东地缘政治更趋复杂，可能对包括国际原油价格在内的全球金融市场产生影响。同时，欧洲移民潮短时间内难以找到合适的解决方案，可能影响欧元区经济复苏。

五、全球财政货币政策协调

（一）财政政策协调

关于财政政策，有些国家主张采取短期刺激政策，但是有些国家表示反对，认为短期刺激政策只会掩盖经济风险，要通过结构性改革促进增长；有些国家则表示财政空间有限，没有出台财政政策的条件，有条件的国家可以考虑。鼓励有财政空间的国家继续出台财政政策，但要避免过度承诺。"将灵活实施财政政策，以促进增长、创造就业和提振市场信心，同时增强经济韧性，并确保债务占GDP的比重保持在可持续水平"。各国财政政策难以协调，但在加强国际税收协调方面继续加强国际间的合作是十分必要的，尤其是要加强税基侵蚀和利润转移（BEPS）的国际协调。

1. 发展中国家应对BEPS的措施

（1）建立和完善一般和特殊反避税立法。发展中国家开始越来越广泛地采用在法律上规定包括一般反避税条款和特殊反避税条款的规制措施。以转让定价管理为例，据联合国调查，当前有很多发展中国家同发达国家一样，建立了转让定价税制，包括中国、印度、埃及、巴西、墨西哥、朝鲜、克罗地亚、乌干达，其中最具有特色的、也相对成熟的是中国、印度、巴西和南非。还有很多发展中国家正在着手转让定价税制立法，比如阿尔及利亚、赞比亚、安哥拉等户而在反避税立法中最具有挑战性的兜底条款是一般反避税规则，很多发达国家也都是近年来才逐步将其引入的。虽然大多数发展中国家仍然没有引入该规则，但我国、巴布亚新几内亚、马来西亚、巴基斯坦引入了该规则，印度的一般反避税规则预计也将于2016年4月1日起生效。

（2）推动南北合作和南南合作。发展中国家开始重视采用推动南北合作和南南合作共同应对BEPS。比如透明度和情报交换是应对BEPS的必要工具，一些新兴经济体已经达成了对税收情报交换工作的磋商，尤其是阿根廷、中国、印度和南非。同时，发展中国家也在积极参与解决BEPS问题的国际论坛，例如，在DECD倡导的BEPS行动计划中，中国、印度、印度尼西亚都实现了深度的参与。此外，发展中国家早就开始了南南合作的行动，例如印度积极帮助南非实施预约定价制度。最值得关注的南南合作典范是非洲税收管理论坛，该论坛呼吁其成员国从发达国家和发展中国家的各种实践中学习，有力地推动了南北合作和南南合作。

（3）加强税收能力建设。发展中国家应对BEPS的困境之一在于税收能力不足。

对于发展中国家来说，全球化程度的提高挑战了国家的税基，使其改进本国财政政策和制度更加重要。OECD曾经对税务机关反避税能力总结了五方面的基本要求，即更大的商业意识、公正性、公开（包括披露和透明度）、应用比例原则的能力、对税收环境变化的响应能力，发展中国家应当在这五个能力要求的指导下进行其税务人员能力提升工作，除了持续基础上的业务培训之外，还可以考虑通过人员借调、外部招聘等全面提高税务人员在反对BEPS方面的能力和素质，提高税务人员参与BEPS领域的国际税收合作能力。以中国为代表的发展中国家，只有培养自己的专业人才，加大对国际税收秩序的研究，才有可能在参与规则的制定过程中，扩大话语权，维护发展中国家的整体利益。

在税务能力构建上，我国应当从以下三个方面入手：一是针对我国直接税比重低、间接税比重高的现状，重视直接税改革，因为启动直接税改革是中国未来税制改革的顶层设计和中心所在，其对优化税制结构、发挥税收职能、促进民主法治建设意义深远。二是需要意识到，发展中国家应对BEPS所面临的特殊问题之一是很多国家缺乏公共可及的公司财务信息，我国尤其应重视自己作为国际联合反避税信息中心（the Joint International Tax Shelter Information Centre，JITSIC）成员国的身份，全面加强我国的税收情报能力建设。三是重视借助财税法学会、税务中介机构、行业协会等汇集理论界和实务界专家学者的技术力量。

（4）国际组织的积极推动。近年来，在G20的支持下，DECD采取多种与发展中国家合作解决相关国际税收问题的举措，并提出一系列的BEPS行动方案和具体路线图。DECD坚持认为，BEPS行动的目标范围以及决策不只局限于DECD范围内，DECD在其BEPS行动计划中明确声明，BEPS项目是一个包容和有效的过程，与发展中国家具有极大的相关性，因此，DECD/G20的BEPS项目是必须包括发展中国家，为了给发展中国家提供更多的税收资源和技术援助，DECD将其成员国、一些发展中国家、私人部门、业界、NGOs、IMF、世界银行、WTO甚至市民社会等组织起来，一起进行政策研究；DECD还召集其高级税务官员、非DECD国家（即阿根廷、中国、俄罗斯、南非），定期派遣观察员等在工作小组中交换关于税收政策和征管的观点。

在2010年千年发展目标峰会上，联合国就提出了为了达到千年发展目标，要有效地与反避税和资本外逃作战，呼吁通过加强对发展中国家的技术援助，强化发展中国家在国际税收问题解决上的参与。在联合国国际税务合作专家委员会第九届会议上，决定设立发展中国家BEPS分委员会（Subcommittee on Base Erosion and Profit Shifting for Development Countries），旨在监控对BEPS问题的开发，并就这些问题同发展中国家（特别是较不发达国家）官员直接进行沟通，或者通过区域和区域间组织进行沟通。联合国还积极参与到DECD在BEPS领域的工作中，同时，DECD也将BEPS项目的发展报告递交给联合国机构，联合国还与DECD共同实施了与BEPS相关的能力开发行动。并且，新一届的联合国税收专家委员会组建了一个能力建设分委员会，致力于发展和实施发展中国家的税务机构的能力建设。一个主要目标是促使他们更加有效地制定税收政策，实施税收征管，以协调经济，促进公平，依法征税，以尽可能小的行政和服从成本征税。联合国的这些行动确保了发展中国家参与者在全球行动中的更大可及性。

此外，欧盟也很重视发展中国家的税基侵蚀和利润转移问题，提出了要通过建立更有力的税收制度、开展国际避税专项行动，来提高发展中国家收入。在这个背景下，欧盟以加纳、洪都拉斯、肯尼亚和越南为选择，并以此作为将来对这些国家资助的依据。

(5) 发达国家的有力支持。发达国家也在主动推动发展中国家对 BEPS 的应对。加拿大、澳大利亚、英国等都设立有专门为发展中国家提供反避税援助的专业机构。荷兰政府官员明确指出，跨国公司利用税收条约中的税收漏洞，采取滥用税收协定等避税手段，给很明显最需要为其基础设施和教育等投资的发展中国家造成收入侵害，因此，荷兰承诺帮助提高中低收入国家的税收透明度建设。除了考虑与发展中国家（特别是中低收入的国家）磋商，将反避税条款嵌入到现行税收条约中之外，发达国家还承诺为发展中国家的反避税建设提供技术援助，必要时政府会为该目的拨出额外的资金。在发达国家提供的技术援助行动下，已经形成两种合作机制：一种是发达国家对发展中国家能力构建提供直接的技术援助；另一种是发展中国家向发达国家税务机关派遣专家，学习发达国家的新技术和新技能。

(6) 在国际层面上达成两个共识。

共识一：应当实现发展中国家对国际 BEPS 行动的全面参与。

首先，BEPS 的目的是在全球范围内，通过设定能够鼓励所有国家服从的全球标准，形成一个全球合作打击 BEPS 的税收合作网络。既然是全球意图，那么需要考虑到所有国家的观点是很重要的，BEPS 行动就不能仅仅是个发达国家积极推动、发展中国家被动参与的过程，BEPS 行动本身就是一个全球参与的过程。除了 DECD 之外，国际金融一体化组织的高级官员也明确提出，如果 DECD 想要实质性地推动其工作，就应要求所有发展中国家参加，发展中国家在这个过程中发出自己的声音很关键。例如，BEPS 问题的有效解决离不开跨境税务互助。为了呼应 G20 在打击 BEPS 方面开展更加广泛的国际合作的倡导，欧盟理事会和 DECD 决定取消其将发展中国家排除在《税务行政互助多边公约》(the Multilateral Conventionon Mutual Administrative Assistance in Tax Matters) 之外的做法，向非成员国开放。公约的开放，必定会使发展中国家能从新的税收合作环境中更容易受益，尤其是在税收情报交换的多边方式上。当前已经有越来越多的发展中国家（含我国）加入到了该公约中。这为发展中国家应对 BEPS 问题的挑战提供了良好的平台。

其次，从经济实力上来讲，近年来发展中国家在世界经济中的地位日益重要。

表现之一是世界经济的中心在逐步转移到发展中国家。自 21 世纪以来，新兴国家和发展中国家贡献了全球 GDP 的 50% 以上，这是自工业革命以来前所未有的。表现之二是跨国公司在发展中国家投资份额日益增加以及发展中国家出境直接投资迅速成长。联合国贸发会议指出，2012 年全球外国直接投资"第一次全面走向了发展中国家，超过了发达国家大约 1300 亿美元。发展中国家全面参与到全球打击 BEPS 的进程中，必然为发达国家领导的打击 BEPS 的国际税收合作注入新的活力。

共识二：在 BEPS 行动中对发展中国家做出特别考虑。

由于所处的经济发展阶段不同，发展中国家的需求也是不同的，国际社会必须承认发展中国家的特殊需求。因此，必须支持开发一个便利发展中国家参与的政策协调机制，特别是应当有一个确认对发展中国家的成本、收益能够有力指导的明确标准。这与 DECD、联合国、IMF 和世界银行对 G20 的推荐相一致，要求评估税制改变对发展中国家的溢出效应。例如，在推动 BEPS 行动中关于透明度建设的一个重要制度——转让定价文件和分国报告中，基督援助组织极力呼吁，应当使发展中国家的能力与新的标准相适应，同时应当考虑到发展中国家缺乏可比性的需求。

2. 以签订国际税收协定为手段的国际税收协调

国际税收协定的目的是协调国家间的税收分配关系，在遵守对等原则的基础上，两个或两个以上的主权国家或地区就税收方面通过一系列谈判所达成的书面协议。国际税收协定的签订为资金、商品、劳动力、技术等要素的自由流动提供了相应保障、有助于减少税收管辖权的交叉重叠、避免国际重复征税，还有利于消除贸易壁垒从而促进缔约国经济的共同发展。

当前世界各国所签订的国际税收协定可以大体上分为两类。一类是《关于所得和资本避税双重征税的协定范本》（简称 OECD 范本），此范本是 OECD 在 1963 年发表的。从 OECD 成员国的经济利益出发，结合各国的税收征管经验，经过了半个多世纪的补充完善，此范本已经被广大经济发达的 OECD 国家所认可。另一类是联合国于 1979 年颁布的《关于发达国家与发展中国家间避免双重征税的协定范本》（简称 UN 范本）。UN 范本在发展中国家得到了较为广泛的推崇。这两类范本为各国税收协定的签订提供了重要参考，对国际间税收协定的签署起到了引导作用。这其中 OECD 范本代表发达国家的经济利益，更加强调居民税收管辖权；UN 范本代表广大发展中国家利益，因此更加注重收入来源国税收管辖权。两个范本的出现，标志着国际税收协调进入了正规化的发展阶段。

从缔约国数量的角度考虑，国际税收协定可以划分为多边税收协定和双边税收协定两种。虽然在国际税收协定发展的初始阶段是以双边国际税收协定为主的，但是随着国际形势的改变，从 20 世纪 80 年代开始，经济区域化、区域税收一体化的形成极大地加快了多边税收协定的发展。在区域经济发展的过程中，多边国际税收协定在促进地区经济发展、减少经济矛盾、维护区域经济稳定等方面发挥了重要的约束协调作用。当今世界经济全球化的趋势正在不断加强，各国之间的经济事务也变得更加复杂化。在处理各方具体税收事务上，多边税收协定比双边税收协定有更多的优势。

3. 加强国际税收情报交换，开展税收征管国际合作

税收情报交换是世界各国税务部门的义务，同时也涉及各国的税收利益。在加强税收情报交换工作时，应针对税源管理中的具体问题，在遵循国际惯例的同时有目的的对外提出税收情报交换要求，尤其是对国际避税地与离岸金融中心的税收情报交换，应加强各国之间的相互合作，保证税收情报交换的时效性和针对性。

众多跨国税收征管问题的产生使提高税收征管的国际化合作水平成为了现实要求。经济全球化的发展和金融危机的爆发使得税收征管合作的领域不断扩展、力度不断加强，不仅包括收集、分析税收信息、制定国际税收准则和标准，建立征管合作机制，还包括拟定解决税务争端的仲裁程序以及向发展中国家提供技术援助。虽然从短期来看，各国难以在税收主权、税收制度和税收政策等问题上达成一致意见，但是从长期来看，税收征管国际合作的目的是建立一个跨国界的全球性、公益性的税收合作组织。只要此种税收组织的合法性得到了世界各国的认可并具有应有的威慑力和执行力，那么其就能够在全球性的合作中发挥作用。

（二）货币政策协调

1. 国际货币政策协调过程中的缺陷

尽管经济相互依赖度较高的国家都有参与国际货币政策协调的愿望，而且理论上货币政策的国际协调能给参与国带来收益。但是从实践来看，国际货币政策协调并不总是有效的，有时协调反而会带来严重的负面效应。导致国际货币政策协调低效的经济原因主要有以下几方面：

（1）市场主体的理性预期导致国际货币政策协调低效。理性预期学说认为，市场主体的理性预期会使政府制定的政策趋于无效，或者使政策效果偏离政府的预期。Kenneth Rogoff 将理性预期理论运用于研究国际货币政策协调，也得出了类似的结论。他认为，国际货币政策协调只会加重协调双方的通货膨胀倾向，而不能达到预期的政策效果，因而协调是低效的。我们可以通过一个简单的例子来说明这一思想。假定两个国家的政府都希望以超过公众预期的速度（通过制造意外）来增加货币供给，减少国内失业，促进经济增长。在没有实施国际货币政策协调以前，一国增加货币供给会导致国内利率下降，引发资本外流，最终导致汇率下降。但如果两国政府通过政策协调同时增加货币供给，使两国利率下降的幅度相似，两国之间的汇率就不会发生较大的变动。这样两国可以同时实施扩张性货币政策，而不必担心本币贬值。但是，如果两个国家的市场主体都是理性的，他们就能够预期到这种协调，从而提高对通货膨胀的预期。这样，扩张性的货币政策就会失效。在这种情况下，

国际货币政策协调的结果与弗里德曼自然失业率理论中封闭经济条件下国内货币政策的效果一样,并没有减少失业,而只是推进了通货膨胀。

(2) 经济运行的复杂性和不确定性导致国际货币政策协调低效。国际货币政策协调有效的前提是各国政府对货币政策的作用机理和经济的运行方式具有基本的共识,否则政策协调的效果只能是不确定的和低效的。在进行货币政策协调时,不同国家的货币当局应该对政策协调的目标形成一致意见。在此基础上,结合各国经济的实际情况,努力使经济运行向着共同的目标转变。但是,如果在这一过程中存在障碍,那么协调是可能不成功的。可能导致协调难以成功的因素主要有以下三种:

首先,如果各国政府对经济的运行机制和存在问题的看法不一致,它们就很难达成一致意见。例如,A 国政府信奉凯恩斯式的经济管理模式,而 B 国政府则认同货币学派对经济管理的方法。在这种情况下,A 国可能认为两国共同实行货币扩张将提高两国的经济增长率,而 B 国则认为这种行动只会导致在没有提高经济增长率情况下的通货膨胀。同样,当各国政府对世界经济的运行持有不同观点时,对政策协调的成本往往也持有不同的观点。

其次,不同国家的经济学家在为政府进行经济预测时所采用的计量经济模型是不一样的,因此,各国对参与国际经济协调的成本和收益的估计就会不同。通常,各国政府出于本国利益的考虑,在对政策协调的效果和收益的估计存在不确定性时,它们只会低估政策协调带来的收益而高估其成本。在这种情形下政策协调的困难就会加大,即使双方政府能够达成协调的方案也会因为评价标准的不一致而导致协调低效。

第三,宏观经济是一个"噪音系统",存在很多干扰因素和外生变量。所以政府经济政策的制定是相当主观的,人为判断起到了很大作用。受认知过程的限制,人们对事物的判断在短时间内很难改变,对宏观经济模型的修正以及对政策制定过程的改良都十分缓慢。因此,建立在主观判断基础之上的国际货币政策协调的效力就值得怀疑了。

总之,对经济运行的观点不同是政策协调的一个重要障碍。各国政府愿意就货币政策进行协调是因为它们相信政策协调能够增加双方的福利。而当它们考虑如何进行协调时,往往相信本国的政策是适宜的,总希望对方调整国内政策以实现共同的目标。这样就不可避免地导致协调的困难和结果的低效。

(3) "搭便车"行为与信誉问题导致国际货币政策协调低效。国际货币政策的协调是一个充满重重艰难和障碍的过程。其中统一具有不同利益的国家的经济政策立场和出发点,是一件颇为棘手的事情。因此在协调方案的履行过程中,常常因为"搭便车"行为及信誉问题而导致协调达不到预期的效果。

首先,是"搭便车"行为。货币政策的协调是有成本的。如果在协调合作的体系内缺乏制度化的监督机制,那么政策协调所带来的经济福利的改善就可能成为类似公共物品的东西，导致一些参与国产生"搭便车"的动机。即它们一方面声称进行货币政策合作，从而分享合作所带来的好处，另一方面在制定本国货币政策时不考虑政策的外部效应，逃避协调成本。特别是当政策协调在多国之间进行时，这种违约动机会更强。这是因为尽管合作国家中有一个成员国违约，但其他非违约国可能仍继续执行它们之间的共同政策。但是，如果所有的成员国都抱有这种想法，那么就很可能因为"搭便车"行为泛滥而导致政策协调失败。

其次，是政策协调的可信度问题和政策协调的持续性问题。为了保证协调的顺利进行，通常需要采用某种惩罚机制来防止参与的国家违反其承诺。但是实际上不可能存在强有力的监督和惩罚方式对那些不履行协调责任的成员国进行惩罚，或者参与协调的国家不能或不愿实行这种惩罚措施。这些就会使得协调组织内部的各成员国纪律松散，难以达到预期的协调目标。此外，由于国际经济形势变化较快，各国政府间的货币政策合作往往时分时合，矛盾重重。因此，私人部门对政策的可持续性常常持怀疑态度。公众预期可能导致政策协调的结果与最初的设想偏离。例如，像欧盟这样制度化的货币政策合作是可置信的，而以单边自由主义为特色的APEC，如果其成员国之间就货币政策的协调达成某种方案，那么很有可能因政策合作的不可置信而使得市场主体对政策协调持怀疑态度，从而难以实现其政策目标。

（4）"第三国问题"导致国际货币政策协调低效。国际货币政策协调常常是在经济利益高度相关的国家之间进行的，其政策目标和实施方案往往对协调参加国有利。但是，协调参加国所实行的合作政策很可能会对非协调参加国造成负面影响。这些非协调参加国就可能实施对协调参加国不利的经济政策，最终恶化协调参加国的状况，导致所谓的"第三国问题"。例如，假设国家 1 与国家 2 之间进行合作并且决定对它们的经济采取通货紧缩政策。它们这样就会对国家 3 的出口产生负面的影响，因此导致国家 3 也采取紧缩的政策。其结果是加剧了国家 1 与国家 2 的经济紧缩水平。此时，衰退的水平要超过国家 1 与国家 2 原来在联合实施紧缩政策时所预计的水平，这样两国的经济状况反而不及它们不实行联合紧缩时的情形。

（5）经济实力的不对称性导致国际货币政策协调低效。不少经济学家认为，强势国家对弱势国家的压制可能是导致国际货币政策协调低效的主要原因。在现实经济中，国家之间经济实力的不同导致协调过程中的地位的不一致。一般来说，小国的国际贸易额占国民生产总值的比重相对于大国来说更高。因此小国更容易受到大国货币政策的冲击，但又不能采取相应的报复措施。这就使得小国在货币政策协调的谈判中处弱势地位。而大国常常从自身的利益出发，要求其他经济实力较弱的国家按照其政策意图进行所谓的协调。这种协调违背了小国的意愿，导致协调效果不佳。例如，美国 20 世纪 80 年代经常项目赤字的根源在于其大规模的财政赤字。但是美国政府不削减财政开支，而是将责任归咎于日本和欧洲不对美国商品开放市场，不对美元汇率提供支持，并以美元贬值威胁其他国家调整政策。

2. 国际货币政策协调

中央银行作为一国金融体系的核心和领导者，应加强和改善货币政策及相关事务的沟通协调，以有效实施货币政策、重建全球金融秩序。从历史上看，中央银行之间货币政策的协调与合作，在不同时代、不同背景下，对相关国家的经济金融的稳定和发展都曾发挥过非常重要的作用。1929 年至 1933 年的大萧条之后，英、美、法三国认识到，竞争性货币贬值并不能帮助各国走出发展困境，于是在 1936 年签署了"英美法三方协议"，共同协调货币政策，逐步扭转了各自的不利局面。20 世纪三四十年代，当金本位制度不再适合经济发展需要时，1944 年布雷顿森林体系的制度设计再次实现了国际货币政策的规则协调，保持了内部均衡。1945 年成立的国际货币基金组织（IMF）在各国的协调下达成了"防止竞争性贬值"的共识，促进了经济的稳定发展。1971 年布雷顿森林体系解体之后，1976 年的《牙买加协议》又在 IMF 的协调下得以签署，承认了浮动汇率体系，推动了现行国际货币体系的顺利演进。随着采用浮动汇率的国家不断增多，国际货币协调更多地转向了货币政策。1998 年亚洲金融危机后，除 IMF 的应对救助外，中国承诺人民币不贬值，成为促进地区金融稳定的重要力量。2008 年国际金融危机爆发后，二十国集团（G20）伦敦峰会出台了总额 1.1 万亿美元的全球经济复苏和增长计划，向国际社会发出了团结一致、合作应对国际金融危机的强有力信号，提振了市场信心。G20 匹兹堡峰会则确立了 G20 作为国际经济合作主要论坛的地位，启动了"强劲、可持续、平衡增长框架"以及相互评估进程，并就 G20 峰会机制化达成重要共识。这两次具有深远影响的峰会，无一例外是在各国协调与合作的基础上产生的，显著降低了全球金融市场流动性风险和信用风险，为缓解金融危机、促进各国经济复苏发挥了至关重要的作用。

当前，主要发达经济体货币政策分化明显，美国已启动利率正常化进程；日本央行宣布实施"负利率"，成为继丹麦、瑞典、瑞士、欧央行之后第五家实施负利率的央行；瑞典央行宣布加大负利率政策力度，欧央行在经济没有足够起色的情况下，也释放出货币政策有可能进一步宽松的信号。全球货币政策分化带来的溢出效应和回溢效应日益突出，由于缺乏深入的研究探讨和有效的政策沟通协调，这种政策分化效应正在给全球经济复苏和金融市场稳定带来多种挑战。货币政策溢出效应具体体现在四个方面，第一，货币政策分化导致息差扩大，可能推动美元继续走强，使大部分新兴市场经济体面临"货币贬值和资本流出"的负反馈机制；第二，国际大宗商品价格大幅下跌并持续受到抑制，使大宗商品出口国国际收支不断恶化；第三，部分新兴市场经济体由于贬值引发输入型通胀，国内货币政策陷入两难；第四，经济增长前景看淡也将导致部分新兴经济体财政赤字恶化，债务负担不断加重。以新兴市场为例，新兴市场经济体在一个强美元周期，如果无法稳妥解决去杠杆过程中货币错配、期限错配导致的风险暴露问题，有可能触发某些新兴经济体的金融动荡，甚至是区域性金融风险的爆发，这又会通过跨资产、跨市场的传染，影响发达国家的金融市场。国际油价在强美元周期受到长期抑制，将引发部分发达国家金融机构能源信贷价值重估，这对发达经济体的金融稳定也有不利影响。

可见，当全球化把所有国家与地区的经济都置于同一个大熔炉中的时候，面对系统性风险，任何国家都难以独善其身。全球经济前景分化、货币政策分化的影响复杂深远，亟待全球货币政策当局就这些问题深入研究，交换意见，加强协调和合作。因此，为了提高国际货币政策协调的效果，使其能在实践过程中发挥应有的作用，必须充分认识各种潜在的障碍和约束，加强沟通并采取切实可行的措施。主要可以从以下几个方面入手：

（1）加强各国货币政策信息的交流。各国央行之间沟通和协调已成为有效实施货币政策的重要手段。其中，信息交流是国际货币政策协调最基本的方式之一。参与协调的各国可以就本国的货币政策进行信息交换，包括各国政府对当前汇率水平的看法、对外汇市场进行干预的意愿、国内宏观经济政策取向、经济政策的主要目标和预测经济运行的结果等等。尽管信息交换本身并不会使货币政策协调一致，但是这种形式有助于各国政府了解对方经济运行的特征和政策制定的原则，找出双方对经济运行看法的分歧。

（2）在共同的政策目标上尽可能取得一致。在信息交流的基础上，各国应尽量采取一致的宏观经济立场进一步促进政策协调。即每个国家在确定货币政策和宏观经济目标时，应充分考虑到其他国家的目标和政策立场，并尽可能保持协调一致。这也是寻求更加趋同的目标的政策融洽过程。在这一过程中，各国应对各种政策工具的运用及其实施的规模和执行的时间作出合理的安排，避免实施与其他国家政策产生矛盾的举措。

（3）在货币政策领域进行部分协调。由于实行全面的货币政策协调对协调各方的要求很高，各国可以采取部分协调的方式。所谓部分协调是指不同国家就国内经济的某一部分目标或政策工具进行协调。通过在特定领域内的协调与合作，建立部分协调机制。例如，仅就各国的国际收支状况、国际银行业活动等进行协调，而国内经济的其他领域则不纳入协调范围。

（4）建立规则性的协调机制。首先，要进一步加强国际货币基金组织、世界银行、国际清算银行、二十国集团（G20）等超国家机构的职能，充分发挥它们协调国际事务的作用，帮助、支持成员国消除经济失衡及由此引发的货币、债务危机。通过明确的规则和各种协定、条款来指导各国更好地实现国际协调。同时也要致力于建立国际货币金融新秩序，更多地考虑发展中国家的利益和愿望。如量化宽松政策推出之后，在每一年的G20峰会、财长和央行行长会议上都会就量化宽松政策问题进行讨论。发达经济体应当对新兴市场的利益关切给予充分关注。

其次，要加强区域内经济货币政策的统一与合作，建立区域性货币联盟。欧洲货币联盟的建立极大地推进了欧洲区域内部经济合作的深入，为欧洲地区各国的货币政策协调提供了良好的制度基础。因此，在地域上相近并且在经济结构上类似的国家可以通过建立区域货币联盟，消除各成员国之间的汇率风险，减少汇率变化和资本流动对成员国经济造成的外部冲击。

（5）加强对国际资本流动的管理。加强对国际资本流动的管理，必要时可以实施汇率干预等调控手段，平抑金融市场波动。由于目前新兴市场经济体整体经济走弱，面对国际资本大幅流出，国内宏观经济政策调整已十分有限。在这种情况下，新兴市场最直接的方法是加强对于资本账户的有效管理，建立一个隔断国际金融风险传染的防火墙。

（6）积极加强新兴市场自身的合作。积极加强新兴市场自身的合作，克服共同面临的困难与挑战。一个突出的例子就是金砖国家关于应急储备安排的建设。在全球协调进展不大的情况下，金砖国家通过建立应急储备安排，可以为各成员提供额外的金融防火墙补充，增强各国抵御外部风险的能力。在当前发达经济体量化宽松政策走向分化、全球金融市场动荡不安的情况下，这显得更为必要。

参 考 文 献

［1］ 白积洋："国债政策对经济增长的作用机制研究——基于中国金融发展的计量检验",《产经评论》, 2009 年第 7 期。

［2］ 曹凤岐："利率市场化进程中基准利率在货币政策体系中的地位与构建",《中央财经大学学报》, 2014 年第 4 期。

［3］ 陈刚："日本财政政策视角下安倍经济学的逻辑和前景",《现代日本经济》, 2015 年第 2 期。

［4］ 陈少强："中央代发地方债研究",《中央财经大学学报》, 2009 年第 7 期。

［5］ 陈彦斌、陈小亮、陈伟泽："利率管制与总需求结构失衡",《经济研究》, 2014 年第 2 期。

［6］ 陈彦斌、郭豫媚、陈伟泽："2008 年金融危机后中国货币数量论失效研究",《经济研究》, 2015 年第 4 期。

［7］ 程宇丹、龚六堂："政府债务对经济增长的影响及作用渠道",《数量经济技术经济研究》, 2014 年第 12 期。

［8］ 戴国强、梁福涛："中国金融市场基准利率选择的经验分析",《世界经济》, 2006 年第 4 期。

［9］ 刁伟涛："'十三五'时期我国地方政府债务风险评估：负债总量与期限结构",《中央财经大学学报》, 2016 年第 3 期。

［10］ 郭路、刘霞辉、孙瑾："中国货币政策和利率市场化研究——区分经济结构的均衡分析",《经济研究》, 2015 年第 3 期。

［11］ 国务院：国务院关于全民所有自然资源资产有偿使用制度改革的指导意见（国发〔2016〕82 号）, 国务院公报, 2017（4）。

［12］ 何利辉："当前我国货币政策操作研究",《宏观经济管理》, 2015 年第 11 期。

［13］ 贾康："宏观经济形势与政策思路、改革取向",《中国投资》, 2012 年第 1 期。

［14］ 贾晓俊、顾莹博："我国各省份地方债风险及预警实证研究",《中央财经大学学报》, 2016 年第 3 期。

［15］ 刘利刚、陈少强："中国应允许地方政府举债吗？",《世界经济》, 2006 年第 4 期。

［16］ 刘溶沧、马拴友："赤字、国债与经济增长关系的实证分析——兼评积极财政政策是否有挤出效应",《经济研究》, 2001 年第 2 期。

［17］ 柳欣、刘磊、吕元祥："我国货币市场基准利率的比较研究",《经济学家》, 2013 年第 5 期。

［18］ 沈沛龙、樊欢："基于可流动性资产负债表的我国政府债务风险研究",《经济研究》, 2012 年第 2 期。

［19］ 王志栋："中国货币市场基准利率选择的实证研究",《投资研究》, 2012 年第 1 期。

[20]　吴培新：“美联储非常规货币政策框架”，《国际金融研究》，2014 年第 9 期。

[21]　赵洋：“高杠杆和泡沫化是经济风险主要特征”，《金融时报》，2014 年 12 月 13 日。

[22]　中国工商银行城市金融研究所课题组，詹向阳、樊志刚、赵新杰："银行间市场基准利率体系选择及 Shibor 运行分析——兼析基准利率变动对商业银行的影响"，《金融论坛》，2008 年第 4 期。

[23]　中国人民大学宏观经济形势分析与预测课题组，范志勇、闫衍："货币政策应从'名稳实紧'向适度宽松转型"，《宏观经济管理》，2015 年第 11 期。

[24]　中国人民银行货币政策分析小组：《2014 年第一季度中国货币政策执行报告》，中国人民银行，2014 年。

[25]　中国人民银行货币政策分析小组：《2015 年第四季度中国货币政策执行报告》，中国人民银行，2015 年。

[26]　Fisher, Irving. The debt – deflation theory of great depressions. International Statistical Institute (ISI), 1933, Vol. 1, No. 4, pp. 48 – 65.

[27]　Greiner, A., Koeller, U., Semmler, W. Testing the sustainability of German fiscal policy: evidence for the period 1960 – 2003 [J], Empirica, 2006, 33 (2): 127 – 140.

[28]　Kregel, J. A. Margins of safety and weight of the argument in generating financial fragility. Journal of Economic Issues, 1997 Vol 31, No. 2.

[29]　Minsky, Hyman. The Financial – instability Hypothesis: Capitalist process and the behavior of the economy in Charles P. Kindleberger and Jean – Pierre Laffargue (eds). Financial Crisis: Theory, History, and Policy, Chapter 2, Cambridge University Press, 1982.